中国
退役军人事务年鉴
2024

CHINA VETERANS AFFAIRS YEARBOOK

退役军人事务部◎编

科学技术文献出版社
SCIENTIFIC AND TECHNICAL DOCUMENTATION PRESS
·北京·

图书在版编目（CIP）数据

中国退役军人事务年鉴. 2024 / 退役军人事务部编. —北京：科学技术文献出版社，2024. 5
ISBN 978-7-5235-1310-1

Ⅰ. ①中… Ⅱ. ①退… Ⅲ. ①退役—军人—人事管理—中国—2024—年鉴 Ⅳ. ① E263-54

中国国家版本馆 CIP 数据核字（2024）第 072989 号

中国退役军人事务年鉴2024

策划编辑：崔　静　　责任编辑：李　晴　　责任校对：王瑞瑞　　责任出版：张志平

出 版 者　科学技术文献出版社
地　　址　北京市复兴路15号　邮编 100038
出 版 部　(010) 58882943，58882087（传真）
发 行 部　(010) 58882868，58882870（传真）
官方网址　www.stdp.com.cn
发 行 者　科学技术文献出版社发行
印 刷 者　北京时尚印佳彩色印刷有限公司
版　　次　2024 年 5 月第 1 版　2024 年 5 月第 1 次印刷
开　　本　889 × 1194　1/16
字　　数　437千
印　　张　21　彩插20面
书　　号　ISBN 978-7-5235-1310-1
定　　价　198.00元

2023 年 3 月 27 日，退役军人事务部党组书记、部长裴金佳调研南宁市军队离休退休干部福建园休养所。刘德安　摄

2023 年 11 月 24 日，退役军人事务部党组书记、部长裴金佳在沈阳抗美援朝烈士陵园出席第十批在韩中国人民志愿军烈士遗骸安葬仪式并致祭文。曹舒昊　摄

2023 年 4 月 20 日，退役军人事务部党组成员、副部长钱锋调研杭州市退役军人服务中心。林琪莹　摄

2023 年 6 月 14 日，退役军人事务部党组成员、中央纪委国家监委驻退役军人事务部纪检监察组组长林国耀调研渭南市富平县退役军人事务局。孟子清　摄

2023 年 5 月 22 日，退役军人事务部党组成员、副部长常正国在黄冈市红安县调研退役军人工作并看望慰问红安县烈属。郭峰　摄

2023 年 5 月 18 日，中央军委政治工作部主任助理兼退役军人事务部党组成员、副部长杨友斌调研乌鲁木齐市退役军人服务中心。王杰　摄

2023 年 8 月 30 日，退役军人事务部党组成员、副部长马飞雄在遵义市调研退役军人工作并看望慰问老英雄支发胜。马勇　摄

2023 年 1 月 6 日，全国退役军人事务厅（局）长会议在北京市召开。图为会议现场。曹舒昊　摄

2023 年 2 月 16 日，退役军人事务部召开 2023 年部全面从严治党暨党风廉政建设工作会议。图为会议现场。曹舒昊　摄

2023 年 2 月 24 日，《新时代中国双拥》专刊研讨会在北京市召开。图为研讨会现场。曹舒昊　摄

2023 年 3 月 6 日至 24 日，中共退役军人事务部党校举办学习贯彻党的二十大精神专题轮训班。图为开班式现场。曹舒昊　摄

2023 年 3 月 30 日至 4 月 1 日，首届全国退役军人创业创新成果展交会在陕西省西安市隆重举行。图为开幕式现场。吴迪　摄

2023年4月7日，“情暖老兵·守护光明”公益行动在北京市启动，相关单位签署公益行动合作协议。图为启动仪式现场。曹舒昊　摄

2023年4月17日至20日，退役军人事务部组织“三跟进两服务”调研组赴广西壮族自治区开展“走边防、进军营”军地联学联建联促系列调研活动。图为调研组在南部战区陆军机关召开座谈会。李平　摄

2023 年 4 月 21 日，退役军人事务部召开调查研究工作动员部署会。图为会议现场。曹舒昊　摄

2023 年 4 月 25 日，首届京津冀退役军人就业招聘暨跨区域企业合作签约活动在天津市举办。图为活动现场。杨博　摄

2023 年 5 月 17 日，“你好，双拥模范城”全媒体宣传活动启动仪式在山西省太原市举行。图为启动仪式现场。梁琛　摄

2023 年 5 月 22 日至 6 月 9 日，2023 年全国部分获得功勋荣誉优抚对象短期疗养活动在天津市荣复军人疗养院举办。图为疗养对象集体合影留念。李塑臣　摄

2023 年 5 月 30 日至 31 日，全国退役军人事务系统安全保密暨援藏援疆工作培训班在西藏自治区林芝市召开。图为开班式现场。杨志宁　摄

2023 年 7 月 8 日，全国退役军人事务员职业试点启动仪式在内蒙古自治区鄂尔多斯市举行。图为与鄂尔多斯市第一期退役军人事务员培训班学员代表合影。刘硕元　摄

2023 年 7 月 28 日，“唱响新时代　军心永不改”全国军队离退休干部歌唱风采展示颁奖仪式在北京市举行。图为颁奖仪式现场。曹舒昊　摄

2023 年 8 月 1 日，中央宣传部、退役军人事务部、中央军委政治工作部、全国双拥办联合发布 2023 年全国“最美拥军人物”先进事迹。图为发布仪式现场。曹舒昊　摄

2023 年 8 月 31 日，促进优秀退役军人到中小学任教工作会在湖北省武汉市召开。图为会议现场。罗明　摄

2023 年 9 月 24 日，“网聚崇军正能量　抒写时代新华章”首届退役军人事务领域网络正能量人士圆桌派活动在宁夏回族自治区银川市成功举办。图为颁发证书现场。陈建辰　摄

2023 年 9 月 28 日，“学思想　颂英烈”全国英烈讲解员大赛汇报展示活动在北京市举办。图为选手集体诗朗诵《英雄》。陈建辰　摄

2023 年 10 月 17 日至 19 日，全国退役军人教育培训和新闻宣传培训班在陕西省延安市举办。图为培训班现场。陈建辰　摄

2023 年 11 月 1 日至 3 日，全国双拥宣传信息联络员培训班在江苏省无锡市举办。图为开班式现场。陈小杨　摄

2023 年 11 月 14 日，退役军人事务部第二届专家咨询委员会会议暨退役军人事务研究基地年度工作会议在北京市召开。图为会议现场。曹舒昊　摄

2023 年 11 月 23 日，第十批在韩中国人民志愿军烈士遗骸由中国空军运 -20 运输机接运从韩国抵达辽宁省沈阳市，25 名志愿军烈士遗骸及 335 件相关遗物回到祖国。图为活动现场。曹舒昊　摄

2023 年 11 月 27 日，中央宣传部、退役军人事务部、中央军委政治工作部联合发布 2023 年度“最美退役军人”先进事迹。图为发布仪式现场。张振勇　摄

2023 年 12 月 11 日，《英雄赞歌》“英雄城市致敬英雄”主题宣传活动在辽宁大剧院隆重举行。图为活动现场。陈建辰　摄

2023 年 12 月 21 日，退役军人事务部在北京市举办第四批退役军人就业合作企业签约发布仪式，公布续约合作的 48 家企业和新签约合作的 21 家企业名单，并为企业授牌。图为签约发布仪式现场。曹舒昊　摄

《中国退役军人事务年鉴 2024》
编委会

《中国退役军人事务年鉴2024》
编写组成员

于　为	于晓鹏	马相聪	马续波	王　波
王　辉	王忠磊	王桂厚	甘海峰	叶婷婷
朱天聚	刘　俊（贵州）		刘　俊（宁波）	
刘　晓	刘　雄	刘　斌	刘莹先	许爱军
孙九超	苏艳群	杜增杰	李天利	李亚光
李泽鑫	李春生	李星蓓	杨明贵	何光龙
邹　杰	汪鸿兴	宋功祥	宋虎林	张　月
张　辉	张莹莹	陈　玉	陈汉勋	陈智慧
武世权	罗晶晶	周庆华	周兴礼	周燕红
孟　伟	赵　姬	赵　铭	赵步文	胡　凯
胡家升	柏毅卿	段照明	饶峻巍	秦　刚
夏　兵	夏继舟	柴东超	徐　进	
高　雷（信息中心）		高　雷（四川）		高春霞
郭晓东	郭嘉良	梅广欣	阎永琦	梁艳婕
隗公海	董　瑞	韩珊珊	程回春	程晓惠
舒德忠	熊　莉	魏　鑫		

（按姓氏笔画排序）

编辑说明

《中国退役军人事务年鉴》是关于退役军人工作的专业性史料工具书，旨在逐年记录、时序呈现、客观反映我国退役军人工作发展概况，为全国退役军人事务系统工作者和关心、关注退役军人工作的广大读者提供借鉴和参考。

《中国退役军人事务年鉴 2024》收录 2023 年退役军人事务工作相关资料，共 6 个部分，记录了在习近平总书记领导下中国退役军人事务工作的开展情况，包括党和国家领导人关于退役军人工作的活动和讲话、退役军人事务部领导讲话和署名文章、全国退役军人工作、地方退役军人工作、政策法规、大事记。其中，全国退役军人工作主要从国家层面反映政策法规、思想政治和权益维护、规划财务、移交安置、就业创业、军休服务管理、拥军优抚、褒扬纪念（国际合作）、教育培训、服务中心（站）建设、烈士纪念设施保护和烈士遗骸搜寻鉴定、信息化建设、退役军人宣传等工作；地方退役军人工作主要从地方层面反映各省（区、市）和副省级城市及新疆生产建设兵团退役军人相关工作。

《中国退役军人事务年鉴 2024》的编辑出版，是在全国退役军人事务系统的共同努力下完成的。在此，谨向所有参加编辑出版工作的领导和同志表示衷心感谢！因编者水平有限，疏漏之处在所难免，恳请广大读者批评指正！

编　者

2024 年 5 月

序

2023年是全面贯彻党的二十大精神的开局之年。开局关乎全局，起步锚定全程。在以习近平同志为核心的党中央坚强领导下，退役军人事务系统铆足干劲、锐意进取，推进各项工作取得积极进展、交出优异答卷。

这一年，党的领导全面加强。坚持以学铸魂、以学增智、以学正风、以学促干，扎实开展学习贯彻习近平新时代中国特色社会主义思想主题教育。深入贯彻习近平总书记关于退役军人工作重要论述，坚持稳中求进工作总基调，服务党和国家工作大局更加有力，“三个体系”建设向纵深推进，服务保障水平持续提升，退役军人工作高质量发展迈出坚实步伐。

这一年，思政引领深入开展。广泛开展“最美退役军人”“最美拥军人物”学习宣传活动，助力“兵支书”能力提升，扩大“兵教师”培养规模，擦亮“中国退役军人志愿服务”品牌，引导退役军人积极投身急难险重任务。持续开展“老兵永远跟党走”活动，录制抗美援朝战争口述史，协调军地媒体做好常态化宣传，社会尊崇尊重氛围更加浓厚。

这一年，安置就业稳步推进。高效完成年度转业安置任务，强化“送政策进军营”，科学用好考试考核、双向选择、直通安置、量化赋分及指令性安置等办法，助力实现人生转折。面向退役军人专项招录消防员4600人，举办招聘会1.15万场次，提供岗位约706.7万个，39.4万人达成就业意向。持续优化创业环境，将个体经营税收减免标准从1.2万元提高到2万元。挂牌设立退役军人创业孵化基地1988个，累计服务退役军人约23.5万人次。

这一年，拥军优抚成效凸显。广泛开展纪念延安双拥运动80周年系列活动，落实军地互办实事“双清单”机制，组织116个模范城（县）与基层连队结对共建，常态化开展“情系边海防官兵”“聚焦一线、聚力解难”等活动。推进“互联网＋退役军人服务”，做好优待证常态化申领发放，不断拓展使用场景，持证人的获得感、幸福感不断增强。

这一年，褒扬纪念温暖人心。持续推进烈士陵园提质改造，夯实爱国主义教育红色阵地，推进“为烈士寻亲”活动，隆重举行第十批在韩志愿军烈士遗骸归国安葬仪式。广泛开展“清明祭英烈”宣教活动，会同中央广播电视总台推出10集《英雄回家》，举办“学思想　颂英烈”全国英烈讲解员大赛，推动英烈精神深入人心。

……

风劲帆满图新志，砥砺奋进正当时。在以习近平同志为核心的党中央坚强领导下，退役军人工作在开拓进取、踔厉奋发中走到现在，也必然在坚强有力、勇毅前行中走向未来！

目录

党和国家领导人关于退役军人工作的活动和讲话

习近平在出席解放军和武警部队代表团全体会议时强调

统一思想认识　强化使命担当　狠抓工作落实
努力开创一体化国家战略体系和能力建设新局面

中共中央总书记、国家主席、中央军委主席习近平8日下午在出席十四届全国人大一次会议解放军和武警部队代表团全体会议时强调，巩固提高一体化国家战略体系和能力，是党中央把握强国强军面临的新形势新任务新要求，着眼于更好统筹发展和安全、更好统筹经济建设和国防建设作出的战略部署。贯彻落实好这一部署，对全面建设社会主义现代化国家、全面推进中华民族伟大复兴，对实现建军一百年奋斗目标、加快把我军建成世界一流军队，都具有十分重要的意义。要统一思想认识，强化使命担当，狠抓工作落实，努力开创一体化国家战略体系和能力建设新局面。

会上，来自军委科学技术委员会的刘泽金代表、来自军委装备发展部的饶文敏代表、来自国防动员系统的王宏宇代表、来自联勤保障部队的唐林辉代表、来自陆军的宛金杨代表、来自海军的王亚茹代表依次发言，就国家实验室建设、国防科技工业能力建设、重大基础设施统筹建设、国家储备建设、边海防工作、全民国防教育等方面问题提出意见和建议。

习近平认真听取每位代表的发言，不时同他们互动交流。在6位代表发言后，习近平发表重要讲话，重点围绕巩固提高一体化国家战略体系和能力提出要求。他强调，巩固提高一体化国家战略体系和能力，关键是要在一体化上下功夫，实现国家战略能力最大化。要坚持党中央集中统一领导，加强各领域战略布局一体融合、战略资源一体整合、战略力量一体运用，系统提升我国应对战略风险、维护战略利益、实现战略目的的整体实力。

习近平指出，巩固提高一体化国家战略体系和能力是复杂系统工程，要统筹全局，突出重点，以重点突破带动整体推进。要深化科技协同创新，建设好、管理好、运用好国家实验室，聚力加强自主创新、原始创新，加快推进高水平科技自立自强。要加快提升新兴领域战略能力，谋取国家发展和国际竞争新优势。要强化国防科技工业服务强军胜战导向，优化体系布局，创新发展模式，增强产业链供应链韧性。要加强重大基础设施统筹建设，善于算大账、综合账、长远账，提高共建共用共享水平。要加快构建大国储备体系，提升国家储备维护国家安全的能力。

习近平强调，巩固提高一体化国家战略体

系和能力，必须向改革创新要动力。这些年，各有关方面贯彻党中央决策部署，协力推进有关重大改革，取得不少重要成果。要坚持问题导向，持续优化体制机制，完善政策制度，形成各司其职、紧密协作、规范有序的工作格局，更好推进一体化国家战略体系和能力建设。

习近平指出，今年是延安双拥运动80周年。要弘扬拥政爱民、拥军优属光荣传统，巩固发展新时代军政军民团结，在全社会营造关心国防、热爱国防、建设国防、保卫国防的浓厚氛围，为巩固提高一体化国家战略体系和能力、为推进强国强军汇聚强大力量。

会前，习近平亲切接见出席十四届全国人大一次会议解放军和武警部队代表团全体代表，并同大家合影留念。

中共中央政治局委员、中央军委副主席张又侠主持会议。（新华社北京3月8日电）

习近平在内蒙古考察时强调

把握战略定位坚持绿色发展
奋力书写中国式现代化内蒙古新篇章

蔡奇陪同考察

中共中央总书记、国家主席、中央军委主席习近平近日在内蒙古考察时强调，要牢牢把握党中央对内蒙古的战略定位，完整、准确、全面贯彻新发展理念，紧紧围绕推进高质量发展这个首要任务，以铸牢中华民族共同体意识为主线，坚持发展和安全并重，坚持以生态优先、绿色发展为导向，积极融入和服务构建新发展格局，在建设“两个屏障”、“两个基地”、“一个桥头堡”上展现新作为，奋力书写中国式现代化内蒙古新篇章。

6月7日至8日，习近平在巴彦淖尔市考察并主持召开加强荒漠化综合防治和推进“三北”等重点生态工程建设座谈会后，在内蒙古自治区党委书记孙绍骋、自治区人民政府主席王莉霞陪同下，来到呼和浩特市调研。

7日下午，习近平来到中环产业园考察。在园区展厅，习近平听取当地发展新能源新材料产业、促进产业结构优化调整、推动绿色低碳发展等情况介绍。随后，习近平来到生产车间实地察看产品生产流程，详细了解园区企业半导体和光伏材料等产品的研发生产情况。他强调，坚持绿色发展是必由之路。推动传统能源产业转型升级，大力发展绿色能源，做大做强国家重要能源基地，是内蒙古发展的重中之重。在这方面内蒙古方向明确、路子对头、前景很好，大有作为、大有前途。离开园区时，习近平亲切地对前来欢送的企业员工说，你们企业和园区办得不错，看了感到很提气。现在，我们要靠高水平科技自立自强、构建新发展格局来攻克科技难关。构建国内大循环是为了保证极端情况下国民经济能够正常运行，这同参与国际经济循环是不矛盾的。我们坚定不移实行高水平对外开放，敞开大门搞建设，一起合作实现共赢。习近平祝愿企业和员工继续努力，芝麻开花节节高，更上一层楼。

8日上午，习近平听取内蒙古自治区党委和政府工作汇报，对内蒙古各项工作取得的成绩给予肯定。

习近平强调，要加快优化产业结构，积极发展优势特色产业。内蒙古是国家重要能源和战略资源基地、农畜产品生产基地和我国向北开放重要桥头堡，优化产业结构必须立足这些禀赋特点和战略定位，大力发展优势特色产业，积极探索资源型地区转型发展新路径，加快构建体现内蒙古特色优势的现代化产业体系。要发挥好能源产业优势，把现代能源经济这篇文章做好。要发挥好战略资源优势，加强战略资源的保护性开发、高质化利用、规范化管理，加强能源资源的就地深加工，把战略资源产业发展好。要发挥好农牧业优势，从土地、科技、种源、水、草等方面入手，稳步优化农牧业区域布局和生产结构，推动农牧业转型发展，大力发展生态农牧业，抓好农畜产品精深加工和绿色有机品牌打造，促进一二三产业融合发展，推动农牧业高质量发展。要积极参与共建“一带一路”和中蒙俄经济走廊建设，提升对外开放水平，构筑我国向北开放的重要桥头堡，在联通国内国际双循环中发挥更大作用。要加强与京津冀、长三角、粤港澳大湾区和东三省的联通，更好融入国内国际双循环。

习近平指出，筑牢我国北方重要生态安全屏障，是内蒙古必须牢记的“国之大者”。要统筹山水林田湖草沙综合治理，精心组织实施京津风沙源治理、“三北”防护林体系建设等重点工程，加强生态保护红线管理，落实退耕还林、退牧还草、草畜平衡、禁牧休牧，强化天然林保护和水土保持，持之以恒推行草原森林河流湖泊湿地休养生息，加快呼伦湖、乌梁素海、岱海等水生态综合治理，加强荒漠化治理和湿地保护，加强大气、水、土壤污染防治，在祖国北疆构筑起万里绿色长城。要进一步巩固和发展“绿进沙退”的好势头，分类施策、集中力量开展重点地区规模化防沙治沙，不断创新完善治沙模式，提高治沙综合效益。

习近平强调，从全国来看，推动全体人民共同富裕，最艰巨的任务在一些边疆民族地区。这些边疆民族地区在走向共同富裕的道路上不能掉队。要坚持以人民为中心，在发展中更加注重保障和改善民生，补齐民生短板，增进民生福祉，让各族人民实实在在感受到推进共同富裕在行动、在身边。要全面落实就业优先政策，把推动实现更加充分更高质量的就业摆在突出位置，完善政策体系，强化培训服务，精准有效实施减负稳岗扩就业各项政策措施，支持多渠道灵活就业，重点抓好高校毕业生、退役军人、农民工等群体就业。要开拓就业渠道，加强对脱贫家庭、低保家庭、零就业家庭、残疾人等困难人员就业兜底帮扶。要健全多层次社会保障体系，推动参保扩面，加大社会救助、医疗救助、低保和困难家庭保障扶持措施，发展养老事业和养老产业。要巩固拓展脱贫攻坚成果，把促进脱贫县加快发展作为主攻方向，增强脱贫地区和脱贫群众内生发展动力，坚决守住不发生规模性返贫底线。要以“时时放心不下”的责任感抓好安全生产，把制度完善起来，把责任落实下去，尽最大努力防范各类重大安全事故的发生，维护好人民群众生命财产安全。

习近平指出，铸牢中华民族共同体意识是新时代党的民族工作的主线，也是民族地区各项工作的主线。民族地区的经济建设、政治建设、文化建设、社会建设、生态文明建设和党的建设等，都要紧紧围绕、毫不偏离这条主线。无论是出台法律法规还是政策措施，都要着眼于强化中华民族的共同性、增强中华民族共同体意识。要坚定不移全面推行使用国家统编教材，确保各民族青少年掌握和使用好国家通用语言文字。要统筹城乡建设布局规划和公共服务资源配置，创造更加完善的各族群众共居共学、共建共享、共事共乐的社会条件。

习近平强调，通过集中教育推动全党以自我革命精神解决党风方面的突出问题，是一条重要历史经验。人民群众看主题教育是否有成效，最直观的感受是看党风方面存在的问题是否得到解决、党员干部作风是否有明显进步。要抓实以学正风，坚持目标导向和问题导向相结合、学查改相贯通，对标党风要求找差距、对表党性要求查根源、对照党纪要求明举措，增强检视整改实效。要大兴务实之风，抓好调查研究，在察实情、出实招、求实效上下功夫，把工作抓实、基础打实、步子迈实，在力戒形式主义、官僚主义上取得明显实质性进展，以这次主题教育为契机，将调查研究发扬光大。要弘扬清廉之风，教育各级领导干部牢固树立正确权力观，全面查找廉洁风险点，筑牢思想防线，坚守法纪红线。要按照“三不腐”要求健全相关制度、严格执纪，建好护栏。要养成俭朴之风，把生活作风问题作为检视整改的重要内容，督促广大党员干部保持清醒头脑，筑牢贯彻落实中央八项规定及实施细则精神的堤坝。

中共中央政治局常委、中央办公厅主任蔡奇陪同考察。

李干杰及中央和国家机关有关部门负责同志陪同考察，主题教育中央第一指导组负责同志参加汇报会。（新华社呼和浩特6月8日电）

习近平给香港培侨中学高一年级全体学生的回信

香港培侨中学高一年级的同学们：

你们好！来信收到了，得知你们通过参与在韩志愿军烈士遗骸归国安葬仪式、与“天宫”航天员互动等活动，更加深刻体会到身为中国人的自豪、身为香港年轻一代的使命与担当，我很欣慰。

爱国主义是中华民族精神的核心，广大香港同胞素有爱国爱港光荣传统，这是“一国两制”行稳致远的重要基础。希望你们把读万卷书与行万里路结合起来，深刻认识世界发展大势，深入了解祖国的历史文化和现实国情，厚植家国情怀，锤炼过硬本领，早日成长为可堪大任的栋梁之才，为建设美好香港、实现民族复兴积极贡献力量。

习近平

2023 年 7 月 24 日

（新华社北京 7 月 25 日电）

烈士纪念日向人民英雄敬献花篮仪式在京隆重举行

习近平李强赵乐际王沪宁蔡奇丁薛祥李希韩正出席

鲜花献英烈，浩气壮山河。烈士纪念日向人民英雄敬献花篮仪式30日上午在北京天安门广场隆重举行。党和国家领导人习近平、李强、赵乐际、王沪宁、蔡奇、丁薛祥、李希、韩正等，同各界代表一起出席仪式。

今天是我国第10个“烈士纪念日”。庄严的天安门广场上，鲜艳的五星红旗高高飘扬。广场中央，“祝福祖国”巨型花篮表达着对国家繁荣富强的美好祝福。人民英雄纪念碑巍然耸立，北侧两组花坛上白菊等鲜花组成的18个花环，寄托着全体中华儿女对英烈的深情追思。

临近10时，习近平、李强、赵乐际、王沪宁、蔡奇、丁薛祥、李希、韩正等党和国家领导人来到天安门广场，出席向人民英雄敬献花篮仪式。

中国人民解放军军乐团小号手吹响深沉悠远的《烈士纪念日号角》。

“礼兵就位!”随着号令，三军仪仗兵迈着铿锵有力的步伐，正步行进到纪念碑前持枪伫立。

10时整，向人民英雄敬献花篮仪式正式开始。军乐团奏响《义勇军进行曲》，全场齐声高唱中华人民共和国国歌。

国歌唱毕，全场肃立，向为中国人民解放事业和共和国建设事业英勇献身的烈士默哀。

默哀毕，手持鲜花的少年儿童面向人民英雄纪念碑高唱《我们是共产主义接班人》，并致少年先锋队队礼。

方阵前，以中共中央，全国人大常委会，国务院，全国政协，中央军委，各民主党派、全国工商联和无党派爱国人士，各人民团体和各界群众，老战士、老同志和烈士亲属，中国少年先锋队名义敬献的9个大型花篮一字排开，花篮红色缎带上书写的“人民英雄永垂不朽”格外醒目。

军乐团奏响深情的《献花曲》，18名礼兵稳稳抬起花篮，缓步走向人民英雄纪念碑，将花篮摆放在纪念碑基座上。

习近平等党和国家领导人缓步登上纪念碑基座，在花篮前驻足凝视。盛放的百合、鲜艳的红掌、芬芳的文心兰，寄托着对人民英雄的深切缅怀和崇高敬意。

习近平迈步上前，仔细整理花篮缎带。随后，习近平等党和国家领导人缓步绕行，瞻仰人民英雄纪念碑。

党的二十大站在新的历史起点上，擘画了全面建成社会主义现代化强国、实现第二个百年奋斗目标，以中国式现代化全面推进中华民族伟大复兴的宏伟蓝图，吹响了奋进新征程的时代号角。在以习近平同志为核心的党中央坚强领导下，传承英烈精神、汲取奋进力量，全党全军全国各族人民正意气风发奋进新征程，为强国建设、民族复兴伟业而不懈奋斗。

少年儿童和各界代表也依次走到纪念碑前，献上手中鲜花并瞻仰纪念碑。

敬献花篮仪式由中共中央政治局委员、北京市委书记尹力主持。

在京中共中央政治局委员、中央书记处书记，部分全国人大常委会副委员长，国务委员，最高人民法院院长，最高人民检察院检察长，部分全国政协副主席和中央军委委员出席仪式。

中央党政军群有关部门和北京市主要负责同志，各民主党派中央、全国工商联负责人和无党派人士代表，在京老战士、老同志和烈士亲属代表，在京功勋荣誉获得者代表，全国少数民族参观团成员，首都各界群众代表等参加了仪式。

（新华社北京 9 月 30 日电）

习近平在上海考察时强调

聚焦建设“五个中心”重要使命 加快建成社会主义现代化国际大都市

返京途中在江苏盐城考察

蔡奇陪同考察

中共中央总书记、国家主席、中央军委主席习近平近日在上海考察时强调，上海要完整、准确、全面贯彻新发展理念，围绕推动高质量发展、构建新发展格局，聚焦建设国际经济中心、金融中心、贸易中心、航运中心、科技创新中心的重要使命，以科技创新为引领，以改革开放为动力，以国家重大战略为牵引，以城市治理现代化为保障，勇于开拓、积极作为，加快建成具有世界影响力的社会主义现代化国际大都市，在推进中国式现代化中充分发挥龙头带动和示范引领作用。

11月28日至12月2日，习近平在中共中央政治局委员、上海市委书记陈吉宁和市长龚正陪同下，先后来到金融机构、科技创新园区、保障性租赁住房项目等进行调研。

28日下午，习近平一下列车就前往上海期货交易所考察。他结合电子屏幕和重要上市品种交割品展示，听取交易所增强全球资源配置能力、服务实体经济和国家战略等情况介绍，了解交易所日常资金管理和交割结算等事项。习近平强调，上海建设国际金融中心目标正确、步伐稳健、前景光明，上海期货交易所要加快建成世界一流交易所，为探索中国特色期货监管制度和业务模式、建设国际金融中心作出更大贡献。

习近平随后乘车来到浦东新区张江科学城，参观上海科技创新成果展。他结合视频短片了解上海市科技创新整体情况，走进展厅详细察看基础研究、人工智能、生物医药等领域的科技创新成果展示，并同科研人员代表亲切交流。习近平指出，推进中国式现代化离不开科技、教育、人才的战略支撑，上海在这方面要当好龙头，加快向具有全球影响力的科技创新中心迈进。要着力造就大批胸怀使命感的尖端人才，为他们发挥聪明才智创造良好条件。

近年来，上海市加快保障性租赁住房建设，为许多来沪新市民、青年人和一线务工人员提供了住房保障。29日下午，习近平到闵行区新时代城市建设者管理者之家考察。听了当地加大保障性租赁住房筹措建设力度、构建“一张床、一间房、一套房”多层次租赁住房供应体系的情况介绍，习近平给予充分肯定。他先后走进社区住宅型、宿舍型出租房源租户的住房和公共厨房、公共洗衣房等共享空间，仔细了解在此居住的城市一线工作者的生活状况。总书记无微不至的殷切关怀，让在场所有人感动。离开时，社区居民纷纷围拢过来欢送总书记。习近平说，看到来自五湖四海的建设者在这里安居乐业，感到很高兴。城市不仅要有高度，更要有温度。我们的社会主义就是要走共同富裕的路子。外来务工人员来上海作贡献，同样是城市的主人。要践行人民城市理念，不断满足人民群众对住房的多样化、多元化需求，确保外来人口进得来、留得下、住得安、能成业。

12 月 1 日上午，习近平听取了上海市委和市政府工作汇报，对上海各项工作取得的成绩给予肯定。

习近平指出，加快建设“五个中心”，是党中央赋予上海的重要使命。上海要以此为主攻方向，统筹牵引经济社会发展各方面工作，坚持整体谋划、协同推进，重点突破、以点带面，持续提升城市能级和核心竞争力。要以科技创新为引领，加强关键核心技术攻关，促进传统产业转型升级，加快培育世界级高端产业集群，加快构建现代化产业体系，不断提升国际经济中心地位和全球经济治理影响力。要加强现代金融机构和金融基础设施建设，实施高水平金融对外开放，更好服务实体经济、科技创新和共建“一带一路”。要深入实施自由贸易试验区提升战略，推动国际贸易中心提质升级。要加快补齐高端航运服务等方面的短板，提升航运资源全球配置能力。要推进高水平人才高地建设，营造良好创新生态。要加强同长三角区域联动，更好发挥辐射带动作用。

习近平强调，上海作为我国改革开放的前沿阵地和深度链接全球的国际大都市，要在更高起点上全面深化改革开放，增强发展动力和竞争力。要全方位大力度推进首创性改革、引领性开放，加强改革系统集成，扎实推进浦东新区综合改革试点，在临港新片区率先开展压力测试，稳步扩大规则、规制、管理、标准等制度型开放，深入推进跨境服务贸易和投资高水平开放，提升制造业开放水平，进一步提升虹桥国际开放枢纽能级，继续办好进博会等双向开放大平台，加快形成具有国际竞争力的政策和制度体系。要坚持“两个毫不动摇”，深化国资国企改革，落实保障民营企业公平参与市场竞争的政策措施，打造国际一流营商环境，激发各类经营主体活力，增强对国内外高端资源的吸引力。

习近平指出，要全面践行人民城市理念，充分发挥党的领导和社会主义制度的显著优势，充分调动人民群众积极性主动性创造性，在城市规划和执行上坚持一张蓝图绘到底，加快城市数字化转型，积极推动经济社会发展全面绿色转型，全面推进韧性安全城市建设，努力走出一条中国特色超大城市治理现代化的新路。要把增进民生福祉作为城市建设和治理的出发点和落脚点，把全过程人民民主融入城市治理现代化，构建人人参与、人人负责、人人奉献、人人共享的城市治理共同体，打通服务群众的“最后一公里”，认真解决涉及群众切身利益的问题，坚持和发展新时代“枫桥经验”，完善基层治理体系，筑牢社会和谐稳定的基础。

习近平强调，要贯彻新时代中国特色社会主义文化思想，深化文化体制改革，激发文化创新创造活力，大力提升文化软实力。坚持不懈用新时代中国特色社会主义思想凝心铸魂，广泛践行社会主义核心价值观，巩固马克思主义在意识形态领域的指导地位，在各种文化交汇融合中进一步壮大主流价值、主流舆论、主流文化。要注重传承城市文脉，加强文物和文化遗产保护，传承弘扬红色文化，深入实施文化惠民工程，扎实推进群众性精神文明创建，深化拓展新时代文明实践中心建设，推进书香社会建设，全面提升市民文明素质和城市文明程度。

习近平指出，坚持党的领导是中国式现代化的本质要求，也是根本保证。上海是我们党的诞生地，要用好一大会址等红色资源，弘扬伟大建党精神，教育引导广大党员、干部牢记“三个务必”，在新征程上开拓创新、奋发进取、真抓实干。要贯彻新时代党的组织路线，落实新时代好干部标准，建设一支与社会主义现代化国际大都市相匹配的高素质专业化干部队伍。要把握超大城市特点，创新基层党建工作思路和模式，完善党的基层组织体系。要坚决反对和惩治腐败，一体推进不敢腐、不能腐、不想腐，保持风清气正的政治生态。第二批主题教育临近收官，要坚持标准不降、劲头不松，把主题教育同各方面工作结合起来，做到两手抓、两不误、两促进。

12 月 3 日上午，在返京途中，习近平在江苏省委书记信长星和省长许昆林陪同下，来到盐城市参观新四军纪念馆。展厅里，一张张照片、一份份史料、一件件文物、一个个模拟实景，完整展现了新四军浴火重生、浴血奋战的光辉历史。习近平不时驻足察看、同大家交流。他强调，新四军的历史充分说明，民心向背决定着历史的选择，江山就是人民、人民就是江山。这是开展革命传统教育、爱国主义教育的生动教材，要用好这一教材，教育引导党员、干部传承发扬不怕困难、不畏艰险，勇于斗争、敢于胜利的精神，紧紧依靠人民，把强国建设、民族复兴伟业不断推向前进。

中共中央政治局常委、中央办公厅主任蔡奇陪同考察。

李干杰、何立峰及中央和国家机关有关部门负责同志陪同分别参加上述有关活动，主题教育中央第五巡回指导组负责同志参加汇报会。（新华社上海 / 江苏盐城 12 月 3 日电）

李克强在第十四届全国人民代表大会第一次会议上的政府工作报告

（节选）

强化就业优先政策导向。把稳就业作为经济运行在合理区间的关键指标。着力促进市场化社会化就业，加大对企业稳岗扩岗支持力度。将养老保险单位缴费比例从 20% 降至 16%，同时充实全国社保基金，储备规模从 1.8 万亿元增加到 2.5 万亿元以上。实施失业保险基金稳岗返还、留工培训补助等政策。持续推进大众创业万众创新，连续举办 8 届全国双创活动周、超过 5.2 亿人次参与，鼓励以创业带动就业，加强劳动者权益保护，新就业形态和灵活就业成为就业增收的重要渠道。做好高校毕业生、退役军人、农民工等群体就业工作。使用失业保险基金等资金支持技能培训。实施高职扩招和职业技能提升 3 年行动，累计扩招 413 万人、培训 8300 多万人次。就业是民生之基、财富之源。14 亿多人口大国保持就业稳定，难能可贵，蕴含着巨大创造力。

加强社会保障和服务。建立基本养老保险基金中央调剂制度，连续上调退休人员基本养老金，提高城乡居民基础养老金最低标准，稳步提升城乡低保、优待抚恤、失业和工伤保障等标准。积极应对人口老龄化，推动老龄事业和养老产业发展。发展社区和居家养老服务，加强配套设施和无障碍设施建设，在税费、用房、水电气价格等方面给予政策支持。推进医养结合，稳步推进长期护理保险制度试点。实施三孩生育政策及配套支持措施。完善退役军人管理保障制度，提高保障水平。加强妇女、儿童权益保障。完善未成年人保护制度。健全残疾人保障和关爱服务体系。健全社会救助体系，加强低收入人口动态监测，对遇困人员及时给予帮扶，年均临时救助 1100 万人次，坚决兜住了困难群众基本生活保障网。

保障基本民生和发展社会事业。加强住房保障体系建设，支持刚性和改善性住房需求，解决好新市民、青年人等住房问题，加快推进老旧小区和危旧房改造。加快建设高质量教育体系，推进义务教育优质均衡发展和城乡一体化，推进学前教育、特殊教育普惠发展，大力发展职业教育，推进高等教育创新，支持中西部地区高校发展，深化体教融合。深化医药卫生体制改革，促进医保、医疗、医药协同发展和治理。推动优质医疗资源扩容下沉和区域均衡布局。实施中医药振兴发展重大工程。重视心理健康和精神卫生。实施积极应对人口老龄化国家战略，加强养老服务保障，完善生育支持政策体系。保障妇女、儿童、老年人、残疾人合法权益。做好军人军属、退役军人和其他优抚对象优待抚恤工作。繁荣发展文化事业和产业。提升社会治理效能。强化安全生产监管和防灾减灾救灾。全面贯彻总体国家安全观，建设更高水平的平安中国。

我们要深入贯彻习近平强军思想，贯彻新时代军事战略方针，围绕实现建军一百年奋斗目标，边斗争、边备战、边建设，完成好党和人民赋予的各项任务。全面加强练兵备战，创新军事战略指导，大抓实战化军事训练，统筹抓好各方向各领域军事斗争。全面加强军事治理，巩固拓展国防和军队改革成果，加强重大任务战建备统筹，加快实施国防发展重大工程。巩固提高一体化国家战略体系和能力，加强国防科技工业能力建设。深化全民国防教育。各级政府要大力支持国防和军队建设，深入开展“双拥”活动，合力谱写军政军民团结新篇章。（新华社北京2023年3月14日电）

纪念延安双拥运动80周年座谈会在京举行

王沪宁出席

纪念延安双拥运动80周年座谈会12日在人民大会堂举行。中共中央政治局常委王沪宁出席座谈会。

中共中央政治局委员、中央军委副主席何卫东出席会议并讲话。何卫东说，拥军优属、拥政爱民，是广大军民在中国共产党领导下的伟大创造，在革命、建设、改革不同历史时期发挥了不可替代的重要作用。党的十八大以来，在以习近平同志为核心的党中央坚强领导下，军地各级着眼服务党和国家工作大局、国防和军队建设全局，大力弘扬双拥光荣传统，双拥工作组织领导更加坚强有力，宣传教育深入人心，服务备战打仗积极有为，支援经济社会建设成效显著，谱写了军政军民团结奋斗的绚丽华章。

何卫东强调，党的二十大描绘了强国复兴的宏伟蓝图。我们要按照党的二十大部署，坚持以习近平新时代中国特色社会主义思想为指导，扎实做好新时代双拥工作，把广大军民的意志力量凝聚在党旗帜下，不断增强军政军民向心凝聚力、奋进团结力。要聚焦服务练兵备战，大力支持部队建设、改革和备战，全力保障部队遂行任务，落实拥军优属政策法规，助力实现建军一百年奋斗目标。要践行人民军队宗旨，积极参加和支援经济社会建设，勇于承担急难险重任务，支持全面推进乡村振兴，为党和人民再立新功。要始终坚持守正创新，加强宣传引导，拓展形式内容，丰富载体抓手，不断谱写军政军民团结时代新篇。

国务院副总理、全国双拥工作领导小组组长孙春兰主持座谈会。全国人大常委会副委员长沈跃跃、全国政协副主席马飚出席会议。

全国双拥工作领导小组副组长及全体成员，中央军委机关有关部委、驻京部队有关单位和北京市有关负责同志，陕西延安等革命老区代表，浙江宁波等全国双拥模范城（县）代表，部分全国双拥模范单位和个人代表参加了会议。（新华社北京1月12日电）

谌贻琴在山西调研时强调

加强退役军人服务保障工作 更好服务经济社会发展、服务国防和军队建设

国务委员谌贻琴9日至11日在山西调研退役军人工作，强调要结合开展学习贯彻习近平新时代中国特色社会主义思想主题教育，深入贯彻落实习近平总书记关于退役军人工作重要论述和党中央、国务院决策部署，加强退役军人服务保障工作，不断增强退役军人的获得感、幸福感、荣誉感。

谌贻琴先后来到太原市、大同市，实地调研退役军人服务中心（站）、优抚医院、光荣院、军休所、烈士纪念设施等，了解退役军人服务保障、就业创业、优待抚恤、军休服务管理、烈士纪念设施作用发挥情况，看望慰问退役军人、优抚对象和烈士遗属代表。

谌贻琴强调，各地区各有关部门要把退役军人工作摆在突出重要位置，健全完善退役军人事务组织管理体系、工作运行体系、政策制度体系，加强各方面协同配合，切实增强组织保障能力。要拓宽退役军人就业安置渠道，加大就业创业支持力度，统筹做好服务保障、优待抚恤、困难帮扶、权益维护、英烈褒扬等工作。"八一"建军节快到了，她要求有关方面做好双拥工作，广泛宣传退役军人先进事迹，在全社会营造尊崇军人职业、尊重退役军人的浓厚氛围。要充分发挥退役军人人才优势，让他们在不同岗位上施展才华、发挥作用，更好服务经济社会发展、服务国防和军队建设。（新华社太原7月12日电）

在韩中国人民志愿军烈士遗骸回国迎接仪式举行

谌贻琴出席并讲话

23日上午，第十批在韩中国人民志愿军烈士遗骸回国迎接仪式在沈阳举行，国务委员谌贻琴出席并讲话。上午9时，中韩双方在韩国仁川国际机场举行25名在韩志愿军烈士遗骸交接仪式。运送烈士遗骸的专机进入中国领空后，空军两架战斗机迎接护航。12时19分迎接仪式在沈阳桃仙国际机场正式开始。

谌贻琴指出，70多年来，祖国和人民始终没有忘记在抗美援朝战争中英勇牺牲的烈士们。在习近平总书记亲自关心下，我们连续10年以隆重礼仪迎接938名志愿军烈士遗骸归国安葬，让他们回到祖国怀抱。烈士们的功绩彪炳千秋，烈士们的英名万古流芳。

谌贻琴强调，新时代新征程上，我们要坚持和加强党的全面领导，传承发扬伟大抗美援朝精神，铭记伟大胜利，推进伟大事业，坚持以人民为中心，坚定不移推动高质量发展，为强国建设、民族复兴伟业而努力奋斗。要倍加珍惜来之不易的和平环境，坚定不移走和平发展道路，推动构建人类命运共同体。

中央和国家机关有关部门、辽宁省、沈阳市和军队有关单位负责同志，以及社会各界1000多名代表参加迎接仪式。仪式结束后，烈士遗骸棺椁被护送至沈阳抗美援朝烈士陵园，沿途1万多名群众列队迎接英雄回家。24日10时，安葬仪式将在该陵园志愿军烈士纪念广场举行。（新华社沈阳11月23日电）

退役军人事务部
领导讲话和署名文章

为社会主义现代化强国建设贡献退役军人工作力量

——在《人民日报》2023 年 2 月 2 日理论版上的署名文章

（2023 年 2 月 2 日）

裴金佳

习近平总书记在党的二十大报告中指出：“从现在起，中国共产党的中心任务就是团结带领全国各族人民全面建成社会主义现代化强国、实现第二个百年奋斗目标，以中国式现代化全面推进中华民族伟大复兴。”强调“加强军人军属荣誉激励和权益保障，做好退役军人服务保障工作。巩固发展军政军民团结”。这为做好新时代退役军人工作指明了前进方向、提供了根本遵循。退役军人事务系统要把学习宣传贯彻党的二十大精神作为首要政治任务，坚持全面学习、全面把握、全面落实党的二十大精神，深刻领悟“两个确立”的决定性意义，深入学习贯彻习近平总书记关于退役军人工作重要论述，努力在全面建成社会主义现代化强国中贡献更多退役军人工作力量。

着力推进退役军人事务治理体系和治理能力现代化

党的二十大报告将基本实现国家治理体系和治理能力现代化作为到 2035 年我国发展的总体目标之一，提出全面推进国家各方面工作法治化。退役军人工作是党和国家工作的重要组成部分，必须适应国家发展步伐和我国社会主义现代化建设要求，着力建立健全组织管理体系、工作运行体系、政策制度体系，持续推进治理体系和治理能力现代化，更好服务社会主义现代化建设。

推动组织管理体系更加坚强有力。深入学习贯彻习近平新时代中国特色社会主义思想，认真学习宣传贯彻党的二十大精神，始终把坚持和加强党的领导贯穿退役军人工作全过程各方面，不断提高政治判断力、政治领悟力、政治执行力，持续加强政治机关建设，坚决贯彻落实党中央决策部署。深入落实“五有”“全覆盖”要求，着力建强服务保障体系，持续推进服务中心（站）标准化规范化建设，不断拓展服务范围、完善服务流程、提升服务效能。进一步强化干部队伍建设，加强教育培训、实践锻炼、关心爱护，激励广大干部担当作为、拼搏奋斗。

推动工作运行体系更加顺畅有序。始终把机制建设摆在突出位置，着力完善系统、部门、军地合力协作机制，健全移交安置、就业创业、双拥共建、英烈保护、矛盾化解等重点工作机制，推动工作运行更加规范有序、顺畅高效。着力完善责任逐级压实、压力层层传导的工作落实机制，将退役军人工作纳入地方党政班子和领导干部考核，充分发挥督查推动工作落实的重要作用。建好用好信息化工作平台，借助信息技术和大数据提供便捷、精准的服务，以信息化建设推动退役军人工作提质增效。

推动政策制度体系更加健全有效。始终把依法行政作为推动工作的基本准则，切实提高退役军人工作法治化水平。坚决贯彻落实关于加强新时代退役军人工作的意见、退役军人工作政策制度改革方案，深入贯彻《中华人民共和国退役军人保障法》，细化实施《“十四五”退役军人服务和保障规划》，加快制订修订《退役军人安置条例》《军人抚恤优待条例》《烈士褒扬条例》等，不断健全完善退役军人工作政策制度体系。对政策落实情况进行大盘点，贯通政策制定“最先一公里”和政策执行“最后一公里”，推动退役军人工作持续改进提高。

努力为经济社会发展贡献力量

习近平总书记在党的二十大报告中强调：“加快构建新发展格局，着力推动高质量发展。”做好退役军人工作，必须始终围绕党和国家中心工作，更好助力经济社会发展。退役军人事务系统要坚持完整、准确、全面贯彻新发展理念，在努力推动自身工作高质量发展的同时，着力服务经济社会发展。

提供有力人才支撑。全面建设社会主义现代化国家，迫切需要大批高素质人才。退役军人是党和国家的宝贵财富，是经济社会建设的生力军。要坚持把推动退役军人更好安置就业作为工作的着力点，着力提升职业技能、拓宽就业渠道，构建适应性培训、职业技能培训、学历教育、终身职业教育有机统一的教育培训体系，举办系列招聘活动和创业创新大赛，建立就业服务信息平台，帮助广大退役军人充分就业、稳定就业、体面就业、高质量就业，让他们在社会主义现代化建设中贡献聪明才智、实现人生价值。

积极助力基层治理。退役军人普遍政治坚定、视野开阔、敢于担当，许多同志在基层治理、乡村振兴等重要领域发挥着突出作用。在实践中，要大力推广贵州安顺发展“兵支书”做法，推动优秀退役军人依法依规进入基层“两委”，鼓励支持退役军人到革命老区、民族地区、边疆地区基层一线工作，积极投身经济发展、民族团结、稳边固疆事业。

推进精细化服务保障。习近平总书记指出：“各级党委和政府要高度重视，切实把广大退役军人合法权益维护好，把他们的工作和生活保障好。”必须牢记习近平总书记的殷切嘱托，着力为广大退役军人和其他优抚对象提供更加优质精准的服务，切实让他们共享改革发展成果。努力提升服务保障质量，提高部分服务对象抚恤补助标准，为部分退役军人办理养老保险集中补缴，全面制发优待证。努力推动服务更加精准，为服务对象建档立卡，准确掌握各类服务对象需求，提供个性化服务保障。

积极服务国防和军队现代化建设

习近平总书记在党的二十大报告中强调：“实现建军一百年奋斗目标，开创国防和军队现代化新局面”“巩固提高一体化国家战略体系和能力。加强军地战略规划统筹、政策制度衔接、资源要素共享”。退役军人工作是国防和军队现代化建设的延伸和重要支撑，必须放在强军事业中来思考和推动。退役军人事务系统要深入学习贯彻习近平强军思想和习近平总书记关于退役军人工作重要论述，始终胸怀“国之大者”，聚焦建军一百年奋斗目标，全面对接国防和军队改革，积极服务部队练兵备战，为国防和军队现代化建设贡献力量。

对接国防和军队改革。服务改革强军是退役军人事务系统责无旁贷的政治责任，必须始终紧跟国防和军队现代化步伐，对标国防和军队现代化目标，主动适应军队作战指挥、力量体系、政策制度等方面深刻变革，对退役军人工作各环节进行体系化设计，切实担起服务国防和军队现代化的使命。围绕军事政策制度改革要求，制定相应改革方案，确保政策制度有效衔接。围绕军事人员现代化要求，高质量完成退役安置任务。

配合军队练兵备战。落实关于加强新时代拥军支前工作意见，建立全国双拥系统应急应战快速响应机制，适时开展演习演练，确保遇事随时能够拉得出、上得去、保得好。紧贴部队练兵备战需要，坚持平战结合、平战一体，精准掌握退役军人服役时的专业方向、退役后的工作去向，着力将光荣院、优抚医院、军供站等打造成服务保障的重要阵地，充分发挥退役军人事务系统资源军事效能。强力推进师级及以下离退休军人和伤病残士兵移交工作，帮助部队轻装上阵、专谋打赢。

鼓舞昂扬军心士气。聚焦广大官兵急难愁盼问题，积极助力随军家属就业，推进军人子女教育优待，切实推动解决军人后顾之忧，提升广大官兵的荣誉感、获得感、自豪感。着力加强荣誉激励，广泛宣传军人敢于牺牲、无私奉献的精神风貌，让军人成为全社会尊崇的职业，激励有志青年从军报国、献身国防，促进广大官兵建功军营、忠诚报国。

助力国家安全体系和能力现代化建设

习近平总书记在党的二十大报告中指出：“推进国家安全体系和能力现代化，坚决维护国家安全和社会稳定。”退役军人工作政治性强、涉及面广，与国家安全工作密切相关，在维护国家安全中承担着重要责任。退役军人事务系统必须坚定不移贯彻总体国家安全观，按照国家安全体系和能力现代化建设要求，全力抓好各项安全稳定工作。

有力促进社会和谐稳定。始终把维护退役军人合法权益放在第一位，坚持把退役军人当家人、把退役军人来信当家书、把退役军人的事当家事，带着爱心、耐心、细心解决问题，做到诉求合理的及时解决到位、一时难以解决的思想引导到位、生活困难的帮扶救助到位。进一步畅通信、访、网、电等各种诉求反映渠道，持续开展矛盾问题攻坚化解，努力做到接信即办、接电即复、案结事了。大力推广新时代“枫桥经验”，充分发挥退役军人服务中心（站）作用，引导广大退役军人积极参与政策宣介、老兵调解、法律援助等工作，切实化解矛盾、疏导情绪、团结同志。

广泛参与应急处突抢险。退役军人大多具

有专业特长、组织纪律性强，危急时刻豁得出、关键时刻冲得上。许多同志在现役时曾遂行多种应急处突任务，不少同志退役后仍坚守在公安、应急、消防、边防等岗位，还有大批退役军人积极参与抢险救援、疫情防控等志愿服务，始终站在维护国家安全和社会稳定的第一线。要着眼国家安全应急体系建设，组织培养退役军人应急力量，引导退役军人投身抢险救灾、应急处突、医疗救援等，努力为党和国家事业发展、人民幸福安康、社会和谐稳定、国家长治久安贡献力量。

为全面建成社会主义现代化强国凝聚奋进力量

习近平总书记在党的二十大报告中强调："团结就是力量，团结才能胜利""团结奋斗是中国人民创造历史伟业的必由之路"。退役军人事务系统要牢记职责使命，坚持把广大退役军人紧密团结在党的周围，不断巩固和推进军政军民团结，弘扬伟大民族精神，为全面建成社会主义现代化强国凝聚奋进力量。

引领汇聚奋进力量。持续深化"老兵永远跟党走""最美退役军人"等学习宣传活动，引导广大退役军人保持革命军人本色，始终在思想上政治上行动上同以习近平同志为核心的党中央保持高度一致。充分发挥退役军人典型示范、引导带动作用，形成携手并肩、团结一心全面建设社会主义现代化国家的生动局面。

巩固军政军民团结。习近平总书记强调："拥军优属、拥政爱民是我党我军特有的政治优势，坚如磐石的军政军民关系是我们战胜一切艰难险阻、不断从胜利走向胜利的重要法宝。"退役军人工作连接军地，承担着推动军政军民关系更加团结的重要使命。要深入开展双拥模范城（县）命名表彰，推动双拥工作不断走深走实。广泛开展"情系边海防官兵""关爱功臣""最美军嫂"等活动，扎实做好拥军优属工作，健全完善军地互办实事"双清单"机制，不断深化军爱民、民拥军的深厚鱼水情谊。

大力弘扬民族精神。要坚持建好用好红色资源，开展县以下烈士纪念设施提质改造，充分利用红色资源开展宣传教育，推动红色基因融入血液和灵魂。大力弘扬英烈精神，在烈士纪念日组织开展烈士公祭，推动施行英雄烈士保护法，组织"为烈士寻亲""百年英烈"等系列活动，为实现第二个百年奋斗目标、实现中华民族伟大复兴提供强大的价值引领力、文化凝聚力和精神推动力。

在退役军人事务部学习贯彻习近平新时代中国特色社会主义思想主题教育动员大会上的讲话

（2023 年 4 月 10 日）

裴金佳

在全党深入开展学习贯彻习近平新时代中国特色社会主义思想主题教育，是以习近平同志为核心的党中央为全面贯彻党的二十大精神、动员全党同志为完成党的中心任务而团结奋斗所作的重大部署，是深入推进新时代党的建设新的伟大工程的重大部署。3 月 30 日，习近平总书记主持召开中共中央政治局会议，专题研究部署主题教育工作，专门举行集体学习，为全党作出了示范、树立了标杆。4 月 3 日，主题教育工作会议在北京召开，习近平总书记出席会议并发表重要讲话，从新时代新征程党和国家事业发展全局的高度，深刻阐述开展主题教育的重大意义和目标要求，对主题教育各项工作作出全面部署，为全党开展主题教育提供了根本遵循，为解决大党独有难题、推进新时代党的建设新的伟大工程提供了科学指引。退役军人事务部坚决贯彻党中央决策部署，把开展好这次主题教育作为坚决拥护“两个确立”、坚决做到“两个维护”的重要举措，抓紧抓实、有力推进。4 月 4 日上午，部党组召开专题会议，传达学习习近平总书记重要讲话精神，研究制定主题教育实施方案。今天，我们召开动员大会，全面部署主题教育各项工作。下面我讲 3 点意见。

一、深刻认识主题教育的重大意义，迅速把思想和行动统一到习近平总书记重要讲话精神上来

习近平总书记的重要讲话，从“三个必然要求”深刻阐述了开展主题教育的重大意义，深化了我们党对共产党执政规律的认识，具有很强的政治性、指导性、针对性。退役军人事务部各级党组织和党员、干部要把思想和行动统一到习近平总书记重要讲话精神上来，充分认识在全党深入开展学习贯彻习近平新时代中国特色社会主义思想主题教育的重大意义，扎实抓好主题教育，切实加强党的创新理论武装，更加自觉为奋进新征程凝心聚力。

第一，深刻理解开展主题教育是统一思想意志行动、始终保持党的强大凝聚力、战斗力的必然要求。习近平总书记指出，思想上的统一是党的团结统一最深厚最持久最可靠的保证。怎样实现全党思想、意志、行动的统一？最根本的就是用党的基本理论武装全党。党的十八大以来，党

和国家事业取得历史性成就、发生历史性变革，最根本在于有习近平总书记掌舵领航，有习近平新时代中国特色社会主义思想科学指引。今天，我们迈上了全面建设社会主义现代化国家、全面推进中华民族伟大复兴的新征程，迫切需要用习近平新时代中国特色社会主义思想武装头脑、指导实践、推动工作。开展主题教育，就是要用习近平新时代中国特色社会主义思想进一步凝心铸魂，推动学习贯彻习近平新时代中国特色社会主义思想进一步走深走实；就是要教育引导全体党员、干部从思想上正本清源、固本培元，不断提高政治判断力、政治领悟力、政治执行力，更加深刻领悟“两个确立”的决定性意义，更加自觉增强“四个意识”、坚定“四个自信”、做到“两个维护”，始终在思想上政治上行动上同以习近平同志为核心的党中央保持高度一致。

第二，深刻认识开展主题教育是推动全党积极担当作为、不断开创事业发展新局面的必然要求。习近平总书记强调，要把党的二十大描绘的宏伟蓝图变为现实，仍然要靠拼、要靠干。前进道路上，我们唯有始终保持锐意进取、敢为人先、迎难而上的奋斗姿态，积极担当作为、敢于善于斗争，才能为强国建设、民族复兴贡献力量。开展主题教育，就是要用习近平新时代中国特色社会主义思想教育引导全体党员、干部学思想、见行动，树立正确的权力观、政绩观、事业观，增强责任感和使命感，不断提高推动高质量发展本领、服务群众本领、防范化解风险本领，加强斗争精神和斗争本领养成，提振锐意进取、担当有为的精气神，以强化理论学习指导发展实践，以深化调查研究推动解决发展难题，推动高质量发展，奋进新征程。

第三，深刻领会开展主题教育是深入推进全面从严治党、以党的自我革命引领社会革命的必然要求。习近平总书记指出，治国必先治党，党兴才能国强。全面从严治党永远在路上，党的自我革命永远在路上，解决大党独有难题是一个长期而艰巨的过程，既要常抓不懈，又要集中发力，及时消除一切影响党的先进性纯洁性的因素，清除一切侵蚀党的肌体健康的病毒，确保党永远不变质、不变色、不变味。开展这次主题教育，就是要推进党的自我革命，力戒形式主义、官僚主义，始终与人民同心，保持先进性和纯洁性，使全党更加紧密地团结在以习近平同志为核心的党中央周围，为奋进新征程、建功新时代提供坚强有力的政治引领和政治保障；就是要教育引导各级党组织和广大党员、干部突出问题导向，查不足、找差距、明方向，接受政治体检，打扫政治灰尘，纠正行为偏差，解决思想不纯、组织不纯方面存在的突出问题，不断增强党的自我净化、自我完善、自我革新、自我提高能力，始终充满蓬勃生机和旺盛活力。

二、全面准确把握主题教育的目标任务，坚持不懈用习近平新时代中国特色社会主义思想统领退役军人工作

习近平总书记重要讲话全面阐述了这次主题教育的总要求、目标任务。主题教育的总要求是“学思想、强党性、重实践、建新功”。这 4 句话体现了我们党认识与实践相结合、理论与实际相联系、改造主观世界与改造客观世界相统一的一贯要求，是一个紧密联系、相互贯通、内在统一的整体，要把这一总要求贯穿主题教育全过程。

主题教育的根本任务是坚持学思用贯通、知信行统一，把习近平新时代中国特色社会主义思想转化为坚定理想、锤炼党性和指导实践、推动工作的强大力量，使全党始终保持统一的思想、坚定的意志、协调的行动、强大的战斗力，努力在以学铸魂、以学增智、以学正风、以学促干方面取得实实在在的成效，达到凝心铸魂筑牢根本、锤炼品格强化忠诚、实干担当促进发展、践行宗旨为民造福、廉洁奉公树立新风的具体目标。

主题教育不划阶段、不分环节，把理论学习、调查研究、推动发展、检视整改贯通起来，有机融合、一体推进。各单位党组织要认真对标对表，深入领会贯彻，紧密结合实际抓好落实，有力有序有效推进。

（一）强化理论学习，深刻把握党的创新理论的世界观方法论及贯穿其中的立场观点方法。全面深入学习贯彻习近平新时代中国特色社会主义思想，坚持读原著学原文悟原理。要坚持全面系统、及时跟进，认真研读党的二十大报告和党章，学习《习近平著作选读》《习近平新时代中国特色社会主义思想专题摘编》等 8 种学习材料，坚持把学习习近平新时代中国特色社会主义思想作为党组会、部务会“第一议题”，及时跟进学习习近平总书记最新重要讲话、重要指示批示精神，深入学习《习近平关于退役军人工作论述摘编》，自觉做习近平新时代中国特色社会主义思想的坚定信仰者、积极传播者、忠实实践者。领导干部要领学带学促学，部党组将组织专题读书班，党组理论学习中心组将结合退役军人工作实际列出若干专题，进行深入研讨，交流运用党的创新理论解决实际问题的学习体会，示范带动基层党组织和党员、干部深入学习。各单位党组织要采取交流研讨、宣讲阐释、案例教学等方式，通过集体学习、党小组学习、“三会一课”、青年理论学习小组学习等形式，深刻领悟习近平新时代中国特色社会主义思想的真理力量和实践伟力。要坚持多思多想、学深悟透，深刻把握“十个明确”“十四个坚持”“十三个方面成就”，深刻领会“六个必须坚持”，全面学习领会习近平新时代中国特色社会主义思想的科学体系、精髓要义、实践要求，把握好这一重要思想的世界观和方法论，坚持好、运用好贯穿其中的立场观点方法，做到整体把握、融会贯通；深刻理解习近平总书记亲自谋划设计、亲自部署推动组建退役军人管理保障机构的重大意义，从党和国家事业全局对退役军人工作进行系统性思考、战略性谋划。要坚持学以致用、知行合一，在深学细照笃行上下功夫，做起而行之的行动者、不做坐而论道的清谈客，当攻坚克难的奋斗者、不当怕见风雨的泥菩萨，切实把习近平新时代中国特色社会主义思想贯彻落实到退役军人工作的各方面全过程。要坚持联系实际、立足岗位，深入学习贯彻习近平强军思想、习近平总书记关于退役军人工作重要论述和重要指示批示精神，把全面学习和重点学习结合起来，坚持干什么就重点学什么，缺什么就重点补什么，着力提升理论联系实际的能力。

（二）深入调查研究，运用党的创新理论研究新情况、解决新问题。调查研究是做好工作的基本功，是我们党的传家宝，也是这次主题教育的一项重要内容。要按照党中央关于在全党大兴调查研究的工作方案和部里的实施方案要求，坚持问题导向，组织党员干部扑下身子、沉到一线，大力开展调查研究工作，掌握真实情况和民情民意，在调查研究中加深对党的创新理论的理解，使调查研究的过程成为理论学习向实践运用转化的过程，成为转变作风、增进同退役军人感情的过程，成为提高履职本领、增强责任担当的过程。各单位领导班子要领题调研，紧扣贯彻落实党中央决策部署和习近平总书记重要指示批示精神，围绕工作中最突出的难点问题确定具体课题，抱着解决问题的目的开展专项调研，推动解决一批重点难点问题。要扎实开展以跟进军事政策制度改革、跟进地方干部队伍建设、跟进退役军人美好需要，服务经济社会发展、服务国防和军队建设为主题的“三跟进两服务”“走边防、进军营”系列调研活动，深入推进习近平总书记关于退役军人工作重要论述落实落地。要大力改进作风，多采取“四不两直”方式，多到困难多、群众意见集中、工作打不开局面的地方和单位，体察实情、解剖麻雀，把问题研究透彻、把措施提准提实。建立调研成果转化清单，加强效果评估，防止为调研而调研，不能用调研报告代替调研成果，不能只调查研究，不解决问题，坚决克服调研中的形式主义、官僚主义。

（三）勇于担当作为，以党的创新理论指引退役军人工作高质量发展。高质量发展是全面建设社会主义现代化国家的首要任务，也是主题教育的重要着力点。要完整、准确、全面贯彻新发展理念，积极适应新形势、新任务、新要求，加快退役军人工作理念思路、政策制度和方式方法创新，把学习和调研落实到完成党的二十大部署的各项工作任务中去，不断提升服务经济社会发展、服务国防和军队建设的水平，以推动退役军人工作高质量发展的新成效检验主题教育成果。要牢固树立以人民为中心的发展思想，锚定“让退役军人和其他优抚对象满意、让他们成为全社会尊重的人、让军人成为全社会尊崇的职业”工作目标，带着爱心、耐心、细心开展工作，坚持常态化联系、经常性走访慰问制度，真正把退役军人当家人、把退役军人来信当家信、把退役军人的事当家事，把党和政府的关心关怀送到退役军人的心坎上。要突出实践导向，求真务实、真抓实干、攻坚克难，紧密结合中心任务和日常工作，引导党员、干部立足岗位作贡献，积极履职尽责，勇于担当作为。要结合理论学习和调查研究，深入查找分析在贯彻新发展理念、构建新发展格局、推动高质量发展中的问题短板及其根源，找准切入点、发力点，把退役军人工作积极融入新发展格局。要紧密结合工作实际，认真贯彻落实党中央关于全面建设社会主义现代化国家的战略部署，增强系统观念和大局意识，保持战略清醒、战略自信、战略主动，正确处理推进中国式现代化的一系列重大关系，以新时代新征程退役军人工作高质量发展助力全面建设社会主义现代化国家，做到既为一域增光，更为全局添彩。

（四）抓好检视整改，把问题导向贯穿主题教育始终。要对标对表习近平新时代中国特色社会主义思想，认真查找履职尽责等方面存在的问题，系统梳理调研发现的问题、推动发展遇到的问题、退役军人反映强烈的问题，逐个列出问题清单，开展整改整治，一项一项制定整改措施，能改的马上改，一时解决不了的也要明确具体措施、整改时限，确保整改到位。要把退役军人重复信访攻坚化解工作，作为践行宗旨、为民造福的一项具体措施，坚持底线思维，强化责任担当，创新思路办法，切实维护退役军人合法权益和社会和谐稳定。要抓好干部队伍教育整顿，结合“强能力、转作风、抓落实”行动，以严肃教育纯洁思想，以严格整顿纯洁组织，努力建设让党中央放心、让人民群众满意的模范机关，走好践行“两个维护”的第一方阵。要组织党员干部从政治、思想、能力、作风、纪律等方面进行党性分析，找准问题症结，着力从思想根源上解决问题，召开专题民主生活会和组织生活会，把自己摆进去、把职责摆进去、把工作摆进去，深入查摆不足，严肃认真开展批评和自我批评。

（五）注重建章立制，建立巩固深化主题教育成果的长效机制。统筹推动主题教育问题检视整改和中央巡视持续性整改任务落实，坚持“当下改”与“长久立”相结合、“重点改”与“全面改”相结合，对主题教育中学习贯彻习近平新时代中国特色社会主义思想的好做法好经验，及时以制度形式固定下来。同时，健全学习贯彻党的创新理论的制度机制，确保常态长效。

三、坚决有力扛起政治责任，切实加强对主题教育的组织领导

习近平总书记指出，这次主题教育是一件事关全局的大事，时间紧、任务重、要求高。我们要坚决扛起政治责任，把工作抓实抓深，确保取得实实在在的成效。

（一）压实压紧领导责任。部党组已经成立主题教育领导小组，我任组长，各位党组成员任副组长，办公室设在机关党委，负责主题教育的组织实施，要认真履职尽责，紧前落实各项任务，积极配合中央第二十九指导组的工作。各单位领导班子要以强烈的政治责任感、使命感开展主题教育，主要负责同志要担起第一责任人职责，发挥好领学带学促学作用，切实把主题教育谋划好、组织好、落实好。要强化督促指导，上下形成合力，使主题教育善始善终、高质高效。

（二）注重统筹兼顾。要坚持系统观念，把理论学习、调查研究、推动发展、检视整改有机融合、一体推进，从开始就要把学和做结合起来，把查和改贯通起来，把破和立统一起来，提升主题教育效果。要把开展主题教育同推动退役军人工作结合起来，做到两手抓、两促进。要坚持问题导向，奔着问题去、带着问题学、对着问题改，把运用党的创新理论发现和解决问题贯穿始终。要坚持守正创新，在学习理论和实践运用相结合、改造主观世界和改造客观世界相结合中，深化拓展对退役军人工作规律的认识和把握。

（三）加强宣传引导。领导小组办公室要加强和中央指导组的沟通联系，认真抓好信息报送工作，全面准确反映退役军人事务部主题教育重要进展和实际成效。要充分利用官网官微、专栏专刊、专题展板等方式，深入宣传党中央部署要求，宣传主题教育的重大意义和目标任务，报道推介各单位的好经验好做法，积极选树主题教育中的先进典型，营造良好舆论氛围。要深化“老兵永远跟党走”宣讲、结合基层调研实践等活动，引导和带动系统上下和广大退役军人自觉学习，让党的创新理论“飞入寻常百姓家”。

（四）务求工作实效。主题教育坚决不搞形式主义，不搞形式化、套路化、表面化那一套。要求真务实、真抓实干，在提高学习质量、确保教育实效上下功夫，绝不能走过场、喊口号、摆花架子。不对写读书笔记、心得体会等提出硬性

要求，不得随意要求基层填报材料，严格控制简报数量，严格控制网络平台载体管理。坚决防止“低级红”“高级黑”。结合干部队伍教育整顿工作，对开展主题教育消极对待、敷衍应付、搞形式主义的要严肃批评，对走形变样、问题严重的按照规定追究责任。

同志们，习近平新时代中国特色社会主义思想博大精深，是常学常新、取之不尽的思想宝库。我们要更加紧密地团结在以习近平同志为核心的党中央周围，坚持不懈用习近平新时代中国特色社会主义思想凝心铸魂，以这次主题教育为契机，以党的创新理论统一思想、统一意志、统一行动，用党的创新理论指引我们走向未来、走向胜利、走向复兴，在退役军人工作新征程上续写新的时代篇章。

推动新时代新征程退役军人工作高质量发展

——在《求是》杂志 2023 年第 23 期上的署名文章

（2023 年 12 月）

裴金佳

党的十八大以来，习近平总书记对退役军人工作作出一系列重要论述，亲自谋划、亲自部署、亲自推动组建退役军人管理保障机构。在党的二十大报告中，习近平总书记从实现强国梦、强军梦的战略高度，对退役军人工作作出重要部署，就做好退役军人工作提出明确要求。赴地方考察调研时，习近平总书记多次看望老红军、老战士，瞻仰烈士纪念设施，2022 年在海南和辽宁考察调研时、2023 年在内蒙古考察调研时，专门对退役军人工作作出重要指示。这充分体现了习近平总书记对退役军人工作的高度重视、对广大退役军人的关心关爱，为做好新时代新征程退役军人工作指明了前进方向、提供了根本遵循。我们要深刻领会习近平总书记的深远战略考量，坚决贯彻落实党的二十大决策部署，大力推动新时代新征程退役军人工作高质量发展，为全面建设社会主义现代化国家、全面推进中华民族伟大复兴作出应有贡献。

一、深刻认识做好新时代新征程退役军人工作的重大意义

退役军人工作是党和国家工作的重要组成部分，做好退役军人工作是时代所需、现实所需、事业所需。我国已经踏上强国建设、民族复兴的新征程，退役军人工作面临新的形势和任务，有了新的职责和使命。要深入学习贯彻习近平总书记关于退役军人工作重要论述，切实提高政治站位，从党和国家事业发展全局的战略高度，深刻认识做好新时代新征程退役军人工作的重大意义，切实增强推动工作高质量发展的思想自觉、政治自觉和行动自觉。

这是巩固党的执政之基、凝聚实现中华民族伟大复兴中国梦磅礴力量的必然要求。习近平总书记指出，实现中华民族伟大复兴是十分伟大而又十分艰巨的事业，需要把一切力量都凝聚起来，把一切积极因素都调动起来，强调要“把红色基因传承好，确保红色江山永不变色”。我国现有 3800 多万名退役军人，他们在部队时经历了严格的训练，是保家卫国的坚强柱石；退役后奋战在各行各业，是巩固党的执政地位、推动

民族复兴的重要力量。要把退役军人工作摆在确保党长期执政的高度，强化退役军人思想政治引领，当好退役军人的知心人、贴心人，把他们紧紧团结在党的周围，心凝在一起、劲聚在一起，成为党的事业的推动者、时代主旋律的弘扬者、社会正能量的传播者。弘扬英烈精神、传承红色基因是退役军人工作的重要内容。退役军人事务系统红色资源富集、典型事迹众多、历史底蕴深厚，宣传好英雄先辈可歌可泣的感人事迹和崇高精神，诠释好共产党人的远大理想和坚贞信仰，以红色故事赓续红色血脉，以英雄旗帜凝聚民族精神，必将为实现中华民族伟大复兴的中国梦提供强大的价值引导力、文化凝聚力、精神推动力。

这是贯彻习近平强军思想、巩固提高一体化国家战略体系和能力的必然要求。习近平总书记指出，强国必须强军，军强才能国安，强调“退役军人安置和管理，关系军队稳定和社会大局稳定”。退役军人工作与国防和军队建设相伴相生，服务强国兴军事业是我们的天然使命。当前，世界进入新的动荡变革期，大国博弈日趋复杂，地缘政治形势严峻，国际军事竞争格局正在发生历史性变化，没有一个巩固的国防，没有一支强大的军队，中国梦就难以真正实现。人民军队是新时代坚持和发展中国特色社会主义、实现中华民族伟大复兴的战略支撑。党中央提出建成世界一流军队的奋斗目标，将退役军人工作同建设巩固国防和强大人民军队一体谋划、一体推进。这就要求我们必须紧跟国防和军队现代化步伐，聚焦服务部队战斗力提升，加强政策衔接和跟进落实，更好调动广大官兵投身强军实践的积极性，稳军心、聚士气，为实现党在新时代的强军目标贡献力量。

这是服务“国之大者”、助推经济社会高质量发展的必然要求。习近平总书记强调，军转干部是党和国家的宝贵财富，是建设中国特色社会主义的重要力量。早在革命战争年代，一批又一批在军队工作的同志服从组织安排到地方工作，为夺取中国革命胜利作出了重要贡献。新中国成立后，大批军队干部转业到地方，投身政权建设、城乡管理和国民经济恢复发展。改革开放后，成千上万的退役军人退役不褪色、转岗不转志，成为改革开放的时代弄潮儿。新时代新征程，广大退役军人响应党的号召，胸怀“国之大者”，在创业创新、脱贫攻坚、乡村振兴、疫情防控、抗洪抢险、抗震救灾等各个领域建功立业，作出骄人成绩。在2023年抗击台风“杜苏芮”期间，有120余支退役军人志愿服务队伍奔赴灾区、跨省驰援，有的同志献出了宝贵生命。实践充分证明，在党和国家事业发展的各个历史时期，广大退役军人始终是我国经济社会发展的重要参与者、建设者、贡献者。这就要求我们必须更加注重发挥退役军人的人力人才资源优势，为他们施展才华提供舞台，激发退役军人建功新时代的奋斗精神，引导他们在高质量发展和现代化建设中承担更重任务、发挥更大作用。

这是坚持以人民为中心的发展思想、满足广大退役军人对美好生活新期待的必然要求。习近平总书记指出，要坚持发展为了人民、发展成果由人民共享，强调“必须做好退役军人管理保障工作。该保障的要保障好，该落实的政策必须落实，不能让英雄流血又流泪”。广大退役军人曾经全力献身国防和军队建设，为捍卫国家安全作出了重大牺牲奉献，让其感受到党和政府的关心温暖、感受到全社会的尊重关爱，是我们秉承党的宗旨、践行初心使命的应有之义。退役军人事务部成立5年多来，在各方面的共同努力下，长期制约退役军人事业发展的一些体制性障碍、结构性矛盾、政策性问题逐步得到解决，退役军人工作取得历史性成就、发生历史性变革。但我们也清醒地认识到，目前的工作离党中央要求、退役军人期待还有一定差距，还存在一些短板不足。这就要求我们必须树立和践行正确政绩观，始终把不断满足退役军人对美好生活的新期待作为工作的出发点和落脚点，更加公平更加充分地保障他们的待遇，让他们的获得感、幸福感、荣誉感成色更足、更可持续。

二、准确把握新时代新征程退役军人工作的重点任务

习近平总书记在党的二十大报告中指出："从现在起，中国共产党的中心任务就是团结带领全国各族人民全面建成社会主义现代化强国、实现第二个百年奋斗目标，以中国式现代化全面推进中华民族伟大复兴。"新时代新征程，我们必须紧贴党的中心任务，凝心聚力、真抓实干，切实担负起服务强国强军伟业的重大职责使命。

坚持政治引领，持续加强思想教育工作。团结引领广大退役军人听党话、跟党走，是退役军人事务系统的重要政治责任。要坚持把加强政治引领放在首位，健全退役军人思想政治工作制度，制定新时代退役军人思想政治教育规范，推进退役军人学习贯彻习近平新时代中国特色社会主义思想常态化、体系化、长效化，巩固广大退役军人同心同德、团结奋斗的共同思想基础。重视发挥老英雄张富清、"老阿姨"龚全珍等先进典型的正向激励、示范引领作用，完善荣誉表彰激励机制，持续做好模范退役军人的评选表彰和事迹宣传，引导退役军人自觉以"最美退役军人""最美拥军人物"等先进典型为榜样，见贤思齐、奋勇争先。深入开展"老兵永远跟党走"系列教育实践活动，以老兵身份、从老兵视角、用老兵语言，积极宣讲党的二十大精神，大力宣讲习近平总书记和党中央对退役军人的特殊关爱、对退役军人工作的擘画引领，不断增进广大退役军人对"两个确立"的政治认同、思想认同、理论认同、情感认同，着力培塑信念坚定、爱国奉献、奋发有为、诚信守法的新时代退役军人。建好管好用好烈士纪念馆、烈士陵园、烈士纪念碑等纪念设施，依托系统红色资源广泛开展爱国主义教育，举办全国英烈讲解员大赛，讲好党的故事、革命的故事、英烈的故事，让红色基因浸入血脉、让红色江山代代相传。

突出用好人才，服务经济社会高质量发展。广大退役军人经过人民军队"大熔炉"的淬炼，讲政治、有组织、守纪律，是宝贵的人力人才资源，是社会主义现代化建设不可或缺的重要力量。要坚持妥善安置、合理使用、人尽其才、各得其所的原则，优化完善选调、"阳光安置"、"直通车"安置等方式，把退役军人安置好、使用好。紧贴市场需要和退役军人知识技能，加强就业培训、畅通就业信息、拓宽就业渠道、用好就业政策，为退役军人提供有特色、精细化、针对性强的就业服务。弘扬"党有号召、我有行动"的优良传统，引导退役军人树立正确择业观，深化拓展"兵教师""兵支书"经验，鼓励他们在乡村振兴、基层治理、强边固疆等国家重

大战略中发挥特长、实现价值。坚持创新引领创业、创业带动就业，助力退役军人中小企业、个体工商户等市场主体发展壮大。擦亮“中国退役军人志愿服务”品牌，引导广大退役军人积极投身应急救援、抢险救灾、生态保护等任务，在党和人民最需要的地方冲锋陷阵、在最急难险重的时刻发光出彩，让“最可爱的人”成为“最有用的人”“最可敬的人”。

服务备战打仗，助力国防和军队现代化建设。退役军人工作是国防和军队建设的重要延伸，在支持部队备战打仗方面肩负着特殊重要使命。要聚焦建军一百年奋斗目标，坚持平战一体、强化系统观念、深化改革创新，建立健全全国双拥系统应急应战快速响应机制，不断完善助力强军、支持备战的政策制度，为迅速有效应对安全威胁提供强有力制度机制保障。精准掌握退役军人服役时的专业方向、退役后的工作去向，把具有特殊专业技能的退役军人作为国防后备力量储备起来，深入挖掘军事潜力，确保召之即来、来之能战。着眼战备急需、演训急用，协调人员、场地、物资等各类资源，协助部队遂行训练演习、备战执勤、抢险救灾等多样化军事任务。加快推进优抚医院、光荣院改革发展，调整优化军供站功能和保障网络，提升应急应战保障能力。常态化做好伤病残人员接收工作，积极助力随军家属就业，推进军人子女教育优待，努力消除官兵后顾之忧。巩固发展新时代军政军民团结，大力开展全国双拥模范城（县）创建，继续组织城连结对共建，深化“情系边海防官兵”活动，广泛开展社会化拥军，使关心国防、热爱国防、建设国防、保卫国防成为全社会的思想共识和自觉行动。

强化服务保障，营造尊崇尊重社会氛围。“加强军人军属荣誉激励和权益保障，做好退役军人服务保障工作”是党的二十大作出的重要部署。要在提升服务保障质效上下功夫，落实优待政策、给予充分褒扬，根据经济发展水平、社会承受能力、对象所作贡献等因素，建立统筹平衡的抚恤优待量化标准体系，健全退役金、抚恤金、优待金、退休费动态增长机制，持续提高优抚对象待遇水平。推动相关部门和地方落实养老、医疗、住房、教育、文化、交通等方面的优待政策，推广优待证（电子版），提高优待证含金量和便捷性。持续开展光荣牌悬挂、立功受奖报喜、节日走访慰问、组织参加疗养、退役军人先进典型载入地方志等工作，不断强化精神激励。健全困难退役军人救助帮扶机制，充分发动中国退役军人关爱基金会等社会力量，推动“情暖老兵”关爱行动走深走实。隆重迎回安葬在韩志愿军烈士遗骸，发挥国家烈士遗骸搜寻队和国家烈士遗骸 DNA 鉴定实验室作用，优化烈士寻亲服务平台，开展英烈遗物、家书、史料收集整理，坚决抵制、严厉惩处抹黑英雄、亵渎英烈的恶劣行径，维护英烈形象，弘扬英烈精神。加强对退役军人工作和退役军人典型的宣传推介，推动形成尊重退役军人、尊崇现役军人的良好社会风尚。

三、加强新时代新征程退役军人事务系统自身建设

组建退役军人管理保障机构，将退役军人管理、服务、保障等方面的职能集中到一起，不是简单的职能叠加，而是全新的体制机制保障。习近平总书记明确指出，要在国家层面加强对退

役军人管理保障工作的组织领导，健全服务保障体系和相关政策制度。要深入学习贯彻习近平总书记重要论述、重要指示批示精神，建设集中统一、职责清晰的退役军人管理保障体制，不断推进治理体系和治理能力现代化。

坚持以政治建设为根本。退役军人工作事关国家长治久安、事关改革发展稳定、事关退役军人和军人军属切身利益，政治属性极强，旗帜鲜明讲政治是退役军人事务部门第一位的要求。要持续深化学习贯彻习近平新时代中国特色社会主义思想主题教育成果，教育引导全体干部职工深刻领悟“两个确立”的决定性意义，增强“四个意识”、坚定“四个自信”、做到“两个维护”，不断提高政治判断力、政治领悟力、政治执行力。始终把习近平总书记重要论述和重要指示批示精神作为第一议题来学习、第一遵循来贯彻、第一政治要件来落实，把党的领导贯穿退役军人工作各方面全过程，把讲政治体现在坚决贯彻落实习近平总书记重要论述、重要指示批示和党中央决策部署的行动上，体现在履职尽责、做好本职工作的实效上，体现在干部职工的日常言行上，确保退役军人工作始终沿着正确方向前进。

坚持以组织管理体系建设为基础。组织管理体系是一项关系全局的基础性工作。要围绕建成行政机构运转高效、服务体系保障有力、社会力量广泛参与的组织管理体系，多方着力、持续发力。当前的重点是树立大抓基层的鲜明导向，全力推进退役军人服务中心（站）建设，建强服务体系前沿阵地，夯实组织管理体系基层基础。制定服务中心（站）建设运行标准体系和基本服务清单，补齐短板弱项、拓展服务范围、完善服务流程、提升服务质量，加快实现从国家到村（社区）六级服务中心（站）从“有”向“优”转变。推进退役军人事务员职业体系建设，探索职业等级与岗位晋升、薪酬待遇挂钩的激励措施，畅通职业发展路径，稳定基层人员队伍。加强对基层工作人员的能力培训、实践锻炼和关心关爱，激发他们“愿为”的动力、增强“敢为”的底气、提升“善为”的本领，不断提高做退役军人工作的能力水平，不断增强做好工作的责任感和使命感。

坚持以工作运行体系建设为抓手。退役军人工作涉及军地、关联各方，光靠退役军人事务部门单打独斗难以干好，构建有机衔接、有序联动、有效落实、安全稳定的工作运行体系极为重要。要完善统筹协调机制，充分发挥各级党委退役军人事务工作领导机构作用，健全会议制度和协调任务清单制度，落实军地互办实事“双清单”，深化运行机制问题研究，强化系统、军地、部门协同，实现工作全局性谋划、整体性推进。健全责任逐级压实、压力层层传导的工作落实机制，坚持眼睛向下、重心下移、力量下沉，深入基层一线调查研究，与退役军人同坐一张板凳拉家常、问建议，力求摸准实情、吃透问题、找到对策，切实打通政策落地“最后一公里”。完善风险隐患防控化解机制，强化底线思维，注重方式方法，把握节奏力度，学习推广运用自下而上的新时代“枫桥经验”和自上而下的“浦江经验”，推动矛盾问题源头化解，确保各项工作平稳有序推进。

坚持以政策制度体系建设为重点。加强政策制度建设是长远之策、根本之策。要在退役军人政策制度体系“四梁八柱”已基本搭建的基础上，深入贯彻《关于加强新时代退役军人工作的意见》，全面落实《中华人民共和国退役军人保障法》等法律法规，扎实实施《“十四五”退役军人服务和保障规划》。加紧制定修订《退役军人安置条例》《军人抚恤优待条例》《烈士褒扬条例》，指导各地结合实际研究制定配套落实举措，形成上下衔接、左右协调、系统完备的政策制度体系。健全法规政策出台前风险评估研判机制，制定政策时广泛听取意见、反复比选分析、靶向精准设计，确保政策的严谨性、延续性。加大政策法规宣传解读力度，引导退役军人全面准确理解，增强政策知晓度和执行透明度。落实退役军人事务行政执法事项清单，依法维护退役军人和其他优抚对象合法权益，不断提升退役军人工作法治化水平。

在全国退役军人事务厅（局）长会议上的总结讲话

（2023年1月6日）

钱　锋

刚才，金佳部长以“深入学习贯彻党的二十大精神　全面推进新时代新征程退役军人工作高质量发展”为题作了讲话，回顾了自系统组建以来的主要成效，从8个方面总结了2022年退役军人工作，充分肯定全系统的辛勤付出；围绕全面贯彻落实党的二十大精神，深入阐述了新时代新征程推进退役军人工作高质量发展的思路举措，强调要准确把握面临形势、职责使命、原则要求和重点任务，客观指出“六个差距”，鲜明提出“五个聚焦”“七个坚持”“七个着力”，带领我们进一步认清机遇挑战和形势要求，增强全系统做好退役军人工作的责任感、紧迫感、使命感。金佳部长对2023年重点工作作出全面部署，明确了总体要求，强调要全面学习宣传贯彻党的二十大精神，扎实推进“三个体系”建设，竭力为部队减压卸负、为官兵排忧解难，为退役军人更好发挥作用搭建平台、提升能力，健全精准化、多层次、便捷可及的服务保障体系，抓好思想引领和褒扬激励工作，并就加强系统自身建设提出要求，强调要加强政治建设、锤炼过硬能力、切实转变作风、发扬斗争精神、严守纪律规矩。金佳部长的讲话，对全系统做好当前和今后一个时期的退役军人工作具有很强的针对性、指导性，大家要深入学习领会，认真抓好贯彻落实。

下面我就贯彻落实金佳部长讲话精神，抓好今年的重点工作，提出几点要求。

一、千方百计稳住就业

稳就业是2022年中央经济工作会议提出“三稳”的重要内容，是兜牢民生底线的必然要求，必须摆在更加突出的位置，大力实施就业优先战略。一是狠抓政策落实。建部以来，部里围绕就业创业工作出台20多个政策文件，2023年还将制定退役军人就业创业促进条例，各地也因地制宜拿出了很多具体配套举措。出台政策不是目的，落到实处才是根本。要汇总用好政策“工具箱”，加大宣传力度，创新解读形式，深入基层一线、深入退役军人中间了解落实情况，加强跟踪问效和督促检查，让退役军人更加便捷地了解优惠政策，实现应知尽知、应享尽享，尽力缩短政策变现时间差。二是善于借力用力。客观讲，退役军人就业创业工作单靠我们自己孤掌难鸣，必须牵线搭桥，用好各方资源。要深入推进“教培先行、岗位跟进”的行业合作就业模式，完善部门合作机制，扩大签约企业范围，促进更多企业定向招聘退役军人。要用好“民营企业招聘月”“金秋招聘月”等活动平台，多渠道拓展岗位供给。要发挥公共就业服务机构作用，调动市场化服务机构的积极性，有针对性地为退役军人提供职业介绍、职业指导、就业援助、创业扶持等服务。三是加强教育培训。教育培训是提升就业能力、缓解就业结构性矛盾的重要抓手。要坚持结果导向，以退役军人充分稳定就业为落脚点，提供有特色、精细化、针对性强的培训服务，打通从教育培训到实现就业创业的渠道。要推广“兵教师”试点经验做法，依托师范院校对符合基础条件且有从教意愿的退役军人，开展教育教学能力专项培训。要及时更新职业技能培训黄页，提升培训科目技术含量。要加快国防教育辅导员人才培养体系建设，规范技能考核及证书管理等工作。

二、持之以恒加强阵地建设

退役军人服务中心（站）、优抚医院、光荣院、军休所等，是服务保障退役军人的基层基础和前沿阵地，是我们系统的家底所在，必须高度重视、紧紧扭住、加大投入，全面提升建设管理水平，夯实服务保障能力。一是建强服务体系。要严格落实“五有”“全覆盖”要求，制定服务中心（站）建设国家标准和基本服务清单，明确工作运行评估办法，加强工作调度，常态化开展明察暗访，发现问题及时督促整改。要以退役军人事务员国家职业标准开发为抓手，探索建立培训考核、技能等级与薪酬待遇挂钩等激励机制，增强基层服务站工作人员从业信心和职业归属感，逐步打造一支热爱退役军人工作的专业化队伍。二是建强优抚事业单位。要落实《关于推进优抚医院改革发展的意见》，用好国家政策规定，主动加强与发展改革委、卫生健康委、人力资源社会保障、医保等部门沟通协作，推进优抚医院更好融入事业单位管理体系、融入医疗卫生服务体系，实现优势互补、融合发展。要理顺优抚医院建管体制，健全制度措施，确保在设置审批、登记管理、命名、执业等方面符合国家医疗机构管理政策规定。要按照“两个允许”要求，全力支持优抚医院薪酬制度改革，建立体现医务人员技术劳动价值的有效激励机制。2023年，部里还将制定关于推进光荣院改革发展的意见，各地要跟进抓好落实。三是建强军休机构。要推进落实军休机构编制，配齐配强专业人员，充实工作力量。要创新服务方式，统筹政府购买服务、社会专项服务、对象自我服务，倡导志愿服务，促进服务提质升级。要构建集约化保障模式，落实区域协作机制。要积极融入国家养老服务体系，为失能失智、独居空巢等军休人员提供多元养老服务。

三、扎实做好双拥工作

一是组织好延安双拥运动80周年纪念活动。要依托革命遗址遗迹、爱国主义教育基地、国防教育基地等资源，有针对性地组织教育活动。要综合运用报刊、广播、电视、网络等媒体，开设纪念延安双拥运动80周年专栏专刊，总结经验做法，宣扬先进典型。要办好纪念座谈会、研讨会、报告会，组织读书演讲、书画展览、文艺创演等群众性纪念活动，强化广大军民国防观念和双拥意识，激发投身新时代双拥工作的政治热情。二是积极帮助部队解决难题。要支持部队改善战备训练条件，协调做好相关保障。要持续推进全国双拥模范城（县）与边海防连队结对共建，深化“情系边海防官兵”拥军优属活动，建立排忧解难长效机制，着力解决一线部队官兵家庭实际困难。

四、久久为功狠抓落实

这两年，我们把工作重心从定政策逐步转向抓落实，先后在全系统开展“矛盾问题攻坚化解年”“法律政策落实年”活动，特别是2022年的“蹲点抓落实”工作，深入基层进行沉浸式、体验式蹲点，既锻炼了队伍，解决了一批问题，又发现了工作落实中存在的差距和不足。抓落实，贵在持续，必须拿出抓铁有痕、踏石留印的劲头，坚持不懈抓下去。一是常思落实之责。千忙万忙，不抓落实就是瞎忙。机关的工作不仅是发文开会作决策，更主要的责任是抓落实。这一点对于退役军人事务系统而言尤为重要，绝不能让我们辛辛苦苦制定的政策文件飘在空中、落不了地。对于每项任务，都要有职责分工，明确责任单位、责任人，弄清楚事情谁来办、出问题找谁、有成绩归谁，防止推诿扯皮和“等”“靠”“要”。领导干部要发挥“关键少数”带头作用，以身作则、身体力行，不当甩手掌柜，不搞虚功卸责，一级做给一级看，一级带着一级干。只要领导干部认真抓落实，政策执行起来就不会变通打折。二是常谋落实之策。国家层面出台的政策往往规定了大的原则和方向，不可能事无巨细、一竿子插到底，需要各地在吃透精神基础上，紧密结合本地实际制定具体举措和操作办法，不能上下一般粗甚至把上级文件一转了之。抓落实是具体的，经常直面具体的人和事，会碰到各种矛盾问题，这就需要创造性抓落实，在政策框架内寻求解决之道。要充分发挥党委退役军人事务工作领导小组作用，加强成员单位之间的协调配合，合力解决重难点问题。特别是我们的很多文件是多部门联发，必须想方设法把相关部门的力量调动起来、推进落实，不能关起门来、单打独斗。三是常求落实之效。要坚持结果导向，以末端落实情况和退役军人的获得感来检验工作实效，经验做法要及时总结推广，存在问题要抓紧研究解决。要大兴调查研究之风，形成“蹲点抓落实”长效机制，多到困难多、退役军人意见多、矛盾风险多的地方去，掌握第一手资料，找准工作落实中的差距和不足。随着疫情防控措施不断优化，部里将常态化以暗访为主到基层调研。要用好督查手段，抓实综合督查与“回头看”整改，重点针对长期整改推进事项实行专项督办核查并定期通报。

当前经济下行压力加大，疫情给群众的正常生活造成冲击，退役军人基本生活保障面临一些困难。要千方百计筹措资金、整合资源，倾力做好困难帮扶工作，经常性走访慰问，摸清困难底数，实行“一人一策、精准帮扶”。要坚持多主体供给、多渠道保障，引导支持企业、社会组织和个人参与，广泛动员各类慈善组织、基金会、协会等社会力量开展公益活动，让困难退役军人深切感受到党委、政府及社会各界的温暖关爱。此外，要深入贯彻落实《关于加强新时代烈士褒扬工作的意见》《烈士纪念设施规划建设修缮管理维护总体工作方案》，组织好第十批在韩志愿军烈士遗骸迎回安葬、烈士纪念日公祭仪式，积极弘扬英烈精神。要持续健全规章制度，优化政务运转，扎实做好安全保密、新闻宣传、文电档案、信息简报、调查统计、信息化建设等工作，为推进新时代新征程退役军人工作高质量发展奠定坚实基础。

在全国退役军人政策法规工作会议上的讲话

（2023 年 7 月 18 日）

钱　锋

这次全国退役军人政策法规工作会议的主要任务是：全面学习贯彻党的二十大精神，贯彻落实习近平法治思想和习近平总书记关于退役军人工作重要论述，总结工作、分析形势、部署任务，推进新时代新征程退役军人工作法治建设高质量发展。刚才，我们为退役军人事务系统全国“七五”普法先进单位、先进个人进行了颁奖，7 个省（市）的同志作了交流发言，希望大家向先进学习，互学互鉴、互促共进。下面我讲 3 点意见：

一、系统组建以来退役军人工作法治建设取得明显成效

5 年来，我们坚持以习近平新时代中国特色社会主义思想为指导，深入学习贯彻习近平法治思想和习近平总书记关于退役军人工作重要论述，把法治建设摆在突出位置，把依法行政作为基本准则，强化建章立制，狠抓政策落实，法治建设取得明显成效。

（一）政策制度体系逐步完善。坚决贯彻习近平总书记关于建立健全“三个体系”的重要指示精神，坚持问题导向、系统思维，加快顶层设计步伐，政策制度“四梁八柱”基本搭建。推动出台《关于加强新时代退役军人工作的意见》《中华人民共和国退役军人保障法》《退役军人工作政策制度改革方案》，制定修订《退役军人安置条例》《军人抚恤优待条例》《烈士褒扬条例》和一系列部门规章，出台退役军人工作法治建设、法治文化建设及思想政治、移交安置、培训就业、抚恤优待、英烈褒扬、权益维护等政策文件 170 余件。各地结合实际制定配套法规政策，河北率先出台退役军人保障条例，吉林、浙江、山东、河南、广东、西藏等地也将退役军人保障条例列入省级立法项目，上下衔接、协调配套的政策制度体系正在形成。

（二）依法行政效能不断提升。认真贯彻落实党中央决策部署，全面履行退役军人管理保障职能。一是大力推动法律政策落实。围绕贯彻落实党中央决策部署和习近平总书记重要指示批示，接续开展“法律政策落实年”、“蹲点抓落实”、大兴调查研究等工作，以钉钉子精神逐份文件、逐项政策抓落实，把法律政策变成各级各单位的具体行动，变成惠及广大退役军人的实际成果，有关做法得到中央领导同志的充分肯定。各地积极探索抓落实的长效机制，广西将落实政

策制度改革方案列为党委重点督查项目，重庆把法律政策落实情况列入党政机关年度目标考核，陕西建立政策落实情况老兵监督机制。二是推动严格规范公正文明执法。出台规范退役军人工作行政裁量权基准制定和管理工作的意见，指导各地全面梳理执法事项，明确执法责任，规范行使行政裁量权。积极推进“减证便民”，进一步精减证明事项，优化服务流程。湖北率先制定出台省级行政裁量权基准，内蒙古、福建广泛开展执法人员培训，安徽推行“减审批、加服务、除壁垒”，大幅精简证明材料。三是深入开展政策制度清理。经过广泛搜集、仔细甄别，全面清理退役军人事务领域规范性文件，废止和宣布失效200余件。在此基础上，编印政策法规文件汇编，建设退役军人工作政策法规报备系统。各地认真落实“立、改、废”并举的要求，山西、辽宁、上海、山东、四川等地组织清理本地区退役军人工作政策文件，为不断完善政策制度、推进依法行政奠定了基础。

（三）依法解纷机制不断健全。维护退役军人合法权益是党中央赋予退役军人事务部门的重大职责使命，是坚持以人民为中心的发展思想的具体体现。各级退役军人事务部门注重运用法治思维和法治方式处理矛盾纠纷，多措并举解决退役军人实际问题。一是大力推行法律援助。会同司法部门建立退役军人法律援助工作制度，为退役军人提供申请快捷化、审查简便化的法律服务。特别是新冠疫情期间，涉及退役军人劳动合同纠纷案件多发，各地积极引导退役军人通过法律援助渠道寻求救济。目前，已有15个省份结合实际制定了具体的实施方案或办法，10个省份与当地司法厅（局）联合提出贯彻落实要求。二是稳慎做好行政复议和应诉工作。坚持个案监督与倒逼依法行政有机结合，依法稳妥办理退役军人行政复议申请，支持法院依法受理和审理行政案件，建立行政复议决定书、意见书执行监督机制，认真履行法院生效裁判，做好司法建议、检察建议落实和反馈工作。三是积极推动矛盾调处化解。会同法院建立退役军人矛盾纠纷调处和多元化解机制，积极推动案前调解。会同政法部门出台加强退役军人司法救助工作的意见，对受到侵害无法获得有效赔偿的退役军人给予适当救助。与此同时，还积极配合公安、检察院等部门依法处理非法售卖光荣牌、涉军证书证章、侵害英烈名誉荣誉等违法行为。

（四）普法宣传广泛深入开展。以学习宣传贯彻《中华人民共和国退役军人保障法》为契机，把法律政策宣传解读和培训作为重要基础工作。部里组织编写了退役军人保障法释义和辅导读本，举行退役军人保障法网上知识竞赛，掀起学习宣传贯彻退役军人保障法的热潮。各地通过举办培训班、研讨班、专题讲座及线上培训等方式，对系统干部进行大规模政策业务培训，编印各类政策工具书、“明白卡”，累计开展政策培训3200余次，举办专题讲座2200余场次。同时，面向社会广泛开展普法宣传，通过广播、电视、报刊、网络等多种渠道，广泛宣传解读《中华人民共和国退役军人保障法》《中华人民共和国英雄烈士保护法》《军人抚恤优待条例》《烈士褒扬条例》《中华人民共和国军人地位和权益保障法》等法律法规。制作40集政策法规宣传片，在部官网、官微及各级退役军人服务中心、服务站广泛播放，受到基层工作人员和广大退役军人的普遍好评。贵州连续多年开展法律知识竞赛，江西、湖北培养退役军人“法律明白人”，天津、安徽等地拍摄微视频，多角度开展退役军人工作法规政策宣传解读，提升广大退役军人的法治意识和法治素养。

（五）理论研究氛围日趋浓厚。过去，退役军人工作研究力量非常薄弱，军队和地方各类高校、研究机构专门研究这一领域的人才很少。在这种情况下，我们白手起家、平地起楼，坚持内部挖潜与外部借力相结合，围绕退役军人工作重大理论和实践问题，联合军地相关领域专家广泛开展应用性政策研究。经过5年努力，部级层面已经形成了课题研究、专家咨询委员会、研究基地“三位一体”的研究布局，先后立项79个研究课题，不少研究成果得到领导同志充分肯定，有的已经转化为相关政策成果。各地高度重视政策研究工作，北京发挥重点院校密集的优势加强课题合作研究，辽宁、上海、福建、陕西等地与相关高校签订合作协议，有的地方还协调有关高校成立了退役军人学院或研究院，退役军人事务部门主导、各类研究机构积极参与的工作格局逐步形成。

这些成绩的取得，得益于以习近平同志为核心的党中央坚强领导，得益于相关部门的大力支持，得益于各级退役军人事务部门的共同努力，也是系统全体政策法规干部开拓创新、奋力拼搏的结果。在此，我代表退役军人事务部向大家表示衷心感谢。

二、新时代新征程退役军人工作法治建设的新形势新要求

党的二十大报告擘画了全面建设社会主义现代化国家、以中国式现代化全面推进中华民族伟大复兴的宏伟蓝图，首次列专章部署全面依法治国，宣示了我们党矢志不渝推进法治建设的坚定决心，彰显了法治建设事关根本的战略地位，明确了法治建设服务保障党和国家工作大局的战略任务。退役军人工作是党和国家工作的重要组成部分，必须站在政治和全局的高度，深刻把握新时代新征程党和国家事业发展的目标任务、战略部署、重大举措，深刻把握在法治轨道上全面建设社会主义现代化国家的重大意义、前进方向，深刻认识新时代新征程退役军人工作法治建设的职责使命、基本要求。

（一）深刻认识退役军人工作法治建设面临的形势任务。党的二十大报告强调，全面推进科学立法、严格执法、公正司法、全民守法，全面推进国家各方面工作法治化。要求我们必须强化法治思维，加快转变工作理念思路和方式方法，加强科学立法、依法行政、普法宣传，更好发挥法治固根本、稳预期、利长远的保障作用。党的二十大报告强调，巩固提高一体化国家战略体系和能力。加强军地战略规划统筹、政策制度衔接、资源要素共享。要求我们必须紧跟国防和军队现代化新“三步走”战略，紧盯军队建设改革和军事斗争需要，加强退役军人工作政策制度与军事人力资源政策制度的衔接适应。党的二十大报告强调，深入实施人才强国战略。把各方面优秀人才集聚到党和人民事业中来。要求我们必须紧扣国家重大战略需求、紧贴退役军人优势特长，围绕识才、聚才、育才、用才，加强政策制度配套建设和探索创新，为退役军人更好发挥作用提供更加有力的政策支撑。党的二十大报告强调，必须坚持在发展中保障和改善民生，鼓励共

同奋斗创造美好生活，不断实现人民对美好生活的向往。要求我们必须始终聚焦退役军人所思所想所盼，不断优化服务保障政策供给，大力推动法律政策落实，让广大退役军人在每一项法律制度、每一个执法决定、每一宗司法案件中都感受到公平正义。党的二十大报告强调，健全共建共治共享的社会治理制度，提升社会治理效能。要求我们必须善于运用法治思维和法治方式维护退役军人合法权益，注重从政策制度上破解退役军人事务领域深层次矛盾问题，从源头上推动实现更高质量的稳定。

（二）清醒认识退役军人工作法治建设存在的短板弱项。经过 5 年努力，退役军人工作法治建设虽然取得了明显成效，但与党中央要求相比，与广大退役军人期盼相比，还有一些差距和不足。一是政策制度体系还不够完善。“四梁八柱”基本建立起来了，但配套政策措施跟进还不够及时，一些原则性规定、授权性条款有待进一步细化；有的政策不平衡、不衔接问题还没有得到很好解决，不同时期、不同地区、不同群体之间的政策统筹协调不够；有的业务领域还存在政策制度空白点，有的政策精准性、操作性不强，“含金量”和解决实际问题的有效性不足。二是政策执行落实还不够到位。通过督查、调研发现，有的地方存在重制定政策、轻工作落实的倾向，把政策出台当作任务完成，一些辛辛苦苦协调下来的利好政策，由于抓落实的后续措施没跟紧，政策红利没有充分释放出来；有的地方贯彻落实措施“上下一般粗”，还有的缺乏抓落实的有效机制和工作韧劲，部门协同、军地配合的工作合力没有很好发挥出来。三是法律服务供给还不够充分。各地法律援助工作开展不平衡，法律援助资格条件、事项范围还难以满足退役军人日益增长的法律服务需求，法律援助工作队伍建设比较薄弱，关心退役军人、熟悉退役军人工作的法律服务专业人才比较匮乏。四是法规政策宣传还不够深入。退役军人工作政策制度大多敏感性强、涉密程度高，有的重要政策文件基层工作人员接触不到，给执行政策、解释政策带来很大困难；有的处理不好遵守保密规定与宣传解读政策之间的关系，不敢、不会宣传解读；还有的存在过度宣传之嫌，无形中抬高了退役军人的心理预期。五是政策研究质量还有待提高。研究基础、研究力量、研究平台建设还比较薄弱，选题精准性、针对性不够强，高质量的研究成果还不多，理论研究推动工作实践的作用还不够明显。

（三）准确把握退役军人工作法治建设的原则要求。加强退役军人工作法治建设，必须深刻领会习近平新时代中国特色社会主义思想的世界观和方法论，坚持好、运用好贯穿其中的立场观点方法，准确把握当前和今后一个时期工作的原则要求。一是坚持和加强党的全面领导。把党的领导贯穿到退役军人工作法治建设各方面全过程，充分发挥党的领导政治优势和中国特色社会主义制度优势，善于通过法定程序把党的主张意志固化为法律制度，通过法治手段保障党的路线方针政策和党中央决策部署全面贯彻和有效执行。二是坚持以人民为中心的发展思想。始终把实现好维护好发展好广大退役军人切身利益作为制定政策、执行政策、宣传政策的出发点和落脚点，在法治建设过程中充分听取他们的意见、体现他们的意愿，努力为他们排忧解难，让他们更加充分、更加公平地共享改革发展成果。三是坚持问题导向。聚焦党中央关心的重大问题、制约事业发展的深层次问题、退役军人普遍关注的急难愁盼问题，加快补齐法律法规和政策制度短板弱项，从法治角度不断提出解决问题的新理念新思路新办法。四是坚持系统思维。始终胸怀“国之大者”、军之大事，善于从党和国家工作大局、国防和军队建设全局出发研究谋划退役军人工作法治建设，统筹好军地之间、不同时期、不同地区、不同群体之间的政策制度平衡，加强退役军人服务保障制度与军事人力资源及地方干部人事、劳动就业、社会保障等相关政策制度的衔接。五是坚持法治与德治结合。既要重视发挥法律制度的规范作用，也要重视发挥思想政治引领作用；既要在执行政策中坚持原则，也要在具体工作中体现“人情味”，做到以法为据、以理服人、以情感人，努力实现最佳的法律效果、政治效果、社会效果。六是坚持稳中求进、稳定为要。尽力而为、量力而行，立足国情实际研究制定政策，更加注重政策的系统性、整体性、协调性，增强服务保障的可持续性，防止畸重畸轻、单兵突进、顾此失彼，防止超越阶段、寅吃卯粮。强化底线思维，加强风险研判，把握好政策制度改革的力度和节奏，避免“断崖式”“跳跃式”政策调整，切实从源头规避风险隐患，杜绝因政策制定和调整引发不稳定因素。

三、当前和今后一个时期退役军人工作法治建设的重点任务

当前和今后一个时期，退役军人工作法治建设要坚持以习近平新时代中国特色社会主义思想为指导，全面学习贯彻党的二十大精神，深入贯彻习近平法治思想和习近平总书记关于退役军人工作重要论述，以落实退役军人保障法等法律法规为牵引，以《关于加强退役军人工作法治建设的意见》为抓手，一体推进科学立法、依法行政、法律服务、普法宣传，着力提升政策研究水平，为推进退役军人工作高质量发展提供有力法治保障和科学决策支持。

（一）在学深悟透做实习近平新时代中国特色社会主义思想上下功夫。习近平总书记强调，坚持学思用贯通、知信行统一，把新时代中国特色社会主义思想转化为坚定理想、锤炼党性和指导实践、推动工作的强大力量。当前，全党正在深入开展学习贯彻习近平新时代中国特色社会主义思想主题教育，这是贯彻落实党的二十大精神的重大举措，是一件事关全局的大事。我们要按照党中央决策部署和习近平总书记重要指示精神，坚持把加强党的创新理论武装作为重中之重，坚持读原著学原文悟原理，全面学习领会其科学体系、核心要义、实践要求，在深化、转化、内化上下功夫，深刻领悟“两个确立”的决定性意义，增强“四个意识”、坚定“四个自信”、做到“两个维护”。要深入学习贯彻习近平法治思想，这是政策法规部门的“必修课”，必须先学一步、学深一层，全面理解把握其基本精神、基本内容、基本要求，提高运用法治思维和法治方式深化改革、推动发展、化解矛盾、维护稳定、应对风险的能力，努力把学习成效转化为推进退役军人工作法治建设的具体实践。要深入学习贯彻习近平总书记关于退役军人工作重要论述，这是我们做好退役军人工作的根本遵循。要把学习重要论述与整体性学习领会习近平新时代中国特色社会主义思想和党的二十大精神贯通起来，学以致用、身体力行，把学习成果落实到干

好本职工作、推动事业发展上。

（二）在推动退役军人工作政策制度体系不断健全完善上下功夫。习近平总书记强调，推进科学立法、民主立法、依法立法，统筹立改废释纂，增强立法系统性、整体性、协同性、时效性。当前，广大退役军人对立法的期盼，已经不是有没有，而是好不好、管用不管用、能不能解决实际问题。要进一步完善政策制度体系。全面落实《关于加强新时代退役军人工作的意见》《中华人民共和国退役军人保障法》《退役军人工作政策制度改革方案》，适应新机构新职能、新形势新要求，加快填补立法空白，织密织细法规制度体系。深入分析立法工作现状，加强立法项目储备，形成近、中、远梯次衔接的立法规划。部里正在推动《退役军人安置条例》《军人抚恤优待条例》《烈士褒扬条例》《退役军人就业创业促进条例》等法规制定修订，各地要结合实际早作谋划，及时研究制定落实措施，推动形成上下贯通、左右衔接、系统完备的政策制度体系。要进一步提升政策制度质量。突出实用性，出台政策不在数量，重在管用、有含金量，能解决实际问题，“大部头”要有，但更要多搞一些“小快灵”。突出精准性，针对不同服务对象分类施策，变“大水漫灌”为“精准滴灌”。突出平衡性，统筹考虑区域间、群体间政策平衡，防止针对一个地方或一类群体的利好政策引发其他问题。突出操作性，制定配套政策要结合本地实际，能具体的尽量具体、能明确的尽量明确，便于基层操作实施。特别是对表现在基层、根子在上面的问题，要重点从政策法规上找原因、想办法。要进一步规范政策制定程序。健全立法论证机制和落实评估机制，充分听取退役军人和军地各有关方面意见，全面落实行政规范性文件合法性审核机制，加强政策出台前的风险评估。要持续推进政策清理，及时修改、废止与上位法规定不一致、不协调的内容，确保法律法规准确反映退役军人工作的实践要求。目前，部本级政策法规数据库已经基本建立，下一步将逐步推行全国联网，各地要提前做好本地区政策文件数字化、信息化的准备工作。

（三）在推动政策制度落实落地、更好惠及广大退役军人上下功夫。习近平总书记强调，如果不沉下心来抓落实，再好的目标、再好的蓝图，也只是镜中花、水中月。这几年，各级出台了不少政策，现在关键是抓好落实，让退役军人获得感成色更足。要突出抓落实的重点。聚焦党中央决策部署和习近平总书记重要指示批示，突出退役军人工作重难点问题、信访反映集中的疑难杂症，细化台账、压实责任、加强督查。要强化基层导向，人往一线走、钱往基层投、力往难处聚，打通政策落实“最后一公里”。要完善抓落实的机制。总结“法律政策落实年”、“蹲点抓落实”、大兴调查研究的经验做法，提炼抓落实的方法模式和典型案例。对复杂敏感、影响面大的改革举措，鼓励有条件的地区先行试点、探索经验，可复制、可推广的及时固化为制度机制。要凝聚抓落实的合力。积极争取党委政府支持，发挥党委领导机构统筹协调的优势，落实成员单位职责清单制度，将政策落实情况纳入党委、政府和相关部门绩效考核，作为双拥模范城（县）考评重要内容。另外，要持续推进“减证便民”工作，细化、量化行政裁量权基准，规范行政执法行为，这直接关系政策能否有效落实，关系退役军人获得感、幸福感。

（四）在更好发挥法治维护合法权益、化解矛盾纠纷的作用上下功夫。习近平总书记强调，建设覆盖城乡的现代公共法律服务体系。法治方法是解决涉退役军人矛盾问题的重要手段，加强法律服务是维护退役军人合法权益的务实举措。要全面落实关于加强退役军人法律援助的意见，把退役军人作为重点援助对象，对退役军人的法律援助申请优先受理、优先审查、优先指派。有条件的地区可以适当降低法律援助门槛、拓展援助事项范围，努力使更多退役军人获得法律援助。要统筹用好退役军人服务中心（站）建设法律咨询室、法律援助点，加快推进“互联网＋退役军人服务”，搭建线上与线下相结合的法律服务平台。要推动建立退役军人法律服务队伍，引入优质社会资源为退役军人提供法律咨询、辩护、代理等服务。2023年部里将制定加强法律服务志愿队伍建设的指导意见，各地可以结合实际积极探索、积累经验。要稳妥做好行政复议和应诉工作，积极推动案前调解，做好当事人思想工作。推动退役军人司法救助与社会救助相衔接，合力解决退役军人面临的生活困难。

（五）在提升系统工作人员政策水平和退役军人法治意识上下功夫。习近平总书记强调，要加强全民普法宣传教育，推动全社会形成办事依法、遇事找法、解决问题用法、化解矛盾靠法的良好法治环境。2022年，部里印发的关于加强退役军人事务法治文化建设的实施意见，对法治宣传教育进行了全面部署，各地要结合实际抓好落实。要通过专题培训、政策讲座、知识竞赛等形式，促进系统干部深入研究政策、学习政策，熟练掌握各项法律政策的准确内涵、实践要求、有关背景，准确把握相关领域政策改革发展趋势，真正成为政策上的行家里手。要推动将退役军人保障法等法律法规纳入全民国防教育和普法教育，大力开展送法律政策进军营、进校园、进机关、进企业、进社区、进乡村活动，将法治教育作为退役军人适应性培训、岗前培训、就业创业培训的重要内容，使广大退役军人认识到法律既是保障自身权利的有力武器，也是必须遵守的行为规范。要注重以道德滋养法治精神，常态化宣传退役军人先进典型、拥军模范和英烈事迹，培育塑造信念坚定、爱国奉献、奋发有为、诚信守法的新时代退役军人。

（六）在增强政策研究的针对性实效性、更好服务科学决策上下功夫。习近平总书记强调，对策研究要选好角度，增强政策建议的含金量，往实里做、往深里做、往精里做，努力做到研究“见底”、成果管用有效。当前，退役军人工作改革发展稳定任务艰巨，面临许多新情况新问题，迫切需要加强课题研究，以理论创新推动实践创新。要加强重大主题研究，围绕贯彻落实党中央重大决策部署深入开展研究，特别是要系统研究习近平总书记关于退役军人工作重要论述的理论渊源、时代背景、科学体系和实践要求，切实用以指导实践、推动工作、破解难题。要加强热点难点问题研究，突出实践性、应用性，加强“小切口”课题研究。前期，部里面向社会发布了公开征集优秀研究成果的公告，希望各地发动系统工作人员和属地高校、研究机构积极参与，共同为退役军人工作高质量发展建言献策。要加强深化改革研究，按照党中央的统一部署，部里正在围绕新一轮全面深化改革开展调研，谋划退役军人工作全面深化改革的重点方向、思路举措、方法步骤。各地要结合实际抓住主要矛盾问题进行调研，及时报送相关研究成果。要加强历史规律研究，部里正在编纂《中国共产党领导下的退役军人工作发展史》，系统梳理我们党在革命、建设、改革各个历史时期推进退役军人工作的制度成果和历史经验，力求以史为鉴、观照未来，其中涉及很多地方工作，大家要给予积极支持。

最后，再强调一下作风纪律的问题。大家都是做法治工作的，更要树牢法治意识、规矩意识，做到知法守法、敬法畏法，严格按章办事，严格遵守廉洁自律等各项规定，驰而不息落实中央八项规定及其实施细则精神，坚决反对形式主义、官僚主义，打造一支政治坚定、业务精湛、作风过硬的高素质专业化工作队伍。

同志们，做好退役军人政策法规工作、推进退役军人工作法治建设，责任重大、使命光荣。让我们更加紧密地团结在以习近平同志为核心的党中央周围，以更加饱满的精神状态、更加昂扬的奋斗姿态，勇于担当、积极作为，全面推进退役军人工作法治建设，为退役军人工作高质量发展提供有力支撑保障。

推进全面从严治党 引领保障新时代退役军人工作高质量发展
——在《中国退役军人》2023年第4期上的署名文章

（2023年4月）

林国耀

2023年是贯彻党的二十大精神的开局之年。1月初，二十届中央纪委二次全会深入贯彻落实党的二十大精神，对新时代新征程上一刻不停推进全面从严治党作了全面部署。习近平总书记在会上发表重要讲话，为深入推进党的自我革命，健全全面从严治党体系，坚定不移推进党风廉政建设和反腐败斗争向纵深发展提供了根本遵循。退役军人事务系统各级党组织和广大党员干部要认真学习、深刻领会习近平总书记重要讲话精神，深入学习贯彻二十届中央纪委二次全会部署，自觉把思想和行动统一到党中央对党风廉政建设和反腐败斗争形势的判断和任务部署上来，时刻保持永远在路上的清醒和坚定，不断增强忧患意识、风险意识，始终坚持问题导向，进一步树牢底线思维，把严的基调、严的措施、严的氛围长期坚持下去，发扬彻底的自我革命精神，以新担当新作为把全面从严治党各项工作落到实处。

深刻领悟“两个确立”，以实际行动践行“两个维护”。坚强的领导核心和科学的理论指导是我们党创造历史伟业的根本所在。“两个确立”是党在新时代取得的最重要的政治成果，是推动党和国家事业取得历史性成就、发生历史性变革的决定性因素，是党应对一切不确定性的最大确定性、最大底气、最大保证，是新时代新征程必须牢牢把握的根本信条。要结合学习贯彻党的二十大精神和党中央在全党开展的主题教育活动，引导党员干部深刻领悟“两个确立”的决定性意义，做到学有所思、学有所悟、学有所得，真正将学习成果转化运用到实际工作中，坚决做到“两个维护”。要坚决贯彻落实习近平总书记关于退役军人工作重要论述，做到完整、准确、全面把握精神实质，学到精髓、谋实思路、推动落实，防止笼而统之、大而化之。要坚决防止上有政策、下有对策，有令不行、有禁不止等问题；坚决防止做选择、搞变通、打折扣，阳奉阴违、自行其是等问题；坚决防止“低级红”“高级黑”等问题；坚决防止不顾大局，只顾部门利益等问题；坚决防止不结合实际制定具体措施，照搬照抄、上下一般粗等问题，确保党的二十大精神和党中央关于退役军人工作决策部署不折不扣落到实处。

加强纪律建设，坚持党性党风党纪一起抓。把纪律建设摆在更加突出位置，坚持党性党风党纪一起抓，把思想建设、作风建设、纪律建设贯通协同起来，经常抓、反复抓。在思想上固本培元，采取有效形式强化党章党规党纪学习教育。在作风上靶向整治，坚决落实中央八项规定精神，全面从严、一抓到底，对享乐主义、奢靡之风露头就打，对形式主义、官僚主义精准施治，坚决防反弹回潮、防隐形变异、防疲劳厌战。在纪律上从严要求，对违反党纪的问题，发现一起坚决查处一起，坚决纠正对党规党纪不上心、不掌握、不执行等问题，推动纪律建设抓在经常、严在日常，确保戒尺高悬、警钟长鸣、刻印于心。要把全面从严治党和鼓励担当作为统一起来。习近平总书记深刻指出，全面从严治党的目的不是要把人管死，让人瞻前顾后、畏首畏尾，搞成暮气沉沉、无所作为的一潭死水，而是通过明方向、立规矩、正风气、强免疫，营造积极健康、干事创业的政治生态和良好环境。要注意落实“三个区分开来”，激励干部敢于担当、积极作为，在系统内形成奋进新征程、建功新时代的浓厚氛围和生动局面。

树牢全周期管理理念，一体推进“三不腐”。要标本兼治、系统治理，不断强化“全周期管理”思维，使严厉惩治、规范权力、教育引导紧密结合、协调联动。要以零容忍态度反腐惩恶，严查重点问题，紧盯重点对象，严查党的十八大以来不收敛不收手典型问题，严查领导干部配偶、子女及其配偶等亲属利用影响力谋私贪腐等问题。要进一步深化以案为鉴、以案促改、以案促治，健全内部监管体系。要加强新时代廉洁文化建设，树立良好家教家风，营造和弘扬崇尚廉洁、抵制腐败的良好风尚。

坚持问题导向，深化巡视整改和风险防控。要持续紧盯中央巡视整改长期任务，坚持“当下改”和“长久立”结合，持续推进整改常态化长效化，确保巡视整改取得成效。要持续紧盯重大风险隐患，深入分析研判退役军人事务领域容易诱发风险的敏感因素，强化忧患意识、筑牢安全防线。要持续紧盯退役军人实际困难，深入了解广大退役军人所思、所想、所盼，关注伤病残退役军人生活困难问题，多想些好办法、硬招数，加大解决力度，实实在在提升广大退役军人的获得感、幸福感、安全感。要持续紧盯退役军人事务系统监管薄弱环节和廉政风险，分析研判苗头性倾向性问题、系统性问题、阶段性问题，摸清情况、把握规律、强化管控，进一步完善防治腐败滋生蔓延的体制机制。

强化系统观念，建立健全全面从严治党体系。要不断提升制度化、规范化、科学化水平，把全的要求、严的基调、治的理念落实到全面从严治党体系的构建中。要进一步压实全面从严治党政治责任，落实党委（党组）主体责任、书记第一责任人责任，增强落实全面从严治党责任的自觉和能力，促进党的建设和业务工作同谋划、同部署、同推进、同考核。要进一步健全监督体系，健全党委（党组）全面监督、纪律检查机关专责监督、党的工作部门职能监督、党的基层组织日常监督、党员民主监督的工作格局；用好审计监督成果，加强贯通协同，形成监督合力，不断提升监督质效。

铸牢绝对忠诚，提升监督执纪执法水平。纪检监察机关是党的“纪律部队”，是推进全面从严治党的重要力量，在推进中国式现代化进程中担负重要使命、发挥重要作用。退役军人事务系统广大专兼职纪检监察干部，要深学细悟习近平总书记关于加强纪检监察干部队伍建设的重要论述，深入贯彻落实二十届中央纪委二次全会部署，自觉在全国纪检监察干部队伍教育整顿中接受刻骨铭心的革命性锻造和深入灵魂的精神洗礼，积极参加习近平新时代中国特色社会主义思想主题教育，铸就对党绝对忠诚，不断提高履职本领，落实“深学习、实调研、抓落实”要求，以高质量监督为新时代新征程退役军人工作开好局起好步提供坚强保障。要善于学习钻研，持续深入学习贯彻党的二十大精神，努力学习政策法规和业务知识，用马克思主义中国化时代化最新成果武装头脑、指导实践、推动工作。要善于发现问题，进一步强化问题意识，主动发现问题，深入分析问题，善于求解问题，及时总结退役军人事务领域党风廉政建设和反腐败斗争的特点和规律，努力将监督效果转化为治理效能。要敢于善于斗争，坚定斗争意志，增强斗争本领，不断加强思想淬炼、政治历练、实践锻炼、专业训练，练就善于斗争的硬脊梁、铁肩膀、真本事。以高质量的监督促进退役军人工作高质量发展，推动退役军人工作在建设社会主义现代化强国中展现更大作为、贡献更大力量。

在部网络安全和信息化专题会议上的讲话

（2023 年 2 月 10 日）

常正国

今天，我们召开部网络安全和信息化专题会议，主要任务是总结数据集中统一整合工作，对数据大屏作初步的检查和验收，推动这项工作向纵深发展。这个大屏，汇集了退役军人事务领域方方面面的数据，可以说，是对我们工作最直观、最生动、最形象的展示，也是数据整合工作要实现的最终成果。下面我就深入推进数据整合工作讲 3 点意见。

一、数据集中统一整合工作取得了显著成效

数据集中统一整合是退役军人工作数字化转型的前提和基础，要实现精准治理、智慧服务、科学决策，必须做到标准统一、融合共享、互联互通。自工作开展以来，各业务司（局）主动作为，在业务层面积极谋划、组织推动；信息中心勇挑重担，不断完善平台建设；规财司牵头抓总、协调推进，形成了密切配合、高效协同的工作局面。这项工作取得的成果，可以概括为“三个一”：

一是编制了“一个标准”。2022 年 8 月，部务会审议通过了《退役军人事务信息化标签标准》，作为首部行业标准面向全系统印发使用。这是退役军人工作的一本小百科全书，因为它不仅首次对我部管理服务对象进行了科学分类，还对各类人员的基本信息标签进行了规范定义，无论是信息化建设，还是业务工作，有疑问的时候翻一翻，能给我们提供不少参考借鉴。标准印发后，各地执行情况都还不错，反响也很好。这次规财司又制作了标准单行本，做得比较精致，质量也很好，要尽快发给地方，全面推广使用。

二是形成了“一套数据”。以前，各业务司的数据、数据库数据、统计数据和地方报送的数据存在“打架”的现象。甚至，有些报给中央的数据都不一致，这在其他部委也是一个很难解决的问题，逐级填报数与系统生成数还是有差别的。经过这次整合，在机制上我们明确退役军人工作数据以业务系统为准，业务部门肩负起了数据质量第一责任，推进了系统的真用尽用，修正完善了问题数据；在技术上，打通了系统间的数据通道，把所有数据汇总在一起，实现了“一套数据”，做到了业务口、统计口、地方口等各方面数据口径的统一，在部委中率先解决了数据多源的难题。

三是打造了“一张大屏”。刚才规财司演示

了数据大屏，对我部当前的重点工作进行了全景介绍，效果很好。大屏里的数据很翔实，要素也比较全面，为各司（局）业务工作提供了一个很好的展示平台。里面开展的一些数据分析，虽然只是初步的挖掘和研判，但也很有参考价值。刚才大屏演示提到，现在60岁以上的服务对象比例远高于全国老龄人口比例，这是我们以后制定政策制度、抓好服务保障要重视的一个大问题。例如，退役军人党员人数占了全国党员总数的1/5，60%以上的村、社区都有退役军人任职等，这些数据对我们进一步做好工作都有借鉴意义。后续，我们也可以利用这个大屏汇报工作，全方位、全要素、全景式地展示我们的工作成效。

二、建设数字机关任重而道远

党的二十大就加快建设网络强国、数字中国提出了新的更高要求，为我们深入推进信息化建设指明了方向、提供了根本遵循。这两年，党中央、国务院印发的国家级信息化规划就有6部，指导意见有4部，对数据治理、数据共享、数据安全等方面做了全面部署，数字政府成为政府部门信息化建设的主攻方向。对于我们部来说，就是要全面贯彻中央要求，着力打造数字机关。从前一阶段数据集中统一整合工作来看，尽管我们取得了很多成绩，但也存在一些短板和弱项，将会影响和制约我们的数字化进程。例如，我们的数据治理还不够全面、规范，数据库与业务系统之间连通也不够顺畅、高效，离数字机关的要求还有一定的差距。对此，我们必须要有一个清醒的认识。

第一，打造数字机关，必须深刻认识数据精准在业务管理中的“基石”作用。习近平总书记指出，信息是国家治理的重要依据。现在，用数据说话、用数据决策、用数据创新已经逐步成为社会治理的主流模式。就退役军人工作而言，如果服务对象的数据不精准，我们每年该发多少钱、发多少优待证就说不清楚了。这次数据整合过程中，我们发现了不少问题数据，各司（局）就目前所管理的数据完成了修正，数据质量有了很大的提升。但在数据修正过程中，我们也触及了一些深层次的问题，发现部分服务对象没有归口管理部门，如回乡生产生活退役义务兵、转业志愿兵等。对此，要认真思考和研究如何从职能和事权的角度，进一步明确相关单位的数据管理责任，避免数据失管失控。

第二，打造数字机关，必须深刻认识数据共享在服务保障中的“桥梁”作用。习近平总书记指出，要构建全流程一体化在线服务平台，更好解决办事难、办事慢、办事繁的问题。这需要各部门、各系统间的数据实时共享。为全面推进政务服务一体化在线办理，国务院专门成立了数据共享协调小组。我们目前实现的互联互通，还是在现有系统间搭“管道”，有的“管道”还增设了一些“阀门”，并不十分顺畅。在我部的“十四五”信息化规划中，专门提出了“一库同享”的概念，这就需要深入推进大系统、大平台建设，建成统一的大数据库，实现跨业务、跨系统、跨层级、跨地域的实时共享，以“数据一体化”带动“服务一体化”，为退役军人服务“一件事一次办”搭建“高速公路”。

第三，打造数字机关，必须深刻认识数据赋能对科学决策的“领航”作用。习近平总书记强调，要运用大数据提升国家治理现代化水平，实现政府决策科学化。我们要在现有数据大屏的基础上，进一步深化数据分析应用，根据工作实际，多开展一些研判类、预测类的分析研究。例如，综合分析各个渠道获取的退役军人舆情信息，对潜在的信访问题进行预测预警。又如，可以根据服务对象年龄结构，预测领取定期补助、享受专项保障的人员数量，再结合人员地域分布、各地保障标准，预测保障资金投入趋势等。只有这样，积极推动大数据应用创新，不断提高大数据分析能力，充分发挥数据实际价值，才能真正实现退役军人工作数字化转型发展。

三、抓紧抓实新年度各项工作

数据治理、数据利用等工作只有进行时，没有完成时。下一步，还要在数据的全面统一规范、协同管理、联动更新、创新应用等方面下功夫，在上年工作基础上进一步推进“数据一体化”。

一要进一步提高工作站位。数字化是未来的必然趋势，我们要以高度的政治敏感性，准确把握这一时代发展潮流，坚定不移落实党中央部署要求，将信息化建设作为实现工作现代化的关键步骤，高度重视、加快推进。各司（局）要牢固树立数字化意识，加强对业务数据的管理和审核，持续提升数据质量，要学会在工作中依靠大数据研究问题、剖析矛盾，运用信息化手段优化管理机制、创新服务模式。请规财司、信息中心根据各司（局）需求，全力做好支撑保障。

二要进一步加强组织领导。实践证明，数据整合需要业务、技术等多方面协同联动推进，需要强有力的组织领导。我们的专班机制、月度清单制和半月督导制等，发挥了很好的作用。这是我们在工作中形成的宝贵经验，今后要继续坚持和完善。可以考虑，对应国务院的共享协调小组，成立部内相应的议事协调机制，并建立起提供数据、使用数据等方面的工作规则，为进一步深化数据共享应用提供组织保障。

三要进一步完善制度规定。2022 年制定的数据协同管理机制、权责清单等，为我们整合数据提供了极大的便利，这些好的机制应该固定下来，形成制度规定，推动数据管理工作长期规范开展。数据资源目录也可以面向全系统印发，让各级都清楚我们有哪些“数字资产”，促进数据规范管理、有序使用。同时，还要加强数据安全、网络安全等方面的政策研究，结合国家相关法律法规的立法进度，制定我部数据管理办法，在确保安全的前提下，推进退役军人数据共享应用。

四要进一步抓好项目保障。目前，我部有国家平台、公共安全等信息化建设项目，每年部门预算也列有专门的信息化运维经费，资金还算充裕。我们要紧紧抓住难得的建设窗口期，利用这些项目，建设技术先进、性能高效的新型信息化平台，把现有系统进行再造、重塑，确保不再相互之间“搭管子”，而是直接从统一的大数据库里随抓随取，当出现数据交叉、不一致等问题时，也能够实时监控提醒，第一时间将问题数据交由业务司（局）处理，这才是技术平台应该达到的效果。所以，在项目实施上，要多动脑筋、打开思路，努力建设精品工程，力争在项目实施完成后，让我部信息化建设迈入一流部委行列。

在促进优秀退役军人到中小学任教工作会上的讲话

（2023 年 8 月 31 日）

常正国

这次会议的主要任务是以习近平新时代中国特色社会主义思想为指导，全面贯彻党的二十大精神，深入落实习近平总书记关于退役军人工作重要论述，总结优秀退役军人到中小学任教工作阶段性成果，交流经验，部署任务，推动“兵教师”工作高质量发展。刚才，6 个省份介绍了典型经验做法，各有特点，各地要相互学习借鉴。下面我讲几点意见。

一、正确看待“兵教师”工作阶段性成效

党的十八大以来，习近平总书记对退役军人工作作出一系列重要论述，深刻阐述了新时代退役军人就业创业工作方向性、根本性、战略性的重大问题，为我们促进退役军人就业创业提供了根本遵循和行动指南。2022 年 4 月，习近平总书记在海南调研时明确提出退役军人是人才资源。我们要认真落实习近平总书记重要指示批示要求。我部会同教育部、人力资源社会保障部印发的《关于促进优秀退役军人到中小学任教的意见》（退役军人部发〔2022〕46 号，以下简称 46 号文件）出台 1 年来，各地认真落实，稳步推进，形成一系列务实管用的经验做法，取得切实成效。具体讲，一是机制建设保障有力。教育、人力资源社会保障和退役军人事务部门之间的协调与调度机制高效运转，上下齐抓共管、同向发力，为开展“兵教师”工作提供了坚实的组织保障。江西、重庆等地将“兵教师”工作列入省内高质量发展等相关考核体系，河北等地列入省委重点改革任务，借助考核“指挥棒”推进工作。二是实施工作稳步推进。截至 8 月底，地方退役军人事务部门和教育部门根据政策规定，合作开展师范专业学历教育 2100 多人；举办教师资格证专项培训班 57 期，近 1000 人考取教师资格证，取证率为 53.5%，明显高于 20% 左右的社会平均水平。在教育、人力资源社会保障部门的大力支持下，各地开展“兵教师”专项招聘近百次，上岗 600 多人。虽然上岗人数还不多，但在起步阶段能够有这样的成效已很不容易。此外，我们还协调央视等主流媒体和网络新媒体宣传报道“兵教师”工作，播出新闻、刊载文章或发帖转贴 130 多万次、点击量突破 2.2 亿次，营造了良好的社会氛围。三是政策体系逐步健全。北

京、内蒙古等26个省（区、市）和新疆生产建设兵团已出台落实文件，形成30多条富有特色的细化措施，将国家的政策导向转化为基层实践的具体要求，有效连接了“兵教师”工作最初和“最后一公里”。从总体情况看，“兵教师”发展态势良好，已经成为自主就业退役士兵比较好的职业选择。

二、切实增强“兵教师”工作责任感、使命感

习近平总书记对退役军人就业和青少年健康成长高度关注，多次作出重要指示批示。各级退役军人事务部门把学习领会习近平总书记重要指示批示精神转化为具体行动，落实“兵教师”工作就是很好的举措。2023年6月，蔡奇同志专门强调要持续推动优秀退役军人到中小学任教。全国政协委员连续两年提案，建议输送退役军人进入中小学教师队伍。我们要深刻理解、准确把握党中央决策部署，增强使命意识，扛起责任担当。

（一）“兵教师”工作是服务经济社会发展的重要举措。优秀退役军人政治可靠、作风过硬，在“听党话、跟党走”和传承红色基因方面有特定作用。促进他们到中小学任教，践行“为党育人、为国育才”的光荣使命，有利于改善中小学教师队伍结构、增强青少年阳刚之气，更好地赓续红色血脉。“少年强则国强”，做好“兵教师”工作是我们主动融入大局、服务大局的具体体现。我们要不折不扣贯彻党中央决策部署，以高度的政治责任感做好“兵教师”工作。

（二）“兵教师”工作是服务国防和军队建设的重要途径。习近平总书记在一系列重要论述中将退役军人定位为党和国家的宝贵财富，提出对军转干部要倍加关心、倍加爱护，强调要人尽其才、各得其所。随着军队改革和兵员征集对象的调整，退役军人的学历素质也同步提高。2021年，我部对即将退役的15 000多名官兵开展问卷调查，82%愿意到中小学教师岗位就业。2023年，湖北等地摸查退役大学生士兵就业需求，90%以上有从教意愿。推行“兵教师”工作，契合“让退役军人成为全社会尊重的人，让军人成为全社会尊崇的职业”这一工作目标，有利于促进广大官兵安心服役、建功军营。我们要用好这个机遇，把“兵教师”工作打造成服务国防和军队建设的样板工程。

（三）“兵教师”工作是壮大中小学退役军人专任教师队伍的有力抓手。这些年来，一批退役军人投身教育事业，潜心育人，默默奉献，赢得了“兵教师”口碑声誉。从基层调研情况看，中小学对退役军人教师广泛欢迎，需求量也大。但从掌握的情况看，在岗“兵教师”队伍规模还比较小。下一步，为争取将“兵教师”比例达到退役军人占全国人口的比例，各地要把落实工作抓得更严更实，请教育、人力资源社会保障部门多加关心支持，部里也要更有针对性地完善措施，全面促进中小学退役军人专任教师队伍发展壮大。

三、努力推动“兵教师”工作取得更好成效

促进优秀退役军人到中小学任教工作的政治性强，要在大局中把握方向、抓住关键，重点做

好以下 4 个方面工作：

（一）精心培养专业人才。退役军人师范人才培养是“兵教师”工作的基础，一定要做精做细。一要用足用好优待政策。教育部和人力资源社会保障部大力支持“兵教师”工作，在 46 号文件中给予了多项政策倾斜，如允许非师范生复学后转师范生、允许为退役军人开展辅导培训等。但从实践情况看，政策红利尚未完全释放。46 号文件提出各省份可依托高校开设退役军人师范、体育专业的学历教育专修班，成为解决退役军人师范人才不足的重要抓手。二要精心设计培养方案。有的地方反映教育教学能力培训的经费不足，难以持续。广东对此用心研究，创新实践，线上开展笔试培训，对笔试成绩靠前的学员开展线下辅导面试，所有线下参训学员百分百取证，把有限的经费用在“刀刃”上，节约成本，成效显著。有些地方与人力资源社会保障部门紧密协作，借助相关政策拓展培训经费。这些灵活变通的思路和做法，很值得大家借鉴。三要切实用好培训资源。不少地方反映，退役军人与师范专业跨度太大，“隔行如隔山”，培训效果和考试成绩还不理想。有的地方培训人数不少，取得证书的寥寥无几。但恰恰在一些教育基础相对薄弱的地方，由于积极借用“外脑”，引入外省优质师资，奠定了高质量培训的基础。例如，青海在落实文件中专门提出，鼓励各市州主动对接援青省市，联合培训，共享教育资源；贵州省贵阳市引入北师大优质师资实施培训。这些都是提高人才培养质量的有益思路。在此，我要特别强调，各地不要借此机会“大呼隆”地在高校挂牌退役军人学院。设立学院，就要名副其实，要有专设机构、师资配备、在籍学生、学科专业、培养方案等，否则“盛名之下其实难副”，既难以持续发展，也有损退役军人事务部门形象和公信力。

（二）着力畅通上岗通道。46 号文件在放宽学校招聘的年龄条件、延长教师资格考试合格证有效期等方面，都作出了相应规定，为退役军人入校任教提供了方便。其中最核心的一条，就是面向退役军人单列招聘计划。这项核心条款如何落地生根，需要大家深入探索实践。当前，有的地方反映退役军人师范人才数量与单列的计划数量难匹配、学校拿出的专项招聘岗位和持证退役军人的专业难匹配，一定程度上导致学校招聘计划落空或是退役军人考取证书后无岗可上，优待政策打了折扣。在工作起步时期，我们要深刻认识到人才供需结构不均衡的阶段性现状，联动设置师范专业人才培养计划和专项岗位招聘计划，“有多少米做多少饭”，积极施策，统筹推进。广西等地下大力气，逐人摸底持证专业和人员数量、协调学校对应提供招聘岗位，有效提升了人岗匹配度。湖北、青海等地对于专项招聘计划外的中小学教师岗位，退役军人招聘考试成绩加 5 分，既扩大了岗位选择面，又在一定程度上解决了人岗匹配问题。我们要拓宽工作思路，把政策的原则性和措施的灵活性结合起来，因地制宜，把握主动。

（三）多元促进职业发展。退役军人个体条件不同，但作风过硬、纪律性强的特点高度一致，可以在不同岗位上发挥优势。46 号文件对退役军人承担学校行政后勤工作、兼职体育教师、军训教官及安保人员作出相关规定。在这方面，四川在成都市天府新区试点建设“教资共享中心”，聘请退役军人全职担任国防教育辅导员，由教育部门统一排课调度，探索开发退役军人校外师资岗位的新途径。各地在落实政策的同时，也应该创造性开发更多类似的岗位。

（四）注重坚持底线思维。“兵教师”工作是利国利民的好事，也是把这支曾经握过枪杆子的队伍用好的创新性举措，我们要把握好改革发展稳定之间的关系，把好事办好，这是我们的政治责任。各地退役军人事务部门要把底线思维贯穿工作始终，下好先手棋、打好主动仗，在人才培养、招考等方面配合相关部门认真全面落实国家政策，深入细致研究具体举措，做好风险评估，谋定后动。尤其要注重做好以下 3 点：一要准确宣讲政策。对于学费减免、优待入学、便利入职等方面的政策，各级工作人员一定要搞明白、讲清楚，不能曲解政策误导对象，也不能为了动员效果而夸大宣传，给后面工作留下稳定隐患。二要精准摸底发动。当前，完全符合“兵教师”培养条件的退役军人还不多，各地要准确识别目标对象，针对性动员宣讲，不要搞大水漫灌，这样既浪费资源，也可能引发攀比和反感。福建等很多地方通过摸底排查、建档立卡，建立了“兵教师”储备人才库，提供兼职实习机会，持续跟踪支持。但也要注意，人才储备库的定位要清晰明确，不是进库就能上岗，避免抬高入库人员就业预期，引发不必要矛盾。三要加强统筹谋划。“兵教师”工作在顶层设计上注重综合施策，各地在具体实践中也要注意不同措施间的协同配合、良性互动，防止畸轻畸重，引发新生矛盾。要处理好整体推进和重点突破的关系、胆子要大和步子要稳的关系，注重部门间的政策制度相衔接、工作举措相协同，着力实现“兵教师”工作全局性谋划、整体性推进。要注重堵漏洞、强弱项，有效防范化解各类涉稳风险，维护好社会稳定大局。

四、确保“兵教师”工作有序推进

“兵教师”工作涉及的部门多、遇到的难点多，是一项复杂的系统工程，需要高位推动、狠抓落实。一要争取领导支持。党的领导是推动事业发展的最大优势。刚才几个发言省份的共同经验之一就是当地党委和政府重视程度高、支持力度大。会后，各地要及时把会议精神向本省区市退役军人事务工作领导小组汇报，争取对“兵教师”工作的更多关心支持。要把“兵教师”工作纳入领导小组重点工作加以谋划，成员单位各负其责、合力推动。二要做好协调配合。推进“兵教师”工作，离不开教育、人力资源社会保障等部门通力合作，有些环节还需要编制、财政等部门支持帮助。各地退役军人事务部门要多做协调工作，凝心聚力，争取支持，携手擦亮“兵教师”品牌。三要重视典型引领。部分地方反映，社会上对退役军人当老师还有争议声音。我们要主动挖掘宣传“兵教师”先进典型，运用融媒体手段，开展矩阵式宣传，让更多人了解“兵教师”，营造更好社会氛围。四要加强作风建设。做好工作，关键要真抓实干。各级退役军人事务部门要当好行动派、实干家，力戒形式主义、官僚主义，有政策要求就要落实，文件出了就要兑现，切忌把“说了”当成“做了”、把“发文了”当成“落实了”、把“开会研究了”当成“问题解决了”、“把任务分解了”当成“目标完成了”。当前，全党正在深入开展学习贯彻习近平新时代中国特色社会主义思想主题教育，我们要把开展主题教育同做好“兵教师”工作紧密结合起来，切实把学习、调研成果转化为实际行动，强化担当意识、提升履职水平、敢于动真碰硬，以实际成效检验工作成绩。

“兵教师”工作意义重大，我们要切实提高政治站位、强化使命担当，坚持不懈用习近平新时代中国特色社会主义思想凝心铸魂，坚定拥护“两个确立”、坚决做到“两个维护”，主动作为、真抓实干，全力促进优秀退役军人到中小学任教。也请教育、人力资源社会保障部门的领导和同志们继续支持退役军人事务工作，一道努力做好“兵教师”工作，共同助力中国式现代化建设！

在中央单位和北京市军转安置考试工作任务部署会上的讲话

（2023 年 6 月 28 日）

杨友斌

今天，我们召开 2023 年度中央单位和北京市接收安置转业军官考试工作任务部署会。我围绕组织好今年的考试讲几点意见。

一、思想认识要摆上高位

军转安置工作是习近平总书记和党中央关心关注的大事，军转安置考试作为军转安置工作的重要环节，关系转业军官前途命运、关系安置政策落地落实、关系年度任务顺利推进，必须作为一项政治任务、作为当前重点工作大事大抓、紧前推进、高标准完成。

二、机构成员要各负其责

考试组织机构已经成立，关键是对照职责抓好落实，关于具体分工我再明确如下：考试总体协调由安置司牵头负责；场地保障由北京城市学院牵头负责；命题阅卷由人力资源社会保障部考试中心牵头负责；健康防护由培训中心牵头负责；周边安全由海淀区政府牵头负责；人员组织由北京卫戍区牵头负责；考风考纪由退役军人工作局和安置司牵头负责。

三、协调配合要积极主动

考试环节多、程序多、点位多、部门多，大家要心往一处想、劲往一处使、形成一盘棋。一是军地职能部门在考试通知、事项明确、政策解读等方面要统一口径、保持一致。二是参考人员所属部队对人车数量、到校时间、特殊考生等情况，要及时通知有关单位掌握，以便预有准备做好工作。三是在疫情防控、秩序维护、考务保障等需多个单位共同完成的任务上，要通力协作，不能推诿扯皮，遇有矛盾问题要及时请示报告。四是大家在考试准备过程中，如发现某个环节、某个部位、某个事项存在粗疏错漏时，要相互提醒、相互补台、相互补漏，共同把任务完成好。

四、服务保障要精细到位

一是采取书面、电话或微信群等多种方式，及时将考试安排和有关要求通知到每名参考人员，不能误时误事。二是为每名参考人员准备好红黑签字笔、稿纸、备用口罩、消毒湿巾、矿泉水等物品，装在文件袋中，提前摆放在桌子左角上。三是合理设置安检区、待考区、停车区等，每个区域都要安排专人值守，每个路口都要设置路牌指引、每个考场都要张贴座次示意图。四是备好防暑降温及常用急救药品，安排好现场救护人和车辆，提前协调好接诊医院和绿色通道。

五、作风纪律要严明过硬

一是在人员着装上，参考人员要统一着体能训练服短袖上衣、长裤和作训鞋，不能穿短裤、拖鞋、背心等进入考场。二是在队列养成上，要安排专人带队，队列动作要整齐规范。三是在言行举止上，要自觉维护校园秩序，不能勾肩搭背、喧哗吵闹、随地吐痰、乱扔杂物。四是在考风考纪上，要组织好专题教育，讲清楚作弊的严重后果，监考人员要认真履职，发现问题及时报告、依规处置。

六、安全稳定要守住底线

重点关注好 4 个方面的安全：一是人员安全。提醒参考人员考前不要出远门，不要剧烈运动，有病早就医早治疗，防止因出现意外情况或因伤因病影响考试。二是交通安全。对于统一乘车的，单位要检查好车况，挑选好驾驶员、带车干部、安全员，车辆行驶过程中要保持好车距，指挥员要进行不间断指挥。对于个人前往的，要打好提前量，严格遵守交通规则。三是试卷安全。对试卷的印制、存储、运输、启封、发放等环节，严格按规定要求实施全过程管理监督，防止发生丢失、被盗、泄露等问题。四是场所安全。备好移动电源车，必要时进行应急供电演练，一旦需要及时更换。全面检查考场电路电线、楼层电梯、门窗栏杆等，消除安全风险隐患。

在退役军人工作专题研讨班分组讨论时的讲话提纲

（2023 年 10 月 23 日）

杨友斌

在学习贯彻党的二十大精神开局之年，中央组织部、中央党校（国家行政学院）和退役军人事务部联合举办退役军人工作专题研讨班，我感到，这是一次学习领会总书记思想的政治强训，是一次凝聚力量共识的政治淬炼，是一次推动退役军人工作高质量发展的政治动员。

这些年来，在以习近平同志为核心的党中央坚强领导下，在各地各成员单位共同努力下，退役军人事务工作取得了历史性成就、发生了历史性变革。我感到，主要有 5 个方面的变化：一是思想认识由业务观念向强国强军转变。通过深入学习领会习近平总书记关于退役军人工作的一系列重要论述和战略擘画，自觉把弘扬英烈精神、维护合法权益、保障安置就业等工作职能当成政治任务，摆在强国复兴、强军兴军全局的高度来谋划、来推动。二是管理体制由多头分散向集中统一转变。退役军人服务保障机构从无到有、由有到优，有效整合人力资源社会保障、民政和部队相关职能，构建起党委统一领导、政府牵头负责、部门广泛参与的工作格局，党对退役军人工作领导得到了全面加强。三是政策法规由零碎滞后向配套完善转变。通过废、立、改、释一体发力，政策创制从碎片化、打补丁到整体设计、重塑再造，国家层面陆续出台以退役军人保障法为代表的政策文件，各地也跟进出台各类政策法规，立起了退役军人工作政策制度的“四梁八柱”。四是服务保障由简单粗放向精细精准转变。各级各地坚持尊重尊崇理念，改变了以往人员底数一抹黑、接收安置一下子、走访慰问一阵风的情况，通过建档立卡、常态联系、社保补缴、直通安置及登门送喜报、发放优待证等创新举措，把工作做到了退役军人心坎上。五是信访形势由集访多发向平稳可控转变。系统内外带着情感、带着责任回应诉求关切，通过军地一体找症结、上下联动解难题、部门协同化积案，既有力服务了社会大局稳定，也为高质量发展奠定了坚实基础。

结合这次学习和平时工作思考，我感到，推动退役军人事务工作高质量发展，可以从“5 个坚持”上来着手。一是坚持把学思想与谋发展贯通起来，强化使命感。做好退役军人事务工作最根本的就是要用习近平总书记的思想引领建设发展，只有深入学习贯彻习近平总书记关于退役军人工作重要论述，才能保证发展方向不偏、工作合力不减、使命责任不降。二是坚持把创业绩与助强军一致起来，提高贡献率。做好退役军人事务工作最关键的就是要把退役军人的作用发挥好，通过加强顶层设计、完善制度机制、拓宽渠道路径，把退役军人服务备战打仗、投身稳边固防与助力乡村振兴、参与社会治理一体谋划、一体推进，使他们成为经济建设的生力军、社会稳定的压舱石、国防动员的蓄水池。三是坚持把重服务与抓管理融合起来，增强尊崇度。做好退役军人事务工作最紧要的就是把要教育管理纳入服务保障的全过程全链条，创新构建新时代退役军人思想政治工作体系，把优待保障、教育管理、尊重尊崇融合起来，做到部队服役与退伍返乡紧密衔接、思想问题与现实困难同步解决、待遇保障与行为规范一体设计。四是坚持把解难题与保稳定统筹起来，筑牢防护墙。做好退役军人事务工作最核心的就是要把底线思维贯彻体现到具体工作实践中，积极化解信访矛盾积案，把风险隐患消除在基层末端、化解在萌芽状态，切实筑牢安全稳定的堤坝。五是坚持把打基础与建队伍结合起来，厚植保障力。做好退役军人事务工作最长远的就是要把加强系统自身建设作为一项固本工程紧抓不放、持续用力，采取政府投与社会筹、自主建与上级帮、集中训与实践练等方式，打造一批功能全、设施好、服务优的保障机构，建设一支政策通、法规通、业务通的骨干队伍，为推动退役军人事务工作高质量发展提供坚强的力量支撑。

提升政治站位　推动政策落实
带着感情和责任做好退役军人信访工作
——在《中国退役军人》2023年第2期上的署名文章

（2023年2月）

马飞雄

党的十八大以来，以习近平同志为核心的党中央高度重视信访工作。习近平总书记多次作出重要指示批示，系统回答了信访工作的本质属性、根本立场、功能定位、重点任务、改革方向等一系列重大理论和实践问题，为做好新时代信访工作提供了根本遵循。做好退役军人信访工作，必须始终坚持以习近平新时代中国特色社会主义思想为指导，认真贯彻习近平总书记关于退役军人工作重要论述，牢记为党分忧、为民解难的政治责任，带着使命、盯着问题、含着感情办理退役军人信访事项，奋力谱写新时代退役军人信访工作的新篇章。

讲政治，切实增强做好退役军人信访工作的紧迫感、自觉性

习近平总书记强调，信访是送上门来的群众工作，是反映社情民意的“晴雨表”，是了解为政得失的重要窗口。这些重要指示，是对做好信访工作的政治要求。退役军人群体基数大、分布面广，身份特殊、地位重要，做好退役军人信访工作，有利于化解退役军人矛盾问题、维护退役军人合法权益，有利于践行党的群众路线、促进社会和谐。当前，退役军人信访形势总体较好，但基础仍不够牢固。从国际情况看，退役军人信访问题一直是西方敌对势力插手炒作的重点；从国内形势看，部分退役军人仍持续信访，有的甚至言词激烈、行为极端；从系统自身看，我们工作确实曾存在落实政策不够有力、职能发挥不够充分等问题。

对此，各级退役军人事务部门一定要善于从政治上看待和把握，站在拥护“两个确立”、增强“四个意识”、坚定“四个自信”、做到“两个维护”的高度，充分认识做好退役军人信访工作的极端重要性和现实紧迫性，自觉践行习近平总书记关于加强和改进人民信访工作的重要思想，以强烈的政治责任感和历史使命感抓好退役军人信访工作，扎实推动矛盾问题解决，全力服务营造和谐的社会环境。

讲政策，注重从源头上化解退役军人信访矛盾

习近平总书记指出，要强化法律在化解矛盾中的权威地位，综合运用法律、政策、经济、行政等手段和教育、调解、疏导等办法，把群众合法合理的诉求解决好。这些重要指示，为源头化解信访矛盾指明了方向。退役军人信访问题由来已久，往往每逢军地改革涉及利益调整就会引发攀比上访。究其原因，其中许多是因政策调整变化或落实不到位而引起，解决这些信访难题仍然需要从落实政策、完善政策上突破。

对于退役军人事务部门，关键是坚持“三个着力”，减存量、控增量、防变量。一是着力清理累积的政策欠账，对应安置未安置、安置未上岗、待安置期间待遇不落实等合法合理诉求，应即知即改、立行立改，减少历史遗留信访矛盾。二是着力推动现有政策落实，密切关注、及时研究解决落实过程中出现的新情况、新问题，避免执行偏差走样，防止新增信访矛盾。三是着力加强政策出台风险评估，严防次生信访矛盾，坚决防止因政策不同步、标准不统一等引发攀比，坚决防止一地的经验变成他地上访的理由，进而形成新的信访问题。

对于退役军人，关键是教育引导他们依法理性反映诉求。通过组织开展《信访工作条例》等法规政策学习宣传，让退役军人认清哪些诉求是合法合理的、哪些诉求是不合法不合理的；认清违反规定信访也有风险，也要承担相应的法律责任；认清采取写信、打电话、网上信访方式，与实地走访具有同等效力、同样效果，而且更省时省力省钱。

讲感情，努力帮助退役军人解决急难愁盼问题

习近平总书记指出，信访工作的首义，在于时刻把自己看成人民中的一员，把心贴近人民。并特别强调要关爱退役军人，他们为国防军队建设作出了贡献。这些重要指示，深刻阐明了做好信访工作的群众立场。退役军人曾在部队服役，有功于国家、有功于人民。现在他们中间有的伤残病，有的下岗失业，有的家庭遭遇重大变故，处于一生中最为困难、最需帮助的时候，不少人员因此走上信访之路。我们国家虽然人口多、底子薄，但对退役军人的感情不能薄，一定要将他们当家人、将其来信当家书、将其诉求当家事，让退役军人切身感受到党和政府工作的温度和质感。

一是坚持情为民所系，推断信访诉求有因。严肃审慎对待每一名信访人、每一件信访事项，切忌主观臆断诉求过高或者诉求无理。具体工作中，对诉求合法合理的，加快推动解决；对诉求不合法不合理的，要针对性做好政策解释和思想政治工作，讲明事理、讲透情理、讲清法理，帮助他们算经济账、算家庭账、算健康账，不搞虚假承诺、过度承诺，不推卸责任；对生活确有困难、有就业需要的，要用足用活各类政策，想方设法予以解决，帮助他们渡过难关。二是坚持权为民所用，推定服务保障有失。要多从政策运用上看缺失，看有没有不符合中央要求的、有没有不接地气的、有没有执行偏差的，如果有就要坚决纠正；多从作风建设上查不足，查是不是脱离群众、是不是做表面文章、是不是弄虚作假，如果是就要坚决改正；多从工作实践上找差距，看

各项工作是否扎实、方式方法是否务实、实际效果是否真实，如果不实就要坚决校正，不断改进和提升服务质效。三是坚持利为民所谋，推动矛盾问题有解。对退役军人信访积案，通过提级办理、精准协调、集中治理、多元化解等措施，反复推动、挂账督办、限时解决。要以“为退役军人排忧解难”等专项行动为牵引，有效发挥行政机构、事业单位、社会力量“三驾马车”效能，整合资源、集中力量，帮助退役军人纾难解困，化解各种风险隐患。

讲责任，切实推动退役军人信访工作落地落实

习近平总书记强调，一分部署，九分落实；解决信访问题应该分级负责，严格落实责任制。这些重要指示，明确了推动信访工作落实落地的责任要求。责任不落实，工作就要落空。做好退役军人信访工作，各级各部门特别是各级退役军人事务部门，要突出强化落实“四项责任”。

一是强化属地责任，坚决做到守土有责、守土尽责。严格落实退役军人事务系统“一把手”主抓信访工作，定期听取汇报、研判形势、调度指挥，带头接访下访包案，主动协调推动解决重大疑难信访问题。坚持工作重心下移，逐级落实责任，尽量将问题解决在基层、矛盾消除在萌芽，坚决防止小事拖大、大事拖炸。二是强化协同责任，始终保持协调联动、合力共为。积极争取同级党委重视支持，充分发挥各级党委退役军人事务工作领导机构办公室的优势，及时请示报告、统筹协调，促进高位推动退役军人信访工作持续深入开展。加强与信访、军队等有关方面的联系沟通、协同配合，有效实现信息联通、问题联商、矛盾联调、应急联处。三是强化首办责任，着力化解初次信访、防止反复。落实信访事项首办责任制，对上级交办、督办和本部门主办的信访事项，逐一明确分管领导、受理部门和经办人员的责任，全力推动问题解决，努力实现“最多访一次”。四是强化应急责任，有效防范突发事件、舆情炒作。进一步压紧压实部门、单位和个人的应急责任，细化应对措施、实化责任分工，确保遇到情况能够及时启动、稳妥处置。特别要注意防范网上涉退役军人信访舆情炒作，及时主动发声、释疑解惑，澄清事实、对冲谣言。

在全国退役军人服务保障体系建设管理推进会上的讲话

（2023 年 11 月 28 日）

马飞雄

这次会议的主要任务是，深入学习贯彻党的二十大精神和习近平总书记关于退役军人工作重要论述，认真落实习近平总书记关于退役军人服务保障体系建设重要指示批示精神，聚焦新形势、新任务、新要求，交流工作经验，表扬先进典型，分析当前形势，安排部署下阶段重点任务，动员系统干部砥砺奋进、担当作为，以更加奋发昂扬的斗志推动服务保障体系建设高质量发展。

党的十八大以来，习近平总书记着眼实现强国梦、强军梦，立足国际战略格局和国家安全形势的深刻变化，对退役军人工作作出一系列重大决策部署，提出一系列重大理论观点，亲自决策组建退役军人管理保障机构，为我们做好工作提供了根本遵循和行动指南。特别是 2019 年 1 月 1 日习近平总书记对建立健全退役军人服务保障体系作出重要批示以来，在党中央坚强领导下，地方各级党委和政府高度重视，全国退役军人事务系统凝心聚力、务实笃行，强力推动退役军人服务保障事业蓬勃发展。一是体系日益健全。出台一系列政策文件，将服务中心（站）建设写入退役军人保障法，将退役军人事务员职业纳入《中华人民共和国职业分类大典》。目前，全国已建成六级服务中心（站）共 61.1 万个，配备编制 11.9 万个，专兼职人员约 91 万人。二是功能日益完善。推动各级服务保障机构加强政治文化环境建设，持续强化思想政治教育功能，不断丰富就业创业扶持、优抚帮扶、走访慰问、权益维护等服务功能，倡导“尊崇工作法”，推行“最多跑一次”“服务代办”“一站式”“互联网 +”等服务模式，让退役军人切身感受到家的温暖。三是作用日益彰显。特别是以基层服务中心（站）为重点，在全系统学习推广新时代“枫桥经验”，践行“浦江经验”，持续深入排查化解矛盾问题和风险隐患。退役军人依法逐级反映问题的格局正在成型，自下而上解决问题、化解矛盾的“金字塔”结构进一步稳固。这些成绩的取得，根本在于习近平总书记作为党中央核心、全党核心领航掌舵，在于习近平新时代中国特色社会主义思想科学指引。同时，也凝聚着各级党委和政府的心血与智慧，离不开全系统干部的艰苦奋斗和辛勤付出。

推进服务保障体系建设再上新台阶，要坚持以习近平新时代中国特色社会主义思想为指导，认真贯彻落实习近平总书记关于退役军人工作重要论述，按照习近平总书记“五有”“全覆盖”要求和《中华人民共和国退役军人保障法》有关规定，将服务保障能力提升作为服务中心（站）建设运行的生命线，创新体制、规范机制、完善制度、科学践行，逐步实现服务平台体系化、服务手段信息化、服务管理规范化、服务模式多元化、服务队伍专业化，全力推动服务保障体系从“有”向“优”发展。近期重点是做好“四个加强”，破解“四个不到位”。

一、加强政治引领，着力破解思想认识不到位问题

退役军人服务保障体系组建初期，各级领导和工作人员热情高涨、强力推进，各项工作贯通融合。但随着各级服务中心（站）建成和稳定运行，个别地方有所松懈，心态情绪也出现波动。一是自满情绪。有的觉得机构、站点建得差不多了，运转也走上正轨，工作就这些内容，“热度”逐步衰减、“热情”有所减退。二是厌战情绪。有的认为工作目标可高可低、要求可严可松；有的觉得基层工作没什么意思，存在躺平心态和消极思想。三是埋怨情绪。特别是遇到矛盾和困难时，有的行政机关埋怨服务站点配合不积极、落实不到位，服务站点则埋怨行政机关安排不合理、保障不到位，还有部分工作人员甚至埋怨退役军人所求过多、要求过高。这些不良表现还是思想认识上出现了偏差，对服务保障体系建设的重大意义认识不深不透，将其当作一般性业务工作看待。

对此，我们要站在政治和全局的高度，充分认清建强用好服务保障体系的重大政治意义、法治意义和现实意义。第一，这是坚定拥护“两个确立”、坚决做到“两个维护”的校验标尺。习近平总书记关于“五有”“全覆盖”的重要批示，思考深邃、谋划高远。要切实提高政治站位，自觉把推动退役军人服务保障体系高质量发展，作为贯彻落实习近平总书记重要指示批示的实际行动，作为坚定拥护“两个确立”、坚决做到“两个维护”的具体举措。第二，这是积极推动落实《中华人民共和国退役军人保障法》的法定责任。《中华人民共和国退役军人保障法》对服务中心（站）建设、工作职能等作出了明确规定。我们要深刻领会其重要意义，坚持法治思维、尊崇法律权威，坚定履行法定职责，坚定执行法律的刚性规定，督促推动相关法律规定执行到位。第三，这是全面贯彻党中央决策部署的必然要求。中共中央办公厅、国务院办公厅印发《关于加快推进退役军人服务保障体系建设的意见》，对组建从国家到村（社区）六级服务机构和站点提出明确要求。我们要深刻领悟党中央加强服务保障体系建设这一战略部署的重大意义，切实增强规矩意识，高标准高质量推动各项工作任务落实到位。第四，这是贯通退役军人服务保障“最后一公里”的现实需要。退役军人服务中心（站）是退役军人事务系统的“窗口”，是确保各项政策落地落实的重要阵地。我们要充分认识服务中心（站）作为打通服务保障“最后一公里”的关键特殊地位，把服务保障体系建设放到退役军人整体工作中去考量，千方百计、攻坚克难，持续加强工作。

二、加强基础建设，着力破解“五有”“全覆盖”落实不到位问题

当前，全国退役军人服务保障体系总体正在从“有”向“优”稳步推进，但个别地方工作仍有滞后，甚至存在倒退风险。一是站点“形式化”“空心化”问题突出。有的“为建站而建站”，服务站有牌子无实体；有的服务站工作人员“被统筹”；有的县级中心人员“在编不在岗”、乡级服务站工作人员“身兼数职”、村级服务站人员“有名无实”，主责履行不充分。二是阵地出现萎缩苗头。有的地方试图通过撤销基层服务站，以解决机构编制紧缩的实际困难；有的阵地意识不强，部分村级服务站摘了牌子、丢了阵地。三是队伍建设仍有短板。有的服务站招不来人，招来人又留不住；有的服务站人员能力素质不高、业务不熟、群众工作经验不足；有的对服务站站长配备和培养不够重视。四是经费保障严重不足。有的地方未专项安排服务保障工作经费，日常活动经费申领难度大、保障不足。

破解上述问题的基本路径是争取党委和政府重视及相关部门支持。要用足用活议事协调机制，利用党委议军会议和党委退役军人事务工作领导小组全体会议、专题会议等契机，及时主动向党政主要领导、领导小组领导及各成员单位有关同志汇报宣传，积极争取在机构、人员、经费、保障等方面的大力支持。破解上述问题的当务之急是坚决守牢基层阵地。一方面，要认真学习贯彻习近平总书记重要指示批示精神，深入贯彻党中央决策部署和国家法律法规，敢于亮剑，据理力争；另一方面，要加大对基层服务站点的指导力度，常态化开展工作调度，督促基层通过积极作为建阵地。破解上述问题的工作重点是着力抓好人员选配。对于人员招录，在符合有关规定和程序的前提下，视情放宽学历等门槛。对聘用人员，重点依托退役军人事务员职业建设，探索建立技能等级与岗位晋升、先进评比、薪酬待遇挂钩等激励机制。对于在编人员，关键是加强教育培养，提高业务能力，饱满工作内容。

三、加强探索创新，着力破解功能发挥不到位问题

《中华人民共和国退役军人保障法》和《关于加快推进退役军人服务保障体系建设的意见》对退役军人服务保障体系明确了协助同级相关职能部门做好思想政治引领、法规政策宣传、志愿服务发展、舆情监测处置等工作，这些都要毫不放松抓紧抓好。同时，重点要聚焦 4 项内容，全力推进落实。

在就业创业扶持服务保障方面。有的服务中心（站）对辖区内退役军人就业创业状况和需求掌握不及时、不精准、不全面，在联系用人单位、用工企业等方面不积极、不主动；有的服务中心（站）对退役军人适应性培训、技能培训等抓得不够实、不够紧。服务中心（站）要摸清辖区退役军人就业底数、业务专长，动态掌握退役军人就业创业情况，及时提供针对性服务。要深挖各类资源，多渠道多途径提供就业岗位和创业机会。要针对性开展适应性培训、职业技能培训，提升其就业创业能力水平。

在优抚帮扶服务保障方面。有的地方帮扶援助形式单一，难以满足困难退役军人多元化、个性化需求；有的地方帮扶援助工作举步维艰，甚

至出现个别困难退役军人自行寻求社会公众帮扶引发舆情的案例。我们要依托基层站点，精准识别困难退役军人，及时将其纳入帮扶救助范围，帮助符合条件的退役军人申请低保、专项救助、临时救助等。对特殊困难退役军人家庭，通过结对服务、志愿服务、社会捐赠等方式，组织开展个性化、亲情化帮扶。要持续开展“情暖老兵”专项行动，及时为困难退役军人大病救助、子女就学等提供帮扶，全力保障因灾遇困及老弱病残退役军人的基本生活。

在走访慰问服务保障方面。有的服务中心（站）走访慰问存在“慰”多“问”少甚至只“慰”不“问”的现象；有的服务中心（站）让服务对象到站点领取慰问金；个别地方服务中心（站）将立功喜报、慰问金压在抽屉里一年半载都没有送到服务对象手上。我们要深化开展“四尊崇、五关爱、六必访”等工作，坚决杜绝“机关化”倾向和“衙门”作风。要切实增强主动服务意识，通过进村入户、走街串巷，融入退役军人之中，把服务送到退役军人家门口、把工作做到退役军人心坎上。

在权益维护服务保障方面。有的地方在主动化解矛盾纠纷时有畏难情绪，不愿面对面做工作，处理问题方式方法简单粗暴；有的服务站末梢神经的预警感知功能发挥还有盲区、盲点。我们要依托基层服务中心（站），积极组建老兵调解室、老班长工作室等调解组织，构建“退役军人调解员 +”模式，引导退役军人依法理性反映诉求、解决问题。推行基层服务站“信访代办”，变被动接访为主动下访；严格落实重点人员双包联制度，压紧压实县处级领导和属地服务站站长责任。用好“13712”信访事项调度机制和办结质量抽查机制，努力实现“最多访一次”。深化重复信访治理和信访积案化解，综合采取联合接访、提级包案、重点约访、登门走访等方式，推动解决问题。依托基层服务体系，健全精细化预警防控机制，加强矛盾纠纷排查化解。

四、加强组织领导，着力破解管理监督不到位问题

退役军人服务保障体系层级较多、体系庞大，统一调度任务重，管理监督难度大。当前存在的主要不足：一是制度体系不够健全。有的地方行政机关和事业单位缺乏科学定位、合理分工，领导机制不够顺畅、职责定位不够清晰、工作边界模糊混淆；有的地方服务中心越界行权，干扰了工作；有的地方将服务保障体系建设整体工作交由中心承担，导致行政指导缺失。二是运行机制不够顺畅。有的县级中心在指导安排乡镇服务站业务时，存在工作不好协调等现象；有的地方对基层服务站指导力度不够甚至缺位，在基层面临困难时不能及时帮助想办法解难题。三是评价激励体系不够完善。大部分地方尚未建立服务中心（站）评估体系，缺乏有效激励约束举措。

推动服务保障体系高效运转、有效发挥作用，必须进一步健全体制机制、明确职责定位、加强上下联动。一要进一步理顺工作关系。充分发挥行政机关的统筹指导和事业单位的落地支撑作用，思想权益部门要切实履行好指导各级服务中心（站）建设管理职能，做好政策制定、规划拟订、标准规范、队伍建设、典型选树、监督评价等工作；服务中心（站）作为退役军人事务

系统的重要“窗口”，要在本级行政部门的指导下，承担“服务性、延伸性、辅助性”等事务工作，配合做好服务保障体系建设管理相关具体工作的推进实施。为更好地规范相关工作，部里研究制定了《退役军人服务保障体系建设管理工作协同机制》，裴金佳部长对此给予充分肯定，将印发各地参考。二要进一步健全评价机制。探索建立科学合理的绩效评价制度，规范细化评价指标，定期对服务中心（站）工作开展情况进行评价。要建立健全公平公正的先进典型评价体系，定期对服务保障先进单位和个人、优秀主任（站长）、优秀退役军人事务员等进行表彰奖励、通报表扬。三要进一步强化监督考核。部里将在平安建设考评和双拥模范城（县）评比中加大“五有”“全覆盖”落实情况的分值权重，还将视情纳入退役军人事务工作综合督查，探索协调有关部门开展退役军人保障法专项执法检查。省级退役军人事务部门要加强调度指导，协调解决重点难点问题。对落实政策打折扣、整改工作不到位的，坚决采取通报、约谈、督办等方式督促整改。

全国退役军人工作

退役军人事务部工作情况

2023年，退役军人事务部坚持以习近平新时代中国特色社会主义思想为指导，全面贯彻落实党的二十大和二十届二中全会精神，深入学习贯彻习近平总书记关于退役军人工作重要论述，坚决落实党中央、国务院决策部署，圆满完成各项任务。

一、扎实开展学习贯彻习近平新时代中国特色社会主义思想主题教育

牢牢把握“学思想、强党性、重实践、建新功”总要求，坚持以学铸魂、以学增智、以学正风、以学促干，高站位谋划推进、高标准组织落实，推动主题教育取得扎实成效。坚持把深入学习贯彻习近平新时代中国特色社会主义思想作为“第一议题”，跟进学习习近平总书记最新重要讲话、重要指示批示精神，开展党的二十大精神专题轮训，举办退役军人工作专题研讨班，在学思践悟中持续强化政治机关意识，深刻领悟“两个确立”的决定性意义、坚决做到“两个维护”。坚持把习近平总书记重要指示批示作为“第一政治要件”，对习近平总书记重要指示批示和其他中央领导同志批示要求，专题研究部署，跟踪督办落实。大兴调查研究，组成11个调研组深入13个省份开展调研，上下联动解决一批疑难问题。认真落实中央政治局常委会工作要点、政府工作报告有关部署，全面推动“十四五”退役军人服务和保障规划实施。结合巩固深化巡视整改成果和干部队伍教育整顿，建立问题清单、责任清单、措施清单、成果清单，加强制度机制建设，深化整改整治成效。

二、持续强化思想政治引领

坚持把思想政治工作摆在突出位置，制定退役军人思想政治教育规范，建设退役军人网络学院，拓展线上线下思想政治教育平台。发挥典型示范引领作用，广泛开展“最美退役军人”“最美拥军人物”学习宣传，持续开展“老兵永远跟党走”活动，以老兵身份、从老兵视角、用老兵语言开展巡回宣讲。录制抗美援朝战争口述史，推出《红色记忆》《追忆英雄》等一批优秀作品。隆重举行第十批在韩志愿军烈士遗骸归国安葬活动，全网传播量超百亿次，有效发挥凝聚民族意志、激发爱国情怀的重要作用。举办第3届“学思想　颂英烈”全国英烈讲解员大赛，开展《中华人民共和国英雄烈士保护法》实施5周年普法宣传，制定烈士纪念设施保护标志，加强零散烈士纪念设施管理保护，实施境内外烈士陵园修缮保护工程。有序组织“清明祭英烈”、烈士

纪念日公祭等活动，常态化开展“为烈士寻亲”活动，健全烈士遗骸搜寻鉴定工作机制。会同相关部门依法打击诋毁英烈荣誉等违法行为，不断强化英烈荣誉保护。

三、主动服务党和国家工作大局

着眼巩固提高一体化国家战略体系和能力，扎实推进新时代双拥工作，高规格举办纪念延安双拥运动80周年座谈会，开展新一届全国双拥模范城（县）创建考评，组织116个模范城（县）与基层连队结对共建，常态化组织“情系边海防官兵”“聚焦一线、聚力解难”等活动。主动对接军队政策改革需求，配合做好退休文职人员、无军籍职工政策改革。贯彻新时代党的治藏方略、治疆方略，召开系统援藏工作推进会。助力“兵支书”能力提升，扩大“兵教师”培养规模，擦亮“中国退役军人志愿服务”品牌，引导退役军人积极投入抗洪抢险、抗震救灾等急难险重任务。

四、纵深推进“三个体系”建设

坚决贯彻落实习近平总书记关于“建立健全组织管理体系、工作运行体系、政策制度体系”重要指示，着力扬优势、固根基，不断夯实事业发展基础。推进组织管理体系建设，强化各级党委退役军人事务工作领导机构统筹协调作用，制定各级退役军人服务中心（站）服务清单，遴选300名优秀主任（站长）典型，开展退役军人事务员职业试点；出台光荣院、军供站改革发展意见，推进15所区域型优抚医院建设，协调2.7亿元中央专项彩票公益金支持优抚医院能力提升。推进工作运行体系建设，完善请示报告、信息报送、督导落实机制，加大军地协调配合清单落实力度，围绕重难点问题加强专题协调，会同有关部门开展综合督查；加快建设一体化网上服务平台，推行减证便民、优化服务。推进政策制度体系建设，加紧制定修订退役军人安置条例、军人抚恤优待条例、烈士褒扬条例，研究出台退役军人就业创业促进条例。

五、稳步提升服务保障水平

进一步优化安置流程，改进档案移交审核机制，建立安置任务省市调剂机制，开展安置任务落实回访，转业军官89%以上安置到公务员（参公）岗位，安排工作退役士兵100%由机关、群团组织、事业单位和国有企业接收安置。拓展跨省异地培训、进高校培训试点，推行“教培先行、岗位跟进”模式，组织适应性培训27.5万人、技能培训14.8万人，26.7万人参加各类学历教育。深入挖掘岗位资源，面向退役军人专项招录消防员4600人，举办招聘会1.15万场次，39.4万人达成就业意向。深入推进与企业签约合作机制，为第四批69家退役军人就业合作企业授牌。落实创业扶持政策，推动调整相关税收优惠标准，举办首届全国退役军人创业创新成果展交会，各级挂牌设立退役军人创业孵化基地1988个。连续第19年提高抚恤补助标准，逐步扩大优待证使用场景。开展军休老旧小区改造，挂牌成立65所军休老年大学，组织功臣模范荣誉疗养。完善困难退役军人帮扶援助体系，拓宽帮扶资金来源渠道，开展“情暖老兵”系列公益行动，让退役军人和其他优抚对象充分感受党和政府的关怀。

六、全面加强自身建设

修订印发部党组贯彻落实加强和维护党中央集中统一领导若干规定精神实施意见，坚决维护以习近平同志为核心的党中央权威和集中统一领导。坚持党建和业务定期“双述职”制度，推进党支部标准化规范化建设，2 个基层党组织获评中央和国家机关“四强”党支部。修订印发部党组贯彻落实中央八项规定实施细则精神具体措施，落实常态化联系基层、联系退役军人制度，持续加强干部队伍作风建设。深入推进党风廉政建设，全力支持配合保障驻部纪检监察组履职，组织“专题警示教育月”活动，扎实开展纪检干部队伍教育整顿。树立正确选人用人导向，进一步优化干部队伍结构，强化干部实践培养，做好干部调训工作，不断提升干部政治能力和业务水平。

政策法规

2023年，退役军人政策法规工作坚持以习近平新时代中国特色社会主义思想为指导，全面学习贯彻党的二十大精神，深入贯彻习近平法治思想和习近平总书记关于退役军人工作重要论述，着力完善政策制度体系，不断提升依法行政能力，全面提升法律服务质效，深入开展政策法规宣传解读，持续加强政策研究应用，退役军人政策法规工作取得新成效。

一、重点领域立法稳步推进

坚决贯彻习近平总书记关于建立健全“三个体系”的重要指示精神，聚焦党中央关心、退役军人关注、事业发展亟须解决的问题，坚持问题导向、系统思维，加快填补立法空白，织密织细法规制度体系。修订完成《烈士公祭办法》，于2023年3月31日以退役军人事务部第9号令公布，自2023年5月1日起施行。推动制修订《退役军人安置条例》《军人抚恤优待条例》《烈士褒扬条例》《退役军人就业创业促进条例》，进一步健全思想政治、移交安置、教育培训、就业创业、优待抚恤、烈士褒扬、权益维护、服务管理等方面政策制度。

二、依法行政效能持续提升

认真贯彻落实党中央决策部署，围绕更好维护退役军人及其他优抚对象合法权益，加强退役军人工作领域行政裁量权基准制定和管理工作，制定印发相关工作意见，细化量化退役军人事务部门在具体行政执法过程中的执法尺度，不断提升行政执法质量和效能。全面落实行政规范性文件合法性审核机制，加强与宏观政策取向一致性评估，从源头上确保行政规范性文件合法有效。切实履行行政复议职责，稳妥处理行政复议案件，充分发挥行政复议公正高效、便民为民的制度优势和化解行政争议的主渠道作用。健全与相关部门协调联动机制，建立行政复议决定书、意见书执行监督机制，认真履行生效裁判，做好司法建议、检察建议落实和反馈工作，实现个案监督与倒逼依法行政有机结合。召开全国退役军人政策法规工作会议，部党组成员、副部长钱锋出席会议并讲话，总结成绩，分析形势，部署今后一个时期退役军人工作法治建设重点任务。举办退役军人工作立法培训班，全面解读军地相关法律法规和新出台的政策文件，提升各地退役军人事务系统依法行政能力和水平。

三、法律服务质效不断提升

落实《关于加强退役军人法律援助工作的意见》，指导各地加快推进法律咨询窗口、法律援助工作站、联络点建设。赴多地开展法律援助、法律服务志愿队伍建设专题调研，组织召开经验交流会，选取部分省市试点，遴选一批关心退役军人、熟悉退役军人工作的法律专业人才，组建退役军人法律服务志愿队，为退役军人提供免费或优惠服务。开展退役军人法律服务“下基层、赴边疆”西藏行活动，面向部分在藏退役军人和部队官兵免费提供法律咨询、案件分析指导、诉讼代理和法律政策宣讲等服务，帮助基层解决疑难法律问题，依法维护退役军人和部队官兵合法权益。

四、普法工作广泛深入开展

印发《退役军人事务系统领导干部应知应会党内法规和国家法律清单》，推动退役军人事务系统各级领导干部带头尊规、学规、守规、用规，带头尊法、学法、守法、用法。创新普法宣传形式，在退役军人事务部官网官微和“再启航”APP 开设法律宣传专栏，广泛开展社会普法，扩大普法覆盖面。在退役军人适应性培训、岗前培训、就业创业培训中，将法治教育作为必学内容。指导各地培养退役军人保障法宣讲员和退役军人“法律明白人”。发挥退役军人服务中心（站）覆盖面广、传播力强的优势，组织各级退役军人服务中心（站）采取搭建普法宣传展架、悬挂宣传海报、发放宣传折页等方式，不断提高退役军人对法律法规的知晓度和对法治精神的认同度。

五、理论研究氛围日趋浓厚

深入学习贯彻习近平总书记关于退役军人工作重要论述和关于加强中国特色新型智库建设重要论述，大力推进专家智库建设，积极发挥“外脑”作用。召开退役军人事务部第二届专家咨询委员会会议暨退役军人事务研究基地年度工作会议，退役军人事务部党组书记、部长裴金佳出席会议并讲话，聘任 32 名在退役军人工作相关领域具有较高理论水平或实践经验丰富的知名专家学者为新一届部咨询专家。完成《中国共产党领导下的退役军人工作发展史》基础稿 60 余万字起草工作，丰富完善有关史料图片内容，研究制订基础稿修改计划，并召开专家研讨会集中研改。扎实开展课题研究、专项任务和优秀研究成果征集等活动，紧跟形势任务需要完善相关工作机制，专家资政建言效能不断释放，社会研究氛围日益浓厚，形成了一批优秀研究成果，为推动退役军人工作开局起步、改革发展提供了有力支持。

思想政治和权益维护

2023年，退役军人思想政治和权益维护工作坚持以习近平新时代中国特色社会主义思想为指导，深入学习贯彻党的二十大精神，全面贯彻落实习近平总书记关于退役军人工作重要论述，推动各项任务落地落实。

一、持续深化思想政治引领

（一）研究出台规范文件

制定印发《新时代退役军人思想政治教育规范（暂行）》，围绕思想政治教育职责分工、教育内容、教育方式等进行规范，聚焦各级职责分工不够明确、教育方式不够科学、教育内容不够系统全面等重点难题，进一步规范和加强新时代退役军人思想政治教育工作，压实教育主体责任，提升政治教育质效。编印《基层退役军人服务站思想政治工作实用手册（2024版）》，总结梳理各地基层退役军人服务站开展思想政治工作经验做法，形成任务清单，有效解决基层退役军人服务站做什么、怎么做等问题，畅通退役军人思想政治工作“最后一公里”。

（二）深化典型选树宣传

注重发挥先进典型示范带动、榜样引领作用，会同中央宣传部、中央军委政治工作部开展2023年度“最美退役军人”学习宣传活动，评选20个“最美退役军人”先进典型，举行先进事迹发布仪式，广泛宣传典型事迹，积极营造宣传先进、见贤思齐、争当典型的浓厚氛围。配合中央宣传部等部门开展抗美援朝战争口述资料采录与整理工作，推动抗美援朝战争口述史资料库建设，积极弘扬伟大抗美援朝精神。

（三）注重正向作用发挥

推荐优秀退役军人参评全国创新争先奖、国家工程师奖、“中国好人”、全国学雷锋志愿服务“四个100”先进典型等荣誉，推动退役军人典型在更多领域、更大范围发挥示范作用，有效增强影响力。组织全国模范退役军人、“最美退役军人”等先进典型开展短期疗养，传递党和国家的礼遇关怀。争取农业农村部、腾讯公司等部门支持，组织优秀“兵支书”参加“耕耘者”振兴计划乡村治理骨干专题培训，示范带动更多退役军人投身乡村振兴。协调调度退役军人志愿服务组织参加抗震抢险、防汛救灾等急难险重任务，展现“硬核”担当。联合国家退役军人服务中心、中国退役军人关爱基金会开展“传承红色基因·赓续红色血脉”——退役军人关爱青少年志愿服务项目，教育引导青少年厚植家国情怀、树立远大理想，累计动员组织退役军人志愿者13.68万人次，开展活动3.21万场次，服务惠及青少年420万余人次。

二、依法依规维护合法权益

（一）深入开展帮扶援助

在全面掌握困难退役军人底数的情况下，进一步完善全国困难退役军人帮扶援助服务系统，与民政部签订数据共享合作协议，逐步实现跨部门数据共享和信息互通。持续推动走访慰问常态化制度化，利用元旦、春节等重要节点，普遍开展退役军人走访关爱活动，2023年元旦、春节期间各地投入资金20.3亿元，走访帮扶749万人次。同时，为落实习近平总书记重要批示精神，根据各地2023年受灾情况，向受灾较为严重的北京、河北、重庆等省市分别拨付10万元、30万元、10万元共50万元帮扶资金，用于困难退役军人帮扶工作。

（二）扎实推进公益行动

协同中国老龄事业发展基金会、湖南爱眼公益基金会、爱尔眼科医院集团开展“情暖老兵·守护光明”活动，投入资金1500万元，超8800人申请参加，6000余人完成手术。会同中国老龄事业发展基金会开展老年退役军人听障关爱活动，捐赠助听器3117台，价值1240万元，帮助1675人重享有声世界。会同中华慈善总会、解放军总医院、中国退役军人关爱基金会开展困难退役军人先心病子女救助行动，帮助54人完成手术，投入资金172.8万元。由福建某爱心企业通过中国教育发展基金会定向捐赠500万元，开展困难退役军人子女助学活动，共资助1000人，该活动已入选全国新时代青年群体思想引领优秀典型案例。广泛动员系统干部职工参与踔厉同行公益捐步活动，共组建564支队伍，发动10.5万人参与，完成100万元公益资金的配捐任务，对口支援革命老区退役军人工作信息化建设。

（三）搭建平台调解纠纷

探索建立涉退役军人矛盾源头治理机制，把非诉讼纠纷解决机制挺在前面，注重从源头预防和化解涉退役军人矛盾纠纷，引导他们依法理性反映诉求、解决问题。指导各地积极组建老兵调解室、老班长工作室等调解组织，构建“退役军人调解员+专业调解员”模式。会同最高人民法院联合召开工作督导会，河南、安徽两省高院、退役军人事务部门参加，共同研究解决相关问题。截至2023年底，全国共组建涉退役军人矛盾纠纷调解组织1068个、调解员1475名，调解案件5401件，结案5045件，结案率超93%。

（四）深入推进司法救助

近年来退役军人事务部门会同法院、检察院共为5448名遭受违法犯罪侵害的困难退役军人和军人军属提供司法救助，发放救助金9337万元。为进一步深化部门协作机制，联合中央政法委、最高人民法院、最高人民检察院、公安部、司法部召开持续深入推进退役军人司法救助工作座谈会，总结前期工作、分析研判形势、谋划下一步安排。在“八一”建军节前夕，联合最高人民检察院发布一批（共10件）司法救助典型案例。

（五）规范提升平安考评

为发挥平安建设考评的目标导向、工作指引和责任传导作用，推进退役军人工作各项决策部署落地落实，印发相关工作要点，要求各地把防风险、保稳定贯穿退役军人工作全过程、各方面，切实做到业务工作与风险防控同谋划、同部署、同落实，为持续提升退役军人事务治理能力和治理水平、坚决守住安全稳定底线明确了方向。根据中央政法委工作部署，研究制定2023年度退役军人事务领域平安中国建设考评细则，积极做好相关考评工作。

三、着力推动矛盾问题化解

（一）深入排查矛盾纠纷

从2023年开始，在全系统持续开展信访问题源头治理工作，为助力退役军人工作高质量发展营造和谐稳定环境。落实部机关正处长级以上干部轮流接访，示范带动全系统领导干部接访包案、下基层解决信访问题。学习推广新时代“枫桥经验”，依托基层退役军人服务中心（站），强化信访代办员、信访信息员前端感知功能，及时就地化解矛盾问题。

（二）攻坚化解突出问题

在全系统持续开展退役军人重复信访集中治理、信访积案化解工作，采取专班推进、集中攻坚、巡回接访、视频调度、定期通报等方式，推动各级领导包案攻坚复杂信访难题。

（三）完善信访制度机制

深入贯彻《信访工作条例》，推广使用信访法治化工作指南和“路线图”，以及退役军人事务系统依法依规处理信访事项“导引图”，以法定程序的“路线图”实现信访问题的实体解决，着力提升退役军人信访工作法治化水平。畅通信访渠道，搭建形成“书信、走访、网络、电话、视频”五位一体诉求反映平台；聚焦提高化解质量，做实用好“13712”信访事项调度机制，压实首办责任，扎实开展信访事项办结质量抽查工作，以责任落实到位推动问题解决到位。健全人民调解、行政调解、司法调解联动机制，指导各地组建老兵调解室、老班长工作室等调解组织，构建“退役军人调解员＋专业调解员”模式，运用调解、和解方式推动“事心双解”。

四、服务保障体系提质增效

（一）强化统筹调研指导

印发《2023年度退役军人服务保障体系建设重点工作安排》，组织召开2023年全国退役军人服务保障体系建设管理推进会。开展“加强退役军人服务保障体系建设和更好发挥作用对策研究”，提出改进工作的思路举措等。结合主题教育，先后赴内蒙古、浙江、福建等地开展服务保障体系建设工作专题调研，实地指导当地各级服务中心（站）建设运行。

（二）加强职业建设研究

成立退役军人事务员职业建设工作领导小组

和退役军人事务员职业建设工作专家委员会，研究制定退役军人事务员国家职业标准，编写退役军人事务员初级/五级职业培训教材（试用），组建师资团队。举办退役军人事务员试点培训班，指导鄂尔多斯、浦东新区、杭州、泉州、贵阳、吴忠顺利完成第一批试点。选取天津、山西、江苏、山东、湖北、广东6地的22个市（区）开展第二批试点，同步推动第一批试点省域全覆盖。

（三）持续典型示范引领

开展全国退役军人服务中心（站）“百名优秀主任（站长）”遴选活动，在全国市、县、乡、村四级退役军人服务中心（站）遴选300名优秀主任（站长）。通报表扬79名退役军人事务员，树立典型标杆，形成比学赶超的良好氛围。加强简报信息审核编发，发掘推广浙江、山东等地经验做法，引导各地巩固深化“五有”“全覆盖”要求举措，延伸服务站点，创新服务手段，打造服务品牌。

规划财务

2023年，规划财务工作坚持以习近平新时代中国特色社会主义思想为指导，全面贯彻落实党的二十大和二十届二中全会精神，深入学习贯彻习近平总书记关于退役军人工作重要论述，接续推进“十四五”规划贯彻实施，扎实推动信息化建设再上台阶，围绕中心努力提升服务保障能力，多措并举严格规范预算财务管理，各项工作扎实推进，圆满完成。

一、多管齐下，接续推进“十四五”规划贯彻实施

（一）退役军人工作高质量发展先行试点建设成效初显

落实先行试点部领导联系机制，随同裴金佳部长赴广东考察指导深圳先行试点建设工作，有力促进先行示范工作水平提升。召开先行试点建设座谈会，了解掌握工作进展情况，明确下一步主要任务。按照部领导指示批示精神，组织启动先行试点建设经验总结推广工作，总结提炼先进经验，切实发挥示范引领作用。

（二）“十四五”规划实施中期评估顺利完成

组织退役军人事务系统对“十四五”以来规划实施情况进行了系统梳理总结，并按时向国家发展改革委报送了《退役军人事务领域国家“十四五”规划〈纲要〉实施中期评估报告》《〈“十四五”退役军人事务信息化规划〉实施中期评估报告》，按程序向党中央、国务院、中央军委呈报了《〈“十四五”退役军人服务和保障规划〉实施中期评估报告》。

（三）规划项目建设支持力度逐年增强

配合国家发展改革委修订印发了《“十四五”时期社会服务设施建设支持工程实施方案》，会同国家发展改革委印发了《“十四五”时期优抚医院项目建设方案》，指导各地开展规划项目储备及申报工作，推动投资项目加快落实。全年安排中央预算内投资8.43亿元，支持了26个省（区、市）96个项目，投资资金和项目数量接续增长。

（四）“十四五”规划实施成效宣传有序推进

会同宣传中心加大“十四五”规划实施成效

的宣传力度，通过开设《中国退役军人》杂志专栏等方式，对高质量发展先行试点建设情况、部分地方“十四五”规划实施成效等进行了广泛宣传，营造了“十四五”规划实施的良好氛围。

（五）支持部分地方退役军人工作高质量发展

按照国务院文件要求，制定出台支持广西、内蒙古退役军人工作高质量发展的有关实施意见，为建设新时代壮美广西、推动内蒙古高质量发展注入退役军人力量。

二、强基提质，信息化建设再上台阶

（一）积极推进大数据服务备战打仗

组织召开数据管理调研座谈会，赴湖北黄冈、宜昌等地，深入调研军地数据管理情况，向中央报送了《关于退役军人大数据服务备战打仗的调研报告》。会同中央军委政治工作部、国防动员部等有关部门全面梳理兵役登记、服役、退役、预备役训练等各环节产生的信息项，明确军地数据共享职责分工，推动军地部门间信息资源常态化互通共用，为精准高效做好退役军人战备动员工作提供有力支撑。

（二）深化数据集中统一整合

制定《退役军人事务部数据管理办法》，推动数据合理、合规、有序、安全应用。与北京、天津等28个省级退役军人事务部门共建数据交换平台，实现各类非涉密业务数据在线交换、实时回流。将烈士光荣证信息纳入国务院部门数据共享责任清单，为烈属优待事项跨部门集成办理奠定坚实基础。

（三）大力推动服务一体化建设

印发《部省退役军人互联网服务融合对接试点工作方案》，组织浙江、安徽、福建等10个省份将地方服务事项接入部级平台，初步形成部省融合的互联网服务体系。持续推动军人退役“一件事”，指导江苏、福建等12个省份实现退役报到、户口登记、社保接续等事项集成办理。

（四）稳妥做好网络安全工作

举办退役军人事务部网络安全宣传周活动，与各单位签订安全保密责任书，进一步提高干部职工网络安全防护意识。组织相关单位深度开展数据安全自查、网络实战攻防、网络安全应急演练，有效提升网络安全防御能力。

三、围绕中心，服务保障能力不断提升

（一）全力保障重点工作经费

在有序做好部门预算编制、预算批复、信息公开、绩效评价等工作的基础上，加强重点工作经费保障。在中央“过紧日子”要求和中央部门预算连续压减的大背景下，部预算资金连续几年保持相对稳定，充分保障了部党组中心任务和单位正常运转经费需要。2023年，积极协调财政部追加专项预算，用于境外烈士纪念设施保护管理、服务中心和烈保中心办公用房租赁、信息化

工程国家平台（一期）机房和带宽租赁、关爱基金会财政补助等重点任务和刚性支出事项。

（二）强力推进年度预算执行

采取细化月度支出计划、督导重点事项、通报执行排名、约谈相关单位等措施，常态化指导推进预算执行。2023 年预算累计支出 2.52 亿元，预算执行进度为 77.10%，较上年同期提高了 9.02 个百分点；2022 年结转资金累计支出 1.36 亿元，预算执行进度为 65.89%，较上年同期提高了 7.91 个百分点。

（三）着力提升服务保障水平

组织开展 2023 年集体宿舍申请工作，协调相关单位做好资质审核和情况公示，为 13 位青年干部解决住宿问题。协调资金预算用于公费医疗、职工体检、支持驻部武警部队等事宜。协调新址搬迁后部机关资产配置事宜，健全内部管理机制，优化工作流程，提升资产服务保障水平。

（四）统计数据支撑能力不断提高

圆满完成 2022 年退役军人事务统计年报制发工作，并向国家统计局等单位共享发布数据。组织各业务司指导各地更新完善业务信息系统、统计台账数据，认真填报统计报表数据，源头数据真实性、准确性不断提升。依托部平安建设考评开展工作考核，加强数据治理，提高数据质量，官方数据的一致性和权威性得到有力维护。组织统计数据分析，完善统计资料，丰富展现形式，为领导决策和业务工作推进提供统计信息服务。

四、多措并举，预算财务管理更加规范

（一）持续开展财经纪律重点问题专项整治

根据《财政部关于开展中央部门财经纪律重点问题专项整治的通知》（财预〔2023〕23 号），组织完成部财经纪律重点问题专项整治工作，形成向财政部报送的《退役军人事务部财经纪律重点问题专项整治工作自查自纠报告》，涵盖预算编制、预算执行、资金管理和资产管理 4 个方面内容，覆盖部机关及部属共 7 家单位 2022 年以来所有经费收支，重点整治 2022 年以来的违法违规问题，核查巡视、审计、预算执行监控等发现问题整改情况。同时，向部机关各司（局）和直属单位分别下发专项检查报告和整改任务通知书，督促限期整改，建立长效机制，不断提高预算财务管理工作水平。

（二）严格经费支出管理

做好部机关财务对账、结账工作，完成部门决算、财务报告、机关运行成本分析等编制报送工作。按照习近平总书记关于“过紧日子”的要求，严把支出审核关，采取重点事项“事前审批 + 报销审核”，既审核合规性，又审核合理性，努力做到最大节约。将预算绩效管理贯穿预算财务工作全过程，加强预算项目事前绩效评估、事中绩效监控、事后绩效评价，建立绩效评价结果与下年度预算安排挂钩机制，对绩效评价差的项目压减预算资金，不断提高财政资金使用效益。

（三）持续加强审计监督

对服务中心和驻朝代表处开展任期经济责任审计。赴福建省上杭县开展实地调研，加强对口支援帮扶资金管理。做好审计署相关司局来部调研组织工作，配合做好全国优抚安置领域审计前期准备工作。组织召开现场审计进点会，做好现场审计资料报送、沟通协调和服务保障工作。

移交安置

2023年，退役军人移交安置工作坚持以习近平新时代中国特色社会主义思想为指导，全面学习贯彻党的二十大精神，深入贯彻习近平强军思想和习近平总书记关于退役军人工作重要论述，扎实开展学习贯彻习近平新时代中国特色社会主义思想主题教育，紧扣高质量发展目标要求，聚焦“两个服务”职责使命，推动各项工作创新发展。

一、衔接军队改革，积极服务党和国家工作大局

围绕服务备战打仗、服务国家战略，完善制度机制，创新思路举措，确保落地见效。

提速政策制度建设步伐。立足新时代新特点，加快推进《退役军人安置条例》相关工作，配合司法部做好立法审查，同步跟进做好释义编写。修订印发《安排工作退役军士和义务兵服现役表现量化评分办法》，重德才、重实绩、重贡献安置导向更加鲜明，激励引导现役军人聚焦备战练兵、积极建功军营。

完善移交安置工作机制。紧跟军队“上游”退役频次和时间等新变化，加强军地协调联动，完成首批春季退役士兵移交安置工作，完善批次移交、分类安置工作机制，确保逐月领取退役金退役军人、自主就业退役士兵、复员军官“即退即交即接”，转业军官和安排工作退役士兵集中安置。支持配合做好退出消防员移交安置工作，助力党中央相关改革部署落实落地。

有力服务部队备战打仗。坚持分类施策、一人一策，密切军地协作、系统联动，在退役安置、医疗护理、待遇保障、关心关爱等方面持续用力，强力推进伤病残退役士兵移交安置工作，帮助部队轻装上阵、专谋打赢。

引导退役军人投身国家战略。立足退役军人能力专长，各地加强实践探索，引导推动退役军人到边疆地区、基层一线工作，服务乡村振兴、稳边兴边等国家战略。畅通部分军地通用人才进入专业领域渠道机制，推动人才使用“无缝衔接”，把优质的军事人力资源持续转化为经济社会发展的人才资源。

二、聚焦“两个服务”，高效完成年度安置任务

认真贯彻落实党中央、国务院决策部署，坚持把抓好退役军人安置就业摆在突出位置，紧盯档案审核、移交接收、教育培训、报到上岗、定岗定位、工作回访等重点环节，高效完成6万余名转业军官和安排工作退役士兵年度安置任务，

转业军官 89% 以上安置到党政机关（含参公）单位，安排工作退役士兵由机关、群团组织、事业单位和国有企业接收安置。

加强任务统筹。将安置工作“关口”前移，对接军队“上游”年度退役工作安排，会同军地相关部门及时部署安置任务，分解安置计划，缩短安置周期，明确工作要求；会同军委政治工作部建立合署办公机制，不断升级完善数据信息系统，推动军地双向联动；坚持全过程管理指导，将官兵安置工作同推进、同落实、同考核，任务完成时间首次实现“官兵一体”。

抓实岗位供给。发挥中央和国家机关、中央垂管系统、中央企业带头接收安置退役军人的表率作用，开展“三跟进两服务”（即“跟进军事政策制度改革、跟进地方干部队伍建设、跟进退役军人美好需要，服务经济社会发展、服务国防和军队建设”）、“走边防、进军营”军地联学联建联促系列调研，组织召开中央单位政策培训班，增强落实安置任务的政治自觉，带动各级机关、群团组织、事业单位和国有企业深挖安置潜力，主动拿出更多优质岗位，更好满足退役军人新期待新需求。

提高人岗匹配。用好考试考核、双向选择、直通安置、量化赋分及指令性安置等办法，加强岗位介绍、择业观教育和职业指导，助力退役军人发挥能力专长、融入地方工作。

强化示范引领。召开不同层级、不同类型座谈会，及时总结推广北京、江苏、四川、辽宁、浙江、山东等地在人事档案军地联审、“互联网 + 移交安置”、提高国有企业岗位与安置计划匹配度、安置工作绩效考核等安置实践中形成的好经验、好做法，加强典型引领，推动互学共促，持续提升安置工作质效。

三、完善工作举措，用心用情服务退役军人

树牢“全周期”工作理念，加强督促指导和信息化赋能，着力解决退役军人急难愁盼问题。

深入调查研究。坚持顶层设计与基层实践、发现问题与解决问题、军地协同与央地联动相结合，通过实地查看、座谈交流等方式深入一线开展调研，将调研成果转化为推动移交安置工作高质量发展的思路举措。

强化“送政策进军营”。首次编印 2 万余册转业军官安置政策专刊，开设军队强军网安排工作退役士兵安置政策专栏，各地广泛开展政策宣讲和就业形势介绍。

优化“一站式”服务。完善办理流程，加强集成服务，不断提升标准化、规范化、信息化水平，努力让退役军人少跑路。

加强待安置期服务管理。深入开展退役军人教育培训，做好考试考核、选岗定岗等环节组织引导，开展志愿服务、实习见习等活动。

健全安置工作“回访”机制。利用信息化平台、电话随访、到接收单位调研等形式开展“回头看”，跟进掌握党员组织关系转接、社会保险接续、选岗报到、合同签订、待遇落实等情况，层层压实责任，不断提升退役军人满意度和获得感。

就业创业

2023年，退役军人就业创业工作坚持以习近平新时代中国特色社会主义思想为指导，深入贯彻落实习近平总书记关于退役军人工作重要论述，推进教育培训提质增效，促进就业服务更加精准，推动创业扶持稳步开展，不断推进退役军人就业创业工作取得新发展、迈上新台阶。

一、加强顶层谋划，政策制度体系日趋完善

（一）推动出台《退役军人就业创业促进条例》

为深入贯彻落实习近平总书记关于退役军人工作重要论述，贯彻落实党中央、国务院关于稳就业、保民生决策部署，保障退役军人公平就业权利、享受应有优待，经过前期调研、专家论证、广泛征求意见，退役军人事务部会同有关部门起草形成了《退役军人就业创业促进条例（草案稿）》。先后两轮征求军地相关部门、各省（区、市）意见建议，召开专家论证会，面向社会公开征求意见。草案已基本成熟，正按程序加快推进立法进程。

（二）延续实施税收优惠政策

联合发布《关于进一步扶持自主就业退役士兵创业就业有关税收政策的公告》，明确从2023年1月1日至2027年12月31日，延续实施自主就业退役士兵税收优惠政策，同时将从事个体经营的税收减免标准从1.2万元提高到2万元，给予自主就业退役士兵就业创业更大力度的支持，各地还可结合实际上浮20%。

（三）重点支持退役军人投身乡村振兴

贯彻落实党的二十大和中央农村工作会议精神，印发《关于贯彻落实中央农村工作会议精神　持续引导退役军人投身乡村振兴有关工作的通知》，从提高政治站位、增强教育培训针对性、优化就业创业环境、加大服务保障力度4个方面，支持退役军人投身乡村振兴。

（四）切实抓好就业困难兜底帮扶

印发《退役军人事务部等8部门关于加强就业困难退役军人帮扶工作的意见》，部署指导各地建立健全部门协作工作机制，深入摸底退役军人就业困难人员情况，加强就业观念引导，针对性开展就业帮扶，协调落实就业援助政策，确保退役军人就业形势总体稳定。

二、聚焦工作质效，学历提升模式不断优化

（一）规范全国硕士研究生考试退役军人考生身份认定工作

协调教育部高校学生司，完善全国硕士研究生考试退役军人考生身份认定工作流程，健全长效机制，进一步规范研究生招考退役军人管理工作。2023 年，配合教育部门完成全国硕士研究生考试退役军人考生身份认定，累计核实 38 399 名考生的退役军人身份，38 043 人身份无误，通过率为 99.1%，整体工作平稳有序。

（二）加大免试专升本政策优惠力度

协调教育部高校学生司，以会议纪要形式确定推迟自主就业退役士兵免试专升本报名时间的政策宣传口径，延长免试专升本报名时限，为春季退役士兵提升学历层次创造便利条件。

（三）开展高职扩招风险隐患排查工作

配合教育部门，摸排各地落实高职扩招学费减免有关文件的情况，及时应对处置，确保 2023 年全国“两会”期间及毕业前夕等重要节点舆情平稳。

三、突出供需对接，教育培训方式持续创新

（一）开发国防教育辅导员职业标准

会同部培训中心，承担国防教育辅导员新职业国家标准开发任务，提交人力资源和社会保障部后，正式面向社会颁布；推进国防教育辅导员职业资格教材编写工作，完善人才培养体系建设，拓宽就业渠道。

（二）开展培训进高校试点

会同教育部印发《关于开展自主就业退役士兵培训进高校试点工作的通知》，选取北京、河北、吉林、浙江、湖南、广东、重庆作为试点，开展校内适应性培训和职业技能培训，加强退役军人就业观、择业观教育引导，促进教育培训与就业需求有效对接，激发参训热情，提升就业竞争能力和发展潜力。

（三）深化跨省异地培训试点

指导长三角地区上海、江苏、浙江、安徽 4 个试点省份，深入研究设计异地经费结算、培训服务管理等机制制度，推动形成教育培训方面首个跨省会签文件，着力解决跨省异地参训难问题，提高培训有效性。

（四）开展经费情况调研摸底

指导各地遴选培训机构，有针对性地开展适应性培训和技能培训，对资金成本、支出方向、培训项目等情况进行摸底分析，赴河北、山东、广西等地实地调研，了解经费使用情况，分析矛盾问题，为下一步协调财政部门提高经费补助标准提供支撑。

四、注重资源挖掘，就业服务质量不断提升

（一）加大就业招聘服务力度

组织开展2023年度退役军人就业服务专项行动，指导各地准确发布招聘情况，及时更新岗位信息。联合人力资源和社会保障部、全国工商联等部门开展2023年民营企业服务月、金秋招聘月等活动，为退役军人提供丰富的岗位选择。全国共举办招聘会1.15万场次，提供岗位约706.7万个，约39.4万名退役军人达成就业意向。

（二）持续拓展优质就业岗位渠道

积极推进优秀退役军人加入“兵教师”队伍。组织召开全国促进优秀退役军人到中小学任教工作会，梳理各地“兵教师”工作成效和特色做法，推动“兵教师”工作高质量发展。深入推进“权威推荐+自主选择”的企业合作就业模式，召开3次座谈会，督促合作企业落实招聘计划；会同统战部、国资委、工商联等部门，共同推动前三批合作企业续约和第四批就业合作企业签约工作，共48家续约企业和21家新增企业提供优先招聘岗位26.4万个。联合应急管理部，组织消防员面向自主就业退役士兵专项招录，全年共计招录4600人，占招录计划的31%。继续同外交部机关与驻外机构服务局开展“守望计划”，招聘选拔优秀退役军人进入驻外使领馆安保岗位工作。

（三）有效探索跨区域合作模式

结合“十四五”规划和退役军人高质量发展试点工作部署，围绕促进退役军人人力资源跨区域流动，指导京津冀“通武廊”地区、长三角地区、黄河流域9个省（区、市）提升培训就业协同发展质效。2023年，京津冀三地会同驻地海陆空部队等单位举办首届京津冀跨区域就业招聘活动；山东省退役军人事务厅牵头举办黄河流域9个省（区、市）退役军人就业创业工作协同发展系列活动启动仪式。

五、聚力整合资源，创业扶持力度持续增强

（一）摸清退役军人经营主体底数

将退役军人身份信息与国家市场监管总局经营主体库进行多轮数据比对，协调人力资源社会保障部、国家税务总局、工业和信息化部、科技部、国家统计局等部门，就军创企业规模、营业收入、纳税、产业分布、带动就业等进行精准画像。截至2023年底，退役军人经营主体已达586.8万个，其中，军创企业271.3万家、个体工商户315.5万个。2023年，军创企业营业收入约3.2万亿元，约占民营企业营业收入总额的4%；纳税2739亿元，占民营企业纳税总额的1.65%。其中，营业收入在亿元以上的有11 278家；纳税在千万元以上的有5307家。军创企业中，规模以上企业有4.5万家，上市公司有373家，主要分布在江苏、广东、北京、湖南、福建、浙江等地。

（二）着力搭建创业服务平台

举办首届全国退役军人创业创新成果展交会，邀请包含两届全国退役军人创业创新大赛获奖项目在内的 1.4 万个军创项目参展，现场共 5 万多人次、40 多家投融资机构、线上 600 多万人实时观展，现场交易额达 6900 多万元，集中签约 30.84 亿元。指导长三角地区举办首届长三角优秀退役军人企业家和优秀退役大学生高端研修班，由优秀退役军人企业家一对一结对优秀退役大学生进行创业帮扶。

（三）不断强化创业服务载体

充分利用现有资源，强化退役军人创业载体支持，指导各地建立创业导师队伍。目前，全国挂牌设立退役军人创业孵化基地 1988 个，退役军人创业导师 12 906 名，累计服务退役军人约 23.5 万人次。在广东召开退役军人创业创新工作现场推进会，联合相关部门实地参观、现场研讨，宣传推广典型经验，为各地用好现有社会资源、建强退役军人创业载体提供借鉴，推动退役军人创业载体相关政策落地落实。广东整合利用各类社会资源搭建创业载体平台的经验做法，作为退役军人事务部首个亮点经验，被中央主题教育领导小组办公室简报第 53 期采编推广。

（四）持续加大创业服务力度

会同国家市场监督管理总局等 13 个部门开展第二届“全国个体工商户服务月”活动，切实增强对退役军人个体工商户的支持力度，提振发展信心，带动更多就业。

（五）不断增强典型引领作用

组织开展 2023 年度“全国退役军人创业带动就业光荣榜”遴选推荐工作，全国共 90 家军创企业上榜。在《人民日报》4 个版面予以刊登报道，借助部官媒、中国退役军人全媒体矩阵等进行广泛宣传，引导激励更多军创企业吸纳更多退役军人就业。

军休服务管理

2023年，军休服务管理工作坚持以习近平新时代中国特色社会主义思想为指导，深入学习贯彻习近平总书记关于退役军人工作重要论述，聚焦服务备战打仗，聚力保障军休人员，开拓创新、担当作为、实干奋斗，推动军休工作高质量发展取得新进展新成效。

一、思想政治引领持续深入

发挥军休干部政治优势，开展军休红色宣传，制作口述历史专题片《红色记忆》，“七一”建党节期间全网发布，《人民日报》、新华网等10余家主流媒体置顶播出，营造致敬功臣、学习英模的浓厚氛围。搭建军休思政教育平台，指导25个省份挂牌成立65所军休老年大学，按照“四有”要求加强软硬件建设，打造推出一批思政精品课程，组织首届军休老年大学建设座谈会，交流互鉴经验，提升办学水平，努力满足军队离退休干部终身教育需求。落实军休荣誉疗养制度，自上而下开展军休功臣荣誉疗养活动，分层分批组织“八一勋章”获得者麦贤得、李中华、王忠心等5万名军休干部参加，进一步提升军休功臣荣誉感、幸福感。

二、接收安置模式创新优化

将接收离退休军人摆在突出位置全力推进，联合军队有关部门下达年度交接任务，召开军地移交安置座谈会，开展线上线下调研督导，研究解决重难点问题，年度交接任务圆满完成。畅通逐月领取退役金退役军人军地交接渠道，指导地方严格落实政策规定，把好档案审核、安置地审定、退役金核准等关键环节，形成“季度交接、压茬推进、常态运行”的良性循环。聚焦改革急需、工作急用、对象急盼，深入开展无军籍退休退职职工和军队退休文职人员政策制度研究，拿出创新务实举措，打通接收安置路径，助力国防军队改革迈出坚实步伐。

三、服务保障水平全面提升

加大服务保障投入，积极协调中央财政及时提高军队离退休干部、自主择业军转干部等服务对象待遇水平，指导各地落实属地待遇政策，传递党中央的关心厚爱。拓展服务保障渠道，引进养老、医疗、助餐、出行等社会资源，推广智慧养老、医养结合新模式，加快完成485个军休老旧小区改造，持续扩大军休服务APP覆盖面，不断提升服务保障精细化水平。夯实服务保障基础，系统摸排全国军休机构建设情况，对 342 家服务军队离退休干部超 200 人的军休机构“拉单列表”、建立台账，开展满意度测评，督促指导重点军休机构建强阵地，推动服务保障提质升级。

拥军优抚

2023年，拥军优抚工作坚持以习近平新时代中国特色社会主义思想为指导，深入学习宣传贯彻党的二十大精神，紧紧围绕中心、服务大局，坚持系统思维和目标导向，全面做好崇军拥军、优待抚恤工作，取得明显成效。

一、崇军拥军成效彰显

组织开展纪念延安双拥运动80周年系列活动，进一步巩固发展军政军民团结。组织召开专题会议，研究制定政策，对发挥双拥工作优势、助力巩固提高一体化国家战略体系和能力作出部署。开展新一届全国双拥模范城（县）创建调研考评，修订命名管理办法和考评标准。开展“聚焦一线、聚力解难”活动，深入基层调研随军家属就业安置情况，落实军地互办实事“双清单”机制，帮助部队官兵解决后院、后代方面重难点问题，为西部重点方向边防部队、海军某舰艇编队和驻青岛北部战区海军一线部队解决子女上学、家庭救济、利益维护等问题。制定出台关于做好新时代社会化拥军工作的意见，全面深化拓展、有序开展社会化拥军活动。

二、双拥宣传广泛开展

印发《关于纪念延安双拥运动80周年暨做好新年春节期间拥军优属拥政爱民工作的通知》，会同央视军事频道推出32集《军民情》融媒体特别节目，公开发布10名“最美拥军人物”先进事迹，浓厚爱我人民、爱我军的社会风尚。部署做好新年春节和“八一”建军节期间双拥工作，社会氛围浓厚。广泛开展群众性双拥文化活动，推进双拥文艺作品、公益广告、微视频、微电影和影视作品创作，激励和动员全社会进一步关心国防、尊崇军人、关爱军属。

三、拥军支前准备扎实推进

广泛开展新时代拥军支前创新发展研究，积极参与实案实备演练，扎实推进拥军支前实战化准备。持续完善相关政策制度，构建应急应战响应机制，探索创新服务方法路径，积极支持部队完成联演联训、战备拉动、跨区机动等各类演训任务。协调部队为军供站配备退役野战炊事车，推进军供应急保障能力建设。组织全国双拥模范城（县）与边海防基层连队结对共建，推进“情系边海防官兵”拥军优属工作，组织春节专项慰问活动，为边防斗争任务一线部队官兵送去书信和慰问礼包，激励广大官兵安心戍边守防，全力服务部队备战打仗。

四、法规政策体系日臻完善

突出体现贡献、体现尊崇、体现激励的政策导向，深入贯彻落实《中华人民共和国退役军人保障法》等法律法规，围绕军地政策制度改革需求，推动修订《军人抚恤优待条例》。制定出台关于推进光荣院、军供站建设发展的意见，提升光荣院、军供站的建设管理水平和供应保障能力，不断推进优抚事业单位高质量发展。逐步构建系统完备、衔接配套的拥军优抚政策体系，更好保障军人军属、退役军人和其他优抚对象合法权益。

五、服务保障水平稳步提升

牢固树立以人民为中心的发展理念，扎实做好数据核查审定、优抚对象年度确认工作，强化数据资金精准化、精细化、规范化管理。积极争取中央财政支持，8 月 1 日起再次提高部分优抚对象等人员抚恤和生活补助标准，确保他们更加充分、公平地共享改革发展成果。开展部分获得功勋荣誉的优抚对象短期疗养活动，做好优待证常态化申领发放，不断拓展使用场景，提高含金量，扩大朋友圈，积极协调全国 1600 多家 A 级以上景区减免门票，遴选数万家热心企业提供购物、餐饮、住宿等方面的优先优惠，持证人的获得感、幸福感、尊崇感不断增强。

六、优抚事业单位改革起步前行

积极探寻优抚事业单位改革发展路径，争取 2.7 亿元中央专项彩票公益金支持 15 家优抚医院能力提升。指导各地优抚医院、光荣院积极申报“十四五”时期社会服务设施兜底线工程，将 38 家优抚医院纳入“十四五”时期优抚医院建设项目库。遴选公布 15 家区域型优抚医院，增强优抚医院跨省域服务辐射能力，发挥示范引领作用，提升全面建设和医疗服务水平。

褒扬纪念（国际合作）

2023年，褒扬纪念和国际合作工作坚持以习近平新时代中国特色社会主义思想为指导，全面贯彻党的二十大会议精神，深入贯彻习近平总书记关于褒扬纪念工作重要指示批示精神，坚决落实党中央、国务院决策部署，深刻领悟“两个确立”的决定性意义，自觉做到“两个维护”，促进党建与业务深度融合发展，推动褒扬纪念工作迈上新台阶。

一、高标准完成主题教育有关要求

将深入学习贯彻习近平新时代中国特色社会主义思想摆在首位，按照中央统一部署安排和部党组要求，扎实推进部主题教育实施方案落地落实。

一是提高政治站位。落实“学思想、强党性、重实践、建新功”的总要求，坚持以习近平新时代中国特色社会主义思想为指导，开展“祭英烈”主题活动，支部集中学习30余次，推动理论武装入脑入心。

二是抓好调查研究。先后赴陕西、广东、辽宁、湖南、上海、四川等地调研，实地了解烈士纪念设施建设管护、红色资源作用发挥、红色文化传承等有关工作开展情况。赴浙江开展专题调查研究工作，聚焦习近平总书记重要指示批示精神和党中央决策部署落实情况，聚焦烈士褒扬重点难点疑点工作，聚焦服务对象急难愁盼问题，多角度摸清基层服务站点工作情况及退役军人诉求；走访慰问烈属，了解生产生活情况，指导当地帮助解决困难。

三是举办“学思想　颂英烈”全国英烈讲解员大赛，推动退役军人事务系统深入开展主题教育。5月至9月，全国数千名讲解员参加比赛，历经各地选拔、专家评审、区域复赛、全国决赛等环节，20名优秀选手脱颖而出，锤炼和提升了广大英烈讲解员的能力水平，呈现数千场精彩英烈故事宣讲，推动学习贯彻习近平新时代中国特色社会主义思想主题教育走深走实。

四是推动业务工作提质发展。一方面结合业务工作实际情况学习领会党的创新理论，提高政治思想站位；另一方面将党的创新理论应用到本职工作中，付诸实际行动，真正将主题教育转化为推动工作高质量发展的生动实践。

二、烈士纪念设施管理保护全面加强

深入贯彻落实党的二十大精神和习近平总书记关于用心用情用力保护好、管理好、运用好红色资源重要论述精神。

一是继续推进烈士纪念设施提质改造，开展国家级烈士纪念设施整改提升和第七批国家级烈士纪念设施申报工作。梳理分析现有国家级烈士纪念设施保护管理情况，集中精力补短板、抓提升、促达标，实现问题整改和整体提升有机结合。印发《关于申报第七批国家级烈士纪念设施的通知》，对申报工作进行部署。召开烈士纪念设施规范管理研讨会，完善第七批国家级烈士纪念设施申报测评指标。

二是推进烈士纪念设施重点项目工程建设。会同国家发展改革委，结合“十四五”社会服务设施建设支持工程，安排中央预算内投资 6.1 亿元，用于支持 83 个烈士纪念设施项目建设提升。指导各地积极申报“十四五”社会服务设施建设支持工程 2024 年烈士纪念设施建设项目，集中审核批复项目 92 个。

三是公布启用烈士纪念设施保护标志及标识牌。印发《烈士纪念设施保护标志使用管理办法》，进一步加强烈士纪念设施规范化管理，统一烈士纪念设施形象识别，维护保护标志庄严肃穆形象。

四是加强烈士纪念设施保护管理。开展县级以下烈士纪念设施整修工程“回头看”。印发《退役军人事务部关于发挥基层退役军人服务机构作用　进一步加强零散烈士纪念设施保护管理的意见》，整合系统工作力量，全面加强零散烈士纪念设施保护管理运用。校核完善纪念设施数据，组织编制《中国烈士纪念设施概览》，形成概览审读稿。

五是完善境外设施，彰显大国形象。在两国元首见证下，与赞比亚旅游部签订谅解备忘录，加强坦赞铁路纪念园保护管理和作用发挥。完成在老挝勐赛、纳莫中国烈士陵园和在缅甸密支那中国远征军阵亡将士纪念设施修缮保护工程，并于 6 月上旬组派部级代表团组赴老挝、缅甸组织出席竣工开园仪式。相关活动被新华社、中央广播电视总台等宣传平台及外媒广泛报道，营造了缅怀英烈、致敬英雄的浓厚氛围，彰显了国家形象，弘扬了英烈精神。

三、烈士烈属权益得到有力维护

一是做好烈士祭扫组织接待和服务保障工作。践行“以人民为中心”的发展思想，优化服务流程、细化工作预案，指导各地完善服务保障措施，为烈属异地祭扫烈士提供全方位贴心服务，实现全国清明、烈士纪念日等重要时间节点烈士祭扫安全文明平稳有序。

二是及时完成烈士评定备案。完成 2022 年度 138 名烈士备案审查工作，指导各地组织颁授《烈士光荣证》，及时走访烈属家庭。

三是在韩志愿军烈士遗骸身份确认工作取得新突破。通过 DNA 鉴定比对、专家论证审定，又成功为 10 名归国志愿军烈士遗骸确认身份并找到亲人。烈士遗骸 DNA 数据库已实现精细化、动态化管理，让更多烈士从“回国”到“回家”、从“无名”变“有名”。

四、社会尊崇氛围更加浓厚

坚持用好红色资源与传承红色基因并举，弘扬英烈精神与加强青少年爱国主义教育并重。

高规格组织第十批在韩志愿军烈士遗骸归国安葬活动，11 月 23 日至 24 日，中韩双方成功交接25名志愿军烈士遗骸，谌贻琴国务委员出席迎回仪式并讲话，裴金佳部长主持迎回仪式，出席安葬仪式并致祭文，常正国副部长率团赴韩执行装殓交接任务。

广泛开展“清明祭英烈”主题宣传教育活动。联合中央网信办开展“英雄之光”系列网上宣传和互动引导活动。清明节期间以“崇尚”为主题开展网上祭英烈活动，开通网上宣传教育、纪念祭扫平台，网上祭扫平台专题访问量达3453万余人次，祭扫烈士2511万人次，社会反响热烈。协调《人民日报》《解放军报》发表综述文章，各类平台协同发力，推动英烈精神深入人心。

指导组织烈士纪念日公祭活动。组织保障中央和国家机关主要负责同志、在京老战士和烈士亲属代表等参加天安门广场向人民英雄敬献花篮活动，指导全国2000个县级以上人民政府广泛开展烈士公祭仪式，引导广大人民群众到身边的烈士纪念设施打卡献花、缅怀英烈。

组织开展《中华人民共和国英雄烈士保护法》实施5周年普法宣传教育活动。会同全国人大常委会法制工作委员会，采用“网上宣传+互动活动+行动引领”的形式，系统谋划、一体推进，设计策划1次集体采访、1个宣传阵地、1次知识竞答、1组重点稿件及1组微视频，开展部门联动发力、媒体协同配合、寓宣传教育于互动引导的1次全覆盖的普法活动。

创新使用新媒体传播渠道，指导制作并播放主题宣传片《勿忘、勿念》，播放量达1.6亿次，会同央视推出10集《英雄回家》清明节特别节目；强化网络宣传互动，开展英烈保护网络知识问答，设置直播和互动话题，壮大网上主流声音，营造和谐氛围。

加强青少年红色教育，会同共青团中央、全国少工委共同号召少先队员、共青团员就近到烈士陵园缅怀英烈，接受革命传统教育和爱国主义教育。

五、国际及涉港澳交流合作不断深化拓展

一是主动服务元首外交和主场外交。阿尔及利亚总统特本、赞比亚总统希奇莱马2023年7月、9月访华期间，在两国元首见证下，裴金佳部长同阿方老战士及权利享有者部、赞方旅游部代表分别签署《中华人民共和国退役军人事务部和阿尔及利亚民主人民共和国老战士及权利享有者部双边合作协议》《中华人民共和国退役军人事务部和赞比亚共和国旅游部关于坦赞铁路纪念园保护管理合作的谅解备忘录》，积极配合中央做好高层访问与领导人会晤成果设计落地，相关活动取得良好效果，为退役军人事务部同有关国家加强业务领域双边合作打下坚实基础。

二是多渠道广泛深入开展交流合作。2023年初，组织代表团赴香港、澳门走访慰问在港澳的烈属和老战士，并加强与港澳特区政府有关部门沟通。与红十字会国际委员会对接，通过“云外事”渠道邀请外方法医鉴定专家开展业务技术领域交流研讨并组团赴塞浦路斯交流访问。同韩国、老挝、缅甸、越南、法国、西班牙等国有关部门开展工作交流，持续巩固同有关国家和地区、有关国际组织间的多双边友好合作关系，以退役军人事务部国际交流合作工作服从服务国家整体外交，并借鉴外方政策做法更好地推动退役军人工作各领域改革创新发展。

退役军人教育培训

2023年，在以习近平同志为核心的党中央领导下，在退役军人事务部党组的指导下，培训中心坚持以习近平新时代中国特色社会主义思想为指导，全面贯彻落实党的二十大和二十届二中全会精神，深入学习贯彻习近平总书记关于退役军人工作重要论述，坚决落实党中央、国务院决策部署和部党组的各项工作安排，统筹推进教育培训主责主业，强化各项责任落实，圆满完成各项任务。

一、稳步推进培训工作

一是扎实做好退役军人教育培训。持续加强自主就业退役士兵适应性培训，“再启航”退役军人在线学习平台全年面向20多个省份开设470多个线上班，培训8万多人次。组织北京地区2023年转业军官全员适应性培训、部分转业军官离队前教育培训及2023年中央单位接收安置转业军官专业培训。2023年，分别在福建上杭、四川苍溪、四川长宁、吉林长春、河北沧州等地，举办5期“耕耘者”振兴计划乡村治理骨干（“兵支书”）专题培训班。

二是积极开展系统干部教育培训。组织中共退役军人事务部党校3期学习贯彻党的二十大精神专题轮训班。组织教育培训教材学用工作培训班、全国新任市级退役军人事务局局长培训班、全国新任县级退役军人事务局局长培训班、退役军人教育培训工作人员培训班、退役军人教育培训和新闻宣传工作培训班、退役军人就业创业示范培训班等6个培训班。召开2023年北京地区转业军官全员适应性培训工作会和退役军人就业创业培训服务工作座谈会等2个会议。配合就业创业司，举办2期退役军人就业创业工作骨干培训班，组织5期退役军人创业导师培训班。推进系统干部中国人民大学同等学力申请硕士学位在职课程培训班工作。

三是积极实现优质培训服务共享。2023年，积极开展援藏援疆工作，向新疆维吾尔自治区、新疆生产建设兵团赠送自主就业退役士兵网络适应性培训学习账号3000个；向西藏自治区退役军人服务中心、新疆维吾尔自治区退役军人培训中心赠送技能培训数字教材学习卡2400张。

受湖南省退役军人事务厅、甘肃省甘南藏族自治州退役军人事务局、新疆维吾尔自治区退役军人事务厅、新疆维吾尔自治区克拉玛依市退役军人事务局等省市和军队有关单位委托，精心组织培训班5个。此外，“再启航”退役军人在线学习平台受委托，组织2023年四川绵阳和山东枣庄转业军官专业培训、广东汕头转业军官网络培训和退役军人服务中心（站）能力提升业务培训、天津转业军官适应性培训。

四是持续做好培训平台和资源建设。2023年，积极推进退役军人网络学院上线运行。持续做好中国退役军人网的宣传推广。加强“再启航”退役军人在线学习平台课程体系建设，多渠道保障和拓展培训业务。组织编写《转业军官教育培训大纲》《自主就业退役士兵教育培训大纲》初稿。初步建成退役军人教育培训师资库，在全国范围内吸收105名优质师资入库。

二、持续加强教材工作

2023年，出版《退役军人工作简明读本》《烈士家书·诗词选》。组织编写或修订《自主就业退役士兵适应性培训教材》《新时代退役军人就业指导》《新时代退役军人创业指导》等教材。多渠道推广宣传重点教材，2023年累计发行纸质教材8.8万册。持续推广应用技能培训数字教材。

三、积极推进新职业建设

一是积极推进退役军人事务员职业建设。配合思想权益司，积极组织教材编写与发行、开展试点信息平台线上测试、开发设计五级（初级）考试试卷、起草《退役军人事务员师资管理办法》和《退役军人事务员试点培训评价方案》，指导试点地区新职业建设等工作。全年先后指导内蒙古鄂尔多斯、上海浦东、浙江杭州、福建泉州、贵州贵阳、宁夏固原、广东清远等7地开展第一批和第二批退役军人事务员试点培训工作，培训近1.2万人次。

二是积极推进国防教育辅导员等新职业标准建设。配合就业创业司，完成国防教育辅导员新职业标准终稿，完成培训三级、四级、五级教材初稿编写工作。拟定《保卫管理员（防暴指导员）国家职业标准》（公示稿）并报人力资源和社会保障部。

四、扎实提升系统服务保障水平

配合秘书局，推广“乡村振兴案例集”，制作“老兵永远跟党走”短视频。配合移交安置司，严密组织2023年中央单位和北京市市级单位接收安置转业军官统一笔试考务和信息服务工作。配合就业创业司，审核约3.8万名退役军人考生2024年全国硕士考试报名信息。持续开展退役军人安置服务保障工作。

退役军人服务中心（站）工作

2023年，退役军人服务中心（站）工作以习近平新时代中国特色社会主义思想为指导，全面学习贯彻党的二十大精神，深入贯彻落实习近平总书记关于退役军人工作重要论述、重要指示批示精神，紧紧围绕主责主业，聚焦思政引领、就业创业扶持、优抚帮扶、权益维护等重点业务，持续提升服务保障工作能力水平，不断推动退役军人服务保障工作高质量发展实现新突破。

一、助力推动服务体系建设

依托全国退役军人服务中心（站）服务管理系统，完成服务中心（站）年度数据统计填报任务，全面摸清机构、编制、人员、经费等信息，做到底数清、情况明。探索推动区域协调发展，指导宁夏举办西部七省区和兵团退役军人服务保障工作区域融合发展研讨会，推动经验互学、资源互享、优势互补，为服务保障工作区域协调发展探索方法路径。推动“红站”拓展和延伸建强，指导各地结合实际，用心用情打造“红色退役军人之家”“红色退役军人服务站”“红色精品型退役军人服务站”，形成了一批好做法和好经验，并遴选汇编印发《2023年度全国“红站”拓展和延伸建强成果交流》，持续升级“红站”品牌，促进服务中心（站）建实建优。加快推进“互联网+退役军人服务”，优化退役军人服务APP功能设计，扎实开展试点测试，打通服务退役军人“最后一公里”。总结推介服务保障工作典型经验，编印各地服务中心（站）服务保障工作典型案例，并通过《退役军人工作信息参考》推广服务保障工作经验做法，供各地参考借鉴、促进共同提升。组织省市服务中心业务培训，分别在江西、四川举办省市两级服务中心负责人和业务骨干示范培训班，进一步提升服务队伍专业能力。

二、持续深化思政引领服务

持续推进服务中心（站）政治文化环境建设，充分发挥基层服务机构政治文化阵地功能作用，激励退役军人永远听党话、跟党走。高标准建成“老兵永远跟党走”退役军人政治文化展厅，成立宣讲队，为退役军人提供讲解服务600余人次，组织重温军人誓词150余人次，引导退役军人退役不褪色、建功新时代。精心制作思政引领纪录片，组织摄制组收集17个省素材、赴8个省采风，完成《永远是个兵》退役军人思政引领纪录片拍摄任务。协助遴选全国1000支退役军人关爱青少年志愿服务队伍，并积极协调资金支持，助力退役军人关爱青少年志愿服务活动。支持各地开展双向志愿服务，在引导退役军人积极参加志愿服务活动、贡献力量、回馈社会的同时，注重动员社会力量为退役军人开展志愿服务活动，在全社会营造尊崇军人职业、尊重退役军人的浓厚氛围。

三、全力维护退役军人合法权益

深入学习推广新时代“枫桥经验”，着力夯实基层基础，充分发挥基层服务站纽带桥梁作用。扎实学习贯彻《信访工作条例》，健全和完善信访接待办理工作机制，制修订相关制度办法，规范信访事项办理流程。拓展发挥法律援助、老兵恳谈、心理咨询等功能，构建上下联动多元化解体系。开展信访干部群众工作能力和信访办理质量“双提升”行动，组织信访工作培训班，安排业务骨干赴地方辅导授课，持续提升信访工作业务效能。依托基层服务中心（站）常态化开展问题排查、矛盾化解、思想疏导和心理抚慰等工作，推动“事心双解”。各地积极探索建立人民调解、行政调解、司法调解等联动机制，实现问题联解、矛盾联调、工作联动，融合聚力维护好退役军人合法权益、解决好退役军人合理诉求。

四、着力提升就业创业服务质效

依托各级服务中心（站）规范建立健全就业创业服务台账，动态掌握退役军人就业情况，广泛宣传就业创业各项政策，协助落实相关优惠政策。在陕西举办首届全国退役军人创业创新成果展交会，吸引近5万人40多家投融资机构参加，600多万人线上观展，现场交易6900余万元，集中签约额达30.84亿元，实现了聚成果、展风采、搭平台、促成效、创品牌的预期目标。靠前对接做好部企签约工作，联系优选新合作企业，广泛挖掘拓展就业资源，搭建就业平台。各地积极举办招聘会、推介会和交流会，促进供需信息有效对接，推动服务对象充分就业、高质量就业。积极引导退役军人投身乡村振兴战略，培育退役军人创业带头人，促进交流合作，鼓励带动更多退役军人发挥正能量。

五、不断加大优抚帮扶力度

积极宣传优待抚恤、帮扶援助政策，协助落实好优抚帮扶措施。常态化做好优待证申领发放信息审核工作。协调爱心企业向有关省份定向捐赠物资，联合京东集团推动退役军人适老化改造项目。指导中国退役军人关爱基金会组织开展致敬英烈公开募捐、听力健康关爱、补充医药报销蓝卡捐赠等一系列公益活动，关爱作用有力彰显；第一时间响应习近平总书记关于抗洪救灾、抗震救灾的重要指示，向北京、河北、吉林等7个省份拨付援助资金物资，帮扶灾区退役军人渡过难关；拨付专项资金用于援藏援疆，支持福建上杭、江西莲花、山东蒙阴基层联系点退役军人关爱帮扶等工作。各级服务中心（站）注重发挥退役军人关爱基金会、关爱协会等作用，广泛动员和引导社会力量，通过开展志愿服务、筹措社会资金、争取慈善捐款等方式，为困难退役军人提供帮扶援助，有效解决退役军人急难愁盼问题。

烈士纪念设施保护和烈士遗骸搜寻鉴定

2023年，烈保中心坚持以习近平新时代中国特色社会主义思想为指导，认真学习宣传贯彻党的二十大精神，深入开展学习贯彻习近平新时代中国特色社会主义思想主题教育，坚持党建引领，扎实推进烈士纪念设施规划设计、烈士遗骸搜寻鉴定、英烈红色文化传承发展等工作，统筹中心对外联络与内部建设，攻坚克难、凝心聚力，认真谋划、狠抓落实，扎实推进各项工作。

一、加强烈士纪念设施规划设计和展示利用，切实发挥参谋助手作用

一是扎实开展应用研究。开展烈士纪念设施保护管理资金保障及使用情况研究，并会同财政部社会保障司、部褒扬司联合开展调研，助力政策创制。联合开展基层退役军人服务机构管护零散烈士纪念设施现状研究，为进一步规范零散烈士纪念设施日常管护工作提供决策参考。完成全国烈士纪念设施基本概况分析研究，为加强全国烈士纪念设施保护管理提供智力支持和理论支撑。

二是大力夯实基础性工作。配合部褒扬司启动编制《中国烈士纪念设施概览》，全书约250万字，近5000幅图，收录县级以上烈士纪念设施近4000处，内容包括各设施基本概况、英烈事迹、历史事件、特色亮点等九大部分，既是全国首部烈士纪念设施领域的工具书，也是全面反映新时代烈士纪念设施建设成果的宣传册。配合做好第七批国家级烈士纪念设施申报评审工作。突破烈士纪念设施陈列展览地域限制，探索跨地域联合办展新模式，在拉萨烈士陵园举办“信仰的力量——雨花英烈事迹与精神”巡展，取得积极反响。

三是持续打造精品展陈。坚持政治性、思想性与艺术性相统一，评审福建、安徽、浙江、湖南、宁夏、陕西等地10个国家级烈士纪念设施改陈布展项目。

二、建强用好国家烈士遗骸搜寻队和国家烈士遗骸DNA鉴定实验室，进一步完善搜寻鉴定工作机制

一是搜寻发掘任务实现新突破。组织国家烈士遗骸搜寻队赴西藏阿里地区执行疑似无名烈士遗骸发掘鉴定任务，克服高原高寒等实际困难，发掘部分无名烈士遗骸并完成DNA检测样本采集，持续推进烈士遗骸身份及亲缘关系认定。

二是搜寻队建设迈上新台阶。制定《国家烈士遗骸搜寻队管理规定（试行）》，以部办公厅名义印发实施，健全完善权责清晰、任务明确、

力量完备、协调顺畅的烈士遗骸搜寻工作机制。

三是身份确认工作取得新进展。推动国家烈士遗骸 DNA 鉴定实验室专家团队加大关键技术科研攻关力度，成功为 10 名归国志愿军烈士遗骸确认身份、找到亲人，大幅提升烈士遗骸亲缘关系认定比对成功率。为山东济南战役无名烈士寻亲，积极提供技术指导和专业支持。

四是鉴定分析工作构建新机制。与国家烈士遗骸 DNA 鉴定实验室承建单位签订协议，进一步规范管理建设，健全烈士遗骸鉴定分析工作机制。

三、坚持守正创新，推动英烈红色文化传承发展

一是积极配合做好重大活动宣传。参与组织第十批在韩志愿军烈士遗骸迎回安葬相关工作，策划组织在韩志愿军烈士寻亲成果发布。配合部褒扬司组织“学思想　颂英烈”全国英烈讲解员大赛，并于第 10 个烈士纪念日前在北京市组织大赛汇报展示活动，各方面反应热烈。

二是紧抓重要节点提升宣传质效。制作推出《中华人民共和国英雄烈士保护法》颁布实施 5 周年《捍卫英雄》《守护英雄》《铭记英雄》3 部系列宣传片，配合开展“2023 · 崇尚”清明祭英烈系列活动。拍摄制作《忠骨 · 寻找英雄》，获评中央网信办 2022 年“中国正能量网络精品”。

三是深化研究激活英烈红色动能。完成“烈属优待证优待范围分析研究”“中国传统祭扫礼仪研究”“英烈文化红色标识地案例剖析研究”，策划英烈红色文化思政课进校园活动。汇总梳理 2021—2023 年研究成果，编纂《强基铸魂——英烈褒扬领域研究成果汇编》。

四、积极开展对外联络，外事工作取得新进展

一是国际交流合作不断深化。烈保中心首次组织外事活动赴越南开展外事交流，实地考察越南境内纪念设施情况，建立沟通联络机制，派专员参加赴塞浦路斯工作交流。

二是国际比较研究顺利推进。在前期对美、韩开展调研的基础上，开展对俄、韩、越、老等周边国家及国际机构在烈士纪念设施保护、烈士遗骸搜寻鉴定、烈士遗物保护管理等工作的重点调研，在法律条例、组织架构、经费保障、技术方法等方面进行综合比较研究。

三是充分发挥专家委员会和英促会作用。召开烈保中心专家委员会第二次全体会议，深入研讨交流，助力中心专业化水平提升。加大对英促会支持力度，指导其依规有序开展工作，积极发挥作用。

退役军人工作信息化建设

2023年，退役军人事务信息化工作以信息化支撑退役军人事务领域服务保障提质增效、高质量发展为目标，持续推进业务应用协同联动、退役军人网上服务平台优化，加快提升“一网通办”和网上服务能力，不断夯实网络安全防护屏障，充分发挥数据创新引擎作用，以信息化助力退役军人工作高质量发展。

一、丰富完善退役军人综合信息数据库

一是持续开展常态化建档立卡。在全国各地扎实、稳步推进常态化建档立卡工作，2023年各地借助优待证申领发放工作持续更新建档立卡信息，截至12月底，已为4200多万名退役军人和其他优抚对象建档立卡。

二是基本打通全国数据交换网络。建成数据资源目录服务系统。建成部省数据交换平台，部省间通过交换平台已累计交换数据45.7亿条，基本实现了数据跨层级、跨地域的矩阵式协同。

三是着力推动数据应用。积极服务各司局开展数据对比分析，建成桌面端数据大屏，实现各类数据的实时调阅、随调随取。开发完成40余项数据分析主题，从分析展示、决策支持、专题研判等方面，为各业务部门日常工作提供数据支撑，逐步发挥“数据大脑”的引领作用。

二、综合管理平台不断完善

一是加强标准规范体系建设。制定《退役军人事务业务流程规范》《退役军人应用支撑平台技术标准》《应用系统安全开发技术标准》《退役军人专属电子卡技术要求》等9个技术标准，确立退役军人信息化建设的相关技术框架。制定UI设计规范、微服务开发规范、容器迁移规范等3个技术实施规范，支撑各系统规范化改造与集成，提升系统的可扩展性。完善业务数据共享交换标准，参照《退役军人事务信息化标签标准》并结合业务调整需要，更新完善信访、困难帮扶、优抚等业务数据共享交换标准，指导地方信息化系统建设并保障部省业务数据交换。

二是建成退役军人事务工作统一工作平台。实现授权中心、服务中心、认证中心、统一网关等21个基础服务和20个公共服务，形成具有标准接口、可重复使用的通用组件，打造集约通用的应用支撑平台；全面梳理各业务系统功能，提炼共性业务服务，搭建新型业务中台，建设信访基础微服务、优抚对象信息查询、军休基本信息查询等36个共享业务服务；基于应用支撑平台和业务中台，从业务与技术两个层面推进“一台

统管”，建设88个业务微服务、优化系统架构、提升系统性能、深度融合各类信息系统，建成全国统一使用的工作平台。

三是稳步推进重点信息系统建设。上线视频信访系统，形成“信、访、网、电话、视频”五位一体的信访信息化体系，支持部、省、市、县四级联动的视频信访与视频调度；建成全国退役军人就业创业信息系统，推进岗位资源共享和就业供需有效对接，帮助退役军人全面了解政策，制定职业规划、查找就业岗位，实现招聘求职的双向互联互通。

三、探索搭建“互联网＋退役军人服务”平台

一是搭建退役军人服务APP。运用云原生、微服务架构等新技术强化技术底座，集成就业招聘、优待证（电子版）等10项功能。选取部分地区完成了优待证（电子版）试点、自主择业年审试点和APP整体测试。

二是建成一体化退役军人网上服务平台。2023年9月22日上线，集成网上信访、就业创业、优待证网上申请等7项服务功能，以地方旗舰店方式集成黑龙江、浙江等7个省份在线政务服务事项。

三是谋划建立互联网运营体系。制定《退役军人服务APP建设方案》，明确了APP的建设内容、职责分工等。深化性能优化和互联网安全建设，建设运营管理平台，搭建新媒体平台，为技术运营提供支撑。

四、扎实做好网络安全保障工作

一是建设部非涉密机房。科学高效完成部非涉密机房场地选址及租赁工作，平稳迁移所有信息系统及网络设备设施，打通部机关与部非涉密机房两地数据互联，初步构建了同城双中心的基本格局。

二是强化网络安全防护能力。突出实战演练，组织网络安全实战攻防及专项攻防，引入国家“护网行动”专业力量，采取近源攻击等实战化强力方式，“以攻促防”有效提升网络对抗能力。

退役军人宣传工作

2023年，宣传中心深入学习贯彻习近平文化思想，全面贯彻党的二十大精神，落实习近平总书记关于退役军人工作重要论述，在部党组坚强领导下，有效促进了传播力、引导力、影响力和公信力的提升，推进了退役军人宣传工作高质量发展。

一、统筹谋划，把好主题宣传方向

用心用情做好习近平总书记重要讲话、重要活动、重要会议宣传报道，宣传好习近平总书记对退役军人的关心关爱。

一是深入学习宣传贯彻习近平新时代中国特色社会主义思想。贯彻落实习近平新时代中国特色社会主义思想主题教育要求，《中国退役军人》杂志封二位置固定刊登习近平总书记重要讲话、重要活动、重要会议，开设《学习贯彻习近平新时代中国特色社会主义思想主题教育》《学思想强党性重实践建新功》《学习宣传贯彻党的二十大精神》《大兴调查研究之风》等专栏。

二是紧扣时代主题加强主题宣传。两会期间推出“聚焦两会”专题，报道代表委员中退役军人的履职故事，梳理5年来政府工作报告中退役军人工作发展脉络，邀请专家学者进行独家评论，全媒体矩阵推出“老班长上两会”“退役军人两会好声音”话题。策划推出“高质量发展调研行”系列报道，推出《共话高质量发展先行试点》专栏，报道试点工作推进成效。策划“退役军人在稳增长一线”“稳岗就业在行动”封面报道。在退役军人事务部成立5周年之际，推出综述、通信、述评、短视频等，立体呈现退役军人工作的成绩。

二、精准发力，突出融合创新发展

坚持运用新技术新应用，突出融合创新发展，着力构建“一网两刊三微多平台”全媒体矩阵，努力打造军事类头部账号，探索党政媒体全面深度融合、转型发展新路径。

一是建优建强全媒体平台。持续做好部官网、部官微，以及“中国退役军人”“新时代中国双拥”“国家退役军人课堂”3个新媒体矩阵及“网络军休所”APP的运维。截至2023年12月，部官网更新文章总量超过9000条，日均浏览量约7万次。“中国退役军人”“新时代中国双拥”“国家退役军人课堂”全网粉丝超过1200万个，矩阵内总阅读（播放）量突破62亿次。“网络军休所”APP用户量近22万个。

二是持续打造特色宣传品牌。开展“清明祭英烈”主题慢直播活动，超3000万名网友为英烈“云献花”寄语哀思，相关话题传播人次超 27.6 亿次；开展“深夜不 EMO 战友燃歌会”主题直播活动，全网观看量超 1200 万次、曝光量近 40 亿次。做好第十批在韩中国人民志愿军烈士遗骸回国宣传，推出 73 集抗美援朝老兵口述历史纪录片《1950，跨过鸭绿江》及“山川同念　英雄回家”70 小时不间断直播活动，全国超 1.3 万块地标大屏点亮活动海报，相关话题总浏览量超 27 亿次。全年完成 30 场“军创英雄汇”退役军人直播招聘活动，破亿人次观看，超 15 万名退役军人投递简历。

三是推陈出新拓展新亮点。跨年夜推出“陪你卫国戍边”慢直播，“陪边防战士迎接 2023 第一缕阳光”话题登上平台热榜，全网 1.13 亿人次观看。推出“一起晒出劳动者的手”征集活动，话题浏览量近 300 万次。联合军休服务管理司全网发布《红色记忆》系列专题片，总浏览量近 2500 万次。策划推出《打卡！新青年国防课》，联合 6 地开展沉浸式国防教育体验活动，创新国防教育新形式。此外，结合相关时间节点，精心设置议题，策划报道内容，保证“中国退役军人”有声音、不缺席。

三、精心服务，展现线下活动成效

挖掘线下宣传优势，将“中国退役军人”品牌从线上引入线下，发掘各地极富特色的退役军人工作做法，举办有吸引力、有参与性、有分享性的线下活动。

一是开拓自有宣传新阵地。在纪念延安双拥运动 80 周年之际，启动“你好，双拥模范城”全媒体宣传活动，唱响军地和谐共建新篇章。举办“军创英雄汇”退役军人企业家圆桌会专场，邀请多位优秀退役军人企业家代表加强交流研讨、激活发展思路、共享发展成果、增强发展动能。

二是服务机关汇聚新合力。联合思想政治和权益维护司举办首届退役军人事务领域网络正能量人士圆桌派活动和退役军人事务领域网络正能量基层行活动；会同军休服务管理司举办“唱响新时代　军心永不改”全国军队离退休干部歌唱风采展示活动，策划《英雄故事汇》口述历史片；会同机关党委（人事司）制作部参与中央和国家机关第二届运动会表彰大会宣传片等。

三是担当社会责任作贡献。开展“追光之旅·走边海防”活动，深入新疆边防部队走访慰问。首次联动阿里影业举办《长空之王》中国退役军人专场，邀请导演到场讲述背后故事，一等功臣、现役军人、军属、退役大学生士兵代表等现场观看。联合辽宁省退役军人事务厅、沈阳市退役军人事务局举行“英雄城市致敬英雄”主题宣传活动，2800 余人参与活动，超 214 万名网友实时观看直播。

四、拓宽领域，挖掘产业发展动力

继续改革创新，在媒体融合加速的大背景下，探索调整产业结构，主动应对风险挑战，拓宽事业发展广度。

一是调整杂志出版刊期。建强用好双拥工作平台，进一步巩固发展军政军民团结，经北京市新闻出版局批准，从 2024 年 1 月开始，《中国退役军人》刊期正式变更为半月刊，上半月出版《中国退役军人》，下半月出版《中国退役军人·新时代中国双拥》。

二是获批出版经营许可。图书出版工作获得新突破，完成《创业兵法》《创业韬略》两本书的出版发行。经北京市新闻出版局审批，取得出版物经营许可证，为后期从事图书出版发行工作打下坚实基础。

五、夯基垒石，保障事业有力发展

坚持党建引领，加强组织领导，不断夯实内部基础建设，完善健全规章制度，加强人才队伍能力素质提升，着力展现中心良好形象，提升宣传工作影响力。

一是推进队伍建设。着力提升中心编辑记者能力水平，提升通讯员队伍专业素养，对通讯员进行业务培训。在陕西延安举办全国退役军人教育培训和新闻宣传培训班，邀请系统通讯员赴西班牙进行退役军人宣传工作交流访问，学习借鉴退役军人宣传工作经验。

二是提升宣传工作影响力。获批加入中国记协，成为记协会员单位。完成事业单位年检和2022年度社会效益评价，《中国退役军人》杂志评级为优秀。“中国退役军人”全媒体平台获评“航空助农战略贡献单位”。“中国退役军人”微信公众号获评“走好网上群众路线百个成绩突出账号”。

中国退役军人事务年鉴 2024

地方退役军人工作

北京市

2023年，北京市退役军人事务系统深入学习贯彻习近平总书记关于退役军人工作重要论述，坚决贯彻落实各项决策部署，以新时代首都发展为统领，主动服务和融入首都新发展格局，真抓实干、攻坚克难，突出首善标准，着力打造特色亮点，各项工作创新发展，不断取得新进展、新成效。

一、机构建设情况

“三个体系”建设持续健全完善。稳步推进事业单位改革。顺利完成“十四五”退役军人和保障规划中期评估。研究制定街道（乡镇）、社区（村）退役军人基本服务清单，实行服务承诺制，推动退役军人服务中心建设运行规范、北京地方标准执行落地，服务保障体系实现从“有”向“优”转变。

主管市领导多次召开专题会议、开展专项调研，推动解决重难点问题。指导各区党委退役军人事务工作领导机构力量建设。持续深化“通武廊”多领域合作发展。积极协调中华慈善总会、北京银行等加大援藏援疆力度，投入援助资金1000多万元，签署京蒙协作协议。

围绕贯彻落实中央政策制度改革方案，出台教育培训、就业帮扶、服务管理等制度文件12件。印发加强法治建设实施意见，完成“八五”普法中期评估，修订行政规范性文件管理办法，发布全市退役军人工作行政裁量权基准，政策制度建设不断深化。

二、思想政治和权益维护工作

深入开展学习贯彻习近平新时代中国特色社会主义思想主题教育，坚持高站位统筹谋划、高标准组织落实，坚持不懈用习近平新时代中国特色社会主义思想凝心铸魂，同步贯通调查研究、推动发展和检视整改。认真落实新时代党的建设总要求，强化党组织政治功能，激励干部担当作为，扎实推进全面从严治党。圆满完成国家烈士纪念日服务保障，高效开展“23·7”极端强降雨抢险救灾牺牲人员烈士评定工作。推荐优秀选手参加全国英烈讲解员大赛，获评优秀组织奖。广泛宣传先进典型，评选表彰“北京榜样·最美退役军人”，组织“老兵永远跟党走”报告会、“北京军休榜样”发布仪式，推出退役军人口述历史、双拥故事等系列节目，在各媒体平台刊发新闻稿近400篇，开通局学习强国号，微信公众号粉丝超100万个，官方微博粉丝突破20万个，首都老兵参与极端强降雨抢险救灾组图《最美逆行》高票位列《人民日报》微博年度图片第

4名。

落实“一把手”主抓风险防控制度，带队赴12345接听市民热线。破解逐月领取退役金退役军官医保待遇政策难题。开展困难退役军人帮扶援助，会同北京市慈善协会为“北京市关爱退役军人专项基金”开展募捐活动。截至2023年底，全市退役军人事务系统共帮扶援助退役军人8200余人次，各级财政和社会资金累计投入4600余万元，“全国困难退役军人帮扶援助系统”内的困难退役军人实现帮扶援助覆盖率100%。接诉即办工作5个月在市级部门综合评分排名第一。

三、移交安置工作

圆满完成转业军官、安排工作退役士兵和退出消防员接收安置任务。团以下和专业技术转业军官安置到行政（参公）岗位的比例达81.89%；安排工作退役士兵全部安排到机关事业单位和国有企业，事业单位安置比例进一步提升，两项工作均创历史新高。年度接收安置军休干部2300余人，制定军休干部审定进京条件和接收安置工作流程。

四、就业创业工作

出台《关于全面做好北京市退役士兵教育培训工作的实施意见》等系列政策文件。依托清华大学组织2期新媒体人才培训班，依托北京大学组织3期就业创业高级研修班，共培训自主择业军转干部810余人，组织开展订单式、定向式职业技能培训。

开放共享全市资源，退役士兵可跨区自主选择培训机构免费参加职业技能培训。举办首期全市退役军人中小学教师定向培训班。深入挖掘行政资源，与市高院探索建立退役士兵岗位专招制度。强化重点签约企业就业合作机制。举办专场招聘会100余场次、4000余人达成就业意向。顶格落实自主就业退役士兵就业创业税收减免优惠政策。

五、拥军优抚工作

深入开展纪念延安双拥运动80周年系列活动，修订出台《北京市创建全国双拥模范城量化管理动态考评实施细则》，扎实推进新一届全国双拥模范城创建。严密组织首都双拥模范奖评选表彰，评审中首次引入答辩环节。成立北京市爱国拥军促进会，首批入会会员64个。推动“千企万店”加入拥军行列，持续扩大双拥“朋友圈”。开展首都双拥模范奖评选表彰、全民国防教育暨“军营开放日”等26项系列活动。探索促进随军家属就业新路径，统筹归集机关事业单位岗位，首次举办随军家属就业安置和优待招聘双选推介会。为北京市入伍义务兵父母购买保险，超预期完成军人子女教育优待任务。实现逐月领取退役金退役军官参照公务员补充医保待遇持卡就医、实时结算、实报实销。

六、褒扬纪念工作

加强烈士纪念设施规范管理，注重市级补助资金对成熟项目支持，印发《北京市关于加强新时代烈士褒扬工作的实施方案》等文件，出台《烈士纪念设施保护单位服务与管理规范》地方标准。“红色九月”活动典型做法被退役军人事务部遴选为全国典型经验并交流发言。签署全国首份烈士褒扬纪念领域跨省级合作协议。制定北京市烈士纪念设施“一设施一码”和保护标志及标识牌悬挂方案，推进《北京烈士英名录》修订再版，建立完善1000余处零散烈士纪念设施电子档案。在局官网开设“2023·崇尚·清明祭英烈”主题活动专栏，将全市140余处烈士纪念设施整合嵌入，新增天津、河北多处烈士设施数据信息，累计参与网络祭扫人数达217.4万余人次。

七、服务保障工作

对各区及343个街道（乡镇）服务站400余名业务骨干开展业务培训，全面提升一线人员能力素质。开展中石化专属加油、购物优待服务，推动故宫博物院参观纳入现役军人优待清单。稳步推进企业军转干部待遇保障等工作。出台军休干部跨省异地就医服务管理规定，引进医疗、家政等服务项目300余个，推动4个老旧小区纳入综改项目，加装电梯、专项住房不动产权证办理有序推进。调整无军籍退休退职职工养老金标准并补发近6000万元，发放无军籍职工过节费、离休干部和新中国成立前老工人生活补贴4000余万元。

八、自身建设情况

市局获评2021—2023年度首都文明单位。“发挥特色资源优势，助力党员干部政治训练”的做法入选市委组织部党员干部教育培训典型案例。“用心用情打造安置之家”“打造‘红色’支部党建品牌”等做法被《北京支部生活》《北京机关党建》刊发。加强干部集中培训、轮岗交流、岗位锻炼，推进制度规范、保密管理、财务管理、档案管理等内部控制建设，统筹做好统战、群团和老干部工作，巩固风清气正的政治生态。定期开展健步走、春秋游、歌咏比赛等文体活动，不断丰富职工精神文化生活，局工会被北京市直属机关工会评为2023年度先进职工之家。

围绕军人退役“一件事”服务场景建设，积极与相关部门开展数据对接，为退役军人服务管理提供数据支撑，市级单位转业军官接收安置办理事项由7个整合为“一件事”，实现办理事项“一次不跑”。推进退役军人服务体系综合服务管理系统建设应用，推动褒扬纪念管理子系统建设纳入年度市政府智慧城市建设重点任务，政务服务水平和履职效能稳步提升。全面落实行政执法3项制度。完善全过程人大建议、政协提案办理，及时办结4件建议提案。

天津市

2023年，天津市退役军人事务系统深入学习贯彻习近平总书记关于退役军人工作重要论述，在市委、市政府坚强领导下，以学习宣传贯彻党的二十大精神为主线，以服务落实“十项行动”为重点，扎实实施“八项工程”，学思想、强党性、重实践、建新功，推动各项工作取得新进展。

一、机构建设情况

聚焦服务落实高质量发展“十项行动”特别是高品质生活创造行动，确定的25项重点任务有效落实。统筹系统资源力量，累计为对口支援地区退役军人事务系统援助资金近1500万元。聚焦服务京津冀协同发展国家战略，签订《“通武廊”退役军人就业创业合作框架协议》和创业工作高质量发展合作框架协议，举办首届京津冀退役军人和随军家属就业招聘暨跨区域企业合作签约活动、军创企业走进天开园暨京津冀退役军人创业创新推动活动。

在创建1360个示范型服务中心（站）的基础上，持续丰富完善退役军人服务保障体系。加强退役军人服务中心（站）规范化建设，10所高校、10家企业建成退役军人服务站，7名同志获评年度全国退役军人服务中心（站）“百名优秀主任（站长）”。挂牌成立军休老年大学，完成荣军优抚医院整合改革。推出军人退役“一件事一次办”服务，退役军人服务保障体系信息化管理平台（一期）、“天津自主在线”APP和“津沽自主服务”小程序投入使用。

市关爱退役军人协会会同退役军人事务部门，开展慰问演出、乒乓球比赛等活动，举办宣讲报告会，连续3年与天津大学爱尔眼科医院合作，为5823名退役军人进行眼病筛查，实施手术1480例，帮助1177名退役军人重见光明，双方继续签订新的3年合作计划。各级关爱退役军人协会入户走访1.1万多名困难退役军人，帮扶4532人，协调解决问题1151个，发动315家企业奉献爱心，筹集善款298.3万元。走访6500多名退役军人朋友，鼓励其更好发挥“宣传员”“服务员”“协调员”“信息员”的作用。

二、思想政治和权益维护工作

召开退役军人思想政治工作联席会，制定退役军人思想政治教育规范。组建退役军人先进典型事迹报告团宣传宣讲，组织市退役军人文艺宣传队慰问演出。加强先进典型示范引领，继续拍摄制作《老兵口述历史》专题片，累计抢救性挖掘拍摄20名参战老兵的英雄事迹。本市1人当选年度全国“最美退役军人”。2个集体和19名个人被评为第四届“天津最美退役军人”，并举办发布仪式。持续打造天津退役军人志愿服务品牌，组建3000余支、2.8万名退役军人参与的志愿服务队，5000余名退役军人奋战海河流域防汛抗洪救灾一线。举办第三届退役军人书画摄影展和第二届退役军人乒乓球赛。

推进退役军人事务员职业试点工作。开展走访慰问帮扶，组织“情暖老兵”专项行动，为5.5万名退役军人送去慰问金（品）和帮扶资金2259.46万元。

三、移交安置工作

圆满完成年度安置工作任务。举办“双向选择”洽谈会、招聘会，为接收单位和退役军人搭建交流了解的平台。指导市属党政机关采取使用空出的领导职位、按规定增加职级职数、先进后出等办法，保持较高比例转业军官安置到机关和参公单位，安排工作退役士兵安置到事业单位。转业军官安置到参公以上单位的占比达95%。

采取“现场+网络”形式，组织转业军官开展全员适应性、岗前专业和高校专项培训，指导各区组织安排工作退役士兵在待安置期间开展专题教育。

四、就业创业工作

联合相关部门制定出台引导和鼓励民营企业招用自主就业退役军人、支持退役军人创业创新、就业困难退役军人帮扶等政策措施。组织各区认真组织春季、秋季自主就业退役士兵适应性培训2173人，开展送政策进军营14场次。发布24所高等院校（含职业院校），140个专业的市级职业技能培训目录，374名自主就业退役士兵参加免费职业技能培训。配合市教委、市教育招生考试院开展学历教育宣传、报名等工作，共为1474名退役军人认定身份。先后开展京津冀退役军人招聘、退役军人大学生招聘、退役季招聘等线下专场招聘活动。依托天津市退役军人就业信息直通车等平台，举办“军创英雄汇天津站直播带岗活动”“京津冀直播带岗”等线上招聘活动，全年共开展线上线下招聘活动74场次，提供就业岗位52 551个。

充分发挥天津市退役军人就业信息直通车机制作用，用好“我帮退役军人找工作”专栏，精准有效推送600多条2万多个岗位信息。协调有关部门拿出39名公务员、50家事业单位（含14名中小学教师）、248名辅警、82名应急消防员岗位，面向退役军人单独招聘。推选本市3家企业登上《人民日报》“全国退役军人创业带动就业光荣榜”。组织本市18家军创企业参加首届全国退役军人创业创新成果展交会，9家军创企业参加“粤津援疆助军创　携手共进促发展”军创企业结对活动。发布《天津市退役军人市场主体发展报告》。组织开展军创企业走进天开园暨京津冀退役军人创业创新推动活动，为5家金融机构颁授“天津市退役军人金融服务合作单位”牌匾。组织召开“退役军人投身乡村振兴经验交流会”，印发退役军人投身乡村振兴光荣榜。

五、军休服务管理工作

出台《天津市军队离休退休干部服务管理机构工作规范（试行）》，加快推动全市军休服务管理标准化建设。成立天津市军休老年大学（奥城广场和乐谷大厦两个校区），学校面积4000平方米，配备13间专业教室和活动室，招收军休干部学员168人。开展春节、“八一”建军节慰问活动，划拨慰问资金1300万元；向全市8700多名企业军转干部发放春节慰问金744.3万元；为200多名军休干部办理了保健证；为48名军休干部审批发放护理费。组织1800多名军休干部及无军籍职工开展荣誉疗养。

六、双拥工作

春节、“八一”建军节等期间，走访慰问驻津部队和优抚对象代表，印发慰问信近80万封，赠送春节对联福字39万余份。开展“情系边海防官兵”拥军优属活动，组织11个获得“全国双拥模范城”称号的区向边防部队官兵寄送4000余份慰问品（信）。采购50余万元物资，慰问抗洪一线官兵。召开随军家属就业安置工作协调会、推动会，举办秋季随军家属就业招聘活动，安置公务员事业编随军家属70余名，发放未就业生活补助近800万元，军人子女教育优待全面落实。完成天津市第十二届双拥模范区创建考评，迎接全国双拥办来津检查调研。组织开展纪念延安双拥运动80周年系列活动，召开座谈会、双拥成果展等，选树宣传20名天津“最美拥军人物”和19名天津“最美军嫂”，1人当选全国“最美拥军人物”。组织开展“城连共建”活动，河西区与新疆边防部队共建成果受到全国双拥办肯定。和平区与海军“和平方舟”号医院船建立城舰共建关系，成为直辖市第一个开展“城舰共建”的单位。

七、抚恤优待工作

推进优抚医院改革发展，天津市荣军优抚医院于10月揭牌运行。常态化开展优待证申领发放工作。完成来自16个省份近200名功臣模范及家属在津疗养任务。会同相关部门制定出台本市残疾军人和优抚对象医疗保障实施办法。完成474名伤残人员残疾等级评定，为新增100多名领取定期抚恤补助优抚对象落实医疗参保登记。指导各区完成473名预备消防员家庭优待金和4.73万人次优抚对象物价补贴发放工作。为“三属”和在乡老复员军人及遗孀等发放春节慰问品，向退役军人和部分优抚对象发放“八一”慰问金。持续提高优抚对象抚恤补助标准，指导各区做好各类优抚资金发放。先后与天津食品集团、中德住房储蓄银行、天津苏宁易购等签署拥军优抚战略合作协议。向社会发布天津市46个A级旅游景区优待目录，公布第三批145家社会化拥军企业（门店）、社会组织名录，在餐饮住宿、交通出行、教育培训、文化旅游等领域为优抚对象提供优待服务，截至2023年底，全市共有1022家拥军企业（门店）和社会组织。

八、褒扬纪念工作

印发《天津市关于加强新时代烈士褒扬工作的措施》《天津市退役军人事务局关于发挥退

役军人服务机构作用 进一步做好零散烈士纪念设施保护管理的工作措施》。开展“2023·崇尚·清明祭英烈”祭扫纪念活动，全市烈士陵园共举行群众性祭扫活动1200余场，超过10万人参加，代祭扫烈士墓4700余座、祭扫烈士9000余名。举办“学思想 颂英烈”全国英烈讲解员大赛天津市预赛。“9·30”烈士纪念日在市烈士陵园举行向革命先烈敬献花篮仪式，1200多名各界干部群众向革命先烈敬献花篮，举行《烈士光荣证》颁授仪式。完成本市8处县级以上烈士纪念设施概览图册编制工作（3处国家级、5处县级）。推荐西青区革命烈士陵园申报第七批国家级烈士纪念设施。开展英烈保护法颁布5周年、“红色九月”、天津市红色英烈故事“小小宣讲员”视频评选等系列主题宣传教育活动，在全社会营造崇尚英烈的浓厚氛围。

九、自身建设情况

统筹推进学习贯彻习近平新时代中国特色社会主义思想主题教育、接受十二届天津市委第三轮巡视等政治任务与年度重点工作。认真落实意识形态工作责任制，确保了全市退役军人事务领域意识形态安全。制定退役军人事务法治文化建设20条措施，出台退役军人事务系统行政裁量权基准。市区两级组成7个调研组先后赴13个省份20个市（县）学习调研，学习借鉴先进经验，推动成果转化运用。组织退役军人事务部门和协会成立5周年综述报告、主题报告会等系列活动，引导全系统昂扬斗志、守正创新、开拓新局。

河北省

2023年，河北省退役军人事务系统深入学习贯彻习近平新时代中国特色社会主义思想和党的二十大精神，认真落实习近平总书记关于退役军人工作重要论述和视察河北重要讲话精神，解放思想、奋发进取，真抓实干、攻坚克难，全省退役军人工作取得了新进展新成效。

一、机构建设情况

认真落实“五有”“全覆盖”要求，全省乡级以上退役军人服务中心（站）核定事业编制数量和专职工作人员配备率达到高标准、高要求。制定《河北省县级退役军人服务中心服务事项清单》，健全完善“两站三中心”五级清单体系，持续深化乡级服务站“清单式服务、日志化管理”模式，推动服务保障体系从“有”向“优”跨越发展。制发年度业务培训工作方案和《河北省退役军人服务中心（站）用语规范》，全年累计培训23.4万人次。深入开展“走进退役军人服务站”主题宣传活动。全省15人获评全国退役军人服务中心（站）“百名优秀主任（站长）”。开展全省“百家优秀退役军人服务中心（站）”“百名优秀退役军人服务中心（站）主任（站长）”“百名优秀退役军人服务站《工作日志》记录员”评选活动，培树优秀典型。

二、思想政治和权益维护工作

完善“思想政治课”制度，全年累计培训12万人次。开展“老兵永远跟党走”省级示范宣讲活动，系统干部职工及退役军人代表共1.5万人参与；省、市、县三级老兵宣讲团开展宣讲活动1074场。组织乡村服务站站长开展“我为退役军人讲党课”活动，动员退役军人学深悟透践行党的二十大精神。选树宣传河北省“最美退役军人”“最美双拥人物”“最美军嫂”各10名，退役军人优秀志愿者和乡村振兴好老兵各100名，涌现出全国“最美退役军人”“最美拥军人物”等先进典型。

春节、“八一”建军节等期间，全省普遍走访慰问驻冀部队、退役军人和其他优抚对象，发放慰问金（品）。由省军级领导带队走访慰问部队河北籍官兵，激励其建功强军事业。全省组织开展退役返乡迎接仪式约400场次。隆重举行“英雄航天员”蔡旭哲喜报送达仪式。

积极动员退役军人志愿服务队及志愿者开展系列志愿服务活动，特别是洪涝灾害发生后，全省共有4273支退役军人志愿服务队、6.9万名退役军人志愿者主动投身堤坝加固、群众撤离、物资抢运、安全巡查等工作一线，为抗洪救灾作出了积极贡献。持续深化“退役军人投身乡村振兴当先锋”主题实践活动，认真做好乡村振兴巡诊帮扶、线上大讲堂、“兵支书”培训等工作。

三、移交安置工作

深入挖掘岗位资源，主动与各部门沟通，精准掌握机关事业单位空编和国有企业用工情况，科学编制年度安置计划，扩大选岗空间。创新建立省直转业军官安置服务平台，实现了政策宣讲、填报志愿、分配单位等工作“一网通办”。各地对安置政策、安置程序、安置岗位和安置结果等实行全程公开，形成可追溯、可倒查的“闭合回路”。

深入开展“三进三送三沟通”活动，召开宣讲会、座谈会83场次，发放政策明白纸、宣传册1.5万份。把退役士兵党员全部纳入党的基层组织管理，探索开展多元化适应性培训。联合省直有关部门，对转业军官、安排工作退役士兵上岗后的工资发放、定岗定职、编制保障等情况进行回访调研，确保退役军人合法权益保障到位。全年接收的转业军官和安排工作退役士兵，安置到行政和事业单位的比例均达到历年最高，其他符合条件人员全部安置到效益较好的国有企业。

四、就业创业工作

利用信息化平台，对法定劳动年龄内自主就业退役军人进行了就业情况跟踪摸底，录入当期自主就业退役军人需求信息，征集就业岗位9万多个，制定了65个适合退役军人就业创业的行业目录；积极走访全省退役军人创办企业，收录就业信息，为精准培训和推荐就业打下良好基础。全年共开展适应性培训、职业技能培训、创业培训2万余人次。

创新提出面向退役军人单列计划等18条措施，建立“兵教师”培养使用长效机制。签署《京津冀退役军人就业创业协同发展框架协议》，举办京津冀招聘会、海员招聘“浪花计划”、政企合作、“通武廊”区域合作等活动，常态化开展网上招聘活动，组织市县开展招聘活动300余场次，全年共帮助2万余名退役军人就业。

联合省直有关部门提出了14条扶持措施，并将从事个体经营的退役士兵免税额度从1.4万元提高到2.4万元；联合省建设银行为550家退役军人创办企业提供贷款34.5亿元，为300多名退役军人提供“裕农快贷—退役军人返乡创业贷”2400多万元；建立退役军人创业项目库，成立创业导师团队，举办创业大讲堂，强化信息和智力支持。组织18家退役军人企业参加首届全国退役军人创业创新成果展交会，签约交易达3.2亿元。

五、军休服务管理工作

对接部队提前摸清移交人员底数，建立任务台账，努力做到早接快接、应接尽接，超额完成年度接收任务。制发相关政策手册，优化档案审核和业务办理流程，做好工作调度和进展情况通报，确保部队和军休干部心中有底。

全面落实“两个待遇”。严格落实军休干部政治待遇、生活待遇，扎实推进示范型军休机构建设，全省服务对象50人以上的军休机构全部达标。组织开展庆祝建军96周年书画摄影作品展等系列活动，不断丰富军休干部精神文化生活。针对重点服务对象分级建立台账，分类施策，确保待遇保障全面落实、服务管理精准到位。

六、拥军优抚工作

深入落实军地互办实事“双清单”制度，累计帮助部队解决实际问题660个。制定了军人随军家属就业安置和军人子女教育优待方面的政策办法，累计解决随军家属安置就业2100余人，落实军人子女入学入托3500余人。

扎实做好建档立卡信息采集和优待证申领发放工作，圆满完成全省存量优待证申领发放任务。积极协调省财政部门，第20次提高全省优抚对象抚恤补助标准。把全省3400余名分散供养孤老优抚对象纳入光荣院管理范围。充分发挥退役军人关爱基金作用，累计资助困难退役军人1.79万人次，发放救助金5800余万元。扎实推进优抚事业单位改革发展，组织开展首届全省拥军支前应急演练暨社会力量服务军供保障大练兵活动。

持续深化“双轮驱动”拥军优属新模式，广泛动员全省爱国拥军联合会、拥军服务站，连续开展“关爱部队基层官兵万里行”“百城万店拥军行”“爱我家乡爱我舰”等系列活动，累计优惠军人军属和退役军人400余万人次，让利1.5亿余元，尊崇军人职业、尊重退役军人的氛围更加浓厚。

七、褒扬纪念工作

加强烈士纪念设施保护管理，推进横山岭烈士陵园等7处烈士纪念设施提质升级，以及冀东烈士陵园等15处烈士纪念设施建设。广泛开展清明祭英烈活动，全省共开展祭扫活动1.4万场次，线上线下参与820万余人次；高标准完成烈士纪念日相关服务保障工作。举办“学思想　颂英烈”全省英烈讲解员大赛，并承办了全国大赛决赛。出台本省军队烈士迎回及安葬仪式暂行办法，进一步规范军队烈士迎接及安葬仪式流程。强化京津冀褒扬纪念合作，联合京津退役军人事务部门签署了《京津冀烈士褒扬合作框架协议》，积极推动三地共享研究成果，相互学习经验做法。

八、自身建设情况

严格落实全面从严治党主体责任，厅主要负责同志带头落实第一责任人责任，其他领导班子成员认真履行“一岗双责”，组织召开全面从严治党专题党组会、全面从严治党和党风廉政建设工作会议，把党的领导贯穿工作各方面和全过程。坚持民主集中制，“三重一大”事项全部集体研究决定。加强基层党组织建设，完成了6个基层党组织换届和5个基层党组织书记届中调整，开展了年度党建工作述职评议，党建工作职责有效落实。扎实推进党风廉政建设，严格落实中央八项规定及其实施细则精神，坚决反对形式主义、官僚主义，大力弘扬马上就办、真抓实干的工作作风，为推动退役军人工作高质量发展凝心聚力。

山西省

2023年，山西省退役军人事务系统深入学习贯彻习近平总书记关于退役军人工作重要论述，以强能力、转作风、抓落实为主线，一心一意谋发展、促改革，合力攻坚破难题、防风险，各项工作取得新成效。

一、机构建设情况

山西省委退役军人事务工作领导小组召开全体会议，部署推进年度重点工作，研究解决重点难点问题。充实加强党委退役军人事务工作领导机构力量，军队派驻人员覆盖率达100%。

持续巩固服务体系建设成果，对全省11个市64个县（市、区）的219个基层退役军人服务中心（站）进行专项督导调研，制发《基层退役军人服务中心（站）量化考核实施办法（试行）》，从5个方面细化服务事项153项，指导全省各级退役军人服务中心（站）建设提质增效。审核建档立卡备案人员信息3.1万条、减员复核信息4.7万条，核查11个市30个县（市、区）87个乡镇（街道）1305人的具体信息，为做好服务保障工作奠定坚实数据基础。

二、思想政治和权益维护工作

开展“老兵永远跟党走”系列活动，全省各级129个“老兵宣讲团”进机关、进校园、进军营，共宣讲240余场次。评选山西省“最美退役军人”10名，举办2023年度山西省“最美退役军人”发布仪式，组织各级选树“最美退役军人”569名，开展优秀退役军人“五进”宣讲347场。践行“浦江经验”，健全领导干部接访下访、包联包案制度，推行“服务站+网格员+退役军人”和“老兵调解”机制，常态化排查化解矛盾问题。制发《山西省退役军人事务厅规范行政执法裁量权实施办法》，明确13个行政执法事项的裁量权基准，为做好工作提供法治保障。设立退役军人法律援助咨询窗口12个、工作站96个、联络点654个，形成覆盖城乡的退役军人法律援助服务网络，服务1800余名退役军人。拓宽帮扶援助资金渠道，全省各级纳入年度预算帮扶资金2574万元，帮扶困难退役军人2.2万名。

三、移交安置工作

优化转业军官“直通车”和积分选岗相结合的安置办法，以党政机关和参公单位为主渠道，公务员和参公单位安置率达 99.5%。全省域打通安排工作退役士兵安置到事业单位管理岗和专业技术岗渠道，完善提前选聘与积分选岗相结合的安排工作退役士兵安置办法取得较好成效。

四、就业创业工作

针对退役军人能力提升需求，按需赋能开展技能培训，累计培训退役军人 3426 名，其中 3084 人取得职业资格证书。拓宽线上线下渠道，畅通就业供给信息，全省各级共组织线上线下招聘会 258 场次，达成就业意向 21 365 人次。探索行政事业单位、国有企业在公开招录中设置退役军人专岗，省公安厅、中国邮政、华阳集团、太原市政等单位专项招录退役军人 600 余名。联合省就业服务局签订合作协议，扶持退役军人创业贷款，编印《退役军人创业担保贷款服务手册》，在省本级和 11 个市建立邮政储蓄银行业务办理绿色通道，先后为 100 余名退役军人提供创业担保贷款 2567 万元。支持退役军人投身经济社会建设，培养“兵支书”8919 名参与基层组织建设和乡村振兴，成立退役军人志愿服务队 3605 支，动员 4.1 万余名志愿者投身公益活动、防汛救灾工作。

五、军休服务管理工作

开展军休服务管理机构标兵站、标准站建设，制定军休干部医疗保障、养老服务、荣誉疗养、因私出国、社会兼职、抚恤补助等政策规范 6 个，打造军休干部“红星 +”品牌，山西省军队离退休干部休养所和运城市军队离退休干部休养所相继成立军休老年大学，不断提升军休服务水平。

六、拥军优抚工作

（一）双拥工作

结合山西省国动系统成建制比武，组织全省双拥系统开展拥军支前演练。持续做好拥军优属工作，召开第十一届山西省双拥模范城（县）命名暨双拥模范单位和个人表彰大会，命名 57 个双拥模范城（县）、99 个单位及 98 名个人。开展第二届“你为祖国守岁　我陪亲人过年”“八个一”新春拥军优属活动，为坚守在边海防一线和在海（境）外执行任务的官兵家庭送上慰军书信 23 225 封、崇军春联 26 242 组、惠军服务 2119 次、拥军饭菜 794 顿、强军战歌 2180 首、优军厚礼 13 319 份、建立助军台账 3378 套、办成利军实事 684 件，向边防官兵寄发慰问礼包 4000 份和慰问书信作品 3000 件；扎实做好城连结对共建工作，吕梁市、晋城市高标准建成共建项目并交付使用，太原市、阳泉市 2 个全国双拥模范城纳入共建活动。

（二）优抚工作

联合 7 部门制发《关于推进优抚医院改革发展的实施意见》，省荣军医院转型为三级康复专科医院，投资 1.18 亿元新建住院楼项目开工奠基；申报 1800 万元中央彩票公益金支持优抚医院能力提升项目。按照平均 6% 的幅度持续提高部分优抚对象等人员抚恤和生活补助标准，按照平均 9% 的幅度提高一级至四级和因精神病评残五至六级残疾军人护理费标准，印发山西省《残疾退役军人医疗保障实施办法》《优抚对象医疗保障实施办法》，优抚对象保障水平进一步提高。组织310余名优抚对象开展短期疗养，组建医疗队为5600余人次优抚对象开展医疗巡诊。持续做好优待证申领发放工作，5次向社会专题公开发布文旅、交通、军人驿站优待项目清单，全省共推出562项优待举措，内容覆盖交通出行、餐饮美食、酒店住宿、教育培训、医疗健康、观光旅游、生活服务、文化演出等多个方面，取得了积极的社会效应。

七、褒扬纪念工作

大力弘扬英烈精神，开展“2023·崇尚·清明祭英烈”系列活动2092场次，接待机关团体和各界群众22.3万人次。组织网上祭英烈系列活动，依托互联网开通祭扫专栏，188处烈士纪念设施为8779处烈士墓提供代祭扫服务，以网络直播形式广泛宣传吕梁市兴县43名散葬烈士集中迁葬仪式，崇尚缅怀氛围不断浓厚。认真组织异地祭扫工作，27名烈属赴滇祭扫。加强烈士纪念设施建设，武乡县八路军烈士陵园配套设施建设项目列入省级重大建设项目库。开展《中华人民共和国英雄烈士保护法》颁布实施5周年普法宣传月活动，全省累计开展242场，参加15万余人次，发放宣传册20.2万余份。组织邮储银行杯山西省“学思想　颂英烈”英烈讲解员大赛，169名专职讲解员、志愿讲解员、社会工作者、大中小学师生等社会各行各业人员参赛，有效发动社会力量讲好三晋英烈故事。

八、自身建设情况

省委退役军人事务工作领导小组着眼全局工作发展，将14个方面36项重点工作任务纳入督查内容，推动各级不折不扣落实党中央决策部署。省退役军人事务厅党组全面落实从严治党主体责任，深入学习宣传贯彻党的二十大精神，组织专题培训6次、主题党日活动20余场，落实重点任务12项，组建“老兵永远跟党走——老兵宣讲团”、军休干部“红星宣讲团”进校园、进乡村、进企业进行宣讲，传承红色基因，赓续红色血脉。扎实开展习近平新时代中国特色社会主义思想主题教育，厅党组落实“第一议题”制度，党组理论学习中心组织学习24次、研讨交流4次，厅领导讲党课6次，组织党员干部分17个批次、深入36个县（区）实地调研，形成调研报告19篇，转化运用调研成果65项，检视整改的18项问题全部清零销号，14件民生实事落地见效，教育成效被山西省委主题教育巡回指导组评为“好”等次。突出政治标准，持续加强干部队伍建设，全系统组织各类培训900余场次，培训工作人员1.7万余人次。

内蒙古自治区

2023年，内蒙古自治区退役军人事务系统以习近平新时代中国特色社会主义思想为指导，深入学习贯彻党的二十大精神，认真贯彻落实习近平总书记关于退役军人工作重要论述和习近平总书记对内蒙古重要指示精神，认真落实退役军人法律政策，全力攻坚化解矛盾问题，开拓进取、扎实工作，全区退役军人工作取得明显成效。

一、机构建设情况

内蒙古自治区党委、政府高度重视退役军人工作，自治区党委退役军人事务工作领导小组组织召开2次会议，深入学习贯彻习近平总书记关于退役军人工作重要论述，总结部署工作，审议印发有关文件，制定出台了一系列推动退役军人工作高质量发展的政策措施。盟市、旗县（市、区）党委退役军人事务工作领导小组充分发挥作用，及时研究解决重难点问题，推动退役军人工作扎实开展。加强组织管理体系建设。把基层退役军人服务中心（站）规范化建设作为主题教育重要内容，开展全区退役军人服务中心（站）政治文化环境建设专项整治行动，6300多个退役军人服务中心（站）全部完成整改，政治、文化、环境建设全面加强。认真落实“五有”“全覆盖”要求，印发《关于进一步加强基层退役军人服务站建设的通知》，着力解决基层服务中心（站）人员经费问题，开展全国退役军人事务员职业试点工作，推动服务保障体系从“有”向“优”转变，7名服务中心（站）主任（站长）获得全国退役军人服务中心（站）“百名优秀主任（站长）”荣誉。加强工作运行体系建设。加强政务服务和信息化建设，实现军人退役“一件事一次办”。认真办理12345政务服务平台转办事项。完善工作运行机制，军地、部门间沟通协调不断加强。制定《中共内蒙古自治区退役军人事务厅党组推动各类监督贯通协调实施细则》，充分运用自治区党委监督贯通协调平台，推动15个重点难点问题解决。落实“七个摒弃”要求，持续开展“三多三少三慢”问题整治，大力加强政治机关建设，工作运行更加高效顺畅。加强政策制度体系建设。争取退役军人事务部出台《关于支持内蒙古退役军人工作高质量发展的实施意见》，提出9个方面39条具体措施。结合自治区实际，全年研究制定推动退役军人工作高质量发展有关文件19件，政策制度更加完备。加强对外协作，与北京市签订《内蒙古自治区退役军人事务厅 北京市退役军人事务局推进退役军人工作高质量发展“京蒙协作”框架协议》，与沿黄八省区共同签订黄河流域省区退役军人工作高质量发展区域协作框架协议，积极谋划落实具体合作事项，推动优势互补、资源共享、协同发展。

二、思想政治和权益维护工作

加强思想政治引领，发布年度自治区“最美退役军人”“最美军嫂”“最美拥军人物”“最美拥军企业”，大力营造全社会“爱我人民爱我军”的浓厚氛围。广泛开展老兵宣讲活动，举办全国老兵宣讲团主题巡回宣讲报告会，全区100多个老兵宣讲团开展宣讲活动400余次，受众达2.2万余名。积极开展退役军人志愿服务活动，全区1200多支退役军人志愿服务队参与志愿服务活动7600余次，10支志愿服务队成功入选全国“退役军人关爱青少年志愿服务”优秀项目。加大帮扶援助力度，成立内蒙古退役军人关爱基金，自治区财政注入原始资金1000万元，向社会各界募集金额2300余万元。自治区、盟市、旗县三级财政投入帮扶资金2100余万元，全年帮扶援助退役军人5300多人。

建立“实地查访、信件信访、网络信访、电话信访、代办信访、视频信访”六位一体工作体系，全面推行退役军人事务系统信访代办工作，上线运行四级视频接访系统，进一步畅通信访渠道。

三、移交安置工作

落实“阳光安置”政策，圆满完成年度退役军人安置任务，全区转业军官安置到行政（含参公）单位比例达98.1%，安排工作退役士兵全部由事业单位、国有企业接收安置，做到了部队、单位、个人“三满意”。认真落实相关待遇，全年发放自主就业退役士兵一次性地方经济补助5.3亿元。军队移交的逐月领取退役金退役军人、复员军官和残疾军人全部接收完毕，军队退休人员做到了即交即接。鼓励支持退役军人扎根边境建设边疆，制定印发《关于鼓励支持退役军人扎根边境建设边疆的若干措施》，900余名服务对象享受安置就业、家属子女优待等政策红利。

四、就业创业工作

进一步提高退役军人就业质量，联合有关部门制定印发《内蒙古自治区关于促进优秀退役军人到中小学任教的实施意见》，助力优秀退役军人成为“兵教师”；会同自治区财政厅修订印发《内蒙古自治区退役士兵培训就业补助资金管理办法》，推动解决退役士兵培训就业补助资金使用范围狭窄、使用效率不高的问题；联合自治区21个部门制定出台《关于促进全区退役军人充分高质量就业的若干措施》，全年300多名退役士兵考录公务员或事业单位，400多名退役士兵到中小学工作或进入公安辅警和消防救援队伍，2200多人返校复学，7700多名退役军人通过专场招聘会达成就业意向。助力军创企业发展，组织参加各类退役军人创业创新成果展交会，展示自治区退役军人创业创新成果，达成交易额5.3亿元，推动6家自治区退役军人创业园提质增效，入驻企业200多家，带动1300多名退役军人实现就业。积极开发公益性岗位，帮助600多名就业困难退役军人实现就业。

五、拥军优抚工作

探索完善拥军支前制度机制，组建拥军支前组织机构，积极参与部队拥军支前保障行动，完成1400余名军人家属、军人子女随迁随调、就业安置和择校入学等任务，建立军地互提需求、互办实事“双清单”机制，全年军地互办实事500多件，“城连共建”“城舰共建”等活动丰富多彩，双拥慰问经费大幅提升，走访慰问活动常态化开展，驻军部队实际困难问题得到较好解决。继续提高残疾军人和其他优抚对象抚恤生活补助标准。联合26部门制定出台《内蒙古自治区军人军属、退役军人和其他优抚对象优待工作实施办法（试行）》及优待目录清单，明确了五大类人员、9个方面、100多条优待项目。开展优待政策落实专项行动，持续做好建档立卡和优待证申领工作，推广应用“尊崇”APP，持续为优待证赋能。制定印发《内蒙古自治区残疾退役军人医疗保障实施办法》《内蒙古自治区优抚对象医疗保障实施办法》，进一步完善优抚对象基本医疗保险、医疗救助等制度，优化医疗服务程序，全面提升服务质效。

六、褒扬纪念工作

大力弘扬英烈精神，挖掘整理英烈事迹，编撰自治区烈士英名录，扎实开展“2023·崇尚·清明祭英烈”系列活动，组织线上线下祭扫纪念2040场次，全区21.3万人次现场参加祭扫，尊崇英烈的氛围日益浓厚。实施老战士口述历史抢救性工程，拍摄30部英烈事迹短视频，多角度、立体化记录和呈现英烈革命事迹、感人故事、精神面貌。举办全区英烈讲解员大赛，选拔推荐优秀选手参加全国英烈讲解员大赛，2名选手被评为全国英烈讲解员大赛优秀讲解员，自治区退役军人事务厅获得全国英烈讲解员大赛优秀组织奖。

七、自身建设情况

全面加强政治机关建设，深入开展学习贯彻习近平新时代中国特色社会主义思想主题教育，积极转化教育成果。以铸牢中华民族共同体意识为工作主线，制定印发《中共内蒙古自治区退役军人事务厅党组关于全面贯彻铸牢中华民族共同体意识主线的若干措施》，把铸牢中华民族共同体意识这条主线贯彻到退役军人工作全领域、全方位、全过程，做到有形有感有效。扎实开展“提标、提速、提效”专项行动，启用OA协同办公系统，采购无纸化会议系统，着力解决“慢”“粗”“虚”问题，工作效率明显提升。坚决扛起管党治党政治责任，严格落实中央八项规定精神，狠抓巡视反馈问题整改，持之以恒正风肃纪，巩固发展良好政治生态，为退役军人工作高质量发展提供了有力保障。

辽宁省

2023年，辽宁省退役军人事务系统坚持以习近平新时代中国特色社会主义思想为指导，深入学习贯彻党的二十大精神，全面贯彻落实习近平总书记关于退役军人工作重要论述及关于东北振兴、辽宁振兴发展的重要讲话和指示批示精神，聚焦服务经济社会发展、服务国防和军队建设，围绕让退役军人满意、让军人成为全社会尊崇的职业，聚力实施辽宁全面振兴新突破3年行动，持续推动全省退役军人工作高质量发展。

一、机构建设情况

深入落实“五有”“全覆盖”要求，全省各级共建成退役军人服务中心（站）1.74万余个，配备专兼职人员2.73万余人。建设红色服务站59个，打造标杆型服务中心（站）254个，建立社会化退役军人服务站点50个，推选全国优秀退役军人服务中心（站）“百名优秀主任（站长）”7名，评选省级优秀退役军人服务中心（站）和优秀主任（站长）各100名。持续推进服务中心（站）标准化、规范化建设。探索基层经费保障机制，积极争取财政资金支持，奖补优秀服务中心（站），扶持困难乡村级服务站。

二、思想政治和权益维护工作

突出思想政治教育，认定41个“辽宁省退役军人思想政治教育基地”，省、市、县三级72个老兵宣讲团深入开展“老兵永远跟党走”活动，运用主流媒体和新媒体讲好党的故事、革命故事和退役军人故事。突出典型示范引领，选树宣传41名“最美退役军人”“最美拥军人物”“最美军嫂”“最美兵妈妈”。突出“三支队伍”建设，充分发挥退役军人在经济社会发展中的积极作用，7100余名退役军人担任“兵支书”，5200余支退役军人志愿服务队伍、4.2万余名志愿者投身基层治理、乡村振兴、抢险救助工作。选优育强1070余人的网评员队伍。

坚持常态化联系退役军人，开展精准帮扶援助，擦亮“情暖老兵”品牌，开展“守护光明”“重享有声世界”等5项专题活动。注重帮扶援助，扎实开展“情暖老兵”专项行动，推动多元帮扶走深走实。全省五级服务中心（站）均设立法律援助窗口，为退役军人提供法律服务。全省各级投入资金近2600万元，慰问帮扶退役军人6.2万余人，为6900余人次分别提供了就业、医疗、教育和养老等个性化帮扶，传递党和政府对退役军人的关心关爱。

三、移交安置工作

坚持军地协同、一体谋划、一体推进，实行依法安置、公平安置、科学安置，转业军官安置到党政机关（含参公）岗位的占92%。创新接收安置机制，出台接收安置转业军官考核赋分办法、驻沈省（中）直单位接收安置退役士兵实施方案等措施，大力推行“阳光安置”，全程实施“五统一、五公开”。创新接收安置办法，提升科学安置水平，推广实施事业单位管理岗专项招聘具有大专以上学历安排工作退役士兵的做法，全省8个市48个县（市、区）事业单位管理岗共招聘400余人，占安置总数的26.9%，同比提高31.8%。创新接收安置模式，加快推进建设丹东东港市国家安置帮扶示范区，推动落实先行试点项目10个。

四、就业创业工作

推动把退役军人就业创业工作纳入辽宁全面振兴新突破3年行动，制发稳就业工作政策文件，推出24条举措，创新就业渠道，丰富岗位供给。坚持以培训促就业，实行自主就业退役士兵教育培训项目管理办法，破解培训项目资金来源、承训机构监管等难题，组织退役士兵适应性培训10 346人次、职业技能培训788人次。坚持以服务助就业，落实优秀退役军人到中小学任教政策，103名“兵教师”走上教职岗位。与省国资委、省委军民融合办建立常态对接机制，筹集优质岗位988个。

开展“稳就业”百日行动，举办退役军人专场招聘会323场次，帮助9000余名退役军人实现就业。开展东北三省一区退役军人线上招聘，首次探索跨省域交流合作，最大限度地共享人才资源和岗位资源，34.9万人次参与求职互动。坚持以创业带就业，筹建省级退役军人就业创业示范服务基地，为退役军人中小微企业争取创业专属贷款8473万元。会同省总工会命名扶持10个退役军人职工创新工作室，争取扶持资金100万元。举办全省第三届退役军人创业创新大赛，优选15家退役军人企业参加首届全国退役军人创业创新成果展交会。全省退役军人经营主体近20万户，同比增长11%，3家优秀军创企业荣登年度“全国退役军人创业带动就业光荣榜”。

五、军休服务管理工作

贯彻落实“随退随审、即交即接”工作机制，畅通逐月领取退役金退役军人交接渠道，接收离退休军人，超额完成接收任务。综合考量离退休军人、自主择业军转干部等10类群体分类保障需要，创新服务方式、提升服务水平。建强服务保障单位，全省军休服务管理机构由2个增加到58个，全部赋予或保留法人资质。不断提升对部队功臣模范的尊重尊崇，组织全省军休功臣荣誉疗养活动。培育沈阳市、大连市、鞍山市、营口市、朝阳市5所军休老年大学，初步实现全省军休老年大学区域建设全覆盖。

六、拥军优抚工作

以纪念延安双拥运动80周年为契机，深入开展双拥共建活动，军地联手打造31期《书记话双拥》电视访谈节目，组织开展“城连共建”、“省（城）舰共建”、纪念延安双拥运动80周年暨辽宁省庆“八一”双拥文艺晚会、军民情深——纪念延安双拥运动80周年书画作品展等11项系列活动，掀起了双拥共建新热潮。聚力支持部队备战打仗，省领导亲自带队慰问驻辽军级以上单位，厅主要领导实地慰问新疆、西藏等艰苦边远地区辽宁籍现役官兵，各级走访部队1800支、现役和退役军人家庭8200余户，赠送慰问品（金）8200万余元，1800余名军人子女享受优先择校、中考加分政策，对等安置140余名随军家属。落实军地互办实事“双清单”机制，军地互办实事159项。持续提升支前保障能力，完成3家省属优抚医院转隶，推进12个军供站和18家光荣院建设发展。

提高抚恤优待质效，建立烈士、因公牺牲军人和病故军人一次性抚恤金省级财政补助机制，出台优抚对象医疗保障办法，落实义务兵家庭优待金政策。连续19年提高优抚对象抚恤补助标准，拓展优待项目近400项。

七、褒扬纪念工作

联合军地40余家单位圆满承办第十批25名在韩志愿军烈士遗骸迎回安葬仪式活动。加强烈士纪念设施保护利用，印发实施加强新时代烈士褒扬工作具体措施和烈士纪念设施提质改造3年行动方案，推动沈阳抗美援朝烈士陵园改扩建项目审批取得实质性进展，筹集3000万元修缮7个烈士陵园，编印237处县级以上烈士纪念设施图册，依托纪念设施开展“清明祭英烈”“为烈士寻亲”“追忆英雄”等活动。采录302名抗美援朝老兵口述历史，开展“抢建英雄谱”活动，编印《致敬百位英雄（三）》。

八、自身建设情况

把坚持和加强党的全面领导贯穿退役军人工作各方面全过程，深入学习贯彻党的二十大精神，扎实开展学习贯彻习近平新时代中国特色社会主义思想主题教育，不折不扣贯彻落实习近平总书记重要讲话和指示批示精神。全面加强系统自身建设，联合省委组织部、中共省委党校举办退役军人工作专题培训班，召开全省退役军人事务局长座谈会，把握形势任务，交流经验做法，拓宽视野思路，提升能力本领。

坚决扛牢全面从严治党主体责任，扎实开展“强党建、创模范、谋发展”专项行动，履行全面从严治党和意识形态责任，着力建设模范机关，持续净化政治生态，以高质量党建引领保障退役军人工作高质量发展。

制定全省退役军人工作行政确认、行政给付、行政检查裁量权基准和行政处罚裁量权适用规则等配套制度文件，推动将退役军人工作法律政策落实情况纳入地方党委政府及相关部门绩效考核，作为双拥模范城（县、区）考评重要内容，浓厚尊法、守法、学法、用法氛围，推动法律政策落实落地。

沈阳市

2023年，沈阳市退役军人事务系统认真贯彻落实习近平总书记关于退役军人工作重要论述，关于东北、辽宁振兴发展的重要讲话和指示批示精神，以开展“全面振兴新突破三年行动”和“振兴新突破、我要当先锋”专项行动为牵引，以巩固巡察整改和“蹲点抓落实”成果为抓手，以实现退役军人工作“全省第一，全国一流”为目标，推动退役军人事务工作不断提质增效。

一、机构建设情况

沈阳市委退役军人事务工作领导小组通过专题会议、涉军议题会议等形式推进沈阳抗美援朝烈士陵园改扩建、双拥共建等工作，高频次调度第十批在韩志愿军烈士遗骸迎回安葬任务。推进事业单位改革工作，按时完成军服中心、陵园管理中心单位更名、法人变更、人员划转、岗位设置等工作。加强退役军人服务保障体系建设，成立12家企业、单位、高校退役军人服务站，取消乡镇（街道）退役军人服务站“县管乡用、区管街用”管理模式，区县服务中心及时向乡镇（街道）服务站转隶编制、人员，实现机构职能优化。推进沈阳市退役军人一体化服务平台、电子档案信息管理系统等信息化建设，实现各类数据资源有机整合、服务管理网络互联互通。

二、思想政治和权益维护工作

举办《英雄赞歌》主题宣传、“爱我人民爱我军”双拥晚会等20余项大型活动，组织战地家书朗诵会等100余次参观宣讲，开展教育活动1500余场次，网络直播获赞800万余次，受教育人数2000万余人。选定挂牌“沈阳市退役军人思想政治教育基地”，沈阳抗美援朝烈士陵园、沈阳市辽牙君旅研学训练基地、军歌嘹亮志愿者服务队等28家单位、企业和社会组织获评。大力宣传老战士、烈属典型代表，做好抗美援朝老兵口述历史工作，制作播放10部一等战功老兵口述历史宣传片。发挥沈阳市退役军人关爱基金、专项救助资金等载体功能作用，对大病特病、家庭困难退役军人和退役军人低保户进行临时救助，累计发放慰问金75万余元。

三、移交安置工作

加强安置政策落实，推行“阳光安置”办法，优化“一站式”服务保障，推进档案材料数字化建设，圆满完成年度接收安置任务，发放自主就业退役士兵经济补助金1.1亿余元。开展转业军官培训，培训涵盖2022—2023年分配至全市各地区、市直各部门团职及以下转业军官，开设党风政风、依法行政、行政管理、公共服务、营商环境、应急管理、公文写作、心理健康、保密教育等方面课程，进一步提高转业军官适应地方工作能力，加快实现角色转换。

四、就业创业工作

举办退役士兵回沈返乡欢迎仪式暨适应性培训，300余名自主就业退役士兵参加，开设保密教育、职业规划、税收优惠政策、保险待遇等方面课程，帮助退役士兵尽快适应地方生活。组织退役军人大型专场招聘会36场次，提供就业岗位2.6万个，达成就业意向1400余人。全面梳理涉及军创企业、退役军人个体工商户的减税降费、普惠金融、房租减免等优惠政策，汇编成册进行发放，走访600余家退役军人商户，开展线上线下专题活动152场次。制发《沈阳市退役军人就业创业导师团队管理办法（试行）》，组建由50余名专家组成的沈阳市退役军人创业导师团队，推荐1家由沈阳市优秀退役军人创办的军创企业参加首届全国退役军人创业创新成果展交会。组织优秀军创企业参加第三届辽宁省退役军人创业创新大赛，荣获一等奖1项、二等奖1项、三等奖3项、优胜奖2项。

五、军休服务管理

发挥接收安置服务大厅“一站式”服务优势，接收军休干部（军士）200余人。落实军休干部“两个待遇”，推进军休老年大学建设，开办“中国·沈阳2023年度军休干部文化艺术季”，开展书画摄影展、中秋赏月大型文艺汇演、军休运动会、“一日游”等活动。为军休干部发放慰问品2万余份，发放蛋糕券1万余份，“三八”妇女节福利2500余份，节日走访慰问军休干部600余人次。

六、拥军优抚工作

推进沈阳市与阿拉山口边防连“城连共建”帮建项目，投入资金500万元为连队修建指挥室、荣誉室、图书室等场所设施。协调推动100余名随军家属就业安置任务，落实军人子女就近入学、调动转学、中考加分等优待政策500余人。评选表彰沈阳市“最美兵妈妈”“最美军嫂”“最美拥军模范”“最美退役军人”等“四美人物”50名。“八一”建军节期间，协调市四大班子主要领导走访慰问驻沈部队。全年，走访海军“沈阳舰”及驻沈部队200余家，慰问边海防军人、优抚对象、退役军人家庭10 000余户，发放慰问金650万余元。

持续开展建档立卡和优待证申领发放工作，高标准完成抚恤补助标准调整、伤残等级评定、生存数据核实、医疗巡诊送诊等工作。制发《关于做好优抚对象医疗保障工作的通知》，推进定点医院“一站式”结算，为广大优抚对象提供“八减四优一免”（优抚对象在定点医院就医时，八减：诊查费减50%，住院床位费、彩超检查费、DR检查费、CT检查费、磁共振检查费、血尿常规化验费、手术费等各减20%；四优：优先挂号、优先就诊、优先取药、优先住院；一免：免挂号费）的优质医疗保障服务。成立爱国拥军促进会，与中国邮政沈阳分公司、中国石油沈阳分公司、中国广电沈阳分公司等34家单位和企业签订拥军优抚合作协议，涵盖金融、医疗、购物、餐饮、通信、法律、物流、培训等行业领域，爱国拥军促进会实行实体化办公，设立专职工作人员，引导民营企业积极参加拥军活动，为军人军属、退役军人提供优先优惠专属服务。制发《关于沈阳市退役军人和其他优抚对象免费游览部分旅游景点的通知》，实现“一宫两陵”、张学良旧居陈列馆、沈阳三农博览园等33个公办旅游景点面向全国退役军人免费开放。

七、褒扬纪念工作

积极推进沈阳抗美援朝烈士陵园改扩建工程，及时上报改扩建项目补充说明、设计方案和可行性研究报告，跟进协调推进项目审批进度。承办第十批在韩志愿军烈士遗骸迎回安葬仪式，相关报道入选年度十大国内军事新闻。认真做好“9·30”烈士纪念日向烈士纪念碑敬献花篮系列活动的组织策划、氛围营造和宣传报道工作，取得广泛社会影响。推进沈阳抗美援朝烈士陵园国家4A级旅游景区和国有博物馆申报工作，陵园组织开展的“英烈故事进校园、进机关、进社区、进企业”“百年百场进百家”活动荣获全国退役系统经典案例，全年接待集体参观1500余场次，祭扫群众46万余人次，涉外团体7次。

八、自身建设情况

深入开展学习贯彻习近平新时代中国特色社会主义思想主题教育，充分发挥“第一议题”和理论中心组引领示范作用，学习党的二十大精神、习近平总书记重要论述等200余篇，回应解决退役军人利益关切问题44个。落实“强党建、创模范、谋发展”要求，部署开展“提高机关党建质量年”“作风建设年”专项活动，党建经验做法在《沈阳组工信息》第6期刊发，局机关被评为市“精神文明单位”。持续推动法治政府建设，加强对各级干部职工的政策法规培训，修订完善并严格执行落实党组议事规则、重大事项报告、法律顾问咨询等制度。多次组织召开会议，及时传达省市安全工作决策部署，深入分析研判安全形势，扎实开展保密教育、信息安全培训和安全检查。

大连市

2023年，大连市退役军人事务系统坚持以习近平新时代中国特色社会主义思想为指导，认真学习贯彻党的二十大精神，特别是习近平总书记关于退役军人工作重要论述，全面落实各项决策部署，较好地完成了年度工作任务。

一、机构建设情况

大连市退役军人事务局坚持以退役军人为中心，不断健全工作机制，提升服务保障质量。积极稳妥推进优抚领域政策制度建设，会同市财政局印发《大连市光荣院服务管理规定》，全面规范光荣院服务管理工作，提升全市优抚对象集中供养质量。

不断加强本市军休老年大学建设，开设思想政治、书法、绘画、声乐、舞蹈、太极拳等9类课程21个班，吸纳1800余名军休干部学员在校学习，完成540余课次、1100余学时。网络“军休所”注册人数达5611人，总注册率达68.35%。

全市1025个服务对象100人以上退役军人服务中心（站）全部完成示范创建，服务对象100人以下村（社区）退役军人服务站中73个超前完成示范创建，示范创建率达107%。在此基础上，各地区按照更高标准、更高质量要求，打造标杆型退役军人服务中心（站）37个，辐射带动整体提升。

二、思想政治和权益维护工作

强化思想政治引领，深入挖掘退役军人先进典型，推选全国“最美退役军人”1名、省“最美退役军人”1名、市“最美退役军人”10名、市“最美兵支书”20名。

扎实做好困难退役军人帮扶援助工作，按照“政府主导、社会参与”的总体要求，积极争取财政资金支持，深化拓展帮扶资金渠道。向市政府申请年度市级帮扶援助资金600余万元，帮扶困难退役军人1万余人；投入年度市级转业志愿兵（士官）帮扶岗位资金3200万余元，2023年新增帮扶上岗52人，全市在岗人员总计993人。

三、移交安置工作

大力拓宽安置渠道，进一步健全“阳光安置”工作机制，圆满完成年度转业军官、安排工作退役士兵安置任务。

转业军官安置采取党政机关空编、空岗优先保障等办法，主动争取中省直驻连单位及上级主管部门工作支持，做到重点对象直接安置、专业人才对口安置、特殊人才选调安置，行政岗位计划比例达 85%；出台《关于进一步加强由政府安排工作退役士兵就业安置工作的实施意见》《大连市安排工作退役士兵服现役表现量化评分成绩排序暂行规则》等文件。

四、就业创业工作

持续加强政策扶持、突出多方联动，多措并举做好退役军人就业创业工作。坚持政策先行，统领退役军人就业创业工作。联合 18 部门印发《大连市关于促进新时代退役军人就业创业工作的实施办法》，做好政策宣传解读，着力提升退役军人就业服务水平。

建立退役军人就业困难、失业登记和市场主体等多个工作台账，搭建“扬帆起航”退役军人专属服务平台，大力开展“订单式、定岗式、定向式”职业技能培训，持续引导退役军人参加政府补贴培训，累计引导 400 余名退役军人报名参训，市县两级举办各类招聘活动 30 余场次。组织各类军创企业代表参加座谈交流 4 次、成果展示活动 2 场，举办全市创业创新大赛 1 次，选树退役军人创新工作室 2 个、全国创业带动就业光荣榜企业 1 家。推动落实税收减免政策，退役军人减免税 1500 余万元。

五、军休服务管理工作

顺利完成军休干部年度接收安置工作，进一步总结经验做法，坚持措施不变、力度不减，构建长效机制，提前 42 天完成年度接收任务，完成率达 119.84%。组织开展逐月领取退役金退役军人和军官复员接收安置工作、自主择业军队转业干部和逐月领取退役金退役军人年度登记审核和退役金结算工作。

发挥军休干部红色资源优势作用，分别与乡村小学、高校等开展党建合作共建。组织军休干部医疗志愿服务队开展送医下乡、下社区服务活动。举办红色大讲堂等宣讲活动 7 期，走访慰问军休干部 45 000 余人次，组织 4000 余名军休干部开展春季、秋季一日游活动，完成 6350 名军休干部健康体检、8000 余名军休干部及 85 名军休干部无经济收入家属遗属医保缴费。举办各类球赛及摄影书画展，400 余名军休干部参加，展出书画摄影作品 380 幅。参加全国军休干部“唱响新时代　军心永不改”歌唱风采展示活动。

六、褒扬纪念工作

开展“2023 · 崇尚 · 清明祭英烈”祭扫活动，联合市委宣传部在媒体平台开设专栏；制作清明 H5 小程序，参与达 4.5 万人次。“9 · 30”烈士纪念日在市烈士陵园举行向英雄烈士敬献花篮仪式；制作网上祭英烈小程序，参与达 2.3 万人次。

持续开展烈士寻亲工作，加大烈士寻亲信息推送力度，全年共为 34 名烈士找到家属。开展全市烈士纪念设施专项排查，对本区范围内烈士纪念设施进行全面排查，加强烈士纪念设施管理保护。开展纪念抗美援朝战争胜利 70 周年系列活动。开展全市烈士纪念设施讲解员培训。

七、双拥共建工作

圆满完成城连共建工作，与驻边部队结成共建对子，投入资金为部队提供基础设施改造及设备购置。

持续开展走访慰问活动，春节、“八一”建军节前夕，市领导带队走访驻连部队、部队老首长，邀请驻连部队（武警）领导参加新春茶话会，向军人军属、退役军人和优抚对象发送慰问信。组织召开庆“八一”党政军活动、召开市党政军座谈会。

发布双拥工作专题报道 169 篇次，集中展示双拥工作成果。在市部分主流媒体开辟《新时代双拥风采》专栏，推选省“最美拥军人物”2 名、“最美兵妈妈”1 名、“最美军嫂”1 名。

倾力解决“三后”问题，联合印发《关于做好军人随军家属就业安置工作的实施意见》，为解决官兵随军家属就业安置问题提供制度保障；落实军人子女教育优待政策，全市 100 余名军人子女享受到入学优待、中高考优待。

八、抚恤优待工作

落实抚恤优待政策，开展庆“八一”建军节系列活动，制作“90 后致敬 90 后”系列专题报道。推进“关爱功臣”活动，为 300 余名退役军人和其他优抚对象开展义诊活动。元旦、春节期间为全市在乡领取定期抚恤补助优抚对象发放一次性生活补助 400 万余元。组织部分优抚对象开展短期康复疗养活动。

九、服务保障体系建设情况

全力推动基层服务站实体化建设，将退役军人服务保障工作融入街道社区网格服务体系，149 个乡镇（街道）退役军人服务站已全部完成机构调整。不断提高服务保障质量，各级服务中心（站）普遍打造“光荣榜”“荣誉室”等文化阵地，提升退役军人尊崇氛围。不断提高退役军人服务精准度，在实现电子地图信息全覆盖的基础上，更新完善全市四级 1800 余个退役军人服务机构电子地图。

着力加强战线队伍业务培训，组织全市各地区服务中心主任、服务站站长和业务专干参加省、市业务培训，累计培训 130 余人次、培训时长 70 余小时。指导各地围绕服务中心（站）9 项服务功能等内容下沉两级培训，累计培训 1000 余人次，培训时长 320 余小时，切实提升系统工作人员服务能力。

十、自身建设情况

认真履行全面从严治党主体责任，坚持党组书记履行第一责任人责任，党组成员分工负责，机关处室和局属单位负责人严格落实“一岗双责”，抓好意识形态和防范化解重大风险工作。贯彻执行民主集中制，完善党组“三重一大”集体决策机制，邀请市纪委监委驻局纪检监察组同志列席，确保科学、民主决策。

突出思想政治引领，全面落实新时代党的建设总要求，扎实开展主题教育各项工作，进一步巩固拓展主题教育成果。开展退役军人事务系统培训，为干部提供交流平台，提升系统工作人员专业素养、政策理论水平。贯彻落实“双进双促”各项工作，着力为企业排忧解难，为优化营商环境打赢攻坚之战提供坚强保障。

严守党的政治纪律和政治规矩，严格贯彻执行中央八项规定精神及其实施细则，召开年度党风廉政工作会议，经常性开展廉政警示教育，增强党员干部廉洁自律意识，筑牢拒腐防变底线，持续深化党风廉政建设和作风建设。

吉林省

2023年，吉林省退役军人事务系统坚持以习近平新时代中国特色社会主义思想为指导，深入贯彻党的二十大精神和习近平总书记关于退役军人工作重要论述，以“五化”闭环工作法为抓手，聚焦保成果、重开拓、建体系、上水平，推动各项工作不断开创新局面。

一、机构建设情况

召开省委退役军人事务工作领导小组第五次全体会议，研究部署年度退役军人工作。联合小组成员单位出台军休养老、就业创业、志愿服务等方面政策措施26项，开展公益献血、政策宣传、典型选树等活动16次，高位推动各地党委政府和相关部门解决退役军人服务体系建设、优待项目拓展等重点难点问题。利用双拥考核、系统自查、蹲点调研等契机，检查督导退役军人服务保障体系建设工作，开展“百家优秀退役军人服务中心（站）”和“百名退役军人服务中心（站）主任（站长）”创建评选活动，推动基层服务体系人员、编制、经费保障有效落实。

二、思想政治和权益维护工作

充分发挥退役军人作用，全省各地组建“吉行军”退役军人志愿服务队900多支，招募退役军人志愿者5.2万余人，吉林省30支退役军人志愿服务队入选国家关爱青少年志愿服务项目。搭建志愿服务信息平台，举办志愿服务培训班，动员志愿者参加乡村振兴、经济建设、环境保护、抢险救灾等领域志愿服务近50万人次。雷锋纪念日期间，1.3万余名退役军人自愿献血280万毫升，有力缓解吉林血库不足困境。国庆节前夕，举行百校迎国庆升旗仪式，退役军人志愿者承担护旗任务，累计参加师生15.3万名。协调社会资源为100多名“兵支书”开展专项培训，助力提升强村富民本领和基层治理能力。

精准实施困难帮扶，开展“情暖老兵”关爱行动，投入200多万元，慰问帮扶困难退役军人及其子女、军属烈属3100多人次。春节、“八一”建军节期间，走访慰问困难退役军人、军属烈属2900多人次，为100多名困难退役军人子女提供公益助学，协调帮助2名患先心病困难退役军人子女获得医疗救助。编撰《吉林省困难退役军人帮扶援助相关政策法规问答手册》，帮助基层工作人员更好掌握政策、服务退役军人。积极维护退役军人合法权益，学习践行新时代“枫桥经验”和“浦江经验”，落实领导干部接访下访制度。采取岗位练兵、学习竞赛等形式，提高工作人员能力素质。深化“人民满意窗口”创建。不断畅通诉求表达渠道、规范日常秩序、优化工作程序、缩短办理时限，及时解决退役军人反映的问题。

三、移交安置工作

突出师团级干部、功臣模范等安置重点，灵活采取双向选择、公开选岗、“直通车”等安置方式，接收安置转业军官、安排工作退役士兵和退出消防员，实现志愿到党政群机关（含参公单位）工作转业军官100%安置，安排工作退役士兵全部由机关、群团组织、事业单位和国有企业接收安置。

四、就业创业工作

联合6部门开展“暖兵助业行动”，被列入自主就业退役士兵培训进高校全国7个试点省份名单，为退役军人提供适应性培训、职业技能培训、创业培训5800余人次，1600多名退役士兵享受学历教育优待政策；举办退役军人专场招聘会200多场次，提供就业岗位2.9万个，达成就业意向3000余人；成立吉林省退役军人就业创业促进会，壮大支持退役军人就业创业社会力量。举办“就业创业活动周”，期间举办首届全省退役军人创业创新成果展交会、创业发展主题论坛、创业创新大赛决赛、创业项目对接活动（暨快手平台选品大会）、专场招聘活动及退役军人创业能力提升专题培训等6项活动，100余家军创企业集中展示近2000种产品，16个退役军人创业项目入围全省退役军人创业创新大赛决赛，5家军创企业签署产品采购、项目投资和直播带货合作协议书，意向合同金额近3.5亿元。

五、军休服务管理工作

坚持服务保障和发挥作用并重，推动建立省军休干部医疗保健基地、军休文化创作基地和军休干部养老基地。打造长春市南岭军休所“样板”，以点带面推动全省军休机构建设发展。定期组织门球赛、荣誉疗养、健康讲座、节日慰问等活动。常态化组织军休干部宣讲团深入机关、院校宣讲国防教育知识。军休老年大学开办国防时政、国学经典、书法、绘画等8类课程，累计5000余人次参加。

六、拥军优抚工作

建立并落实军地互提需求、互办实事“双清单”事项200余项，帮助解决军队建设、后勤保障等难题。指令性安置随军家属90余人，有效落实军人子女入学优待政策。连续23年开展“爱心献功臣”军地医疗队为老兵送医送药送健康活动，服务在乡老兵1万余人。全省各级党政机关主要领导带队走访慰问驻吉部队1000余次，赠送慰问金（品）近4000万元。驻吉部队积极投身乡村振兴，投入300余万元，与20余个村结对开展医疗巡诊、设施援建、捐资助学和产业项目扶持活动。武警吉林总队开展“百千万”爱心助学行动，援建2所“八一爱民学校”，100多名学生获得资助。空军航空大学举办航空开放活动暨长春航空展，社会各界群众观展66万人次。各边防军分区积极参加联防共治、常态执勤、社会维稳，进村入户宣传民族宗教政策和边防政策，保障边民安心生产、边疆繁荣稳定。洪涝灾害期间，2600余名驻吉部队官兵投入抢险救灾，保障群众生命财产安全。组织3500余名驻吉部队官兵无偿献血100万余毫升。指导各地拓展交通、旅游、医疗等领域优待项目1100多个，全省44个4A级以上景区全部纳入优待目录清单。在重要节日，组织各级部门走访慰问参战老兵、烈属等优抚对象5400余人，赠送慰问金（品）400余万元。推动省第一荣复军人医院列入全国15家区域型优抚医院名单，积极争取中央资金加强优抚医院提质改造和光荣院改扩建，提升优抚服务保障能力，融入“新康养”产业布局。省光荣院2号楼、延边光荣院二院、延边光荣院三院新建和改扩建项目列入省民生实事，新增床位300多张。全年组织400余名申报评残对象开展残疾等级医学鉴定，帮助260余人评定残疾等级。审核160余名残疾军人退役或移交地方申请转移抚恤关系申报材料。为400余名伤残人员制发、换发伤残证件。修订《吉林省残疾军人康复辅助器具配置实施细则》，重点从审批方式、流程设计、监督管理、档案管理等4个方面，进一步完善残疾军人康复辅助器具配置工作机制，不断提升工作规范、制度水平，切实保障残疾军人合法权益。

七、褒扬纪念工作

开展“用好红色资源·培养时代新人”系列宣传教育活动，依托全省烈士纪念设施建立60个少先队社会实践基地，联合文旅部门打造9条红色旅游线路。开展《中华人民共和国英雄烈士保护法》普法宣传活动。在清明节、烈士纪念日等时间节点，广泛开展“清明祭英烈”、烈士公祭、“四保临江”烈士陵园现场直播等活动，社会各界“线上+线下”参与活动人数达200万余人次。联合“烈士寻亲联盟”“宝贝回家”等社会组织开展烈士寻亲工作，为500多名烈士找到亲人。

八、宣传工作

评选表彰省“优秀退役军人、退役军人工作先进单位及个人”300人（家），选树省“最美兵支书”“最美退役军人”“最美军嫂”等100多人，推荐“全国自强模范”革命伤残军人王琦当选全国“最美退役军人”，示范带动退役军人永葆本色、建功新时代。持续开展“寻访老兵足迹”活动，做好抗美援朝老兵口述史整理工作，抢救性挖掘老兵先进事迹。开展“老兵永远跟党走”进校园宣讲活动，组织宣讲会20余场次，参加师生3500余人。在人民网、新华网、《吉林日报》等省级以上媒体刊发退役军人事迹和反映退役军人工作的各类稿件1100余篇，转载、点赞、留言近百万次。加强省关爱退役军人文学艺术联合会建设，组织开展“兵心永向党”“走进军营抒尊崇”等系列采风创作展览活动，营造良好尊崇氛围。

长春市

2023年，长春市退役军人事务系统坚持以习近平新时代中国特色社会主义思想为指导，深入学习贯彻党的二十大精神和习近平总书记在新时代推动东北全面振兴座谈会上的重要讲话精神，认真落实中央、省、市工作部署，围绕年度重点任务，锚定提升退役军人工作对长春振兴突破发展的贡献度和退役军人群体对服务管理工作的满意度目标，锐意进取、实干争先，各项工作成效显著。

一、机构建设情况

协调召开中共长春市委退役军人事务工作领导小组第五次全体会议和长春市双拥工作领导小组第三十六次会议，将退役军人工作、双拥工作纳入地方绩效考核项目。编制《长春市退役军人事业全面振兴新突破三年攻坚行动计划（2023—2025年）》，推进全市退役军人工作有序高质发展。大兴调研之风，出台《2023年全市退役军人事务领域调研工作实施方案》，部署市、县两级围绕需求、基础、发展、制度4类课题体系开展选题研究，形成有效推动事业发展的调研报告43篇。

提升服务保障阵地效能，建成四级退役军人服务保障机构2874家，部署开展基层服务体系星级创建3年提升行动，举办全市服务保障体系建设推进会，组织召开全市基层退役军人工作者综合能力提升培训班，创建三星级以上退役军人服务中心（站）534个，“五有”“全覆盖”建设逐步向优质高效提质升级。

二、思想政治和权益维护工作

突出思想政治引领，推选97个集体、个人参加“最美退役军人”“最美兵支书”等典型宣传活动，1人当选年度全国“最美退役军人”。在全市18所学校开展“传承红色基因·赓续红色血脉”迎国庆升旗仪式活动，全市3.9万人参加。

强化帮扶困难退役军人和军属烈属工作。广泛开展春节、“八一”建军节期间走访慰问工作，全市走访慰问退役军人和“三属”7200多人次，采取不同措施帮扶援助近2万人次，资金总金额近1500万元。落实“聚吉爱心·圆梦青春”困难退役军人子女助学专项行动等活动，发放助学金12万多元。

组建覆盖全市的57支“吉行军”志愿服务队，3472名退役军人积极参与公益献血、红色宣讲、社会治理等志愿服务，组织3176名志愿者参加学雷锋纪念日公益献血活动，长春市、朝阳区、榆树市、青年路街道、英俊镇等5支退役军人志愿服务队入选国家级志愿服务项目。

持续推进退役军人领域风险隐患大排查、大起底信访积案化解工作，健全信访工作机制，制发工作方案和工作办法，持续做好法律顾问聘用工作，依法维护退役军人合法权益。

三、移交安置工作

构建退役军人多元化安置格局，采取双向选择、公开选岗、指令分配、灵活就业等相结合的安置办法，落实“阳光安置”举措，进一步增强转业军官和安排工作退役士兵安置工作的科学性和公正性，年度转业军官100%安置到机关、参公单位和事业单位，全年200多名安排工作退役士兵和退出消防员全部安排到事业单位和国有企业。为1400余名退役士兵发放自主就业经济补助金、灵活就业经济补助金和待安置期间生活补助费。

加大随军随调家属安置力度，对30多名符合条件军人家属，按照身份不变、层级对应、专业对口、就地就近的原则，对应安排到市、区所属机关和事业单位，实现应安置尽安置的目标，切实稳固了军人“后院”。

四、就业创业工作

落实落细就业优先政策，搭建就业平台做好就业服务。推进职业技能培训进校园，试点打造“1+X”技能培训模式，长春职业技术学院、汽车工业高等专科学校、吉林交通职业技术学院的退役士兵可以在学习本专业之外，免费再学习本校任一专业技能，全市共培训450多名退役士兵。

探索适应性培训新路子。指导组织全市1500余名自主就业退役士兵参加适应性培训，加强与吉林交通职业技术学院、汽车工业高等专科学校合作，自主就业退役士兵适应性培训进校园模式取得了良好效果。

举办招聘会69场次，为1.5万人提供就业服务，近1500人达成就业意向。签约20家就业合作企业，激励以创业带动就业，在全社会营造出退役军人“好就业、就好业”的良好氛围。拓宽就业渠道。联合有关部门印发《长春市关于促进优秀退役军人到中小学任教的实施方案（试行）》《长春市关于促进退役军人投身乡村振兴的实施办法》。

积极扶持退役军人创业，建成县区级退役军人创业孵化基地，长春市退役军人创业孵化基地产值累计突破6亿元，先后组织58家军创企业亮相全国、全省退役军人创业创新展交会，退役军人创业势头良好。

五、军休服务管理工作

健全军休干部（军士）即交即接工作机制，完成年度移交安置任务。积极探索逐月领取退役金人员接收安置方式，做好对逐月领取退役金人员的安置地审定、档案审核、退役金核定及增资等环节，接收10余名逐月领取退役金人员。

开展一流军休试点创建，整合全市“一中心、八所部”的人力资源优势，成立4个专班同向发力、攻坚克难，制发了《长春军休制度汇编》《长春军休工作人员日常行为规范及岗位职责》《军休干部服务管理工作规范》，凝练了“不忘初心、永葆本色、尊崇关爱、真诚服务”的长春军休文化，打造了集养老、医疗、党建服务等事项于一体的“15 分钟服务圈”，开展军休机构适老化、专业化基础建设，有力提升了长春军休服务管理质效，广大军休干部获得感成色更足。在全国军休工作会议上，南岭军休所围绕社会化服务进行了交流发言。

六、拥军优抚工作

召开全市第 36 次双拥工作领导小组会，部署双拥模范城“十连冠”创建任务，对标考评要求，整理 400 册创城资料并制作汇报片，顺利完成省检任务。

扎实开展系列主题拥军活动，深入驻长旅级以上部队走访调研，推进军地难题会商，高效推动“双清单”任务落办，高质量完成军供保障任务。开展“城连共建”，协调省厅、市体育局优化共建连队训练环境和文体设施建设。持续打造双拥品牌，联合长春理工大学、长光卫星培育科技拥军新动能，结合优待证应用场景拓展，不断壮大社区和社会组织拥军力量。春节、“八一”建军节期间，分别拍摄制作“驻地官兵向春城人民拜年”和“八一送祝福鱼水情更浓”视频，获千万次点赞，在军地引起强烈反响，军政军民团结得到新的巩固加强。

连年提高抚恤优待标准。拓展优待证应用场景，推出 2 批次涵盖 16 个文旅景点和 19 家医疗机构的优待项目清单。全年为 175 个家庭送去立功喜报，为驻长部队 200 余名未就业随军家属发放生活补贴 200 万余元，为 160 多名军人子女入学落实择校政策，50 多名军人子女享受中考加分政策。

七、褒扬纪念工作

完成全市 29 处烈士纪念设施数字建档工作，开设抗美援朝胜利 70 周年主题展览，推出“行走的思政课”宣讲活动，开展“传承英俊精神·争做时代先锋”系列活动，累计接待参观 20 万余人次。高标准承办第 10 个吉林省暨长春市向人民英雄敬献花篮仪式，2000 余名各界代表参加仪式。加强交流合作，对接多地烈士陵园，互助开展烈士寻亲工作，做好异地祭扫沟通接待工作。积极与烈士家属沟通联络，完善整理烈士事迹。

八、自身建设情况

推动两批主题教育有序开展，第一批主题教育“五个三”经验做法在全市会议上作交流。全面夯实党的建设，拓展“四红”党建品牌，形成“12345”基层党建工作法。加强队伍建设，对标长春市委“严新细实”要求，全面开展作风建设，以“六个一批”为抓手，激励干部担当作为，全年提拔使用、职级晋升干部 52 人。

深入开展党风廉政建设和反腐败工作，召开党风廉政专题会议 2 次。规范运行体系，围绕党务、政务、服务事项，印发《机关工作运行规范化手册》。推动信息化建设，探索建立退役军人信息数据库、服务平台和管理平台，开发线上服务事项，实现了数据整合互通、服务高效便捷，逐步构建起智慧化管理保障新格局。

黑龙江省

2023年，黑龙江省退役军人事务系统全面贯彻落实党的二十大精神，深入学习贯彻习近平总书记关于退役军人工作重要论述和视察黑龙江省期间重要讲话重要指示精神，以推动高质量发展为主题，全面贯彻新发展理念，深入开展主题教育和“工作落实年”活动，持续提升服务管理保障水平，有效防范化解重大风险，切实提高服务备战打仗能力，各项工作均取得了明显成效。

一、机构建设情况

截至2023年底，全省各级共建立1.3万个退役军人服务中心（站），人员到位率达96.82%。建立国有企业、大中院校退役军人服务站28个。

二、思想政治和权益维护工作

发挥“最美退役军人”示范引领作用，遴选57名优秀退役军人纳入先进典型人才储备库，在模范退役军人、“龙江最美退役军人”等优秀群体中遴选14名先进典型成立宣讲团。开展百家退役军人思想政治教育基地遴选活动，遴选10个退役军人思想政治教育基地。与东北农业大学、哈尔滨工程大学签订合作协议书，深化退役军人思想政治理论研究。

将“兵支书”培训纳入全省高素质农民培训计划，组织全省系统内工作人员和优秀“兵支书”参加“耕耘者”振兴计划乡村治理骨干专题培训。以宝清县为试点，建立“兵支书”农产品营销平台，丰富产业链产销模式；协调中国农业银行黑龙江省分行设立“兵支书领航E贷”专项贷款，拓宽支持“兵支书”乡村振兴资金保障渠道。持续开展“情暖老兵”公益行动，先后开展困难退役军人先心病子女救助行动和困难退役军人子女助学行动。

三、移交安置工作

全面实施“阳光安置”，全省转业军官安置率达100%，其中96.13%安置到各级党政机关、3.87%自愿安置到事业单位。各地退役军人事务系统持续优化机关、群团组织、事业单位安置转业军官比例，印发《关于印发〈2023年度中省直单位接收安置转业军官工作实施方案〉的通知》，对“双向选择”进行规范，继续采取“中省直单位和哈尔滨市单位同选”的办法组织实施。安排工作退役士兵安置率达100%，人岗比达1 ∶ 2.1。下达26个省直事业单位岗位，首次创新下达41家在哈省属国有企业岗位计划用于接收安置退役士兵，形成中央企业、事业单位、地方国有企业共同接收安置安排工作退役士兵的模式，积极争取当地党委政府支持，推进“人岗相适”。

四、就业创业工作

全省共举办专场招聘会 447 场次，1.23 万家企业提供岗位 13.4 万个，帮助 1.12 万名退役军人实现就业。协调有关部门定向提供岗位，促进 891 名退役军人上岗就业。

印发《关于促进优秀退役军人到中小学任教的实施意见（试行）》；成立黑龙江退役军人学院，打造省级退役军人教培平台；分类组织转业军官、退役士兵适应性培训和退役士兵职业技能培训。确定 138 家年度全省退役军人定点承训机构，同比精简 5.1%。

参展首届全国退役军人创业展交会，成功举办全省退役军人创业成果展交会和军创企业家交流会，在全省设立 12 个省级退役军人就业创业园地，将自主就业退役士兵创业减免税额度提升至 24 000 元、9000 元的上限标准。全年选树 34 名“龙江退役军人创业先锋”。

五、军休服务管理工作

优化常态化移交安置机制，开展省、市、机构“一站式”接收服务，超额完成全省移交安置离退休军人年度移交安置任务和逐月退役军人接收安置工作。调整提高 2022—2025 年全省企业退休军转干部生活补助金标准。联合多部门出台《关于落实逐月领取退役金退役军人医疗保险待遇有关事项的通知》，解决逐月退役军官享受公务员医疗补助待遇等问题。持续推进全省军休服务管理机构用房提质改造工作，目前全省已启动改造项目 5 个，完成改造 3 个。

重点军休机构建设走在全国前列。大力推进军休服务社会化。全省军休服务管理部门社会化服务签约数比上年增加 2.5 倍。大力推进军休老年大学创建。与社会优质教育资源合作办学，绥化市和大兴安岭军休所军休老年大学获批挂牌。

开展主题系列活动。围绕“深学笃行不褪色、军休干部心向党”主题，组织全省军休服务管理部门开展红色宣讲、文艺演出、书画摄影作品展、体育赛事、参观见学等活动，持续挖掘整理军休干部口述历史。组织开展全省军休干部门球赛和军休功臣荣誉疗养活动。深化异地军休协作，创新开展与海南省“南北共舞　江海同心”军休干部思想文化艺术交流活动。

六、拥军优抚工作

全年全省各级双拥部门共走访慰问部队 1500 余次、24 万人次，送去 4500 万余元慰问品（金）；开展省级双拥模范城（县）与边远艰苦连队结对共建，深化“情系边海防”拥军活动内涵；结合纪念延安双拥运动 80 周年组织开展书画摄影展，评选展出 112 幅优秀作品；组织全省双拥工作培训班，省市县三级双拥工作者 166 人参加，培训期间召开了拥军支前服务部队备战打仗座谈会；开展黑龙江省“最美拥军人物”评选活动，并举办发布仪式，1 人荣获全国“最美拥军人物”称号。

洪灾期间，驻省各部队第一时间奔赴抗洪前线，及时疏散解救受困群众；省军区累计投入帮扶资金资助困难学生 317 人，协调提供就业岗位；第 78 集团军累计投入 248 万余元广泛开展组织、产业、人才、文化、生态帮扶；武警黑龙江省总队投入 50 万元援建 3 所爱民学校，培育学生坚毅品格和报国情怀；空军哈尔滨飞行学院开展专项帮扶行动，带动各级领导机关走村入户。

连续 19 年提高优抚对象抚恤补助标准。深入开展“关爱功臣烈属”、抗美援朝战争口述资料抢救性采录整理等系列活动，走访慰问功臣烈属 3000 余人次、口述资料抢救性采录抗美援朝老战士 1400 余人。

常态化做好优待证申领发放，与省移动公司、中铁快运等 7 家大企业签订第三批优待战略合作协议，协调太平洋产险黑龙江公司为全省享受待遇烈属捐赠 1046 万元团体意外险；全省面向退役军人、其他优抚对象提供优先优惠服务的优待机构达 1700 余家；推动 124 个县（市、区）实现通过优待证发放抚恤补助金。印发《黑龙江省退役军人事务厅等 8 部门关于推进优抚医院改革发展的实施意见》，推动省第一荣军优抚医院成功进入全国区域性优抚医院行列。

绥化市光荣院和佳木斯、绥棱、桦川、大庆市大同区 4 处烈士纪念设施新建改扩建项目获中央预算内投资。统筹使用优抚事业单位中央补助资金支持 23 个维修改造项目和设备更新项目，优抚事业单位建设水平有新的提升。

七、褒扬纪念工作

开展“清明祭英烈”、“为烈士寻亲”、烈士纪念日公祭等系列主题宣传活动。联合省委《奋斗》杂志社举办“‘赓续血脉守初心坚定信仰铸忠魂’2023・崇尚・清明祭英烈全省云直播”活动，当日观看人数突破 540 万人次，网上祭扫达 740 万人次。成立省英烈事迹巡回宣讲团，组织巡回宣讲 170 余场次，选拔 6 人参加全国红色讲解员大赛，1 人获三等奖。成功为 60 名烈士寻到失联亲人，并在鸡西市举办“为烈士寻亲”抗美援朝烈士亲属集体祭扫活动。圆满完成省暨哈尔滨市烈士纪念日向英雄烈士敬献花篮仪式和《中华人民共和国英雄烈士保护法》普法宣传，全省各市（地）、县（市、区）同步公祭烈士。

八、自身建设情况

坚持把学习宣传贯彻习近平总书记重要讲话重要指示精神，作为头等大事和首要政治任务，印发《习近平总书记视察我省期间重要讲话重要指示精神落实措施》，明确 3 个方面 22 项措施，持续推进落实。先后召开各类推进会议，制定工作方案 10 余个。落实“第一议题”制度，召开学习会议，组织研讨交流、集中辅导、读书班等，高标准高质量推进学习研讨。

深入开展调查研究，开展实地调研，形成调研报告 9 篇，解决问题 14 个，转化运用调研成果 21 项。扎实开展深化能力作风建设“工作落实年”活动，梳理全国退役军人事务工作先进案例 18 个，编印案例选编 3 期。组织开展“新号角业务大讲堂”、专题业务培训、“每季一测”、比武练兵。运用“四个体系”推动工作落实，动态建立 130 项重点任务的工作台账。采取督导检查、视频调度、暗访约谈、带案下访等方式对各市地督导 80 余次。12 项工作进入全省创先争优月榜。

哈尔滨市

2023年，哈尔滨市退役军人事务系统以习近平新时代中国特色社会主义思想为指导，全面贯彻落实党的二十大和二十届二中全会精神，学习贯彻习近平总书记关于退役军人工作重要论述和指示精神，以“退役军人工作高质量发展”为主线，抓实深化能力作风建设“工作落实年”活动，坚持稳中求进、求真务实、攻坚克难、创先争优，夯实“三个体系”建设，推进退役军人工作高质量发展实现新突破。

一、思想政治和权益维护工作

在防洪纪念塔广场组织开展“全民国防安全主题教育日暨退役军人事务部成立五周年”宣传活动。深入宣传抗联精神，常态化开展“老兵永远跟党走——老兵宣讲”系列活动，邀请抗联后代老兵在哈尔滨商业大学、黑龙江工商学院开展“传承红色基因、厚植家国情怀”系列主题宣讲活动。

哈尔滨市“橄榄绿”退役军人志愿服务队基本实现市、县、乡、村四级全覆盖，共建立志愿服务队1774支、注册队员13 657人，志愿服务活动累计时长46 521小时，开展了“抗洪抢险”“雷锋行动”“绿水青山”等形式多样的志愿服务活动。建立了“橄榄绿”志愿服务队临时党支部，成立了政策宣传、红色传承与国防教育、双拥志愿、应急救援、就业创业、救助帮扶、义务监督、法律援助、医疗咨询、心理咨询等10支志愿服务专业分队。

发挥关爱扶助基金帮扶解困作用，开展“千人帮万人”情暖老兵活动。对48名困难退役军人和其他优抚对象进行走访慰问、扶贫帮困。开展“关爱功臣·守护老兵”活动，为560余名在乡复员老军人送去“爱心医药包”。开展“淑敏助学活动”，对45名困难退役军人子女提供帮扶救助基金13.2万元。全年共发放退役军人关爱扶助基金23.9万元，投入其他帮扶资金500余万元。

二、移交安置工作

将退役军人安置工作纳入经济社会发展综合考核和双拥模范城（县）考评内容，以考促干、以评促效推进工作。健全“阳光安置”工作机制，坚持把“公平、公正、公开”的原则贯穿退役军人安置工作始终，邀请纪检监察部门、部队转业移交工作部门、列入安置计划接收单位全程参与移交安置工作。圆满完成转业军官、随调家属、安排工作退役士兵和退出消防员年度安置任务，转业军官安置到公务员行政岗位比例达100%。

三、就业创业工作

以推进基层网络化建设工作为契机，为退役军人、随军未就业家属、烈属等提供社区工作者岗位1000个，共有891名退役军人及随军未就业家属聘用上岗。成功帮助120余名退役军人竞聘消防员、公安局协警等岗位。对全市退役军人基本情况、就业情况、参加培训情况及军创企业发展情况等进行摸底调查，建立退役军人市场主体专项台账，登记退役军人创办各类实体（公司）1万多家。组织开展“春风云聘会”“退役不退志　乐业在冰城”等退役军人及随军未就业家属招聘活动58场次，提供就业岗位4万余个。联合市人力资源和社会保障部门、税务部门共同走进驻哈某部队开展“送政策、送技能、送岗位进军营”活动，引导即将退役的军人掌握政策、找准定位、发挥所长、科学择业。

挖掘选树退役军人就业创业典型，遴选优质军创企业参加全国展交会活动。召开军创企业家交流座谈会，扩展就业创业导师团队，引导并带领广大退役军人就业创业。启动退役军人就业创业孵化基地（园区）建设工作，首家退役军人就业创业园地在哈尔滨铁道技师学院挂牌成立。开展退役军人人才测评工作，建立并完善退役军人人才档案。全年开展适应性培训退役士兵2000余名，为1100余名退役士兵提供职业技能培训服务。

四、军休服务管理工作

完成了军休干部、逐月领取退役金退役军人移交接收、社保转接、待遇发放等工作。制定了《哈尔滨市军队离休退休干部荣誉疗养暂行办法》，组织60余名军休干部参加荣誉疗养活动。积极协调将联勤保障部队某医院纳入副市级医疗定点医院范围，解决军休干部实际需求。签约3家规模大、口碑好、医养融合度高的养老服务机构，作为军休干部医养服务定点单位。

成立军休老年大学，已开设思想政治、国学、民族舞、电子琴、书法、京剧、声乐等7门课程，招收学员270余名。成功举办黑龙江与海南两省思想文化艺术交流活动，组织两省军休干部开展经验交流座谈会、先进事迹报告会、文艺汇演、书画艺术笔会等活动。积极推进网络“军休所”建设，军休干部注册比例达91.7%，军休干部对军休服务机构满意度评分达97.86分。

五、拥军优抚工作

开展“热爱北疆、扎根北疆、奋斗北疆”“军地联谊会”“军民鱼水情 携手强军路”“红旗送新兵”等军地联谊活动。推进“城舰共建”“城连共建”，慰问北部战区“哈尔滨舰”，与边防某旅二连结对共建，展现了城舰共促发展、军民合力巩固边防的拥军成果。实施拥军志愿单位准入和退出机制。搭建公益拥军法律服务平台，为现役军人、军属提供法律服务。以“礼赞先进汇聚拥军力量　情系国防书写鱼水情深”为主题，成功举办首届“最美拥军人物”“最美军嫂”发布仪式。

制定指导性文件，明确了抽组拥军支前工作组织机构人员编组情况、任务分工及工作制度要求，建立了拥军支前应急应战响应机制。开展年度军供保障综合实战演练和拥军支前工作交流活动，完成人员与设备的双重检验任务，提升平时服务和战时保障能力。

开展走访慰问老战士、烈属等优抚对象活动，建立抚恤和生活补助标准自然增长机制，已连续18年提高优抚对象生活补助标准。加大优抚数据管理系统核查力度，完成年度优抚数据更新工作。做好义务兵家庭优待金发放、伤残人员清查清退、残疾退役军人抚恤关系转接、带病退伍回乡人员医疗鉴定等工作。采取“现场受理＋线上申领＋上门服务”相结合的方式，全力推进退役军人及其他优抚对象优待证申领发放工作。

六、褒扬纪念工作

与市文明办联合开展“赓续·弘扬”哈尔滨市清明英烈祭扫活动，云端线下共寄哀思，36万余名网友线上观看。承办“2023·崇尚·清明祭英烈”全省13个地市云直播活动，760万余名网友线上观看。开展“九·一八勿忘国耻、珍爱和平”哈尔滨市东北抗联烈士后代祭扫活动，抗联后代、驻哈部队、社会各界人士共500余人参加活动。

组建英烈事迹宣讲团，开展“五进”巡回宣讲61场次。开展“朱瑞精神主题红色讲坛”“我为英雄绘彩虹”“为烈士画像”“小小红色讲解员”“为烈士寻亲”等系列烈士褒扬纪念活动。成立哈尔滨市褒扬纪念专家智库，研究弘扬东北抗联精神。

七、服务保障体系建设情况

建成乡镇（街道）级“退役军人之家”302家，以独立建设、联合建设、联动建设形式建成村（社区）级“退役军人之家”1720家。市本级“退役军人之家”外部要素趋于完善，与17家单位及其78家分支机构建立了合作共建机制，在就业创业、养老服务、生活服务、卫生健康等领域提供优质优惠服务。

八、自身建设情况

深入研讨习近平总书记在黑龙江省考察时的重要讲话精神，扎实开展深化能力作风建设“工作落实年”活动，落实理论学习中心组学习制度，开展领导班子带头讲党课4次，基层党支部书记为军休干部讲党课35次。举办读书班、专题讲座、主题党日、党建知识竞赛等一系列活动，提升党员干部政治觉悟和党性修养。

推动基层党支部标准化建设工作，哈尔滨烈士陵园管护中心党支部荣获市直机关“四强”党支部，哈尔滨市退役军人服务中心参评市级成长型基层党建示范点。认真开展警示教育和纪律作风监督检查工作，召开党风廉政会议，层层签订《党风廉政建设责任状》，深入推进党风廉政建设和反腐败斗争，营造风清气正的政治生态，推动退役军人工作创新发展取得新成绩。

上海市

2023年，上海市退役军人事务系统坚持以习近平新时代中国特色社会主义思想为指导，深入贯彻落实党的二十大精神、习近平总书记考察上海重要讲话精神，不断完善退役军人工作体系和保障制度，有序推进思想引领、权益维护、安置就业、军休服务、拥军优抚、褒扬纪念等重点工作，持续推动上海市退役军人工作高质量发展。

一、机构建设情况

着力加强退役军人服务保障体系建设，拓展服务站点布局，开展退役军人“精神家园”建设试点。有序推进退役军人事务员职业试点工作，承接完成服务保障体系建设部级课题。全市共有退役军人服务中心（站）6456个，其中市服务中心1个、区服务中心16个、街镇级服务站215个、居村级服务站6163个、其他类型服务站61个。

上海市退役军人事务工作领导小组召开第八次全体（扩大）会议，并多次召开专题会议研究推动重点难点工作。加强军地、部门、上下之间的工作沟通和对接，落实向市区两级退役军人事务工作领导小组办公室派驻军队人员30余名。大力实施“十四五”退役军人服务和保障规划，完成规划实施中期评估工作。全面推进市退役军人事务领域一网通办工作，完成19个事项网办方案发文并推动分批上线，实现乘坐公共交通、享受社会优待等多个数字化场景应用。

二、政策法规工作

深入开展地方性法规和政府规章立法调研，联合多部门出台《上海市军人随军家属就业安置实施细则》《上海市军人子女教育优待工作实施细则》《关于进一步规范烈士遗属、因公牺牲军人遗属、病故军人遗属差额补助发放管理的通知》等政策文件。开展市政府决策咨询退役军人事务专项研究5项、局级课题4项，形成一批可转化运用的研究成果。扎实推进蹲点抓落实工作，配合退役军人事务部在浦东新区和闵行区开展蹲点调研，推动政策落实落地。

三、思想政治和权益维护工作

紧紧围绕学习宣传贯彻党的二十大精神，组织局系统党员干部和广大退役军人深入学习“两封回信”精神，及时传达学习贯彻习近平总书记考察上海重要讲话精神。开展军休干部“百人百讲”，与上海教育电视台合作策划专题栏目《戎耀申城》，与《新闻晨报》合作策划退役军人媒体宣传工作，组建“戎耀申城”老兵宣讲团。

深入开展“最美退役军人”学习宣传活动，评选出18名年度上海市“最美退役军人”个人和2个上海市“最美退役军人”集体，在东方电视台举行上海市庆祝建军96周年慰问演出暨2023年度上海市“最美退役军人”发布仪式，市党政军领导会见慰问年度“最美退役军人”代表并合影留念。开展历届“最美退役军人”回访活动，举办“崇尚最美荣誉·汇聚榜样力量”上海市退役军人先进典型主题交流活动。

建立完善常态化联系退役军人季度走访机制和双向反馈机制，全市退役军人事务系统常态化联系退役军人65 000余人次，收集各类意见建议600余条，帮助协调解决各类实际问题2300多件。建强思想政治工作指导员队伍，按照每个居村服务点至少1名的配置标准实现全覆盖，目前全市共有思想政治工作指导员6577名，面向退役军人深入开展思想疏导、情感关爱、生活帮扶、信息沟通等工作。

四、移交安置工作

圆满完成年度安置任务。高质量完成转业军官和安排工作退役士兵安置任务，其中安置到公务员和事业岗位的占41%，安置到企业的占9%。完成自主就业退役士兵接收、军休干部安置、逐月领取退役金退役军人和复员军官接收安置、随军家属安置工作及随军随调家属落户工作。组织接收安置单位赴陆军、海军、空军部队开展3批次120人次的国防教育，加强军地沟通了解，增强国防意识和为军服务情怀。联合安徽、浙江、江苏三省签署《推进长三角地区退役军人移交安置工作一体化发展合作意向书》。

五、就业创业工作

健全退役军人就业台账，联合国家统计局上海市调查总队开展失业率调查，结果显示本市退役军人失业率为3.9%，低于全市城镇调查失业率。持续摸排本市失业、无业退役军人情况，为300余名退役军人提供精准帮扶。开展常态化退役军人招聘、直播带岗、自主就业退役士兵春秋退役季就业服务等活动。成立松江大学城退役军人服务站，助力退役大学生高质量就业、创业。举办上海市第三届退役军人创业创新大赛，组织15家军创企业参加全国退役军人企业创业成果展。全市共有约3.1万家退役军人市场主体，年营业额超过4400亿元，缴纳税收近100亿元，吸纳4.7万余名退役军人就业。

统筹谋划和推进年度退役军人及随军家属教育培训项目，加强项目库建设，组织专家开展全市培训机构及项目遴选，并实施动态监督管理。落实“专升本”免试入学、加分投档、专业调换等学历教育优待政策，招收免试“专升本”新生1274人。会同安徽、浙江、江苏推进长三角地区退役士兵技能培训试点工作，出台《关于做好长三角自主就业退役士兵跨省异地职业技能培训工作的通知》。举办首届长三角优秀退役军人企业家和优秀退役大学生高端研修班。

六、军休服务管理工作

联合市财政局、市医保局制定出台相关文件

解决师级军休干部异地就医问题。完善硬件设施基础，推进静安军休中心、江湾军休中心等12个重点项目建设，目前全市军休机构用房可用面积已超过12万平方米。全面贯彻实施《军队离休退休干部服务管理机构服务管理规范》地方标准，开展军休机构星级评定，加强养老服务供给，不断提升军休服务管理水平。

七、拥军优抚工作

进一步完善本市优抚对象抚恤补助标准动态调整机制，连续第19年提高部分优抚对象抚恤补助标准，及时发放抚恤补助资金4.8亿元、节日补助和临时价格补贴4400余万元。落实退役军人和其他优抚对象在民政、文旅、交通等方面的优待措施，不断拓展社会优待服务，向社会公布两批共112个优待项目，涉及文旅景点、酒店住宿、生活购物等方面。推出“戎耀申城　崇军魔方”微信小程序，实现优待项目网上展示、线上预约购票和优待资源项目数字化管理。

完善拥军支前工作机制，落实军地互提需求、互办实事、互相支持“双清单”制度，全年军地共投入经费4200万余元。开展“聚焦一线、聚力解难”活动，全年走访慰问任务一线官兵家庭661户，解决其家属就业、子女教育、医疗救助等特殊困难。强调以评促建，顺利完成2019—2023年新一轮上海市双拥模范创建考评工作。举办纪念延安双拥运动80周年和“南京路上好八连”命名的60周年活动，全市军地共举办各项活动560余场次，8万余人次参加。全力推进军地土地置换，助力上海革命军事馆建设和徐汇滨江贯通。

八、褒扬纪念工作

举行新兵入伍欢送仪式、退役返乡欢迎仪式，及时做好立功受奖送喜报等工作，全年上门送立功受奖喜报576人次，营造“一人当兵、全家光荣”的社会氛围。通过邀请退役军人代表参加重要庆典和纪念活动等方式，增强退役军人的荣誉感和尊崇感。建立为服务对象悬挂光荣牌常态化工作机制。

加强烈士纪念设施建设和维护管理，在上海市龙华烈士陵园增挂“上海市烈士纪念设施保护中心”牌子，加大对全市烈士纪念设施建设管理维护的统筹协调力度，形成英烈褒扬纪念工作合力。成立烈士纪念设施管理服务联盟，与相关部门共同推动烈士纪念设施管理维护，促进作用发挥。开展烈士旧址、遗址、纪念设施核查工作，为全市76处烈士纪念设施统一制作并悬挂烈士纪念设施标识牌，推进烈士纪念设施整修工程。在清明节、“5·27”上海解放纪念日、“9·30”烈士纪念日等重要时间节点，组织开展多种形式的纪念活动。

九、自身建设情况

认真开展主题教育，深入开展读书班集中学习研讨和“1+3+X”模式述学，各级领导班子带头讲专题党课。发挥党支部主体作用，开展“一个支部一件实事”活动。聚焦落实“四联”工作机制，坚持把调查研究做深做实，问题清单检视整改做到100%销号，主题教育期间共出台文件22件，推动32个项目落地。

制定2023年法治建设工作要点及分工方

案，明确责任处室、落实举措和时间节点。举办习近平法治思想暨政策法规培训，加强执法规范化建设。妥善处理行政复议、行政诉讼等各类法律事务。持续推动资金上线发放，全年通过监管平台发放资金 33.26 亿元，比上年资金量翻两番。完成军休浦东分中心改建工程综合竣工验收、荣军院改扩建项目主体完工和龙华革命烈士纪念地项目审计。扎实推进干部队伍建设，健全干部考核评价机制，开展线上线下相结合的干部教育培训，进一步提高干部教育管理监督质效。举办第二届“问不倒”青年岗位技能知识竞赛，营造比学赶超的浓厚氛围。

江苏省

2023年，江苏省退役军人事务系统深入学习贯彻党的二十大精神和习近平总书记关于退役军人工作重要论述，以推动新时代退役军人工作高质量发展为主题，以持续增强退役军人获得感、幸福感、荣誉感为主线，以奋力推进江苏省退役军人工作走在前列为目标，固根基、强能力、创品牌、抓落实，各项工作取得阶段性成效。

一、机构建设情况

坚持“五有”“全覆盖”要求，县、乡两级和300人以上村级服务中心（站）全部通过国家级示范型创建验收。深入开展挂钩联系基层服务站活动，省、市、县三级退役军人事务部门领导班子成员530余人，分别挂钩联系一个乡镇（街道）和一个村（社区）服务站，与基层工作人员“同学政策规定、同理工作思路、同走业务流程、同访服务对象、同做思想工作”，指导帮助基层退役军人服务站开展工作，走访联系退役军人3550余人次，推动成果转化37项，出台政策文件8个。

全面完成省退役军人服务保障信息化系统研发，建成综合信息数据库，搭建综合管理平台、“互联网＋退役军人服务”平台、大数据综合应用分析平台，上线试运行28个业务子系统。挂牌成立省退役军人就业创业服务中心、省退役军人人力资源市场和省退役军人就业创业服务促进会，努力把退役军人打造成推动经济社会发展的重要力量。

二、政策法规工作

研究起草《江苏省退役军人保障条例（草案）》，组织召开立法工作座谈会、专题研讨班、相关部门协调会，广泛听取意见建议，形成《江苏省退役军人保障条例（送审稿）》，报请省政府审议。出台《江苏省退役军人事务系统行政处罚裁量权基准》及其适用规则。启动《退役军人工作政策汇编》编辑工作。推动《江苏省拥军优属条例》列入省人大立法调研计划。落实学法、用法制度，制定退役军人事务领域领导干部应知应会党内法规和国家法律清单。

深入开展调查研究，会同南京大学、南京师范大学、南京理工大学、苏州大学、常州大学等高校，形成《江苏省退役军人分类服务保障政策制度研究》等专题报告3篇。深化“放管服”改革，建成军人退役“一件事”网上办系统，全年线上办理量超过2.1万件，约占本年度退役军人总数的95%。

三、思想政治和权益维护工作

高标准组织第三届“江苏最美退役军人”、第二届“江苏最美拥军人物”和首届“江苏最美军嫂”评选发布活动，广泛开展“三个最美”学习宣传活动，引领退役军人始终听党话跟党走。开展退役军人思想政治工作“一地一特色”和省级优秀“戎耀之家”创建活动，有效打造工作亮点和窗口阵地，着力推广先进经验做法。着力打造江苏退役军人志愿服务工作品牌，持续开展“老兵永远跟党走”系列活动，发挥他们在急难险重任务中的先锋模范作用。目前，全省共有退役军人志愿服务队 3.3 万余支、退役军人志愿者 24 万余名。

学习推广新时代“枫桥经验”，有效结合领导干部挂钩联系基层退役军人服务站活动，强化基层服务中心（站）建设，开展信访事项办理质效考评，着力提高基层工作人员化解矛盾的能力水平，不断夯实基层基础，努力做到矛盾问题发现得早、化解在基层。健全完善信访事项办理规范，每月对已办结信访事项进行质量抽查审核，对办理程序不规范、答复质量不高、信访人不满意的信访事项一律退回重办。

四、移交安置工作

深化安置工作改革创新，着力在优化安置政策、改进安置办法、提升安置质量上下功夫，组织转业军官的岗前适应性培训，采取特岗选拔、提前免试录用等“直通车”式安置办法，完成转业军官、安排工作退役士兵的年度选岗安置工作，安置岗位质量继续呈上升态势。

五、就业创业工作

扎实开展省级退役军人特色培训，提供 58 个优质特色培训项目，共计 800 余名退役军人参加两轮 22 期培训项目。联合多部门印发《关于促进优秀退役军人到中小学任教的意见》，积极推进优秀退役军人到中小学任教工作。广泛开展全省“百城联动”退役军人就业招聘系列活动，共组织退役军人专场招聘会 936 场次，提供岗位 24.6 万个，达成意向协议 1.66 万个。组织跨省、跨区域招聘会 47 场次，达成意向协议 2100 多个。

举办首届江苏省退役军人人力资源交流活动，发布全国首个退役军人人力资源管理情况专业报告，上线全国首个省级退役军人人力资源交流网络平台，签署全国首份省际间退役军人人力资源交流合作协议。

六、军休服务管理工作

指导各地广泛成立军休文体活动组织，常态化开展精神文化系列活动，全省先后组织军休干部荣誉疗养、军休干部门球比赛等活动。大力发展老年教育，挂牌成立无锡、徐州、常州、苏州 4 所军休老年大学。投入资金 1.27 亿元，完成 17 家军休机构建设项目及 3 个军休老旧小区改造项目。充分发掘军休干部的政治、经验、专业、威望等优势资源，部署开展“老兵永远跟党走——老兵宣讲”等系列活动。全年组建军休红色讲师团、文艺宣传队、志愿服务队等 63 支，累计开展进社区、进校园、进企业、进军营等宣讲和服务 1255 场次，受众近 105 万人次。

七、拥军优抚工作

聚焦部队前方、前线、前沿，以省双拥工作领导小组名义出台专门文件，细化责任分工，明确工作任务。围绕军人“后路”“后院”“后代”，积极协调解决好随军家属就业，组织开展随军家属招聘活动32场次，2500人次参加。修订考评标准江苏特色加分项目，召开动员部署会议，在《新华日报》开设《双拥模范城巡礼》专栏，有序推进新一届全国双拥模范城创建工作，相关做法受到全国双拥办调研组的肯定。高质量完成第二批“城连共建”建设任务，扎实推进第三批“城连共建”活动，推荐泰州、宿迁、镇江三市参加第四批“城连共建”活动，参加城市实现上轮全国双拥模范城设区市全覆盖，数量位居全国第一。

落实优抚对象抚恤补助标准动态调整机制，组织测算、会签、分发年度中央和省级优抚专项资金。省级层面分两批组织部分功臣模范退役军人、烈士遗属代表参加疗养活动，共200名对象参加。抓好《关于加强困难退役军人帮扶援助工作的实施意见》的贯彻落实，全省15 000多名享受低保的退役军人全部提高保障标准。

常态化开展优待证申领发放工作，不断拓展丰富优待政策。省退役军人事务厅指导苏州市率先推出面向全国持优待证退役军人和其他优抚对象，免费乘坐市内公共交通工具、国有及政府指导价管理景区免门票的优待政策。全省13个设区市全部推出“双免”政策，实现省域全覆盖。根据“双免”政策，全国退役军人和其他优抚对象凭优待证可以免费乘坐13个设区市城市公交、地铁、有轨电车、轮渡等；全省免费景点达487个，其中4A级以上景点196个，涵盖了省内主要旅游景点。

八、褒扬纪念工作

以传承为导向，弘扬英烈精神。联合多部门在全省启动“为烈士寻亲”专项行动，计划利用3年时间集中攻坚，帮助英雄“回家”。以“家·国记忆”为主题，举行江苏籍抗美援朝烈士宣传片拍摄评选展播系列活动，共征集47部优秀作品。积极参加第七批国家级烈士纪念设施申报评选，组织协调6个单位申报国家级烈士纪念设施。举办“清明祭英烈”、烈士公祭、新婚夫妇向英烈献花、《烈士光荣证》颁授仪式等。

南京市

2023年，南京市退役军人事务系统深入学习贯彻习近平总书记关于退役军人工作重要论述和考察江苏省重要讲话重要指示精神，聚焦“强保障、优服务、保稳定、树品牌”，履职尽责、担当作为，用心用情用力做好各项服务保障，奋力推动新时代南京退役军人工作高质量发展走在前列。

一、机构建设情况

南京市委退役军人事务工作领导小组召开全体会议，审议《领导小组工作要点》，筹划部署年度重点任务，将支持退役军人就业创业和争创全国双拥模范城“十连冠”列入市委年度重点工作任务，高位谋划推进。领导小组办公室强化统筹协调、督促检查，推动重点工作落实。严格对照“五有”“全覆盖”要求，开展区、街道（镇）、社区（村）示范型服务中心（站）建设成果“回头看”。创新服务保障工作，细化完善服务内容和事项，8个案例入选《全国退役军人服务中心（站）服务保障工作典型案例》，11名服务中心（站）主任（站长）获评全国、全省退役军人服务中心（站）“百名优秀主任（站长）”。

印发《关于深入开展退役军人志愿服务的通知》，推动退役军人志愿服务工作制度化、组织化、专业化，全市退役军人志愿服务队增至1300多支，1.2万余名退役军人志愿者全部在网上注册。打造“金陵先锋”退役军人志愿服务活动品牌，3支志愿服务队入围全国1000支“退役军人关爱青少年志愿服务队”，8支志愿服务队和9名志愿者分别获评省“优秀退役军人志愿服务队”和“优秀退役军人志愿者”。

二、思想政治和权益维护工作

常态化开展“老兵永远跟党走”主题系列活动，组织老兵宣讲团、合唱团、文艺队进社区、进学校、进军营。以“一地一特色”创建活动为抓手，深度挖掘退役军人思想政治工作特色亮点做法，加强品牌塑造，精心打造4个创建项目，2项被省退役军人事务厅评为年度“优秀创建成果”。推进“优秀退役军人先进典型”资源库建设，深入培树宣传退役军人先进典型，1人获评第三届“江苏最美退役军人”。深入开展省级、市级“戎耀之家”创建活动，全年创建市级优秀“戎耀之家”11家，6家单位获评省优秀“戎耀之家”。落实常态化联系退役军人制度，健全困难退役军人及其他优抚对象“一本账”制度，设立“关爱老兵　善行金陵”基金，积极为困难退役军人家庭纾困解难。召开全市退役军人法律服务工作座谈会，探索新时代退役军人法律服务特点规律；市三级退役军人法律服务体系受理法律咨询1004人次，跟踪处理案件62件；广泛开展普法宣传，发放普法书籍3200余册。

三、移交安置工作

全面落实安排工作退役士兵年度安置任务，采取与服役贡献相匹配的4类转业军官特殊优待安置办法，通过积分选岗、“双向选择”、“直通车”安置等方式拓宽安置渠道，转业军官和安排工作退役士兵安置率均达100%，转业军官安置数量连续多年居全省第一。

认真做好退役军人移交安置全过程服务保障，在市退役军人事务局官网、官微开通移交安置政策宣传专题连载报道，开展“送政策进军营”活动20余场次，发放《退役军人安置政策手册》2000余份。举办转业军官欢迎仪式，营造暖心氛围。向安排工作退役士兵发放《服务保障告知书》，帮助了解报到、落户、申领优待证等流程手续。举办转业军官岗前适应性培训和安排工作退役士兵示范性培训班，满足职业发展需要。

四、就业创业工作

多措并举促进退役军人就业，在“戎创金陵”公众号设置“每周精选”专栏发布岗位推荐44期，组织退役军人专场招聘活动34场次，定向邀请620余家单位提供岗位1.3万个。创新搭建跨区域联动平台，组织企业赴安徽、陕西等地参加专场招聘会，推进定向招聘和精准化特岗招聘，不断拓宽就业渠道。加强就业培训，开发适合退役军人的培训专业106个，组织7期特色培训班，其中“无人机飞控师”项目推荐就业率达95%以上。强化创业扶持，举办第四届“戎创金陵”退役军人创业创新大赛，首创“迎宁赛道”，将参赛范围拓展至南京都市圈城市，5个都市圈城市的30多个项目参加比赛。在第19届中国国际（南京）软博会设置“戎创金陵退役军人创业创新专区”，促成10家军创企业达成合作意向50多个。举办12场创业帮扶活动，为500余名创业者提供创业指导。探索“军创小集市”展销模式，将退役军人创业产品带进闹市区，帮助解决宣传匮乏、销路困难等问题。

五、军休服务管理工作

持续提升军休服务保障水平，在玄武区、鼓楼区、秦淮区创建3个军休样板所，以点带面推动军休机构完善条件设施，夯实保障基础。多渠道探索化解军休干部养老难题，按需引进养老、助餐、助浴等社会组织，为军休干部提供14项社会化、专业化服务，并将社区服务延伸到军休所，推动军休干部居家服务需求与社区服务资源有效衔接。打造特色军休老年大学，为军休干部提供优质教育、交流平台，全年完成61个班级2000余名军休学员的教学保障任务，市军休老年大学被评为“江苏省示范老年大学”。

六、拥军优抚工作

组织召开双拥工作领导小组会议和全市创建动员大会，全力推进全国双拥模范城“十连冠”

争创工作。深化双拥宣传实践，在玄武湖景区持续展出《金陵晚报·双拥周刊》10周年版面展，开展“双拥文明玄武湖”系列学雷锋活动，组织军休讲师团为预定新兵“播火铸魂”宣讲教育，送话剧《雨花台》等红色剧目进军营演出，1人获评第二届“江苏最美拥军人物”，1人获评首届“江苏最美军嫂”。在春节、“八一”建军节等重要节日，积极开展拥军慰问，市委、市政府在媒体刊发《致驻宁部队官兵春节慰问信》，连续10年发布南京籍官兵立功光荣榜。组织“情系边海防官兵”拥军优属活动，走访南京籍边海防官兵家庭，开展“南京舰优秀官兵看南京”活动，组织50名南京各界市民代表参加海军舰艇开放日。推进为部队办实事项目，协调相关部门推动随军家属安置就业、现役军人子女教育优待等政策落实，随军家属安置存量全面化解。引导社会各界力量助力慈善拥军良性循环，截至2023年底，市慈善拥军基金累计募集资金超过2200万元，为驻宁部队官兵困难家庭发放资助金300万余元。支持部队遂行多样化军事任务，推动军供保障能力建设，军供军转保障任务准确率、优质率均达100%。面向全国退役军人和其他优抚对象，出台免费乘坐公共交通工具、免费游园的“双免”政策。做好优待证常态化申领发放。组织部分优抚对象短期疗养和医疗巡诊，开展常态化走访慰问与重要节日专项慰问，部分优抚对象抚恤补助标准连续27年增长，按普通义务兵家庭优待金标准的2倍确定调整进新疆服役义务兵家庭优待金标准。

七、褒扬纪念工作

巩固县级以下烈士纪念设施整修成果，全面开展烈士纪念设施提质改造，开展县级以上烈士纪念设施概览图册编制。广泛开展“2023·崇尚·清明祭英烈”主题活动，开展线上祭扫，组织1个国家级、2个县级、10个县级以下烈士陵园统一开展代祭扫活动。常态化办理烈属异地祭扫，开展“帮烈士回家”寻亲活动，营造全社会尊崇英烈、关爱烈属氛围。

八、自身建设情况

深入开展学习贯彻习近平新时代中国特色社会主义思想主题教育，严格落实党组理论学习中心组学习计划，举办处级干部学习贯彻党的二十大精神集中轮训。大兴调查研究之风，落实“四下基层”要求，推进挂钩联系基层退役军人服务站活动。开展“共学共进”行动，聚焦退役军人急难愁盼，办实事、解难题。开展全市退役军人事务系统岗位练兵比武活动和区、街（镇）服务系统业务培训。加强作风纪律建设，组织党风廉政教育，召开警示教育大会，发放“弘扬良好家风共建和美家庭”倡议书，开展“家风故事大家讲”活动，筑牢党员干部拒腐防变思想防线。

浙江省

2023年，浙江省退役军人事务系统深入学习贯彻习近平新时代中国特色社会主义思想、习近平总书记关于退役军人工作重要论述和考察浙江重要讲话精神，聚力打造“崇军浙江”工作品牌，勇毅前行、接续奋斗，持续推动全省退役军人工作高质量发展，为勇当先行者、谱写新篇章再作新贡献。

一、党的领导建设情况

浙江省委、省政府主要领导分别主持召开省委退役军人事务工作领导小组第五次全体会议和省双拥领导小组扩大会议，刚性落实第一议题制度，认真组织学习贯彻习近平总书记关于退役军人工作重要论述精神，审议修订有关文件，研究部署阶段性工作。全省各市、县党委退役军人事务工作领导小组先后召开会议，研究谋划年度工作，退役军人工作高质量发展的基础更加坚实。

扎实开展习近平新时代中国特色社会主义思想主题教育，统筹推进领导带头领学、支部扎实组学等“十学联动”，高规格举办“学思想、追英烈、强党性”主题教育专题党课，全省累计举办8场次宣讲活动，受众3000余人次。开展《浙江省退役军人事业发展“十四五”规划》中期评估，为推进“十四五”规划落实和启动“十五五”规划编制工作夯实基础。广泛开展“大走访大调研大服务大解题”活动，指导各地开展第二批主题教育，推动教育走深走实。

二、思想政治和权益维护工作

积极用好“老兵永远跟党走”和“崇军讲堂”等平台，全省各类老兵宣讲团开展宣讲100余场次，50余万名社会各界人士和学生聆听。持续开展退役军人先进典型选树宣传活动，1人获评全国“最美退役军人”，杭州亚运会“钱潮老兵”赛会医疗服务志愿队和19名个人获评第三届“最美浙江人·最美退役军人”。

深化“兵支书”培训班成效，分片区对全省各地退役军人志愿服务项目进行专业指导，1名社会拥军工作志愿者获评全国“最美拥军人物”，50支志愿服务队伍入选全国“传承红色基因·赓续红色血脉”——退役军人关爱青少年志愿服务项目。1个志愿服务项目获评全国“四个100”最佳志愿服务项目。

召开全省服务站融合建设现场会，推动乡镇退役军人服务站与武装部深度融合发展。综合运用市县推荐、综合考评、省级认定等模式，新建新时代枫桥式退役军人服务站315个，普及服务站智治平台应用系统，努力把全省基层服务站建成退役军人的“暖心站、纾困站、加油站、光荣站”。

加大对外交流合作力度，先后承办全国10余个现场会、培训班，赴北京、重庆等地调研政策法规工作，接待退役军人事务部8个司局，以及北京上海等20个兄弟省厅来浙江省调研指导。与浙江大学、浙江工商大学、宁波大学和浙江省担保集团有限公司等签订全面合作协议，围绕退役军人工作重点、难点、热点问题，加强理论研究和实践探索，借势借力推动退役军人工作高质量发展。

首次探索成建制、成体系组织306名退役军人参与服务保障杭州亚运赛事，全省累计有33万余名退役军人、6700余支退役军人志愿服务队伍活跃在亚运一线，开展各类志愿服务46.3万人次。

三、移交安置工作

圆满完成全省移交安置任务，省委常委会专题研究，分管省领导先后2次听取工作汇报，截至10月底，全省600余名转业军官和1500余名安排工作退役士兵安置任务全面完成。

牵头举办长三角退役军人移交安置一体化发展推进会，签订一体化发展意向书，跨区域推动移交安置提质增效。探索建立省属国有企业接收安置安排工作退役士兵岗位计划事前审核和落实跟踪机制，大幅提升省属国有企业岗位质量。

积极推进退役军人服务标准规范化、放宽安置去向条件限制、兵教师、优待证（电子版）、退役军人事务员岗位、自主就业退役士兵进高校培训、部省退役军人互联网服务融合7项试点工作，确保试点任务高质高效。

四、就业创业工作

认真落实退役军人事务部支持浙江退役军人迈向共同富裕实施意见和浙江省实施方案，稳步推进“六大行动”，困难退役军人数量从2021年的8400多人减少至2023年的6400多人，全年新增退役军人就业7300余人。

制定出台关于促进浙江省退役军人就业创业、教育培训及税收减免等文件，深化“战友式”互助服务模式，探索退役军人跨省异地职业技能培训模式，试点建设“浙闽赣皖四省边际退役军人创业园”和省级退役军人创业创新园，积极开展驻校教官试点工作。

开展“全民数字化素养和技能提升月”“个体工商户服务月”活动，优化服务、主动作为，受到中央网信办、退役军人事务部等多部委联合通报表扬。部署开展“全省退役军人就业创业成绩突出个人”表扬及2023年度“全国退役军人创业带动就业光荣榜”遴选推荐活动，深入挖掘全省退役军人就业创业典型，弘扬先进，激发斗志，推动退役军人高质量就业创业。

联合退役军人事务部宣传中心在快手、抖音平台开展全国“军创英雄汇”退役军人春招直播活动。组织“线上＋线下”退役军人专场招聘活动500余场次。审核通过退役军人参加学历教育3.3万人次，组织适应性培训5.8万人次，职业技能培训4.1万余人次。

五、双拥工作

全面完成全省全域省级双拥模范城（县、区）创建考评工作，宁波市作为全国双拥模范城唯一代表，参加纪念延安双拥运动80周年座谈会并作典型发言。

认真落实军地“双清单”制度，高标准落实战区部队提报需求事项50余项。开展社会化拥军专项行动120余项。开展“情系边海防官兵”活动，军地携手创办浙江省八一学校，“城连共建”经验被全国双拥办予以推广。

六、优抚褒扬工作

完成国家优待证（电子版）试点任务。常态化举办“9·30”烈士纪念日活动，“浙江宣传”刊发《今天的我们该如何致敬英烈》，当天阅读量突破10万余次。“英烈文化+大思政课”宣教品牌入选退役军人事务部英烈红色文化示范十大案例。举办全省英烈讲解员培训班，选送优秀讲解员毛晨旭、汤阳参加全国英烈讲解员大赛，分别获全国二等奖、三等奖佳绩。出台《浙江省烈士亲属异地祭扫组织实施办法》《浙江省烈士纪念设施管理办法》《浙江省省级烈士纪念设施考评标准》，进一步完善省级烈士褒扬政策体系设计。

首次统一全省义务兵家庭优待金补助标准，为现役义务兵父母等进行免费体检，惠及3万余人次。实施部分优抚对象短期疗养3年行动计划，累计完成短疗人员5万余人次。申请中央福彩公益金1800万元，用于支持优抚医院持续发展，浙江省荣军医院被退役军人事务部评为全国区域性优抚医院。

七、军休服务管理工作

全面加强军休机构建设，全省新增挂牌事业机构近40家，新增工作人员30余名，省、市、县三级军休服务管理体系得到完善，军休工作力量不断加强。锚定军休机构规范化建设工作方向，公布首批规范化建设军休机构20余家，打造一批军休干部信赖、服务基础扎实、服务功能齐全、服务质量优良的军休服务管理机构，促进服务保障能力显著提升。

组建首个军休老年大学联盟，7所军休老年大学建设获批成立。率先开启“智慧军休2.0”保障新模式，军休干部充分享受数字时代生活便利。

八、自身建设情况

全面推行省统建多跨场景军人退役“一件事”联办，迭代升级退役军人全生命周期数字化服务保障体系，浙江“老兵码”申领人数突破118万人，全省11个市的优抚对象凭码（证）享受免费乘坐公共交通，120余个旅游景区向全国优待证持证人免费开放。认真落实“四个坚持、八个不”选人用人导向，坚持“走小步、不停步，迈正步、行稳步”，做好干部选拔任用工作。稳步推进省属公立医院改革，认真组织所属事业单位人员招聘。持续抓好“反腐倡廉无盲区”2.0版建设，营造干事创业良好氛围。

杭州市

2023年，杭州市退役军人事务系统认真贯彻落实党的二十大精神，牢牢把握高质量发展主基调和“服务亚运、保障亚运、奉献亚运”主线，聚焦双拥创建、护航亚运、机制完善、作用发挥等重点工作任务，党的领导更加坚强，体制机制更加完善，服务水平更加精准，崇军氛围更加浓厚，扎实推动全市退役军人工作和双拥工作高质量发展。

一、加强党的领导

坚持以习近平新时代中国特色社会主义思想为指导，深入学习领会习近平总书记关于退役军人工作重要论述，全面贯彻落实党的二十大和二十届二中全会精神，局党组理论学习中心组学习13次，局党组班子成员围绕学习主题交流研讨21人次。市委、市政府召开退役军人事务工作和双拥工作领导小组会议，审议通过领导小组工作要点，健全完善领导小组办公室工作机制，科学有力推动各项退役军人工作有序开展。

二、行政机构及服务中心（站）建设情况

紧密结合杭州退役军人工作实际，坚持政治机关定位，引导全系统各级党组织和广大党员干部以实际行动坚定拥护“两个确立”、坚决做到“两个维护”、忠实践行“八八战略”，引领全市退役军人坚定不移听党话、跟党走。深入开展学习贯彻习近平新时代中国特色社会主义思想主题教育，聚焦学深悟透实干争先，局系统各党组织配发学习资料2.6万余本，集中研学32次，循迹溯源学40余次，筹办主题教育读书班7场，形成了全员学习、全面践行的生动局面。依托全市3422个退役军人服务中心（站），推动退役军人服务中心（站）服务事项清单落实落细，持续开展法律援助和咨询解答。27个退役军人服务中心（站）被授予“新时代基层双拥共建示范点”，60个退役军人服务中心（站）获评省级枫桥式退役军人服务中心（站），成功创建4个“亚运青年V站”。

三、思想政治和权益维护工作

紧扣“办好一个会、提升一座城”工作目标，建立5万余名退役军人志愿者人才库，选拔306名退役军人志愿者组成“钱潮老兵”亚运赛会医疗志愿服务队，圆满完成开闭幕式保障、56个比赛场馆、5000余场次比赛志愿服务保障任务。“钱潮老兵”团队被授予“最美浙江人·最

美退役军人”荣誉称号。召开亚运志愿服务工作总结大会，强化提升“戎耀”应急救援志愿服务队。实施平安护航亚运专项行动，建立“1+6+4”组织保障体系和协调机制，加强风险防控和情报信息闭环处置，圆满完成平安护航亚（残）运会工作任务。充分利用红色资源开展宣传教育，组织开展杭州市第五届“最美退役军人”选树宣传活动，评选2名省级、27名市级、162名县（市、区）级“最美退役军人”，成立“最美退役军人联盟”，全力营造社会崇军拥军浓厚氛围。

四、移交安置工作

紧贴退役军人现实需求，创新工作模式，切实提供便捷高效的服务保障。指导区、县（市）完成800多名自主择业军转干部年度审查。圆满完成300多名转业军官和安排工作退役士兵移交安置工作，接收军队离退休干部（军士）100多人，完成随军随调家属100多人，落实军人子女中考加分90多人，解决军人子女中小学入学300多人。积极做好转业军官岗前适应性培训工作，围绕“贯彻学习党的二十大精神”主线，聚焦干部综合能力提升，依托浙江大学继续教育学院，科学设置党性修养、省情市情等“九大模块”培训内容，增强培训的针对性、有效性，组织200余名计划分配转业军官参加前移培训。

五、就业创业工作

将退役军人就业创业工作融入共同富裕建设一体推进，全力搭建“四位一体”就业创业服务体系，制定出台鼓励和扶持退役军人回乡从事农业创新创业等政策文件。建设杭州退役军人教育培训学院，在吉利汽车、长龙航空等近20家知名单位挂牌成立首批教学实践基地，全力打造特色鲜明的办学模式与人才培养基地。联合安徽省3个地市创新开展跨省退役军人职业技能培训班。承办全省退役军人就业创业现场会，介绍杭州特色经验做法。继续推进数字化就业援助系统工作。举办军人随军家属专场招聘会，协调38家企业近600个岗位进场招聘。实施“校园橄榄绿”行动，选派优秀退役军人常态化制度化进驻中小学。市、县两级农业技术推广基金会资助退役军人农业创新项目21个。依托各方资源建立23个就业创业基地。全市共举办各类专场招聘会、精准对接会、直播带岗活动30余场次，提供就业岗位8000余个。圆满完成全国退役军人事务员职业试点工作，承办全国退役军人事务员职业试点培训班，完成3708名退役军人事务员培训和评价，17名同志入选全国师资库。

六、拥军优抚工作

春节、“八一”建军节等重大节日，全市各级四套班子领导带队走访慰问部队和优抚对象。全力做好省双拥模范城（县、区）创建考评验收工作，已列入新一届省级双拥模范城（县、区）的命名范围。全国双拥办来杭检查调研双拥创建工作，调研组领导给予了高度评价。开展纪念延安双拥运动80周年等“崇军周”系列活动，举办“双拥花开代代红”纪念延安双拥运动80周年文艺汇演，“八一”建军节期间全市开展各类拥军优属活动441次，其中慰问部队演出7场次。19家社会化拥军企业（社会组织）被授予“新时代基层双拥共建示范点”，开通双拥公交专线62辆。积极创新军供保障模式，高强度高质量做好亚运安保期间部队饮食保障任务。扎实开展情系边防一线、万里结对共建活动，建立结对共建常态长效机制，深化推进军地互办实事“双清单”工作，认真落实全国双拥模范城第三批城连结对共建工作。持续开展拥军优属“百件实事”工程，梳理地方拥军优属项目52个、部队拥政爱民任务22个。积极协调主流媒体刊播“八一光荣榜”，以市委、市政府名义在“杭州发布”、《杭州日报》、杭州新闻联播等平台发布致春节、“八一”建军节节日慰问信，贯彻落实立功受奖送喜报制度，全年开展立功受奖送喜报223人。及时调整优抚对象抚恤和生活补助标准，评定残疾军人和带病回乡90余人。

七、褒扬纪念工作

大力弘扬英烈精神，在清明节、“9·30”烈士纪念日期间开展主题宣教活动，30万余人参加各类祭扫和献花篮等活动。组织青少年学生开展烈士事迹专题宣传、经典诵读等活动20余场次。联合浙江大学医学院附属第一医院为全市近百名烈属提供专场义诊服务。充分发挥退役军人协会、基金会、文联凝聚社会力量营造关心爱护退役军人的桥梁纽带作用，营造浓厚崇军氛围。有效推动富阳区、临安区烈士陵园规划建设已进入实质性立项阶段。西湖区凌家桥烈士纪念园、富阳区陆鼎裕烈士墓建成竣工。

八、退役军人作用发挥情况

深入学习运用“千万工程”经验，制定下发《关于学习运用浙江“千万工程”经验 推动“兵支书”在乡村振兴中发挥作用的通知》，举办两批“兵支书”培训班暨现场推进会，评选14名首批“优秀兵支书”，讲好“兵支书”带动促进乡村全面振兴的榜样故事，持续助力714名“兵支书”在民生共富中奋发作为，探索总结“千万工程”经验在退役军人事务领域新实践新成果，相关工作经验获得退役军人事务部《退役军人工作信息参考》刊发，指导杭州退役军人教育培训学院在富阳区宵井村挂牌全市首家退役军人乡村振兴实践基地。

九、数字化改革工作

“老兵码”平台入驻各类崇军商家达2万余家，综合让利1500万元。持续推进智慧老兵项目三期建设，全面推进老兵码与市民码融合，持续构建全生命周期数字化管理保障模式，实现退役军人在省、市9家医院无感优先就诊26万人次，实现市、县（区）两级行政审批服务中心“码上办事”1万人次，实现杭州籍（常住杭州）退役军人扫码免费乘坐市内公共交通，申领市民码退役军人权益人数累计达11万人，公交场景（含区县和水巴）使用43万人次，地铁场景使用72万人次。

宁波市

2023年，宁波市退役军人事务系统深学笃行习近平新时代中国特色社会主义思想，认真贯彻落实党中央、国务院决策部署和省、市委有关要求，凝心聚力服务中心大局，用心用情做好退役军人服务保障，全力以赴巩固发展军政军民团结，奋力谱写宁波市退役军人工作高质量发展新篇章。

一、机构建设情况

市退役军人事务局办公室加挂数字化发展处的牌子，市退役军人服务中心加挂市双拥服务中心的牌子。基层退役军人服务站“3+N”融合建设获得省级试点，全市建成市、县、乡、村四级退役军人服务中心（站）2900多个，其中全国示范型退役军人服务站1900多个，省“枫桥式”退役军人服务站500多个，全市乡镇（街道）退役军人服务站“枫桥式”创成率达97.4%。作为全国双拥模范城代表参加纪念延安双拥运动80周年座谈会并发言，1人获评年度全国“最美拥军人物”，2人获评全国退役军人服务中心（站）“百名优秀主任（站长）”。

二、思想政治和权益维护工作

推进退役军人事务系统学习贯彻习近平新时代中国特色社会主义思想主题教育走深走实，聚焦服务对象思想政治需求，制定出台《宁波市退役军人思想政治工作手册》。常态化思政宣教深入开展，组织“老兵永远跟党走”系列宣讲88场次，开设“甬尚老兵”“不忘来时路”等宣教专栏，辐射15余万人，引领广大退役军人始终听党话、感党恩、跟党走。先进典型引领有力，完成第三届省、市“最美退役军人”选树工作，推评3人获省“最美退役军人”。网络崇军文化传播取得新进展，“甬尚老兵”微博号被中央网信办评为“创四优”账号，1部网络文字作品获“中国正能量网络精品”。积极推荐优秀退役军人进入村（社区）两委任职，组织能力提升培训22场次，有效提升“兵支书”引领乡村振兴的能力；迭代升级“轮值站长”制度，优化完善“轮值站长”参与基层治理激励保障机制；做精“为烈士寻亲”“情暖老兵”等退役军人志愿服务项目，全市600余名退役军人志愿者全心全意服务亚运赛事，700多支退役军人志愿服务队积极参与应急抢险、平安建设等文明实践活动。

三、移交安置和军休服务工作

圆满完成年度转业军官、安排工作退役士兵、军休人员、逐月领取退役金退役军官接收安置任务，创新“班长带班”“老兵班务会”等安置培训模式。完成《军官退役安置工作指南》等3个安置政策指南编纂。在宁波举办杭州、宁波、温州、湖州、衢州5地军休老年大学联合组建的浙江省军休老年大学合作联盟签约仪式。与宁波市第一医院和部队900多家医院开展医疗健康服务优待合作，畅通院前医疗急救通道、优化就医体验、健全院后健康跟踪管理，探索军休干部医养结合新模式。

四、就业创业工作

不断夯实退役军人就业基本盘，落实就业帮扶政策、精准推送岗位信息，“高质量就业e路通”“就业精准对接会”线上线下协同发力，全市退役军人就业率稳定在99%。搭建能力提升新平台，组建退役军人技能学院，全市新接收自主就业退役士兵适应性培训率达100%，订单式职业技能培训后就业率达100%，举办全市首届退役军人职业技能大赛。打出助创组合拳，开展“戎耀甬城·就创未来”系列活动，市退役军人就业创业促进会、创新学院相继成立，市级军创园升格为全省第一家省级军创园，“战友式”服务团队、服务清单及“政策计算器”持续为退役军人创业创新输出强劲动力，制定出台《关于促进退役军人到乡村就业创业的若干举措》，为军创人才到乡村创业发展提供政策支持，退役军人“一会两院三平台”就业创业服务格局基本形成。1家军创企业入选年度“全国退役军人创业带动就业光荣榜”。

五、拥军优抚工作

高标准通过浙江省第十一届双拥模范城创建考评。以纪念延安双拥运动80周年为契机，开展“战舰与城市”双拥主题活动，“城舰共建”品牌得到深化拓展；第一时间落实500万元专项资金，高效完成驻藏连队一期援建工程，“城连共建”经验全国双拥办点名表扬并以专刊形式供全国学习借鉴；《军民情——走进双拥模范城宁波》专题片在央视展播。有力推进全市拥军支前潜力数据采集，支前力量底数更加清晰；军地“双清单”制度优化升级，驻军部队备战需求及时解决，海岛军粮供应站、海岛山区驻军供应点改造项目如期完成；高质量完成全年军供保障任务，支前保障行动更加高效。优属服务更显实效，关注现役军人家属医疗、就业、子女教育等领域，为全市现役义务兵父母和烈属提供免费体检；建成浙江省八一学校，首批100多名现役军人子女顺利入学就读，全市900多名现役军人子女享受入学入园和中考加分优惠政策，创历史新高。完成全市优抚对象数据校核，精准落实抚恤优待和困难帮扶，“优抚资金直达”获省级试点，优抚资金发放效率显著提高。困难退役军人“一对一”结对帮扶精准到位，全市低保低边困难退役军人存量较上年下降2个百分点。

六、褒扬纪念工作

传承弘扬英烈精神，红色资源“供给库”日

益充实，“清明祭英烈”“红色九月”等烈士纪念活动影响广泛，“小红缨”英烈事迹巡讲全年突破 60 场次。21 名立功受奖退役军人列入市级综合年鉴。1 人在全国“学思想　颂英烈”英烈事迹宣讲大赛决赛中荣获二等奖。

七、数字化改革工作

全面建成“崇军在线”退役军人智慧服务综合应用，全面完成“崇军联盟”“烈士褒扬在线”“高质量就业 e 路通”“智慧军休”“轮值站长”5 个子场景建设，实现退役军人政策法规宣传、就业信息发布、尊崇优享服务、英烈褒扬纪念等“全天候”数字化服务保障，“崇军在线”应用点击量累计突破 2 亿次。

八、自身建设情况

对标“学思想、强党性、重实践、建新功”总要求，举办主题教育读书班、培训班及各类学习实践活动 42 场次，持续强化政治意识。建立健全习近平总书记重要指示批示和党中央重大决策部署闭环落实机制，专题会商、会办、督促 22 次。走实群众路线，制定并实施常态化联系退役军人、退役军人服务站、军创企业、驻甬部队制度，扎实开展“联镇街入村社”活动，全市退役军人事务系统全年走访基层 3000 多次，解题解难 1100 多个。深入调查研究，市本级 16 个调研课题顺利结题，形成“一线破难清单”“成果转化清单”12 份。市退役军人工作绩效评价全省考核第一。

安徽省

2023年，安徽省退役军人事务系统坚持以习近平新时代中国特色社会主义思想为指导，全面贯彻党的二十大和二十届二中全会精神，认真落实习近平总书记关于退役军人工作重要论述和关于安徽工作的重要讲话、重要指示精神，真抓实干、开拓创新，全省退役军人工作高质量发展取得新成效。

一、机构建设情况

省委退役军人事务工作领导小组召开会议，审议通过《关于推动全省退役军人工作高质量发展的若干措施》，研究部署年度退役军人安置等工作。召开省双拥工作领导小组会议，出台省拥军支前工作队伍建设暂行办法、省为立功受奖军人家庭送喜报实施办法（试行）。聚焦基层基础，争取省委组织部、省民政厅等部门支持，将退役军人服务站纳入村级挂牌目录。全面梳理排查各级服务中心（站）“五有”“全覆盖”落实情况，加强规范化建设。遴选推荐10名服务中心主任（站长）获评全国退役军人服务中心（站）“百名优秀主任（站长）”。选树全省“百家优秀服务中心（站）”和“百名优秀主任（站长）”，评选出全省百家红色退役军人服务站。建成全省退役军人综合数据库，承接部省数据共享交换试点工作，打通部省纵向数据通道。建成智慧服务平台，上线省市县政务服务事项2100多项。开发军人退役“一件事”网办系统，推进军人退役12件事集成联办。上线“安徽老兵”APP，实现掌上看、掌上查、掌上办。

二、政策法规工作

《安徽省拥军优属条例》修改列入省人大常委会2024年审议类立法项目。制定出台《安徽省退役军人事务系统行政裁量权基准》《安徽省退役军人事务系统行政处罚裁量权适用规则》《安徽省退役军人事务法治文化建设实施方案》。完善退役军人法律援助工作制度，累计建设法律援助工作站（联络点）、法律咨询窗口1.1万个，全年开展退役军人法律咨询6000多次，全省成立退役军人法律志愿服务队140多支，招募法律服务志愿者2200多名，通过法律援助为退役军人挽回经济损失1000多万元。

三、思想政治和权益维护工作

围绕“学习二十大、奋进新征程、建功新时代”主题，组织退役军人“红耀江淮”红色（老兵）宣讲团开展宣讲观摩活动。深入开展“安徽最美退役军人”“安徽最美拥军人物”选树宣传活动，1名获评2023年全国“最美拥军人物”提名人选。圆满完成“耕耘者”振兴计划乡村治理骨干（“兵支书”）专题试点培训，1.5万名优秀退役军人进入基层两委班子，“兵支书”占比近30%。在安徽50个“全国乡村治理示范村”中，“兵支书”所在的村有14个，占比为28%；新评出的200个安徽省和美乡村精品示范村中，“兵支书”所在的村有65个，占比为32.5%。举办全省首届退役军人志愿服务项目大赛，30支退役军人志愿服务队入选全国退役军人关爱青少年志愿服务队。首次将困难退役军人和军属烈属帮扶工作纳入全省50项民生实事，省财政安排1500余万元资金帮扶3000多名困难服务对象。加大专项岗位开发力度，新开发专项岗位500多个，帮助700多名就业困难退役士兵实现就业。

四、移交安置工作

科学编制安置计划，健全完善国有企业岗位计划事前审核机制，完成转业军官和安排工作退役士兵安置任务，转业军官安置到公务员岗位、安排工作退役士兵安置到事业单位比例创历史新高。不断拓宽“直通车”安置方式，对4名转业军官实行指令性分配，对3名具有法律、财务、医学等专长转业军官实行转业对口安置，对24名中央垂直系统转业军官实行优选安置。

五、就业创业工作

选树发布安徽省退役军人就业之星12名、创业之星21名、就业工作突出贡献单位16家。全省举办专场招聘会400多场次，提供就业岗位44.7万个，约2.6万人达成就业意向。安徽公共招聘网退役军人专区上线单位2200多家，提供就业岗位6.3万个。深入落实创业安徽行动，为退役军人及军创企业提供贷款100多亿元。联合省财政厅等部门印发《关于进一步扶持自主就业退役士兵创业就业有关税收政策的通知》，退役军人从事个体经营的税收减免标准提高到2.4万元/年。《关于印发进一步促进个体工商户发展若干措施的通知》，支持退役军人市场主体发展。

会同沪、苏、浙退役军人事厅（局）印发《关于做好长三角自主就业退役士兵跨省异地职业技能培训工作的通知》，建立跨省异地技能培训机制。全省累计组织1.2万名退役军人参加技能培训，其中异地培训1400多人。联合省教育厅等部门印发《关于促进优秀退役军人到中小学任教的实施意见》，举办全省退役军人教师资格考试专项培训示范班，全省4000多名退役军人持有教师资格证，1700多人走上教师岗位。做好退役军人学历提升，8600多名退役军人通过高职单招、专升本、统招本科等提升学历，5100多人退役复学。全面开展适应性培训，1.4万名退役军人参训。

六、军休服务管理工作

提前超额完成大校以下退休军官、退休军士年度接收工作。畅通逐月领取退役金退役军人军地交接渠道，严把档案审核、安置地审定、退役金核准等关键环节，形成“季度交接、压茬推进、常态运行”良性循环。落实军休荣誉疗养制度，开展军休功臣荣誉疗养活动。加强军休老年大学建设，合肥、芜湖、蚌埠加入长三角军休老年大学联盟，滁州、马鞍山、铜陵挂牌成立军休老年大学。持续开展“口述历史”发掘整理和军休智库建设。在全国军休干部歌唱风采展示活动中，推荐的曲目获时代强音奖、声动人心奖，省退役军人事务厅获优秀组织奖。

七、双拥工作

深入学习贯彻习近平总书记给潜山野寨中学新考取军校的20名同学重要回信精神，与军校学员家庭建立常态化联系机制。海军“安徽舰”成为拥军工作有效载体，以安徽及相关市(县)、山川湖泊命名的海军舰艇达16艘。全面落实军地互提需求、互办实事双清单制度，全省为驻皖部队解决实际问题500多件。

加强军供保障，蚌埠、淮北在七省（市）军供业务比武中“摘金夺银”，铜陵军供站承担的全国首个军供领域标准化试点项目通过省级评估。组织省内全国双拥模范城与边海防连队结对共建，帮助改善部队战备执勤条件。持续推进“情系边海防官兵”和“聚焦一线、聚力解难”拥军优属活动，走访慰问边海防官兵家庭4300多户，帮助解决问题200多件。推广设立“军人驿站”400多家，实现全省104个县（区）全覆盖。本省首块“军人驿站”牌匾、首张“智慧养老”拥军服务卡、首份军属证、首张结对共建卡等，相继被中国人民革命军事博物馆永久收藏。实施随军家属就业工程、军人子女成长成才托举工程，60余名公务员和事业编随军家属的工作得到妥善安排，30余名随军家属通过定向招聘获得事业单位编制，2200余名军人子女享受教育优待。广泛开展为立功受奖官兵家庭送喜报活动，全年送喜报1.1万余人次。

八、抚恤优待工作

持优待证免费乘坐市内公交、地铁实现全省覆盖，近200个A级以上景区提供门票减免优待，享受医疗优先服务和特色医疗优惠项目，三大运营商提供通信资费减免，5700多家商户汇聚“皖美拥军码”平台，退役军人“普惠+优待”政策进一步落实落细。联合6部门制定《安徽省优抚对象医疗保障实施办法》，将烈士老年子女、年满60周岁的农村籍退役士兵新增纳入保障范围。优抚对象医疗“一站式”结算覆盖全省1700多家定点医疗机构，提供即时结算7000万余元。省级地方标准《光荣院智慧化系统设计与应用规范》获批发布，省荣军医院争创三级精神病专科医院取得新进展。持续开展“爱心献功臣、服务送上门”活动，为残疾军人免费配发、维修康复辅助器具700余件。

九、褒扬纪念工作

全省联动开展“9·30”烈士纪念日活动，省委主要领导为烈属代表颁发《烈士光荣证》。开展“2023·崇尚·清明祭英烈”系列活动，全省参与网上祭扫活动290多万人次，为烈士留言30万余条。在第十批在韩中国人民志愿军烈士遗骸归国之际，安徽省李家发烈士纪念活动全程连线央视新闻直播。组织抗美援朝烈士亲属代表赴辽宁祭扫，烈属倍感尊崇和荣光。全国首块烈士纪念设施标识牌在安徽省淮南市揭牌，“皖 001 号”标识牌被中国人民革命军事博物馆收藏。开展县级以下烈士纪念设施整修工程“回头看”，编制县级以上烈士纪念设施概览图册。省级地方标准《数字烈士陵园建设指南》获批发布。11 处烈士纪念设施进入安徽省红色资源（烈士纪念设施）名录。圆满完成全国英烈讲解员安徽赛区复赛任务，连续 3 届获得全国英烈讲解员大赛一等奖。贯彻落实关于加强新时代烈士褒扬工作的实施意见，3 名烈士子女分别享受中考降分录取、高考加分提档优待政策。联合安徽师范大学成立“为烈士画像”志愿队，重现 100 多名烈士英容。

十、自身建设情况

深入开展学习贯彻习近平新时代中国特色社会主义思想主题教育，省、市、县三级坚持把习近平总书记重要指示批示作为“第一政治要件”，清单化、闭环式抓好落实。“十四五”退役军人服务和保障规划进展良好，93 项重点任务完成过半。纵深推进全面从严治党，持续开展作风效能督查检查，引导党员干部筑牢拒腐防变思想防线。践行“四下基层”优良传统，建立厅机关处室定点联系基层、处级领导干部效能考核等制度。在中国科学技术大学举办全省、市、县退役军人事务局长培训班，将系统练兵比武活动纳入省级技能竞赛，全面提升系统干部能力素质。

福建省

2023年，福建省退役军人事务系统扎实开展学习贯彻习近平新时代中国特色社会主义思想主题教育，落实省委“深学争优、敢为争先、实干争效”行动要求，以“我与老兵面对面”常态化宣讲为载体，推广实施“精准服务工作法”，推动全省退役军人工作高质量发展取得新成效。

一、思想政治和权益维护工作

创新推进“我与老兵面对面”常态化宣讲，以实现退役军人思想政治教育全员化、全覆盖为目标，以流动服务车、老兵夜谈、老兵茶室等方式，打造“面对面、近而亲、短而实、小而精”的宣讲，组建300人的政策宣讲队伍，全年全省各级共开展宣讲活动近1.5万场次、受众近40万人次。重点抓好“兵支书”、“兵教师”、军创企业家和老兵宣讲员、老兵志愿者等队伍培育，建成退役军人志愿者服务平台，精准掌握全省退役军人志愿队伍的专业技术、区域分布等，全省现有以退役军人为主导的志愿服务队伍5240支，参与人数达4.8万人次，其中30支关爱青少年退役军人志愿服务队伍入选全国志愿团队。

开展全省“最美退役军人”学习宣传，党的二十大代表温文溪入选全国“最美退役军人”。开展“学习贯彻党的二十大精神，激励老兵永远跟党走”全省巡回宣讲，线上线下观看总量突破280万人次。拓展“军休立新功”服务模式，组织“移动军事体验站”国防教育进校园活动，得到相关领导批示肯定，工作经验在部简报刊发并向全国推广。发挥红色资源多的优势，推进退役军人思想政治教育基地建设，遴选挂牌第一批32个教育基地。打造以“军民情”为品牌的全媒体宣传矩阵，省厅官方微信公众号入选2023年福建省“走好网上群众路线”十佳账号。

定期开展对全省范围内困难退役军人摸底排查与动态更新，用好年度500万元的省级困难退役军人帮扶援助专项资金，做到应帮尽帮、帮援及时。成立省退役军人关爱基金会，筹集资金800万元，开辟了关爱退役军人新渠道。发挥省荣军医院、部队医院和爱国拥军促进会、退役军人关爱协会、基金会等社会组织的桥梁纽带作用，推动实施常态化免费医疗巡诊、“守护光明”眼疾综合诊疗、“子女助学”结对帮扶、“解忧难暖兵心——帮扶残疾退役军人”等多个帮扶项目，为7000余名优抚对象提供免费医疗巡诊服务。结合元旦、春节、“八一”建军节等重要时点，向全省退役军人和其他优抚对象发送致敬短信，对困难退役军人、部分优抚对象、军休干部等开展走访慰问，省、市、县三级常态化联系功臣模范等6类重点对象。

二、移交安置工作

圆满完成转业军官、安排工作退役士兵和退出消防员、伤病残士兵的接收安置工作。其中，转业军官安置到机关公务员和参公岗位的比例保持在95%以上；广泛挖掘潜力，提供安排工作退役士兵和退出消防员安置岗位2000余个、人岗比超过1 ∶ 2；伤病残士兵完成率为100%。超额完成军休干部、伤病残退休人员移交，占年度任务数的111%。

三、就业创业工作

推动成立全国首家省级退役军人人才开发中心，举办第三届全省退役军人创业创新大赛，结合退役军人实际推出“兵教师”、“兵船长”、“兵教官”、无人机驾驶等技能和适应性培训100期，培训退役军人9511人次。打造福建“兵教师”品牌，出台《福建省促进优秀退役军人到中小学任教九条措施》，全年新增85名“兵教师”。

与省内高校合作设立7个退役军人（教育）学院，与29家大型企事业单位开展退役军人就业合作，培育退役军人就业创业园地57个、创业导师团队401个。常态化开展“送政策进军营”、退役返乡迎接座谈、就业招聘等活动，全年共举办各类招聘活动337场次，7665人次达成就业意向。

四、拥军优抚工作

坚持“只要部队有想法，福建双拥就有办法”的理念，学习贯彻全国双拥模范城（县）创建新办法新标准，制定下发本省实施方案，推进创建工作走深走实。开展纪念延安双拥运动80周年系列活动、“情系边海防官兵”专项慰问活动等，创新推进与海军福建舰“省舰共建”，开展评选最美军嫂、国防人物和走访慰问驻高山、海岛部队等8项纪念延安双拥运动80周年活动；召开纪念延安双拥运动80周年暨“八一”军政座谈会，军地领导观看了“庆八一·军民情”联欢晚会。

开展“聚焦一线、聚力解难”拥军优属专项活动，修订《福建省贯彻军人随军家属就业安置办法实施细则》，大力解决执行一线任务官兵“三后”问题。2023年，帮助解决150余名随军家属随调安置，推动270余名随军家属就业，1600余名军人子女按规定享受了中高考加分、就近就便入学等教育优待。落实军地“互办实事”双清单制度，全年军地互办实事1200多件，支持29个驻闽高山、海岛部队拥军项目建设；协调落实海警工作站用地无偿划拨工作。抓好双拥模范城与戍边基层连队结对共建，投入1300余万元援建一批文化、学习、生活设施。

第22次调整提高本省部分优抚对象等人员抚恤和生活补助标准，惠及超20万人。做好常态化优待证申领发放工作和优待证使用场景政策宣传，有69个A级旅游景区、73个市、县（区）1672条公共交通路线、31个市、县（区）93家酒店对优待证持证人实行费用减免等优待。

五、褒扬纪念工作

成立省烈士纪念设施保护专家委员会，在全国率先推行烈士纪念设施保护统一标志牌，截至2023年底全省各级有烈士纪念设施保护管理单位69家，核编215家。举办纪念林祥谦烈士牺牲100周年系列活动，联合开展纪念宣讲10场次，线上线下受众达10万余人次。联合开展“开学第一课、致敬革命先烈”实践活动，全省近138万名少先队员通过线上线下参加。会同省委文明办部署开展“百园千校清明祭英烈”活动，组织全省近千所中小学校师生到就近的烈士纪念设施开展“六个一”活动（擦拭一遍墓碑、敬献一束鲜花、进行一次描金描红、重温一次入团入队誓词、写一张寄语卡片、讲述一位先烈故事）。举办“烈士亲友讲烈士故事”全省巡回宣讲，现场观众近7000人，网络受众超5000万人，得到《解放军报》等各大媒体多次报道，被退役军人事务部列入全国英烈红色文化思政课示范案例。

持续做好“为烈士寻亲、为烈士立传”工作，组织“老战士史料收集”，编撰《八闽英烈丛书》和烈士纪念设施展示图册，全年全省共为128名烈士找到亲人。本省录制的100集《老兵讲党史》系列短视频，入选2022中国正能量网络精品。

配合省纪委监委、驻厅纪检监察组开展烈士纪念设施保护管理“室组联动”专项监督检查，并制定出台了《关于促进新时代烈士褒扬工作高质量发展十一条措施》。指导泉州市革命烈士陵园、漳州市烈士陵园、闽东革命烈士陵园、松毛岭战役烈士纪念园、宁化县革命烈士纪念园，做好第七批国家级烈士纪念设施申报工作。“9·30”烈士纪念日前夕向全省烈士亲属逐一登门送达《致全省烈士亲属的慰问信》。

六、服务保障体系建设情况

落实退役军人事务员职业全国试点工作。持续推进基层服务保障体系标准化、规范化、实体化建设，制作全省县级退役军人服务中心分布图并在厅官网上公开，100%完成县级服务中心位置信息录入百度、高德地图。树立“哪里有老兵，就服务到哪里；哪里有需求，就去哪里建服务站”的理念，在持续建好高速公路服务区军人驿站（退役军人服务站）的基础上，推动特色服务站进企业（园区、商会）、进高校、进景区，全省建成特色服务站近500个。指导莆田市实施退役军人服务标准化试点项目，通过国家验收。

七、自身建设情况

扎实推进主题教育，突出“军味兵情”，组织开展4期读书班、7个专题研讨，完成18个重点课题调研，做到“规定动作”高质量，“自选动作”有特色，在省委主题教育工作推进会上作书面交流，典型剖析材料入选省委主题教育办相关材料汇编，具体经验做法多次在省委主题教育办简报刊发。

联合举办党务干部培训班和全省退役军人工作专题研讨班，制定出台《加强年轻干部队伍建设的若干措施》，先后开展4期“根在基层”青年干部蹲点调研，建立厅青年理论学习小组、青年宣讲小分队，通过重点抓领导干部这个“关键少数”和青年干部这支“关键队伍”，努力打造高素质专业化工作队伍。全面落实从严治党主体责任，抓好全面从严治党主体责任落实情况检查、专项资金监督检查，切实把严的基调、严的措施、严的氛围长期坚持下去，持续巩固风清气正的政治生态。

厦门市

2023年，厦门市退役军人事务系统以学习贯彻习近平新时代中国特色社会主义思想为主线，聚焦加强军人军属荣誉激励和权益保障，做好退役军人服务保障工作，突出重点、打造亮点，全力推动新时代新征程厦门退役军人工作高质量发展。

一、机构建设情况

扎实推进服务保障体系标准化建设。设置1个市级、6个区级退役军人服务中心，45个镇（街）、548个村（居）退役军人服务站。推动特色服务站进高速、进高校、进景区、进企业，已建成新型服务站32个，围绕老兵宣讲、志愿服务、关爱帮扶等内容展开多种形式的互学共建活动。完成“军人退役一件事”集成套餐改造升级。

举办市委退役军人事务工作和市双拥共建工作领导小组成员单位联络员培训、军地信息员培训、军地青年代表座谈会和中青年干部理论读书班，组织全市退役军人事务系统网评和信访工作培训。厦门市同安区洪塘镇退役军人服务站站长彭西凤获评全国退役军人服务中心（站）“百名优秀主任（站长）”。

二、思想政治工作

承办“学习贯彻党的二十大精神，激励老兵永远跟党走”巡回宣讲活动。建成11个思想政治教育基地和4个思想政治文化长廊。积极开展“我与老兵面对面”常态化宣讲活动27场次，1200余人参加，支持保障厦门市“老兵宣讲团”（退役军人国防教育宣讲团）开展宣讲400余场次，受众4万余人。举办2023年度“最美退役军人”和“兵教师”原创歌曲《一路星光》发布仪式，成立厦门市退役军人文艺轻骑兵。

“一鹭先锋”退役军人志愿服务总队开展应急救援、文明创建、无偿献血等志愿活动6000余人次，3支退役军人志愿服务队入选“传承红色基因·赓续红色血脉”——退役军人关爱青少年志愿服务项目，邮轮中心老兵志愿服务队获评省最美志愿服务组织。

三、权益维护工作

联合30部门印发《关于加强军人军属、退役军人和其他优抚优待对象工作实施细则》和《优待目录清单》，推出免费乘坐地铁、公交、轮渡等公共交通，积极推动公共交通和文旅项目面向全国优待证持证人开放，办理率达96%以上。

联合印发《厦门市贯彻〈立功受奖军人家庭送喜报工作办法〉实施细则》，组织开展立功受奖军人家庭送喜报和老兵退伍活动，全年共为68名立功受奖军人家庭送喜报，激励现役军人努力在部队建功立业。

春节和“八一”建军节期间，市四套班子领导分别带队走访慰问驻厦旅级以上部队，累计发放慰问品600多万元。募集退役军人关爱基金139万元，为150名困难退役军人和军人军属提供法律援助、咨询。重大节日期间加强对退役军人和其他优抚对象走访慰问，为各类优抚对象发放慰问金1600多万元。

四、移交安置工作

完成年度接收安置任务，全年继续保持安置进机关参公比例96%以上。按照“即退即交、即交即接”原则，全程简化移交手续，超额125%完成年度接收任务，陆军厦门疗养中心、军事科学院分别送来感谢牌匾、锦旗和感谢信。加强协调对接，主动靠前服务，80名随军随调家属得到妥善安置。

五、就业创业工作

深化“兵教师”培养，首推在校非公费师范生退役军人转公费师范生制度。首次在中小学教师公开招考推出30个退役军人专岗，69名优秀退役军人通过招聘或安置入职校园。组织3000余名退役军人参加免费学历提升教育及高职教育，组织300余名退役军人参加特色技能培训；举办17场专场招聘会，不定期发布网络招聘，累计提供就业岗位数万个，促成退役军人就业1000余人；举办3期面向退役军人免费的马兰花创业培训；建立挂钩联系军创民营企业制度，认定首批9个市级就业创业示范点；参加省军创大赛成绩位于前列，1个项目获一等奖、2个项目获二等奖，市退役军人事务局获优秀组织奖；1家军创企业荣登“全国退役军人创业带动就业光荣榜”。

六、军休服务管理工作

落实军休干部政治待遇、生活待遇，及时发放离退休人员补助经费、管理机构补助经费和各项慰问金。完成莲坂军休所军休服务用房提升改造，协调3800余平方米场地作为军休老年大学场所及军休所机构用房使用，举办“坚守初心铸军魂、情暖军休颂党恩”首届军休文艺汇演、新进军休干部学习班和市级军休干部疗养，组织军休干部200多人次参加老年大学军休班。

七、优抚褒扬纪念工作

投入150余万元整改提升全市烈士纪念设施，制作推出厦门市烈士纪念设施“一图一片一册”（即一张烈士纪念设施电子地图、一部英烈褒扬宣传片、一本烈士纪念设施展示图册）。组织“9·30”烈士纪念日向烈士敬献花篮仪式。为88名烈士（含病故军人）找到亲属，整理完善15名英烈生平简介。成立英烈精神宣讲团，聘请3名专家和3名公益律师，为全市英烈褒扬纪念工作提供专业指导和智力支持。持续开展“烈士纪念设施与学校、部队、街道‘1+3’结对共建共学活动”。全市各级烈士纪念设施接待机关、企事业单位和社会团体等800余批12万多人次。联合退役军人事务部宣传中心共同拍摄的清明版歌曲《如愿》和迎接第十批在韩中国人民志愿军烈士遗骸回国“山川同念 英雄回家”海报万屏联动等，社会关注度高、影响力大。

八、双拥共建工作

研究制定《关于全力争创全国双拥模范城（县） 推动厦门双拥工作高质量发展的实施方案》，高标准完成全国双拥创模考评调研。创新开展“凤凰花健康拥军”，并被省双拥共建工作领导小组纳入《关于全力争创全国双拥模范城（县） 推动福建双拥工作高质量发展的实施方案》，在全省推广。联合军地相关部门和单位举办“鼓浪屿好八连”中央军委命名30周年主题宣传活动。

协调率先开设“双拥号”地铁专线，努力打造双拥工作沉浸式流动式宣传平台。上线厦门“凤凰花”拥军平台，实施军供站升级改造工程，持续推进为部队办实事计划，协助开展违规占用部队公寓房清理整治工作，扎实开展双拥共建、“城连共建”、“城舰共建”等活动。厦门市在全国双拥宣传工作会和全省拥军支前协调会上作经验交流发言。

九、自身建设情况

注重加强思想理论武装，扎实开展学习贯彻习近平新时代中国特色社会主义思想主题教育，认真落实“深学争优、敢为争先、实干争效”行动，大力弘扬“四下基层”优良传统，大兴调查研究。紧紧围绕中心抓党建，召开年度全面从严治党暨党风廉政建设工作会议，扎实开展“三比三争”实践活动，召开5次党建工作专题会议，开展各类廉政教育60场862人次，营造风清气正、干净干事的良好环境。

江西省

2023年，江西省退役军人事务系统坚持以习近平新时代中国特色社会主义思想为指导，深入学习贯彻党的二十大精神，认真贯彻落实习近平总书记关于退役军人工作重要论述和考察江西期间重要讲话精神，聚焦“走在前、勇争先、善作为”的目标要求，扎实推进各项退役军人服务保障工作，圆满完成了年度工作任务。

一、加强党的领导

省委退役军人事务工作领导小组召开全体会议、专题会议，研究决定退役军人工作重要事项，安排部署退役军人领域相关事项，有力推动解决一系列重难点问题。发挥综合督查“指挥棒”作用，开展全省退役军人工作综合督查。健全完善领导小组议事协调机制和领导小组办公室工作机制，督促各成员单位配合做好退役军人工作，协力抓好政策落实，党委退役军人事务工作领导小组办公室作用发挥得更加明显。

印发《“认真学习贯彻党的二十大精神、深入开展‘尊崇服务年’活动”实施方案》，指导各地聚焦解决军人军属、退役军人和其他优抚对象急难愁盼问题，明确了大力开展安置就业帮扶、推动解决退役军人急难愁盼问题等12个方面、36件尊崇服务项目，为广大优抚对象提供贴心暖心精准化服务，推动“尊崇工作法”进一步落地落实。

二、思想政治和权益维护工作

组织开展全省村（社区）退役军人服务专干“练兵比武强技能　尊崇服务做表率”业务技能大比武活动，提高全省村（社区）退役军人服务专干的专业素养。积极组织人员参加退役军人事务员职业试点培训，全省有21人完成师资培训并获得初级教师资格。组织开展2023年度全国退役军人服务中心（站）“百名优秀主任（站长）”遴选推荐工作，全省共有12名服务中心主任（站长）获评“百名优秀主任（站长）”。

常态化开展退役军人先进典型选树，评选10名江西“最美退役军人”。组织全省各级老兵宣讲团开展“老兵永远跟党走——老兵宣讲”活动。开展“替烈士看爹娘、为烈属办实事——学雷锋月”活动。组织“兵支书”培训班，引导优秀退役军人在乡村建设、基层社会治理一线，贡献退役军人力量。共组织8000余支“新长征”志愿服务队伍、6万余名退役军人志愿者，奋战在防汛抗洪和抗旱救灾一线，退役军人志愿服务长效机制不断完善。全省累计投入6505万元，走访帮扶困难退役军人33 086人次，传递党和政府的关心关爱。

三、移交安置工作

积极拓宽安置渠道，不断完善安置办法。转业军官 99.6% 安置到党政机关和参公单位。加大岗位统筹力度，建立跟踪回访机制，除 1 名安排工作退役士兵选择灵活就业外，其余全部进行岗位安置。全省伤病残士兵安置年度任务完成率达 100%，计划移交伤残士兵全部得到妥善安置。常态化开展部分退役士兵基本医疗保险补缴工作，为 703 名达到退休年龄并符合补缴条件的退役士兵办理医保缴费。

四、就业创业工作

制定印发《江西省关于促进退役军人高质量就业创业的二十条政策措施》《关于进一步落实扶持自主就业退役士兵创业就业有关税收政策的公告》《关于促进优秀退役军人到中小学任教的实施意见（试行）》《关于组织县（市、区）人民武装部职工公开招聘的通知》，完善退役军人就业创业政策体系。联合省税务局制作了 17 集退役军人税收政策宣传短视频课程，参与编写《自主就业退役士兵适应性读本》，完成第八讲就业创业保障政策 1.8 万字编写任务，全年共组织自主就业退役士兵 10 693 人参加适应性培训；组织自主就业退役士兵 2891 人参加职业教育和技能培训；配合教育部门完成 5970 名退役军人专升本身份审核，录取 3152 人；依托退役军人学院举办了首期 44 人“兵教师”中小学教资培训班。

指导督促各地开展退役军人线上线下专场招聘活动 314 场次，提供岗位 271 910 个；联合消防部门拿出 192 个岗位面向退役军人定向招录政府专职消防救援队员；联合多部门促进优秀退役军人到中小学任教，拿出 12 个定向招录岗位；联合省军区政治工作局面向退役军人定向招录县人民武装部职工岗位，如公安辅警、司法协理员、城管执法协管人员。核定 8 家单位为第三批“江西省退役军人就业创业园地”，评选 13 名“江西省退役军人优秀创业者”，新增聘请 9 人加入江西省退役军人就业创业创新导师队伍，搭建首届全国退役军人创业创新成果展交会江西展馆，组织 15 家企业参加展陈交流活动。

五、军休服务管理工作

组织年度军休服务管理满意度测评，满意度达 95.78%。举办省军休人员门球赛、军休干部医疗队“老区行”义诊、“走进陶瓷·艺享晚年”、全国军休干部歌唱风采展示等文体活动。组织走访军休人员 6500 余人次、军休疗养 650 余人次。

六、双拥工作

组织开展省领导过“军事日”活动。春节、“八一”建军节期间，省领导、省双拥工作领导小组成员单位走访慰问驻赣部队单位 29 个。以省委、省政府名义向驻赣部队官兵、全省退役军人、烈军属和其他优抚对象发放慰问信、赠送年画各 140 万份。指导九江市开展“尊崇杯”军歌歌咏大赛和“郑律成杯”军歌创作征集大赛。

组织全省13个全国双拥模范城（县）开展“情系边海防官兵”春节专项慰问活动，向海防部队官兵寄送慰问品3500份。持续推进“满怀忠诚讲尊崇　千行百业共拥军”活动，汇总优待优惠项目3600余项。制定出台《关于进一步加强军人随军家属就业安置工作的通知》，进一步规范随军家属安置工作。修订印发《江西省双拥模范城（县）创建命名管理实施办法》《江西省双拥模范城（县）考评标准》。对全省申报双拥模范城（县）的61个市、县（市、区）和爱国拥军模范候选人进行考评考察。

七、抚恤优待工作

继续提高优抚对象抚恤补助标准。印发《江西省享受国家定期抚恤补助优抚对象医疗保障实施办法》《江西省残疾军人医疗保障实施办法》，首次将部分年满60周岁烈士子女纳入医疗保障范围，“两红”人员、在乡老复员军人、享受抚恤补助的烈士父母住院医疗报销达100%，其他符合条件的在就医后政策目录范围内报销比例不低于80%。惠及全省13万余名对象，进一步提升了优抚对象医疗保障水平。印发《江西省军人军属、退役军人和其他优抚对象基本优待目录清单》，指导各市做好城市市内公交、旅游景区等优待清单拓展工作。9个设区市实现凭优待证免费（优惠）乘坐中心城区公交车。5A级、4A级旅游景区免门票文旅优待共107项，其他各类优待项目3994项，优待项目和优待内容不断丰富发展。

组织开展短期疗休养及医疗巡诊工作。组织部分一级至四级伤残军人等优抚对象1100余人赴吉安井冈山、宜春汤里疗休养。协调省荣军优抚医院和东部战区总医院为优抚对象开展专家联合义诊。组织省荣军医院医护人员分批次为20个县、1064名优抚对象免费建立健康档案，免费送药16.2万余元。省荣军优抚医院被评为全国区域性优抚医院。全省军供系统开展“不忘为兵初心、牢记为军使命”主题演讲比赛活动。

八、褒扬纪念工作

以“2023·崇尚·清明祭英烈”为主题，开展“忆英烈、祭英烈、学英烈”主题祭扫纪念活动。组织开展“9·30”烈士纪念日向人民英雄敬献花篮活动。全省各级党委政府共举办各类公祭活动193余场次，38 000余人参加公祭活动。

持续开展“替烈士看爹娘、为烈属办实事”活动和“革命英烈后代关爱行动”，全省各级领导带队，走访烈属4261户，发放慰问金或物品价值300余万元，帮助烈属解决医疗、住房、就业等方面问题1878件。持续开展烈士寻亲专项行动，为全省82名烈士找到亲属或安葬地，成功找到黄公略烈士遗骸。编印《尊崇·江西退役军人》4期，发放9.2万余册。扎实开展“红色九月”主题宣传教育活动，举办“9·30”诵读故事会，拍摄系列视频。在省革命烈士纪念堂举办“赶考路上的闪亮坐标”英模人物事迹展，参观人数突破12万人次。指导全省编印《忠魂归来——江西省烈士寻亲工作纪实》《耄耋荣光》等红色书籍，让尊崇得到进一步传扬。

山东省

2023年，山东省退役军人事务系统坚持以习近平新时代中国特色社会主义思想为指导，坚定贯彻习近平总书记关于退役军人工作重要论述，锚定“走在前、开新局”，谋发展、破难题、防风险，推动全省退役军人各项工作取得新进步、见到新成效。

一、机构建设情况

全省16个市和136个县（市、区）退役军人事务局、140家军休机构、17个军供站、29家优抚事业单位规范运行。全年累计建成省、市、县、乡、村五级退役军人服务中心（站）6.1万多个，其中创建全国示范型服务中心（站）3.1万多个。同时，推动在机关、高校、企业、商区等地方拓展建立退役军人服务驿站及站点1100多个，“山东老兵”志愿服务联盟扩展到3.3万多支队伍、48万余人。

二、思想政治和权益维护工作

全省各级召开退役军人代表座谈会4200余场次、10.4万余人次参加。建设退役军人思想政治教育基地和工作示范点400多个，选聘思想政治指导员2.5万余名，常态化做好思想政治工作。持续选树“齐鲁最美退役军人”“齐鲁最美拥军人物”“十佳兵妈妈”，连续6年推荐人员获评全国“最美退役军人”，1名获评全国“最美拥军人物”。全省各级开展老兵宣讲6500多场次，线上线下参与300多万人次。

三、移交安置工作

联合有关部门制定年度转业军官安置方案，明确各市党政机关作为接收安置转业军官主渠道。根据“部队推荐人才、地方提供岗位、个人自愿选择”的原则，全省100余名具有特长的转业军官，通过“人岗相适”的办法安排到专业对口岗位，“直通车”办法接收安置转业军官40余人。主动走出去对接中央驻鲁企业，下达山东省岗位计划1000多个。会同有关部门编制省属事业单位岗位计划56个、省属企业岗位计划1000多个，安排工作退役士兵安置岗位质量明显优化。年度转业军官和安排工作退役士兵全部按时圆满安置到位，公务员（参公）岗位转业军官占91%。

四、就业创业工作

调整自主就业退役士兵一次性经济补助标

准至每服役一年5500元。广泛宣传退役军人学历教育优待政策，2800余名退役士兵报名就读高职（专科），7000余名退役大学生士兵报名免试全日制专升本，1.1万余名退役军人享受免试成人专升本政策，3300余名退役大学生士兵报名参加硕士研究生招考。将适应性培训纳入全省人力资源社会保障部门职业技能提升行动，2.3万人次参加适应性培训、1.1万人次参加技能培训。组织“兵教师”专场招聘49场次，帮助70余名退役军人进入中小学和幼儿园任教。

健全完善教育培训网络平台，打通“两网三端”，提升职业技能培训行政监管效能。完善“军岗日”招聘机制，推行退役军人“码”上求职、“热线”帮办，帮助1200余名退役军人就业。拓展专场招聘活动，全省各级举办招聘会900多场次，提供就业岗位46万个，达成就业意向3.1万人次。选聘1300多名就业创业导师、3800多名军创企业联络员，在29所高校设立退役军人就业创业指导站。

举办黄河流域九省（区）退役军人就业创业系列活动，200多家军创企业参加，签约5.5亿元。开展退役军人服务省市重大项目人力资源对接系列活动，组织省内沿黄九市退役军人专场招聘会、首届鲁南经济圈退役军人及随军家属联聘会。首次举办军创企业家能力提升高端研修班，100名军创企业家参加。举行第三届全省退役军人创业创新大赛，精选20家军创企业参加首届全国退役军人创业创新成果展交会。

五、军休服务管理工作

常态化、规范化接收安置军休干部，600余人随退随审、即交即接。深入推进军休干部医养结合，创新服务模式，丰富服务内容，巩固扩大医养结合成果，创新出台《军队离休退休干部医养结合服务管理规范》，以标准化引领医养结合高质量发展。精心组织军休干部荣誉疗养，1900多人参加，进一步扩大疗养覆盖面。积极创建军休老年大学，举办各类培训班1000多期次，参与学员9.8万人次。多形式组织军休干部文艺汇演、歌唱风采展示、门球比赛等，丰富军休干部文化活动。积极发挥军休干部作用，建立军休干部人才库等，200多支志愿服务队、3100多名军休干部活跃在城市乡村。

六、双拥工作

省委省政府向驻鲁部队和全省优抚对象致新年贺词，走访慰问50余支部队、10支基层分队，赠送1700万余元慰问品。各地为8000余名山东籍立功现役军人家庭送喜报，赠送慰问金2100万余元。省委省政府主要负责同志带头参加军地座谈会，与驻鲁军以上单位部队首长集体过“军事日”。组织开展纪念延安双拥运动80周年“八个一”系列活动，持续办好“书记话双拥”专题访谈，海军在青岛开展新时代“战舰与城市”双拥共建暨纪念延安双拥运动80周年主题活动。

落实军地互办实事“双清单”事项500多项，解决驻鲁部队提报的基础建设、家属就业、子女教育等难题。投入700万余元推动军供基础设施建设提档升级。持续推进城连共建，指导7市投入2200万余元改善边防连队战备执勤条件。全省投入资金、物资4500万余元做好援藏援疆。

七、优抚褒扬工作

重点保障优抚医院改革、优抚对象提标等民生事项落地。积极推进优抚医院改革，指导省属3家荣军医院研究制定改革发展具体方案。对上积极争取，3家优抚医院纳入“十四五”时期优抚医院建设项目库；山东省泰安荣军医院列入财政部彩票公益金支持的全国15个优抚医院能力提升项目之一；山东省荣军总院被确定为全国15个区域型优抚医院之一。完成优待证（电子版）全国试点，探索“优待证+”服务模式，持续拓展优待证应用场景。组织1.1余名优抚对象短期休养，山东荣军联盟10.8万个商家提供亮证优惠。组织开展服务保障工作融媒直播，走遍全省16市、深入服务第一线，累计播放2200万次。全省累计发放创业扶持贷款3万笔、77.2亿元，帮扶困难退役军人3.2万人次、1.7亿元。

推进烈士纪念设施提质改造五年行动，设立省级零散烈士纪念设施管护补助资金。常态化开展清明祭英烈、为烈士寻亲、为英烈画像，累计为1200多名烈士找到家人，让800多名从未留下照片的英烈面孔“活”起来，引领全社会敬仰英烈、崇尚英雄。推动英烈文化进校园，《开学第一课》覆盖100多万名青少年，编纂《光照千秋》《英烈清廉、家风故事》系列图书，开展“英雄赞歌”系列宣传和“红色老物件”征集。注重英烈讲解员队伍建设，3名选手在全国英烈讲解员总决赛中全部获奖。

八、自身建设情况

扎实开展学习贯彻习近平新时代中国特色社会主义思想主题教育，参加省直机关座谈会并发言，省级以上媒体100余次报道有关做法。严格落实全面从严治党主体责任、党风廉政建设主体责任和抓意识形态政治责任，推动模范机关建设提档升级。积极推动廉洁文化建设，查摆廉政风险防控点100多个，制定风险防控措施300多条。大力开展“强能力、转作风、抓落实”行动，系统联动学、机关全员下、处局捆绑抓，建立3张成果转化清单，梳理问题100多个，制定对策100多条，逐项推进落实。常态化举办系统干部素质能力提升班，省、市、县三级50名干部赴南京大学培训，全省8000余名系统干部职工依托“灯塔—党建在线”平台，报名参训网络专题培训班，高质量举办“崇军大讲堂”，受众2000余人次。全面梳理新中国成立以来退役军人政策文件，收集档案资料1.4万件。厅机关维修改造项目圆满完成，高标准打造职工之家、机关文化建设。深化党支部标准化规范化建设提升工程，11个基层党组织获评先进集体，24名党员干部获得省部级及省直机关表彰奖励。

济南市

2023年，济南市退役军人事务系统深入贯彻党的二十大和二十届二中全会精神，学习贯彻习近平总书记关于退役军人工作重要论述，聚焦“推动退役军人工作高质量发展”主题，全面做好退役军人安置就业、军休优抚、褒扬纪念、双拥共建、思政引领、权益维护等工作，不断增强退役军人和其他优抚对象的获得感、幸福感、荣誉感。

一、机构建设情况

贯彻落实党中央、国务院决策部署和省委、省政府工作要求，中共济南市委常委会会议专题研究审议退役军人移交安置等重点工作，召开中共济南市委退役军人事务工作领导小组第八次全体会议、全市退役军人事务局长会议、全市退役军人事务工作务虚会，研究总结、全面部署、推进落实年度重点任务。打造本市退役军人数字中心，归集33项机构和业务数据，丰富退役军人精准信息采集数据，推动退役军人工作数字赋能。召开全市退役军人服务保障体系建设暨数字化建设现场会，巩固提升2600多个示范型服务中心（站），打造73个精品型服务站、25个拓展型服务站，常态化联系100万余人次。在全省退役军人服务中心主任会议上分享服务保障体系建设经验做法。举办“习近平法治思想”、《中华人民共和国退役军人保障法》等专题讲座8场。组织“送法进军营”“法制教育宣传月”活动，开展《中华人民共和国宪法》《优化营商环境条例》等普法宣传12场。开展“建章立制月”活动，编制《岗位规范和工作流程汇编》等制度汇编24项，配套工作流程30项。认真落实政府信息公开工作有关要求，主动公开政府信息300多件。

二、思想政治和权益维护工作

评选宣传“泉城最美退役军人”“百名最可爱的泉城老兵”等先进典型，本市退役军人裴树清获评全国“最美退役军人”，许亮获评“中国好人”。举办本市首届退役军人运动会。春节、“八一”建军节期间，全市各级各部门召开退役军人代表座谈会500多场次，走访慰问退役军人和优抚对象8.8万人次。全市退役军人应急救援、思想引领、法律支援、心理咨询志愿服务4支队伍，开展志愿活动5800场次，服务18万人次。全市退役军人事务系统红色宣讲团组织“五进”宣讲300多场次，受教30万余人次；举办线上“思想政治大讲堂”“普法宣传微课堂”9场次，累计观看100万余人次。开展“政策清零”“百日攻坚”行动，办理12345

市民热线1100多件，解答“8181”服务平台咨询2300多件。实施“致敬英雄·关爱老兵”等公益项目，救助帮扶5400余人。

三、移交安置工作

市退役军人事务局牵头主导，会同相关部门，克服机构编制压力，科学制定安置计划，不断提高安置质量。坚持“四公开一监督”“阳光安置”模式，严密组织岗位选择会。90%以上转业军官安置到公务员或参公岗位，安排工作退役士兵全部安置到事业单位、国有企业，圆满完成年度安置任务。

四、就业创业工作

落实退役士兵教育培训有关政策，把握退役士兵返乡报到等时间节点，按照“五有”“全覆盖”要求标准开展适应性培训；评估确定36家承训机构，46个培训专业，年度培训2700多人次。用好“军得港”数字就业平台，完善招聘、求职供需数据库，推动线上对接、实时互动，帮助500多名退役军人精准就业，累计促成就业1500多人。全市共组织“春风行动”“军岗日”等退役军人专场招聘会100多场次，推介岗位3.9万个，达成就业意向2100多人。设置13个退役军人专项岗位，7人成功入职，推动“兵教师”政策落实落地。推动退役军人创业孵化基地（园区）增量扩容，实现市、县两级全覆盖，入驻军创企业200多家。成立济南军创企业家联合会，启动“十百千”推进工程，为1.2万余家军创经营主体建档立卡，全市发放退役军人创业扶持贷款1.1亿元。

五、军休服务管理工作

认真落实各项待遇，落实省、市医疗保障待遇7000多人次，组织军休干部、无军籍职工、自主择业军转干部健康查体9600多人次、荣誉疗养100多人次。优化提升医养结合，推进老有颐养，集聚省会优质医疗康养资源，完善医疗、养老、家政、文化、关爱5个服务平台建设。优化军休服务保障体系，推进军休干部老旧小区改造，优化小区环境，完善基础设施。

丰富充实军休生活，济南军休老年大学开设15个专业、31个班次，济南军休大厦年度服务军休干部文体活动13万人次。精心排演《寻梦圆》《回家的路》等10余个具有本市特色的红色文化精品剧目。承办“军魂永驻——老兵永远跟党走”全省退役军人事务系统庆“八一”退役军人书画作品展，4.5万人次现场参观。

六、抚恤优待工作

严格落实优抚政策，持续提高优抚对象抚恤和生活补助金标准。办理新（补）评（调）残100多人次，为200多人发放一次性抚恤金，组织轮流休养300多人次。创新推出优待举措，印发《济南市人民政府办公厅关于做好退役军人和其他优抚对象免费乘坐市内公共交通工具及免门票游园事宜的通知》，面向全国优待证持有人推出“持优待证免费乘坐城市公交、免门票游园”优待举措。组建“荣军联盟”，打造“暖兵公益之家”示范街区，1300余家企业加入，提供专属优惠服务。举办退役军人家电购物节，企业提供优惠补贴400万余元。全力推进优抚工程，总投资3.6亿元的本市优抚医院改造提升工程加快推进，荣军楼、康养综合楼主体工程顺利封顶，室内外装修装饰工程压茬推进。

七、褒扬纪念工作

持续推进烈士寻亲，通过DNA技术为无名烈士寻亲，成功为54名无名烈士找回姓名、找到亲人。举办寻亲成功烈士立碑仪式，新闻点击量超4亿多人次。

深入开展纪念活动，举办纪念济南解放75周年座谈会、文艺演出，编印济南战役健在老战士口述史《永远的记忆》，录制同名专题片。高标准保障本省、驻济部队暨本市“9·30”烈士纪念日公祭活动，与省、市有关部门共同举办“清明祭英烈”活动。济南革命烈士陵园（济南战役纪念馆）、莱芜战役纪念馆等8处烈士纪念场馆服务群众现场祭扫、网上“云祭扫”5万多人次，接待群众参观100万余人次。提升改造纪念设施，本市历城革命烈士陵园纳入山东革命军事馆建设整体规划，推动实施全方位提升改造。持续推进全市烈士纪念设施提质改造“五年行动”，督导13个工程项目落地落实。对全市县级以上烈士纪念设施开展信息核查、编制概览图册。

八、双拥工作

全力以赴拥军支前，保障部队练兵备战，支持部队建设改革。市委、市政府主要负责同志带队走访慰问驻济部队，深化“城连共建”“城舰共建”，走访慰问边海防部队及军人家庭。为部队协调解决军事场馆建设、市政工程配套等困难问题71件。持续提升济南军供站建设水平，圆满完成全年军供保障任务。对口对等安置机关事业单位随军家属60余人，为600多人发放未就业随军家属补贴，为900多人落实军人子女优待政策，举办随军家属专场招聘会17场次，提供岗位3.7万余个。全市各级各部门走访慰问驻济部队300多次，走访立功受奖现役军人家庭2700多户。选树15名“泉城最美拥军人物”，成功举办“纪念延安双拥运动80周年暨庆祝中国人民解放军建军96周年”军民联欢会。参加全省“纪念延安双拥运动80周年”双拥主题文艺作品征集评选活动，全市28件作品获奖，数量居全省第一。

九、自身建设情况

扎实开展学习贯彻习近平新时代中国特色社会主义思想主题教育，开展课题调研40个，推出创新举措14项，形成制度成果18项，推动学习成果转化。开展“强能力、转作风、抓落实”专项行动，落实“三五二”工作机制，提升工作质效。市退役军人事务局获评“济南市模范机关创建工作示范集体”“山东省会计基础工作规范化单位”；市退役军人事务局思想政治和权益维护处获评“泉城最美公务员集体”。

青岛市

2023年，青岛市退役军人事务系统以扎实开展学习贯彻习近平新时代中国特色社会主义思想主题教育为主线，以“让退役军人满意、让军人成为全社会尊崇的职业”为目标，解难题、办实事、促发展，承办全国军休政策培训班和全国军休老年大学现场观摩会、全国退役军人专题调研座谈会、全省退役军人就业创业工作会议等多个会议，各项工作稳步推进、成效明显，全市军政军民团结更加巩固，退役军人及其他优抚对象的幸福感明显提升。

一、机构建设情况

深入贯彻落实“五有”“全覆盖”要求，构建了横向到边、纵向到底、覆盖全员的退役军人服务保障网络。党对退役军人工作领导全面加强，市（区）均成立退役军人事务工作领导小组和双拥工作领导小组。

二、思想政治和权益维护工作

综合运用“五步走”工作法，通过148个思想政治工作室，面对面解决退役军人急难愁盼事项750余件，自下而上解决问题、化解矛盾的“金字塔”结构进一步稳固。综合运用法治思维，率先出台《青岛市退役军人事务系统法治化建设方案》，建立退役军人矛盾纠纷诉调对接工作机制，实现人民调解委员会、老兵调解室、巡回办案点互设共享，提供法律咨询1340人次、老兵调解734人次。综合运用多元帮扶机制，常态化走访慰问各类服务对象10.8万余户，发放慰问金（品）5500万余元，为567名困难退役军人发放救助资金280万余元，为410名老兵送去助听器、轮椅、节日关怀等“微心愿”。

三、移交安置工作

计划安置实现“三个100%”，按照公开、公平、公正原则，符合条件的转业军官100%安置到行政岗位，安排工作退役士兵100%安置到事业单位和国有企业，符合条件的行政事业编制随军家属100%完成定向安置。军休移交实现“一站办结”，创新“六主动”机制，超计划完成军休干部移交任务的117%，占全省实际接收量的46%。精心开展适应性培训，对安置工作退役军人全员进行上岗跟踪督导和延伸服务。推进退役军人政务服务国家标准化试点，成立全省首家、全国第3家退役军人事务标准化技术委员会；打造“15分钟退役军人服务圈”，入围全国一体化政务服务平台试点项目；推广“五室”服务模式，连续5年开展“荣归”活动，形成品牌效应。

四、就业创业工作

按照就业优先原则，创新建立就业创业工作室165个，举办“荣军岗”招聘会80余场次，帮助3500余名自主就业退役军人实现就业；专门出台未就业随军家属就业帮扶举措，首次实现就业迫切随军家属全部走上就业岗位；零就业退役军人家庭保持动态清零，退役军人失业率持续降低。按照鼓励创业原则，发放退役军人创业贷款6800万余元、贴息2000万余元，帮助1285户退役军人及随军家属享受税收减免979万元；创新大赛模式，成功举办第三届退役军人创业创新大赛，136个军创项目数量、质量均为历年最高；依托省退役军人就业创业孵化基地青岛中心，成功举办军创沙龙、军创企业家“胶东半岛行”等系列活动，形成“军创雁阵集群发展”的青岛模式。按照典型引领原则，发挥退役军人人才优势，建成全国首家退役军人志愿服务总部基地，实名注册518支志愿服务队伍、5983名志愿者，积极参与抢险救灾、乡村振兴、城市更新等重点工作，提供志愿服务31万余人次；开展“最美拥军人物”“最美退役军人”等评选宣传活动，推出157个优秀典型。

五、双拥工作

深入开展拥军纪念活动。圆满完成“4·23”海军节、“战舰与城市”共建论坛、“深蓝勇士”国际航海技能竞赛等重大保障任务。通过举办“庆祝建军96周年双拥晚会”等7个系列、185项活动，把拥军慰问送进驻青部队，隆重纪念延安双拥运动80周年，激励广大军民投身爱国拥军实践活动中。全面落实军地互办实事。连续32年不间断召开军地联席会议，29件市级军地互办实事全部办结见效，协调地方保障部队战备交通、子女入学等事项280件，协调部队支持地方两山整治等事项108件。首次开展“礼赞功臣父母”活动，为2804个立功受奖现役军人家庭送喜报，全市崇军氛围更加浓厚。大学生入伍比例连续多年保持在90%以上。“青岛市蹚出新时代拥军‘三位一体’新路径”被定为青岛全市改革创新案例。推动拥军支前提质增效。在全市推广“双拥工作室”服务模式，形成了“小事镇街解、难事区市解、大事市级解”的一站式拥军格局。建成“多维立体、全域覆盖”的军供保障体系。情系边海防，在长门岩岛启用全国首个海岛拥军服务站，克服海拔高、运输艰险等困难圆满完成驻藏某部“城连共建”项目。心系官兵婚恋需求，倾力打造“缘在山海间　情定荣军谷”军地联谊品牌，200余对军地青年牵手成功。顺利通过全国双拥办、省双拥办调研检查，为争创全国双拥模范城十连冠奠定坚实基础。

六、抚恤优待工作

优抚待遇再提标准。连续19次提高部分优抚对象抚恤补助标准。投入7400万余元为部分优抚对象提供养老、医疗专属服务，让优抚对象享受到看得见、摸得着的优待。优待政策再扩范围。在省内率先实施面向全国退役军人持优待证享受优惠政策，开展专项督导推动

208项优待目录清单落地落实，让广大退役军人受尊重、得实惠。荣军矩阵再拓阵地。创新推出“荣军保”，为部分优抚对象购买商业补充医疗保险，报销个人负担费用180万余元，解决了部分优抚对象“看病贵”问题；率先实施“荣军居”维修工程，为327户困难优抚对象家庭完成房屋修缮；首创“荣军康养”工程，与34家知名医疗养老机构达成战略合作，提供巡诊、送药、讲座等服务9万余人次；持续打造包括“荣军通”等22个子品牌的荣军矩阵，累计提供优惠4.9亿元。

七、褒扬纪念工作

开展“清明祭英烈”、纪念青岛解放74周年、“9·30”烈士纪念日向人民英雄敬献花篮仪式等系列活动，线上线下受众超450万余人次，规模、数量为近年之最。举办“为烈士寻亲·让忠魂归根”专题展览，启动“讲述先烈故事·赓续红色血脉”活动，为191名烈士找到亲属或安葬地，完成“绘忆英烈”画像108幅，尊崇英烈氛围更加浓厚。创新“体系+专题+课程”烈士褒扬菜单化宣教模式，被退役军人事务部推广经验；联合市教育局在青岛电视台等播出《开学第一课》，150万名中小学生聆听英烈故事；在全国“学思想　颂英烈”讲解员大赛中荣获一等奖。

八、自身建设情况

深入开展学习贯彻习近平新时代中国特色社会主义思想主题教育，组织4期专题读书班，20名处级以上领导干部进行交流研讨，参加知识挑战赛获奖人数名次均为全市第一；开展支部评星定级，创新评选“荣军先锋岗”，65个党支部被评为市四星级以上党支部，优抚处党支部被评为市直机关“五星级示范党支部”。启动“智慧荣军”信息平台建设，创新建立“3个72小时”服务机制，优化“军人退役一件事”功能；创新应用“荣军智慧屏”，建成总面积2000平方米的档案服务大厅和主题展厅；线上办理服务事项2万余件，让退役军人享受到“足不出户、一网通办”的便捷服务。实施“菁英引领、赋能蓄航”专项行动，举办新入职人员培训班，开展机关事业单位职务职级晋升选拔5批次，60余人得到提拔晋升，干部队伍梯次结构进一步优化。常态化组织季度擂台赛、“摘星夺旗”、“局长直通车”系列活动，推动工作落实。大兴调查研究之风，全系统形成调研报告515篇，评选优秀成果38篇并汇编成册，6篇调研报告被省退役军人事务厅评为优秀成果。

河南省

2023年，河南省退役军人事务系统深入学习贯彻党的二十大精神和习近平总书记关于退役军人工作重要论述，锚定“两个确保”、实施“十大战略”，扎实推进“八项重点”、办好“八件实事”，圆满完成各项工作任务。

一、机构建设情况

健全党（工）委退役军人事务工作领导小组运行机制，提请省委召开省委议军会议、双拥座谈会。全省共召开200余次专题会议研究部署退役军人服务保障、双拥共建等工作。召开小组成员单位联络员暨秘书机构负责人培训班、小组成员单位联络员会议等，持续加强协调沟通、聚力合作。

按照“五有”“全覆盖”要求，持续规范全省5万余个退役军人服务中心（站）建设，制定河南地方标准《退役军人服务中心（站）建设规范》，编写《退役军人服务中心（站）工作规范》，14人获评2023年度全国退役军人服务中心（站）“百名优秀主任（站长）”。

二、思想政治和权益维护工作

开展“思政引领提升年”活动。出台促进退役军人保持本色发挥作用的有关意见，坚持线上线下相结合，多点发力开展学习宣传党的二十大精神活动2000余次，24万余人接受教育。成立省、市、县三级“老兵永远跟党走”宣讲团，组织开展“学习二十大永远跟党走”退役军人风采先进典型事迹巡回报告活动，在全省开展巡回报告18场，1.1万余人聆听报告会。做好退役军人“返乡第一课”，完成1.3万余名退役士兵转型培训。组织推荐年度“最美退役军人”评选，1人获评全国“最美退役军人”。开展“出彩河南人”第四届最美退役军人评选推介活动，评选出12名先进典型。开展“十佳”系列先进典型选树活动，组织评选“十佳兵支书”“十佳退役军人志愿服务队”“十佳军创企业”“十佳军休干部（军士）”“十佳拥军人物”“十佳退役军人服务中心（站）主任（站长）”6类先进典型。

联合省委网信办开展“老兵心向党建功新时代”网络主题宣传。开设“老兵风采”专栏，组织宣传24名退役军人典型事迹，联合新媒体平台开设话题，讲述“最美退役军人”故事，其中4个话题浏览量超1000万人次。印发《河南省退役军人事务政务信息工作暂行办法》。厅长信箱回复100多件。厅门户网站新开设2个专题，访问总量近400万余人次。厅公众号订阅用户数增至170万个。

举办退役军人村社党组织书记能力提升培训，全省共有8000余名“兵支书”、4.2万余名“兵委员”。组建1.5万余支志愿服务队，16.5万余名退役军人积极参与志愿服务。京冀特大洪涝灾害期间，组成87支应急救援队赶赴灾区抢险救灾，转移人员3.3万余人次。

实时更新完善帮扶援助服务系统数据信息，将符合条件的退役军人和其他优抚对象3.3万余人纳入最低生活保障、特困供养或临时救助范围。“八一”建军节期间广泛开展走访慰问活动，共投入资金7736万元，慰问34.9万余人次，帮助困难退役军人35万余人次。开展“情暖老兵·关爱退役军人”八一慰问、“情暖老兵·子女助学”、“情暖老兵·守护光明”、老年退役军人听障关爱及困难退役军人先心病子女救助行动等系列慰问帮扶活动。

三、移交安置工作

圆满完成转业军官、安排工作退役士兵和军休干部（军士）安置任务，转业军官安置到党政机关和参公事业单位比例达89%，到地方报到率达100%。安排工作退役士兵安置到机关、事业单位占比再创新高，受到军地单位和退役官兵一致好评。

四、就业创业工作

协调将自主就业士兵适应性经费纳入全民职业能力振兴经费，完成自主就业退役士兵适应性培训1.2万余人次。持续推动“人人持证、技能河南”建设，全年培训退役军人2.6万余人次。协调全面放宽退役军人参加学历提升退役年限和年龄限制，将参加免试成人专升本政策覆盖全部退役军人，全省退役军人免试成人专升本录取1.4万余人，退役大学生士兵全日制专升本录取6000余人。

推动实施就业“八个一批”帮扶行动，联合公安、消防部门推动辅警、消防员退役军人直招工作，全省机关事业单位招录退役军人611人。组织“戎归中原，就业启航”退役军人春季招聘等各类招聘活动763场次，达到就业意向2.8万余人次。联合多部门起草《关于促进优秀退役军人到中小学任教的实施意见》，将“兵教师”政策适用范围从中小学拓展到幼儿园和特殊教育。

开辟退役军人贷款专属渠道，在2个省辖市试点开展“兵支书”授信。聘任各行业专家人才300余名组建退役军人就业创业指导团队，成立市县级退役军人就业创业促进会59个，成立1个省辖市退役军人乡村振兴产业联盟试点。组织退役军人就业创业跨区域招聘会6场次，达成就业意向4100余人。

五、军休服务管理工作

深化落实军休人员“两个待遇”，推动军休机构建设规范化，争取中央资金3500万余元，遴选15家军休机构实施新购、改建、扩建，新增4个省辖市军休服务中心，2所军休老年大学顺利建成挂牌。接收4批逐月领取退役金人员。搭建军休干部“老有所学”平台，开展“讲政治、讲理论、比业务、比服务”主题实践活动。

在全国军休干部歌唱风采展示活动中，选送作品《信仰》荣获“时代强音奖”，省退役军人事务厅荣获“优秀组织奖”。

六、拥军优抚工作

梳理制定年度军地互提需求互办实事“双清单”6项问题，出台关于拥军支前相关工作的实施意见。制定《河南省双拥模范城（县）动态管理暂行办法》，印发《关于深入开展社会化拥军工作的通知》，发动社会力量广泛开展拥军优属活动。印发《关于表彰河南省双拥共建示范单位先进典型的通报》。推动“千业万店”社会化拥军平台建设，组织“情系边海防官兵”春节专项慰问、“八一”建军节期间走访慰问，筹集5000余件慰问书信作品和4600多箱慰问礼包，赠送慰问品350万余元。建立拥军窗口、双拥通道等4.6万余个，成立退役军人关爱基金49个，募集资金1600万余元。

健全完善应急应战响应机制，持续完成驻豫部队营区改造、配套设施建设。帮助400余名随军家属就业，妥善解决5000余名军人子女入学入托问题。加强全省10余个军供站基础设施升级改造，完成1200余次保障任务。会同省财政厅印发《关于调整全省义务兵家庭优待金相关工作的通知》。

全面落实免费乘坐市内公交优待政策，239个旅游景区落实门票减免优待政策，全省签约6500余家合作机构，优待“朋友圈”涉及10余个行业。审批通过评定残疾等级800余人，办理残疾退役军人迁入备案1500余人。连续第19次提高优抚对象抚恤补助标准，并明确本省部分优抚对象抚恤补助标准和各级财政负担比例。全年下达医疗保障资金2.06亿元。

七、褒扬纪念工作

依法审查评定（追认）7名烈士，按程序发放900万余元烈士褒扬金。在清明烈士祭扫活动中，全省200万余人次参加现场祭扫，85家烈士纪念设施保护单位开展“代祭扫”服务，祭扫烈士墓2.1万余座。推出大型公益融媒体“共和国不会忘记·传承红色基因我为烈士寻亲”活动（第三季），播出《“骑马营长”的红色足迹——为刘廷俊烈士寻亲》《巾帼英魂——为贾林秀烈士寻亲》两期节目，融媒体作品网络曝光量10亿余次。争取“十四五”社会服务设施兜底线工程中央资金4300万余元，支持省内6处烈士纪念设施建设。拨付补助经费1100万余元，用于12处国家级、5处省级烈士纪念设施维修改造。

八、自身建设情况

召开专题会议，开展集中学习研讨，举办2期专题读书班、4次红色故事宣讲、7期“学思想·见行动”退役军人工作大讲堂。深化理论武装，研究确定调研课题12个大项53个小项，开展调查研究300余次，形成调查成果40余项，切实提升全系统业务能力水平。建立四级整改落实机制，谋划实施“三攻坚”“三提升”行动，制定具体措施27项，修改完善制度2个，制定出台制度机制类文件4个。

政治监督不断强化，召开3次全面从严治党

暨党风廉政建设专题会议、干部集中纪法学习和警示教育大会，持续强化全体党员干部党纪党规宣传教育。推进政治监督具体化、精准化、常态化，推动党的二十大精神和省第十一次党代会精神在全系统落地见效。

编制全省退役军人事务系统行政裁量权基准，对3个行政处罚事项、5个行政确认事项、9个行政给付事项明确裁量标准。废止退役军人类行政规范性文件9件、宣布失效3件。厅机关荣获年度省级文明单位称号和法治政府建设、平安建设优秀单位（等次）。

湖北省

2023年，湖北省退役军人事务系统全面贯彻落实党的二十大精神，深入学习贯彻习近平总书记关于退役军人工作重要论述和指示批示精神，坚持讲政治、谋发展、促改革、破难题、防风险，着力推进各项工作全面提质增效。

一、机构建设情况

省委退役军人事务工作领导小组先后召开全体会议、专题会议，举办全省退役军人事务工作专题研讨班，研究部署推进就业创业、优待等重点工作。推动军队人员到退役军人事务工作机构派驻工作。

制定印发《湖北省各级退役军人服务中心（站）建设管理指导标准（试行）》，开展全省退役军人服务体系规范化建设交流互鉴调研，召开全省退役军人服务体系建设暨志愿服务工作座谈会议，各级服务中心（站）累计开展业务培训1300余次。申报纳入退役军人事务员第二批试点省份，指导十堰、宜昌、随州等试点单位筹备启动工作。

争取省级财政下拨专项资金8190万元，联合省财政厅印发《关于做好退役安置（军休服务管理机构和退役军人服务中心、站）项目申报工作的通知》，聚焦提升服务能力，支持基层服务中心（站）建设。开展退役军人服务中心（站）优秀主任（站长）遴选推荐活动，12名服务中心主任（站长）获评全国退役军人服务中心（站）“百名优秀主任（站长）”，对20名全省优秀主任（站长）通报表扬。

二、政策法规工作

认真履行法治建设第一责任人职责，法治建设工作经验被省委全面依法治省工作简报刊发，在全国退役军人政策法规工作会议上作交流发言，省退役军人事务厅获评全省法治政府建设示范单位、法治建设优秀单位。推动《湖北省英雄烈士保护条例》列入全省2024年立法项目。

组建全省退役军人事务专家库和法律顾问团，入库专家49名，3名专家入选退役军人事务部专家咨询委员。发动广大退役军人参与全省美好环境与幸福生活共同缔造活动，编发实践手册，在省委杂志《政策》刊发调研文章。

加强法治宣传培训，培养百名退役军人法律明白人暨法治宣讲员，编发业务政策实用手册。厅机关在线学法连续3年优秀率达100%。

三、思想政治和权益维护工作

持续开展“最美退役军人”学习宣传活动，推荐1人获评2023年度全国“最美退役军人”，组织评选2023年度“荆楚楷模·最美退役军人”10名。创新推进“戎耀荆楚”群星工程，在厅官网开设“每周一星”专栏，发掘宣传40余名退役军人典型事迹，组织编撰《戎耀荆楚·卫国功臣纪事（一）》。组织开展“老兵永远跟党走——老兵宣讲”实践活动，全省各级老兵宣讲团新增成员330余名，开展宣讲1700余场次。举办2期基层退役军人党员示范培训班，培训200余人。

深入学习运用新时代“枫桥经验”“浦江经验”，开展矛盾问题源头治理3年攻坚行动，全力维护退役军人合法权益。深化“手拉手·心连心·帮战友”和“情暖荆楚老兵”困难退役军人帮扶援助活动，全省系统年内累计投入资金1.74亿元，帮扶14.7万余人。

组织开展“保护长江母亲河·退役军人在行动”系列志愿服务活动，年内累计开展志愿服务活动3.5万余次，服务群众70万余人次。2人（组织）获评全国学雷锋“四个100”最佳志愿者、最佳志愿服务组织，在2023年湖北新时代文明实践志愿服务项目大赛中，全省4个退役军人志愿服务项目分别取得1金、2银、1铜的成绩。

四、移交安置工作

推行“阳光安置”工作机制，实行全省转业军官安置统一考试，完善推广转业军官“直通车”安置办法，圆满完成年度转业军官、安排工作退役士兵接收安置任务。转业军官随调随迁家属、复员军官、残疾军人和自主就业退役士兵有序移交接收。组织开展转业军官适应性和公共类专业培训及进高校专项培训。

五、就业创业工作

联合制定《关于加强就业困难退役军人帮扶工作实施办法》《关于促进优秀退役军人到中小学任教的实施意见（试行）》，印发《关于促进退役军人个体工商户高质量发展的通知》《关于面向优秀退役军人开展专项招聘教师试点工作的通知》。

联合农业农村、市场监管、教育等部门及有关高校，先后组织441名退役军人参加乡村发展与治理培训、湖北省十大重点农业产业链“头雁”培训、“小个专”个体工商户党员教育培训、教育教学能力培训等，助力退役军人学员销售产品6300万余元，并达成多个长期互惠合作协议。全省系统共组织退役军人1.2万人次参加适应性培训、8000余人次参加职业技能培训、3000余人次参加创业培训。

开展促进退役军人就业创业“春风行动”、就业困难退役军人专场招聘会、退役军人高校毕业生专场招聘会、“金秋招聘月”、湖北省第四届退役军人专场招聘会等活动，共促进1.9万人次就业。开展“送岗位、送政策、送培训”进军营活动，促进30多名军人家属就业。会同相关部门开展“兵教师”专项招聘试点工作，全省招聘50多名“兵教师”，相关做法被退役军人事务部简报刊发。

建立全省退役军人创业项目库和创业导师团

队库，入库项目4324个、创业导师309人。组织30家军创企业参加首届全国退役军人创业创新成果展交会、第三届广西退役军人创业创新产品交易会，现场签约金额1.53亿元。举办湖北省退役军人创业创新成果展交会，100家军创企业现场销售产品金额近1000万元，促成金融机构授信贷款约6000万元。举办湖北省第三届“军创杯”退役军人创业创新大赛，全省139家军创企业（项目）参赛，700余人次退役军人参加专业指导和培训。

六、军休服务管理工作

联合省财政厅等部门出台《关于进一步明确逐月领取退役金的退役军人医疗待遇有关问题的通知》《关于做好退役安置（军休服务管理机构和退役军人服务中心、站）项目申报工作的通知》，完善逐月领取退役金人员医疗保障政策，规范军休服务管理机构项目申报范围、标准和流程。

全面推进湖北省军休老年大学建设，武汉市军休老年大学、随州市军休老年大学相继挂牌成立。有序推进军休人员、逐月领取退役金退役军人年度移交工作，符合条件人员100%安置到位。全面开展自主择业军转干部年度信息登记。培训全省业务骨干300余人次。

组织全省伤病残军休人员康复疗养和军休荣誉疗养近1000人，慰问全省困难伤病残军休人员和重病自主择业军转干部。举办全省第一届军队离退休干部棋牌赛。

七、拥军优抚工作

协调下拨优抚事业单位补助资金2531万元，支持13家光荣院、6个军供站维修改造，调剂4196万元支持6家优抚医院能力提升。指导省荣军医院成功申报中央专项彩票公益金支持1800万元。持续推进社会优待工作，常态化开展优待证申领，发布3批115个省级优待项目。

深入开展纪念延安双拥运动80周年活动。省政府主要领导慰问红安县光荣院及供养对象，走访慰问军队离退休老首长和遗孀24人。印发新年慰问年画180万份，发送慰问信108万份。春节期间慰问立功受奖官兵3400余人次，“八一”建军节期间走访慰问10支军级以上部队和20支基层部队，赠送慰问品1000万余元。

全面开展新一届全国、全省双拥模范城（县）创建工作，完成全国双拥办对武汉、荆州、宜昌当阳考评调研。全省各地常态化开展“情系边海防官兵”活动。推动落实“双清单”工作机制，确立省级双拥共建重点工作清单80件。

八、褒扬纪念工作

扎实组织开展烈士祭扫活动，印制《文明祭扫手册》24万册，开展“清明祭英烈·擦亮无名烈士墓”“清明祭英烈——你永远在我身边”直播活动，开设“2023·崇尚·清明祭英烈”网络平台，650万余人次参与，全省各级陵园集中组织祭扫英烈活动2500余场次、138万余人次，有序组织异地祭扫。全省组织“9·30”烈士纪念日活动120余场次。组织启动第七批国家级和第六批省级烈士纪念设施申报评审，争取中央和省级资金4750万元用于烈士纪念设施建设修缮和管理维护，6个新建改扩建项目被退役军人事务部批准或确认为2024年中央预算内投资重点支持项目。推进荆楚英烈网建设，筹备“荆楚老兵”荣誉馆建设。

九、自身建设情况

扎实开展学习贯彻习近平新时代中国特色社会主义思想主题教育。夯实基层基础，厅直系统3个党支部获评第五届省直机关“红旗党支部”。深入推进“清廉机关”创建，开展党风廉政宣教月“十个一”活动，相关经验做法4次被省直机关工委纳入典型案例选编。举办厅直系统年轻干部培训班，开展“季学季考”，经验做法在省委组织部座谈会上作交流。制定出台激励干部担当作为的20条具体措施。

完成《湖北省“十四五”退役军人服务和保障规划》中期评估，配合省发展改革委等部门制定《湖北省基本公共服务标准（2023年版）》。做好2022年中央转移支付绩效评价。配合国家审计署开展优抚安置资金及政策落实情况审计。加强内控制度建设。

组建厅宣传信息中心，融合构建“大宣传”格局。在新华社、央视军事频道等央媒部媒发稿230余篇，在省媒推送报道1800余篇，厅“一网两微”发稿5300余篇。省退役军人事务厅被退役军人事务部办公厅、部宣传中心评为“2023年度宣传工作先进单位”，“湖北退役军人”官方微信被荆楚网、楚天舆情数据研究院评为“湖北十佳政务新媒体传播先锋奖”，“湖北省退役军人事务厅”微博号被省委网信办评为“湖北2023年度走好网上群众路线百佳新媒体账号”。湖北省退役军人事务厅作品《暖遍全网，火场勇救一家三口的快递小哥他不想当“网红”》入选中央网信办2022中国正能量网络精品“网络正能量文字”名单。

武汉市

2023年，武汉市退役军人事务系统坚持以习近平新时代中国特色社会主义思想为指导，深入贯彻习近平总书记关于退役军人工作重要论述，认真落实党中央、国务院决策部署和省、市工作要求，紧盯让退役军人获得感成色更足的目标，抓重点、促发展、保稳定，各项工作有力推进。

一、机构建设情况

相继出台《关于进一步加强全市退役军人服务保障体系建设的实施意见》《推动退役军人工作高质量发展行动方案》，全市各区、各单位严格执行，进一步健全了组织管理体系、落实了专岗人员和专项经费，并创建退役军人精品服务站24个，相关做法被《退役军人工作信息参考》刊载；实施的“政治引领聚力同心”“服务保障固本强基”“就业安置提能稳岗”“双拥优抚崇军荣光”“困难帮扶关爱互助”等行动，有效整合了各级各部门资源。在此基础上，围绕队伍提能，开展市、区、街三级退役军人服务体系工作人员素质提升培训300多场4100余人次，组织全市系统5000余名干部职工开展首届服务技能竞赛，以赛促学、以赛提效，为退役军人服务保障工作注入了新活力。

二、思想政治和权益维护工作

全市系统持续扩大优秀退役军人示范效应，坚持深入开展“最美退役军人”学习宣传活动，首次集中举办线下证章颁授仪式；在引导、支持退役军人服务社会方面积极探索，发起“武汉军休·公益助学基金”资助首批27名困难学子，推动“老兵宣讲团”纳入市级多样化宣讲队，相关做法被《人民日报》、新华网报道，并通过多种形式向全国推广，武汉公交集团，洪山区、东西湖区、硚口区等4支队伍入选退役军人事务部1000支“退役军人关爱青少年志愿服务队”，全市2万余名退役军人活跃在基层治理、应急救援等志愿服务领域，赢得广泛赞誉。

联合司法部门健全完善公共法律服务中心驻退役军人服务中心法律服务工作站15个，街道（乡镇）服务联系点100个，为退役军人免费提供法律宣讲、咨询和援助服务。统筹全市系统常态化联系退役军人5000余人，开展困难帮扶和走访慰问4万余人次，及时了解需求，帮助解决实际困难。

三、移交安置工作

统筹研判各方需求，在调研吸收部分同类城

市安置先进做法、掌握驻军和接收单位需求基础上，科学编制岗位计划，严格落实“考试考核、积分选岗”和“直通车”相结合的安置办法。按照上级工作要求、时间节点，安置600余名转业军官、安排工作退役士兵和随调家属，圆满完成了年度接收安置工作任务。

四、就业创业工作

落实退役军人教育培训机制，建立“2023—2024年度武汉市退役军人职业技能承训机构目录”，45家培训机构覆盖全市各区，培训专业涵盖互联网技术、工程类技术、社会生活和公共服务等领域100多个专业，并向人工智能、直播电商、无人机服务等新专业拓展。

创新退役军人就业模式，探索设立人力资源社会保障窗口退役军人服务专区、编制劳动就业部门支持退役军人就业创业任务清单、开展“兵教师”招聘试点；在相关单位和社会组织的共同努力下，全市共组织退役军人招聘活动45场次，参与招聘单位2400多家，达成就业意向5800多人次。

加大创业帮扶力度，深入调研军创企业运行情况，选聘30名专家、学者和退役军人企业家建立导师团队，择优推荐军创企业积极参加全国、全省“军创杯”创业创新大赛和创业创新成果展交会，9家企业（团队）获得湖北省第三届“军创杯”奖项，1家企业荣登“全国退役军人创业带动就业光荣榜”。全市以退役军人为法定代表人或主要成员创办的各类市场主体近5万户，退役军人在匹配的岗位履职就业、到合适的行业奋力创业，人才人力资源价值得到进一步提升。

五、军休服务管理工作

着眼“六个老有”（老有所养、老有所医、老有所为、老有所学、老有所教、老有所乐）需求，作为湖北省首个试点正式挂牌成立武汉军休老年大学，组织开展100多个培训班次，5000余人次参加学习。推动军休服务管理与基层社会治理“共同缔造”，争取辖区政府支持，推进4个军休老旧小区适老化改造工程，与专业医疗机构开展休干医养结合探索；发挥军休干部政治优势、经验优势、威望优势，以热心公益、事迹突出、技术过硬等为选拔标准，组织老兵宣讲团、义诊队、歌舞团等多样化服务团体，深度融入属地街道、社区开展活动200余场，为党建引领基层治理贡献了军休力量。

六、拥军优抚工作

全市积极开展社会化拥军探索，优待证持证人可享受市、区两级优待项目200余项，实现了市内A级以上41个收费旅游景区全覆盖，18个公共体育场馆和公共文化设施面向退役军人优待。常态化开展双拥创建，全面梳理自查2020年以来双拥工作情况，顺利通过全国双拥办考评调研；精心组织走访慰问，加强“双清单、三助力”建设，为驻军办实事10件以上；协调落实军人子女教育优待近1300人次，为驻军部队专心备战谋打赢创造了良好条件。

打造双拥品牌，在央视国防军事频道展播“我的家乡我的舰——武汉舰”专题，协助央视制作《军民情——走进双拥模范城·武汉》节目，全面展示英雄城市双拥事迹；开展纪念延安双拥运动80周年主题征文、“八一”双拥“十个一”等活动，受到新华网、中国军视网、学习强国、中国交通广播等多家央媒关注；结对帮助驻新疆某边防部队进行营房建设及生活设施改造，共建部队专程向市委、市政府赠送锦旗；不断丰富与海军武汉舰共建工作内涵，双拥共建的经验做法受到军委政工部门和海军军政主官一致肯定，并在海军节座谈会上进行交流。

全面落实优抚待遇，运用大数据管理、跨系统联动理念，动态掌握优抚对象基础信息，开展跨部门、跨系统数据比对，精准核实享受国家定期抚恤补助的优抚对象信息，及时足额发放抚恤补助资金、义务兵家庭优待金。提升优抚服务质量，确定29家优质医疗机构作为优抚对象定点医院，推进“一站式”结算系统建设，有效解决了看病费用需垫付的问题。

七、褒扬纪念工作

强化烈士纪念设施管理，推进零散烈士墓“应迁尽迁，集中管护”；督促指导烈士陵园提档升级，完成施洋烈士陵园修缮工作，并依托其举办施洋烈士牺牲100周年纪念活动；江岸辛亥首义烈士陵园成功申报为省级烈士纪念设施。注重发挥烈士纪念设施资政育人功能，开展清明祭英烈和“9·30”烈士纪念日活动，全市各级烈士纪念设施接待现场祭扫34万余人次；联合教育、团委等部门选拔“红领巾讲解员”100余名，在国家级爱国主义教育基地向警予烈士陵园讲述英烈故事，红色资源凝心铸魂作用进一步凸显。

八、自身建设情况

全市系统认真落实学习贯彻习近平新时代中国特色社会主义思想主题教育部署，健全“党组领学、支部带学、个人自学、培训深学、宣传促学”联动机制，以“每周专题”“业务讲堂”等形式，开展各类培训500余场次；围绕助推退役军人创业企业发展、服务保障体系提质增效、优待项目拓展等39个重点问题深入调研；同时，以十四届市委第五轮巡察为契机，进一步压实全面从严治党主体责任，就巡察反馈问题，逐项找差距不足、明目标方法、定整改措施，进一步完善了退役军人专项资金管理等24项管理制度，提升干部的能力素养和履职水平。

湖南省

2023年，湖南省退役军人事务系统坚持以习近平新时代中国特色社会主义思想为指导，全面贯彻落实党的二十大精神，深入学习贯彻习近平总书记关于退役军人工作重要论述，坚持守底线、抓重点、开新篇、创一流，凝心聚力、攻坚克难，各项工作取得明显成效。

一、机构建设情况

湖南省委、省政府高度重视退役军人工作，省领导带头走访慰问调研、听取专题汇报、组织专题会议、作出指示批示，为退役军人工作定方向、明措施、解难题，推动体系建设迈上新台阶。建立乡（镇、街道）人民武装部和退役军人服务站工作紧密协作机制，将武装工作中的征兵、民兵整组、民兵训练、兵役登记等工作，与退役军人服务站权益维护、走访慰问、优抚褒扬等职能职责高度融合、统筹推进。在永州市47个乡（镇、街道）开展第一批试点后，制定出台指导意见，召开现场推进会在全省进行推广。开展全省首届退役军人服务中心（站）优秀主任（站长）遴选活动，13人获评全国退役军人服务中心（站）“百名优秀主任（站长）”。制定信息化工程市县平台建设指南，实现省市县三级视频信息联网。出台促进优秀退役军人到中小学任教实施意见等政策文件20项。组织《湖南省“十四五”退役军人服务和保障规划》实施情况中期评估，接受省人大开展贯彻实施《中华人民共和国退役军人保障法》执法检查，开展退役军人事务工作综合督查，推动政策制度落实落地。

二、思想政治和权益维护工作

加强退役军人思想政治工作，组织退役军人参加党的二十大精神网上答题，开展“老兵永向党·奋进新征程”主题活动，全面推开“返乡第一课”，不断拓展线上线下思想政治教育平台。大力宣传退役军人典型事迹，1人获评全国“最美退役军人”，遴选发布全省20名“最美退役军人”、20名“最美拥军人物”。在《湖南日报》开设退役军人《每周一星》专栏，在红网和厅官网、官微开设退役军人《每日一星》专栏，每天宣传报道一名退役军人的事迹，全网总点击量超1亿余人次。抓实常态化联系退役军人工作，设立湖南省新时代关爱退役军人基金会，开展困难退役军人“子女助学”“听障关爱”“守护光明”等情暖老兵系列活动。全省投入2亿余元，慰问帮扶60万余人次。

三、移交安置工作

积极适应安置时间节点前移、质量要求更高的形势要求，提前谋划部署、加大推进力度。召开省委退役军人安置工作领导小组会议、全省退役军人安置工作电视电话会议，坚持“阳光安置”机制，发挥党政机关接收安置转业军官主渠道作用，提高国有企业岗位利用率和安置保障水平。圆满完成转业军官、安排工作退役士兵和退出消防员年度安置任务，转业军官安置到参公以上岗位的比例达91.3%，同比提升2.1个百分点。积极探索事业单位管理岗位和专业技术岗位安置退役士兵的方式方法，进一步提升安置质量，全省已有5个市、州进一步完善了事业单位管理岗位和专业技术岗位安置安排工作退役士兵办法。联合6部门印发《湖南省推进军人退役“一件事一次办”实施方案》，整合部门职能、优化业务流程。

四、就业创业工作

组建政策支持联盟，多部门联合出台促进退役军人就业创业“15条”、示范基地（企业）管理办法、促进优秀退役军人到中小学任教的实施意见等一系列政策措施。充分释放退役军人人才活力，遴选100多家培训机构组建教育培训联盟，开展自主就业退役士兵培训进高校试点，组织适应性培训1.4万余人次、技能培训8700余人次，2400多人参加免试专升本。遴选200余名就业创业导师，打造24个省级就业创业示范基地（企业），150家企业参加第三届湖南省退役军人创业创新大赛，首次对获奖企业提供创业资金扶持，退役军人经营主体达18万余户。

组织开展“长株潭”“环洞庭湖”“大湘西”“大湘南”“直播带岗”“微信播岗”“抖音录岗”等招聘活动200多场次，提供岗位28.6万个，达成就业意向6700余人。全省100多个公务员岗位定向招录200多名退役军人，国家综合性消防救援队伍定向招录退役士兵200多名，专岗接收安置、招录（聘）“兵教师”200多名。助力“兵支书”能力提升，擦亮“退役军人志愿服务”品牌，50多支志愿服务队入选全国退役军人关爱青少年志愿服务项目，广大退役军人积极投身“三高四新”美好蓝图建设。

五、军休服务管理工作

召开军队离退休干部退休士官安置去向审定会，严格落实“随退随审、即交即接”要求。全面落实军休干部“两项待遇”，按规定要求落实服务管理对象阅读文件、参加党组织生活、定期走访慰问、担任荣誉职务等政治待遇，按时、准确、足额发放军休干部离退休费、津补贴和其他专项经费，做到零差错、无遗漏。每月10日前准确发放自主择业军转干部退役金。联合印发《关于明确逐月领取退役金退役军人医疗保险有关事项的通知》，参照公务员医疗保障政策按一个月基本退役金标准实行过渡性医疗补助。指导长沙、衡阳、永州筹建军休老年大学，组织开展全省军休人员门球赛、气排球赛，组织军休功臣代表参加疗养活动、观看红色纪录片等，进一步丰富军休人员文化生活。

六、拥军优抚工作

积极服务国防和军队建设，开展纪念延安

双拥运动80周年系列活动，开展新一届双拥模范城（县）创建示范考评，全面推进新一轮双拥创建工作，不断巩固发展军政军民团结。全省走访慰问驻地部队及消防救援队伍600余次，参与拥军支前保障行动500余次，解决随军家属就业安置400余人次，协调落实军人子女教育优待1800余人次。军地联合为“英雄航天员”张陆送立功喜报，全省送立功喜报1万余份。举办全省军供业务训练暨野外保障炊事技能竞赛，以赛促练提升应急保障能力。积极开展“我为退役军人办实事”活动，及时为各类优抚对象足额发放抚恤补助。组织抗美援朝老兵、烈士父母、伤残军人等短期疗养，开展医疗巡诊和送医送药活动，惠及1.5万余人。拓展优待证使用场景，优待证“含金量”持续增强，省级优待目录由国家颁布的160条拓展到180条，发布两批100多个A级旅游景区文旅优待目录，14个市州城区公交、地铁、磁悬浮列车对全国现役军人、持优待证退役军人和“三属”免费。加强优抚事业单位建设管理，不断提升服务保障能力水平。

七、褒扬纪念工作

扎实做好清明节期间烈士祭扫工作，组织保障烈士遗属异地祭扫2000余人次，服务引导参战退役军人异地祭扫5000余人次。全省开展烈士纪念祭扫活动2900场次，网上烈士祭扫1000万余人次。依法依规开展烈士评定工作。下拨资金支持40处烈士纪念设施提质改造，下拨500万余元补助资金开展烈士父母关爱工作。联合芒果TV拍摄抗美援朝战争胜利70周年纪录片《超时空寻找》，采用VR等虚拟现实技术重现感人场景，社会反响良好。举办全省英烈讲解员培训班及选拔赛，组建湖南省英烈事迹宣讲团，推动英烈事迹宣讲进机关、进校园、进军营，在国防科技大学举办的湖湘英烈事迹宣讲活动有2000多名军队学员参加。

八、自身建设情况

始终把开展学习贯彻习近平新时代中国特色社会主义思想主题教育作为重要政治任务，坚持学习好领悟好、结合好践行好、总结好坚持好，一体推进理论学习、调查研究、推动发展、检视整改、建章立制。建立领导干部带学领学讲学机制，严格落实党组会议“第一议题”制度，举办专题读书班、知识竞赛，推动真学真懂真信真用。深入践行“浦江经验”，厅领导赴14个市、州下沉接访，收集诉求400余个，现场化解400余个。开展“走找想促”活动，聚焦工作重难点，深入县、市、区调研，形成一批调研成果，有的已经转化为工作举措。建立问题清单、责任清单、措施清单、成果清单，推动全部问题整改到位，固化整改整治成效。召开全省系统党风廉政建设工作会议、作风建设干部大会，深入推进“清廉退役军人事务”建设，持续创建“三表率一模范”机关，全面落实整治形式主义、官僚主义有关措施，开展“两带头五整治”纠风防腐专项行动，大力弘扬和践行“严实细勤廉”的优良作风。开展“强能力、履职责、转作风、抓落实”活动，举办2期全省退役军人工作高质量发展示范培训班、20期业务微讲堂，促进干部队伍能力素质不断提升。

广东省

2023年，广东省退役军人事务系统牢牢把握“学思想、强党性、重实践、建新功”总要求，认真贯彻习近平总书记关于退役军人工作重要论述，坚持“两个服务”方针，以落实“1+1+12”工作布局为统领，以发挥“五种力量”作用为重点，强化责任担当，狠抓工作落实，退役军人工作高质量发展取得新成效。

一、机构建设情况

坚持和加强党对退役军人工作的集中统一领导，高位推动政策文件制定和重大问题协调，党领导下的行政部门、服务体系、社会力量“三驾马车”同向发力工作格局持续巩固。编制“1+5”系列调研报告，制定《退役军人工作服务部队备战打仗的实施意见》，凝聚军地各方力量服务国防和军队现代化建设。印发《省委领导小组成员单位2023年实事清单》，带动市、县两级建立完善实事清单制度。

二、政策法规工作

启动广东省退役军人保障条例立法工作，起草完成条例征求意见稿和注释稿。制定退役军人事务系统行政裁量权基准。制定实施《关于新时代退役军人工作高质量发展的实施意见》，努力构建“六大体系”，实现“六大发展”。高标准完成2023年度全省国家机关“谁执法谁普法”履职报告评议活动，获评优秀等次。建设退役军人法治主题公园、法治文化长廊、双拥文化广场等1263个，营造尊法、学法、守法、用法的浓厚氛围。开展省“十四五”退役军人服务和保障规划、“八五”普法规划中期评估，深入推进深圳退役军人工作先行发展示范区建设，推动建设项目和工作任务如期完成。

三、思想政治和权益维护工作

印发《发挥“五种力量”作用，服务强国兴军事业的若干措施》，大力实施“五项工程”，会同组织部门大力培养“兵支书”“兵委员”，全省2万余名退役军人进入村(社区)两委班子，4000余人当选为“兵支书”。实施退役军人志愿服务工程，全省13 327支志愿服务队、38万名志愿者累计服务时长4149万小时。开展退役军人党员结对帮扶，累计结对8.2万对，解决事项4.6万项。设立老班长工作室3068个，遴选5000余名“老班长”进驻，服务退役军人4.4万人次。组织第二届“广东最美退役军人”巡回报告会，推荐1人获评“最美退役军人”、1人获评“最美拥军人物”。

加强宣传思想文化阵地建设，构建“一网、一微、一刊、一号、一端”全媒体传播矩阵，视频号播放量突破1亿次。完善媒体项目合作机制，开展“弘扬军人本色·发挥五种力量”等主题宣传，组织中央省市媒体采风行、退役军人主题摄影展、《开学第一课》和《英烈文物有话说》等专题片拍摄。

四、移交安置工作

构建全周期全方位全要素安置体系，开展安置要素助力行动、安置全程提质行动、安置培训赋能行动，圆满完成转业军官、安排工作退役士兵和退出消防员安置任务。改进完善计划移交伤病残退役士兵集中供养移交机制，省、市、县相关部门及接供医院全程联动，圆满完成年度安置任务。将年度安置工作纳入省委领导小组实事清单，纳入双拥评比工作，纳入平安建设考核内容，推动安置工作提质增效。开展“仁军保”公益活动，累计为9万名退役士兵赠送人身意外伤害保险。

五、就业创业工作

积极打造“戎归南粤”就业创业工程，全省新增自主就业退役军人就业2万余人，新增退役军人领办创办市场主体3万余家。发布广东省退役军人就业创业政策指引98条，广泛开展政策宣讲活动。狠抓小额创业免息贷款、创业孵化服务补贴、创业带动就业补贴等政策落实，争取创业创新政府贴息贷款资金近3亿元，“顶格”减免退役军人创业税收7亿元，惠及4000余名创业创新退役军人。

举办“戎归南粤·乐业湾区”——广东省退役军人百企万岗促就业活动，16 079家企业提供岗位36万个。积极开展就业困难帮扶活动，共帮扶782名登记就业困难退役军人实现就业。组织“军匠100”就业培训示范班和退役军人教育教学专项能力培训班，全省参加适应性培训18 285人，职业技能培训4301人，学历教育10 922人。继续联合中山大学和广州国家农业科创中心分别开设“军创100”创业培训示范班，培养退役军人企业家300名。

举办退役军人创业创新大赛，联合省建设银行推出退役军人专享创业贷款产品，累计发放退役军人助业创业贷款超10亿元。在广州广交会馆成功举办广东省退役军人乡村振兴成果展暨全国军创产品湾区推介会，广东52家参展军创企业现场订单金额1307.6万元、意向订单金额2910万元、农产品意向订单8600吨。

六、军休服务管理工作

深入实施军休机构“三个一”提质工程，建立全省业务行家、服务品牌、军休干部典型数据库。优化军休资源布局，推动建设“区域军休中心 + 军休所 + 服务站”服务保障网络，支持广州、深圳、中山、韶关等市建立区域军休保障中心，指导广州、深圳市14个军休所完成机构整合。推动军休机构用房提质改造，投入8000万余元支持全省14个军休机构配套完善机构用房，集中资金打造广州军休大厦等一批高质量军休活动场所。持续改善军休干部居住条件，推动

17个军休老旧小区完成改造。组织开展军休干部党支部“六好”示范创建活动，制定印发省级军队干部荣誉疗养管理办法，完成“粤军休”APP开发建设工作，编印军休干部口述历史书籍1.2万册，制作6集专题访谈纪录片，举办全省军休业务培训班。严格落实各项服务保障待遇，及时高效完成军休干部、自主择业军转干部待遇调整工作，准确分配下达军休人员经费。

七、拥军优抚工作

做好新时代拥军支前和城连共建工作，持续开展“情系边海防官兵”拥军优属活动。帮助部队解决营区基础设施建设、训练设施改造等问题686个，完成军地互办实事“双清单”1425项，其中为部队办实事1046项。开展双拥模范城（县）考评调研活动，珠海和江门、深圳和汕头分别纳入第三批、第四批城连共建单位。

省、市、县财政投入配套资金22.7亿元，按月足额发放抚恤补助，有效保障40万余名优抚对象基本生活。持续推进优抚医疗补助“一站式”结算，进一步提升优抚医疗保障工作信息化和精细化水平。常态化开展优待证申领工作，向社会公布面向全国优待证持证人提供门票减免优惠的3A级以上景区113个。组织开展送医送药和短期疗养活动，投入资金3000万余元，为2.4万多名烈属和退役军人检查身体、建立健康档案、送医送药。组织3604名优抚对象参加短期疗养。推动优抚医院改革发展，成立以分管副省长任组长的省优抚医院改革发展领导小组，省第一荣军优抚医院被确定为全国区域型优抚医院，揭阳市荣军优抚医院转隶至退役军人事务部门管理。

八、烈士褒扬工作

严格落实国家《烈士褒扬条例》和省政府烈士申报审核工作制度，审核烈士申报件5宗。组织举办全省首届英烈讲解员大赛，开展《中华人民共和国英雄烈士保护法》实施5周年纪念、“红色九月”等系列宣传教育活动。实施“互联网+烈士褒扬”，推广广东英烈网、粤省事“英烈在线祭扫”两个平台，清明节期间共有248万人次登录广东英烈网、粤省事“英烈在线祭扫”两大平台缅怀、学习英烈，创历史新高。“9·30”烈士纪念日，省本级联合广州市组织开展广东省暨广州市公祭烈士活动，500余人参加；省、市、县三级共举办公祭烈士活动755场次，8.2万余人参加；省政府连续第5次举办《烈士光荣证》颁授仪式。

加快推进烈士纪念设施提质改造，100处县级以上党委政府公祭烈士场所提质改造任务已完成65处。打造广州英烈口述历史品牌《穿越时空的光芒——广州近现代先烈后人访谈录》，推出由青少年组成的团队演出舞台剧《信仰之光——刑场上的婚礼》。

九、服务保障工作

制订退役军人服务中心(站)高质量发展行动计划，实施新型区域帮扶协作机制，推动服务体系“五强五兴”。围绕“强镇带村”工程，实施广东省退役军人服务中心（站）高质量发展行动计划，建立珠三角地区与粤东粤西粤北地区退役军人服务新型帮扶协作机制。大力开展“大走访”“六送”活动，共走访服务对象247.3万人次。累计拨付省应急救助资金 1.85 亿元，救助困难退役军人和其他优抚对象 7550 人。在广州、肇庆、清远开展全国退役军人事务员职业试点工作，推动退役军人服务保障体系赋能增效。全省共 12 名基层服务中心（站）主任（站长）获评全国退役军人服务中心（站）"百名优秀主任（站长）"。省退役军人服务中心成功创建 2020—2022 年广东省直机关文明单位，党建案例《从"橄榄绿"到"党建红"以"红色基调"推动广东退役军人工作高质量发展》获评第三届广东基层党建创新案例"全省优秀案例"。

十、自身建设情况

压紧压实全面从严治党政治责任，严格执行省委关于坚决维护以习近平同志为核心的党中央权威和集中统一领导的规定，坚定拥护"两个确立"，坚决做到"两个维护"。实施党建月指引制度，开展"四强"党支部创建活动，"12345"机关党建工作体系建设有力推进。

举办全省退役军人工作高质量发展、厅机关干部能力提升等培训班，实施厅机关干部调整交流，"十有"干部培养力度持续加大。严格落实意识形态工作责任制和保密工作责任制，意识形态和保密安全底线守好守牢。构建"1+7+N+X"全流程服务链条，打造退役军人全生命周期全链条智慧服务保障生态系统，以信息化有力助推退役军人工作现代化。开展纪律教育学习月活动和"以案示警"专项教育，实施省委巡视"回头看"整改，全系统风清气正的良好政治生态持续巩固。

广州市

2023年，广州市退役军人事务系统坚持以习近平新时代中国特色社会主义思想为指导，深入贯彻习近平总书记关于退役军人工作重要论述，落实年度重点工作任务，紧盯让退役军人获得感成色更足工作目标，聚焦高质量发展，注重提质增速、创新创优，大力加强思想政治建设，努力构建更加公平、可持续发展的组织管理体系、工作运行体系、政策制度体系，精心打造更加精准、更有效率的服务保障机制，大力营造人民更加尊崇、退役军人作用更加发挥的广州社会新风尚，凝心聚力、攻坚克难、接续奋斗，完成了年度各项目标任务。

一、思想政治工作

成立广州市红棉老兵志愿服务联合会，推动退役军人志愿服务规范化发展；红棉老兵志愿服务队累计开展活动超1.4万场次，服务近100万人次；4支红棉老兵队伍入选“传承红色基因·赓续红色血脉”——退役军人关爱青少年志愿服务项目；3组“红棉老兵”力量入选广东省学雷锋志愿服务“四个100”先进典型；红棉老兵志愿服务项目入选2023年广州社会治理现代化十大创新案例。开展“最美红棉老兵”学习宣传暨红棉老兵应急比武大演练活动，选树广州市“最美红棉老兵”代表30名。举行“最美退役军人事务员”发布仪式，选树40名优秀典型。

二、移交安置工作

坚持“阳光安置”，圆满完成年度安排工作退役军人安置工作，安置到公务员（参公）单位的转业军官占比在95%以上。创新建立“三提前、三集中”审档机制，通过审档时间提前、问题反馈提前、问题整改提前，集中审档、集中反馈、集中整改，推动地方干部人事制度与移交安置制度顺利衔接，退役军人档案顺利交接，按时完成退役士兵全员适应性培训，组织转业军官全员进高校开展适应性培训。

三、就业创业工作

修订出台《广州市退役士兵教育培训工作实施办法》，制定《广州市退役军人教育培训（实训）示范基地创建指引》《广州市退役军人创业孵化示范基地创建指引》，从制度上规范就业创业工作，提高教育培训补助相关待遇和创业支持。会同3所高职院校开展退役军人现代学徒制专项试点，录取126人，推荐168人参加省“军创100”“军匠100”及公职考试培训。

发放教育培训补助资金1500万余元，依托两所院校举办两期、3个专业退役士兵职业技能培训班，131人参训并顺利结业，考证通过率分别为96.8%、98%、100%。指导各区做好返乡迎接和“一站式”报到，开展适应性培训，参训率达100%。

市、区两级采取直播带岗、云双选、精准匹配会、访企拓岗及现场招聘等多种形式，举办招聘会75场次。建立全市退役军人就业台账并开展精准就业帮扶，累计帮扶1545人。组织参加“建行杯”第三届广东省退役军人创业创新大赛，6个项目分获二等奖、三等奖。6家军创企业参加首届全国退役军人创业创新成果展交会，创建市级退役军人创业孵化示范基地、教育培训（实训）示范基地24个。

四、军休服务管理工作

100%完成了军休干部、复员干部、逐月领取退役金退役军人的接收安置工作，接收军休人员数量占全省安置总数的近70%。认真落实军休干部政治、生活等各项待遇，及时分配下达军休经费，调整49名军休干部服务管理关系，推动调整师级军休干部保健待遇级别，协调开设市军休中心长者饭堂，协商医保部门开设医保转接绿色通道，引进社区医院定期提供送药上门、理疗康复等服务，80余名军休干部通过医学评定新增享受到护理费待遇。举办纪念延安双拥运动80周年暨庆祝建军96周年军休文艺汇演，两批次组织军休功臣模范及战斗英雄开展荣誉疗养活动。推进军休机构“三个一”提质工程，推行“六链”工作法，高标准建设军休老年大学，打造广州“红棉星”军休品牌。

五、双拥工作

争创全国双拥模范城“十连冠”，细化考评细则，迎接国家、省双拥模范城（县）考评调研。参加《军民情——走进双拥模范城》摄制展播。《全国双拥工作简报》刊发《广州市“1234”工作法推动城连共建任务落地落实》。打造“五个一流”新时代全国一流军供保障机构，推动南沙军供保障点建设。紧贴实战参加拥军支前演练，组织动员新域新质力量参与科技信息拥军支前。

坚持落实“双清单”制度，筹措经费支持驻穗部队建设，推进部队高压线迁改、雨污分流、战备公路改造、军产登记确权等事项80余件。与海警部队对接需求，紧急筹措拆运经费，援助海警部队集装箱板房及配套设施，刊发春节、“八一”建军节慰问信，市主要领导带队组成6个“八一”拥军慰问团走访慰问驻穗部队，协调组织市党政机关参加海军舰艇开放日活动，在广州塔“亮灯”庆祝建军96周年，海军、空军成立74周年，在全市营造了浓厚的双拥氛围。

六、抚恤优待工作

提升各类优抚对象抚恤补助标准，启动价格临时补贴发放工作3次；制定出台广州市烈士遗属和优抚对象享受家庭用水、电、燃气等消费性减免和补贴政策9项；组织优抚对象短期疗养，举办7场共500名优抚对象参加“军歌嘹亮·风正旗扬”疗养活动；公布全市95个A级以上景区面向退役军人和其他优抚对象的优待优惠目录清单；推动落实退役军人和其他优抚对象在全市医疗机构、公共服务场所的优先优待；制定《共建广州市退役军人优待定点医院工作指引》，先后与广州白云山医院、广东省第一荣军医院、广州同和医院签约共建，为退役军人提供医疗优先优惠优待服务。

七、褒扬纪念工作

集中组织200余名烈士亲属前往广西凭祥、龙州、南宁、防城港、靖西、那坡、宁明等7地10处烈士陵园开展烈士祭扫活动；举办“9·30”烈士纪念日省、市公祭烈士活动，承办全省《烈士光荣证》颁授仪式。组织参加国家和省级英烈讲解员大赛，本市5名选手进入全省十强，一名选手进入退役军人事务部组织的全国英烈大赛、宣传部组织的全国红色讲解员大赛决赛圈比赛。编排的《信仰之光》舞台剧在烈士陵园、学校、军营推出6场次，受众5000余人，参加英雄花开英雄城系列活动，推出15场次巴士学堂研学活动，1600名学生打卡红色教育基地。接待讲解、主持祭扫仪式6200场次，服务团队（含散客团队）近8000个，接待讲解人数近30万人次。

八、服务保障工作

组织开展“强基固本”工程，推动构建“区域军休中心＋军休所＋服务站”“服务保障体系＋属地社区”服务管理格局，精心组织退役军人事务员培训试点工作。采取实地走访、视频调度、暗访巡查等方式，派出工作人员3000多人次，对近1600个村（社区）服务站、军休机构进行检查指导和挂钩帮带，推动体系融合、服务增效。落实“凡进必训”“下跨一级”“全员覆盖”要求，组织业务培训1.6万人次。强化信息化赋能，实现省、市、街道三级信息系统互联互通。

走访慰问46万余人次、常态化联系28万余人次，帮扶解困1.6万人次，走访慰问百岁老兵91人次。建立专业社工、驻场律师、心理咨询师、老兵调解员的“四联动”工作模式，为退役军人提供解困帮扶、法律咨询等多元服务超2000人次。梳理政府救助资源26条、社会组织慈善救助资源62条、社会组织公益创投项目资源7条，搭建各区资源链接平台，提升帮扶援助工作的力度、效度、精度。提升应急救助资金使用效益，为97名困难退役军人申请应急救助资金合计254.38万元。积极引进社会资源，不断做强做大全市老兵关爱基金，让退役军人获得感成色更足。

深圳市

2023年，深圳市退役军人事务系统深入学习贯彻党的二十大精神，全面贯彻落实习近平总书记关于退役军人工作重要论述和重要指示批示精神，坚持稳中求进总基调，有力推动全国退役军人工作先行发展示范区建设，不断谱写深圳退役军人工作高质量发展新篇章。

一、思想政治和权益维护工作

扎实开展学习贯彻习近平新时代中国特色社会主义思想主题教育，加强理论“武装”、打造学习“军团”的做法被深圳市委刊发。组织“红星堡垒户”实地调研观摩，逐一提升完善。印发《深圳市退役军人“老班长工作室”管理办法（试行）》，聘用老班长1800余名，开展活动5800多场次。分两批遴选深圳博物馆、深圳市关爱行动公益基金会等退役军人思政教育实践基地43个。制定思政工作正负清单，将强化思政引领、发挥正向作用纳入平安建设考核。举办“百人讲师团”第二、第三批聘任仪式，讲师扩增至65人，开展“老兵说党史”“退役军人微党课”等宣讲活动千余场次，“鹏军大讲堂”“全民大国防体验营”成为广东省宣传工作的典型案例。

成功选树宣扬一批先进典型，1人获评“中华慈善楷模”，1人荣获“中国青年五四奖章”，2人分别入选中国好人、广东好人，1人获评全国退役军人服务中心（站）“百名优秀主任（站长）”，1人获评广东省首届十大“诚信之星”。央视《老兵你好》栏目献映《大潮起珠江，军魂铸鹏城》4集纪录片，以“致敬老兵”的形式，展现深圳改革开放43年的辉煌成就。

发动300多家社会组织、爱心企业加入“关爱共同体”，举办“关爱基金成立两周年”庆典、“关爱退役军人·致敬拓荒牛”等活动，深圳市退役军人关爱资金总额达4600万余元。投入500万余元，实施“暖心行动”、帮扶计划，开展“老兵微心愿”“幸福家”改造等系列活动。

二、移交安置和军休服务工作

扩大“直通车”安置范围，调整优化转业军官岗位类别。安排工作退役士兵国企优质岗位数量持续大幅提升，首次集中组织全市适应性培训。圆满完成年度移交安置任务，安置工作进度5年蝉联广东省第一。落实自主择业军转干部享受同级公务员医疗和保健待遇；安排工作退役士兵报到后，第一时间接续社保、发放补助，实现待遇保障“无缝衔接”。

千方百计推动企业退休军转干部生活困难

补助标准稳步提升。与深圳幸福健康集团、南方医科大学深圳医院等 9 家单位签约，为军休干部构建全周期养老、医疗服务模式。科学规划深业上城服务场地，成功打造全国一流的军休老年大学。全面推进军休机构“三个一”提质工程，精心锻造 11 名行家里手，打造 6 个特色品牌。深圳市军休服务管理中心入选全市“敬老文明号种子库”，成功承办广东省军休服务管理工作现场会。

三、就业创业工作

按照“政府推动、市场引导、社会支持”的原则，深入实施退役军人就业创业“五个一”工程。圆满完成深圳市首个退役军人工作五年规划中期评估，有序推进重大法规宣传贯彻、重大行政决策、规范性文件清理，成功推动随军家属就业安置新实施办法出台，调整就业补贴发放机制。举办第九、第十届“兵至如归”专场招聘和“名企专场”“共享用工”活动，提供岗位 10 768 个，吸引退役军人和随军家属 6.7 万人次，达成就业意向 840 人。改版退役士兵接收安置“白皮书”，创新运维承训机构“目录库”，持续开展现代学徒制学历教育，不断提升退役军人职业技能和学历水平。

联合税务部门签署框架协议，建立专项对接、信息共享、品牌共建“三机制”，为退役军人相关企业减免税费超 1 亿元。深入实施《深圳市促进退役军人高质量就业创业的若干措施》，开展第二届深圳市退役军人创业孵化示范基地评选，发放奖补 150 万元。举办“深圳市第三届退役军人创业创新大赛”，吸引全国近百家军创企业和优质项目同台竞技。参加“建行杯”第三届广东省退役军人创业创新大赛，荣获“优秀组织奖”，选送项目全部获奖，“基于工业互联网的 HK-MOM 华锴智能制造运营管理平台”项目夺得第一名。

四、拥军优抚褒扬工作

推进新一轮全国双拥模范城创建，顺利通过国家级和省级考评调研。制定拥军支前“1+3+N”行动方案，系统梳理备战建设、战时支前等 10 类 35 项任务，在广东省双拥办主任会议上分享经验。开展拥军支前潜力调查，归集重点潜力数据超 100 类，成立应急支前队伍 172 支，无人机支前编队圆满完成南部战区重大联演任务。深化社会化拥军，“拥军矩阵”成员单位超 160 家，深圳《城舰共建》事迹纪录片在央视播出。军供基础设施建设更加配套完善，全国首条连接高铁站的专用通道正式启用，初步实现全域化军供保障目标。

推动抚恤定补对象全面纳入保障体系，规范残疾退役军人等伤残病情鉴定，高标准承办全国优抚数据审定会议。全面受理非深户籍服务对象优待证申办。与深圳市慈善会签署战略合作协议，联合南方科技大学医院成立深圳市退役军人医院，医疗拥军“保障网”加盟机构达 55 家。

创新开展关爱烈属“红九月”系列活动，“深爱烈属·圳在行动”获评广东省最佳志愿服务项目。深圳革命烈士陵园启动英烈资料室、薪火传承室、烈属接待室等升级改造项目，获评第十批广东省爱国主义教育基地，全年接待祭扫团体 700 余个，服务超 10 万人次。

五、服务体系建设情况

召开全市退役军人服务体系高质量发展推进会，认真总结 4 年建设成效。落实《深圳市退役军人事务局关于加强和改进退役军人服务体系作风建设的若干措施》，每月召开市区调度会，通过明察暗访、视频连线、电话访查等方式，开展全覆盖督导检查，督促体系各级人员在岗在位、尽职尽责。开展汕头、河源、汕尾、潮州 4 市退役军人服务新型帮扶协作，商定事项 96 个，逐项推进落实。认真落实“四尊崇”“五关爱”“六必访”制度，开展“大走访、大座谈、大起底”行动 123 次，调研退役军人相关企业 115 家、看望服务对象 347 人，收集问题建议 88 个。梳理全市退役军人低保特困等 6 类人员 790 余人次，发放慰问金（品）3931 万余元，审核拨付应急救助资金 24 宗 55.96 万元。建成退役军人法律援助工作站（工作窗口）86 个、心理咨询室 79 个，提供服务 2100 余人次。

推动《促进退役军人志愿服务工作高质量发展的若干措施》落地见效，全市 434 支退役军人红星志愿服务队持续发挥作用，常态参加秩序维护、安全防范、义剪义诊、宣传宣讲等系列项目，积极参与文明创建、绿美广东、珊瑚保护、助力高考等主题活动。孵化培育应急救援、医疗救护、法律援助等专业队伍 32 支，深圳市退役军人红星应急救援队完成社会组织注册登记，并荣获“深圳市青年文明号”，在“致敬红星·助星行动”捐赠仪式上，获赠 500 万余元。深圳市退役军人红星志愿服务队入选“广东省益苗计划”“深圳百佳市民满意项目”。

六、信息化工作

深化“一库、两网、五平台”信息化建设，夯实全面可靠的数据基础、建设集约高效的管理平台、提供精准智能的便捷服务，着力实现“统一、智慧、融合、便捷、可靠”的目标。推进退役军人全域信息实时采集等系统开发建设，梳理录入填报、自动关联等类型指标 1119 个，完成 13 个标准化、格式化页面原型设计。召开深圳市退役军人信息化系统使用推进会，为宣传思想、就业创业决策、安置主题分析等 13 个业务平台，录入数据 3.6 万余条。协调推动优待证管理信息系统数据部省推送工作，共享省厅数据近 12 万条。全力推进“一网统管”专题应用场景指标及原型设计输出，初步建成“1+6+2”退役军人专题模块，为深圳市数字政府和智慧城市建设提供数据支撑。开展信息化平台二期建设项目设计工作，顺利获得立项审批和概算批复。

融通政府优待和社会优惠资源，全方位拓展“鹏城老兵”APP 服务事项，整合生活消费、文旅优待、优抚关爱等六大类服务功能。按照“军人职业受尊崇、军人军属受优待、拥军商家获效益”的构想，坚持“自愿加入、尽力而为、合法规范”的原则，发动 1000 多个商家入驻“鹏城老兵”APP。担负全国优待证（电子版）试点任务，重磅推出手机亮证、亮码和扫码支付等功能，让退役军人“码上”享受鹏城尊崇。

广西壮族自治区

2023年，广西壮族自治区退役军人事务系统坚持以习近平新时代中国特色社会主义思想为指导，全面贯彻党的二十大和二十届二中全会精神，深入贯彻落实习近平总书记关于退役军人工作重要论述和对广西重大方略要求，持续推动广西退役军人工作高质量发展。

一、加强党的领导

自治区退役军人事务厅深入开展学习贯彻习近平新时代中国特色社会主义思想主题教育，组织开展了专题研讨和集中学习，及时跟进学习习近平总书记最新重要讲话精神，厅党组成员采取“四不两直”“换位沉底”等方式，分赴基层调研20余次，发现问题19个，制定出台13项、修订完善5项政策和内部管理制度。筹备召开自治区党委退役军人事务工作领导小组全体会议和专题会议，组织开展移交安置、军队人员派驻工作检查，配合做好中央退役军人工作综合督查并抓好问题整改，确保了党中央决策部署落实落地。

二、“三个体系”建设情况

认真贯彻落实习近平总书记“五有”“全覆盖”要求，组织开展乡镇（街道）退役军人服务站设置情况“回头看”，广西1200多个乡镇（街道）退役军人服务站全部实现单独建站；印发《关于进一步促进基层退役军人服务中心（站）功能发挥的实施意见》，先后2次分别在桂林市、来宾市召开现场推进会，争取自治区财政对功能作用发挥较好的退役军人服务站给予经费补助，缓解了基层工作经费欠缺问题，相关工作在全国退役军人服务保障体系建设管理推进会上作了经验介绍。

组织《广西“十四五”退役军人服务和保障规划》实施中期评估，进一步梳理政策、项目和重大任务，推进重大任务落实。持续开展“法律政策落实年”活动，对2018年以来出台的内部工作制度组织清理，配合自治区人大组织退役军人权益保障工作专题调研并形成调研成果，确保了各项政策有力落实。建成广西退役军人事务视频会商系统并高效运转，完成退役军人信息化体系一期项目建设初步验收，退役军人工作信息化水平不断提升。

三、思想政治和权益维护工作

广泛开展年度“最美退役军人”学习宣传活动，建成114个退役军人思想政治教育基地，组建退役军人志愿服务队3000余支。南宁市江南区退役军人“冲锋号”应兵志愿服务队负责人吴应兵和桂林市“八桂军号——红色传承”志愿宣讲项目入选中央宣传部表彰的年度全国学雷锋志愿服务“四个100”先进典型。“八桂军号——红色传承”志愿宣讲项目荣获第十四届中国青年志愿者优秀项目奖。认真做好退役军人法律援助工作，召集100多名律师充实到广西退役军人公益法律服务团，加大对困难退役军人的帮扶援助力度，退役军人获得感、幸福感不断增强。

四、移交安置工作

圆满完成年度转业军官、安排工作退役士兵和退出消防员接收安置任务，计划移交伤病残退役士兵10名。其中，转业军官进行政机关和参公单位比例达91.2%。常态化做好部分退役士兵社会保险补缴工作，加强退役军人人事档案管理利用和保密教育，积极探索出台鼓励退役军人落户边海防县、市、区有关政策。

五、就业创业工作

组织开展精准就业服务专项行动，推进跨区域就业合作，与江苏、浙江等9个省份开展退役军人人力资源交流，举办退役军人专场招聘活动230多场次，提供就业岗位20.6万多个，达成就业意向退役军人2.3万余人次；加强退役军人教育培训，制定《广西退役士兵适应性培训大纲》，累计有1.99万余名退役军人参加适应性培训、职业技能培训。坚持以创业带动就业，开展“军创企业服务年”活动，为“拥军贷”名单内企业发放贷款1.7亿元，成功举办第三届广西退役军人创业创新产品交易会，全国23个省（区、市）和新疆生产建设兵团共410多家退役军人创办企业参会，围绕39个项目集中签约额达6.65亿元。厅就业创业处被自治区党委、自治区政府表彰为“第一届广西促进就业先进集体”。

六、军休服务管理工作

圆满完成军队师级以下离退休干部、退休士官、逐月领取退役金人员、复员干部接收安置任务，常态化做好自主择业军转干部服务管理、企业军转干部解困稳定等工作。

加强军休干部服务管理，完成27家军休机构标准化建设任务，在柳州市胜利军休所开展军休机构社会化养老试点，开设广西军休老年大学总校、分校（教学点）19所，军休干部工作生活条件不断改善。组织军休干部“五老”宣讲团等开展集中宣讲80余场次，成功举办广西军休干部文艺汇演，高标准完成全国军休功臣荣誉疗养等活动。

七、拥军优抚工作

深入开展“城连共建”“城舰共建”活动，广西与“广西舰”双拥共建经验做法被中央电视台等媒体广泛报道，并在海军“城市与战舰”主题座谈会上作经验介绍。扎实推进双拥创建工作，圆满完成全国双拥模范城（县）考评调研迎检任务。

持续保持优抚对象抚恤补助标准高速增长，

稳慎推进退役军人有关工作，联合自治区文化和旅游厅公布55个优待景区名单，指导各地相继公布本地区优待政策和优待目录清单，其中12个设区市已出台优抚对象乘坐公共交通享受优待的具体措施，优待证“含金量”不断提升。组织5批209人进行残情体检鉴定，为400多名残疾军人配置康复辅助器具，有效改善残疾军人生活质量。

加大优抚事业单位建设力度，争取到中央财政补助4200万元用于优抚医院、光荣院建设，组织开展医疗巡诊30余次，短期疗养49批次，惠及近万名退役军人。

八、褒扬纪念工作

联合自治区5部门印发《关于做好烈士亲属异地祭扫组织服务工作的实施办法（试行）》，圆满完成清明烈士祭扫服务保障任务，边境烈士陵园接待祭扫人员12万余人次，工作得到退役军人事务部部长裴金佳批示肯定。先后投入3800万元用于烈士纪念设施修缮维护和提质改造，加快推进广西革命纪念馆、广西革命军事馆项目前期工作。举办烈士纪念日向人民英雄敬献花篮仪式等活动，为41名烈士、2名病故军人寻找到亲属，营造崇尚英雄、缅怀先烈的社会氛围。

九、自身建设情况

抓好政治机关建设，坚持把习近平总书记重要指示批示作为“第一议题”来学习、“第一遵循”来贯彻、“第一政治要件”来落实，不断夯实干部职工坚定拥护“两个确立”、坚决做到“两个维护”的思想根基。

持续开展基层党建“五基三化”提升年行动、习近平总书记“7·9”重要讲话精神再学习再领悟再对标再落实行动等活动，指导厅管党组织创建18个支部特色党建品牌，加强干部队伍建设，严格监督执纪，抓好巡视、审计问题整改，深化清廉机关建设，不断推动全面从严治党走深走实。自治区退役军人事务厅被评为“自治区创建模范机关示范单位”，并顺利通过“自治区文明单位”创建考核。

海南省

2023年，海南省退役军人事务系统坚持以习近平新时代中国特色社会主义思想为指导，把扎实开展学习贯彻习近平新时代中国特色社会主义思想主题教育与全面贯彻落实党的二十大精神相结合，与学习贯彻习近平总书记关于海南工作的系列重要讲话和指示批示精神及关于退役军人工作重要论述相结合，坚持高起点谋划、高标准推进、高质量落实，推动退役军人工作提质增效。

一、机构建设情况

省委退役军人事务工作领导小组充分发挥党委统揽全局作用，紧密结合海南自贸港建设大局，系统谋划各项工作。印发《关于推进退役军人服务保障体系建设与工作规范的意见》，对退役军人服务中心（站）机构设置等方面进一步明确标准要求。修订《海南省乡镇（街道）退役军人服务站工作内容清单》《海南省村（社区）退役军人服务站工作内容清单》，丰富服务项目，优化服务流程，提升服务质效。

开展争创“标杆型退役军人服务中心（站）”和争当“优秀退役军人事务员”活动，评选出32个“标杆型退役军人服务中心（站）”和30名“优秀退役军人事务员”，6名退役军人工作者获评全国退役军人服务中心（站）“百名优秀主任（站长）”。对标退役军人服务中心（站）建设管理标准，开展“五有”“全覆盖”自查整改工作，持续巩固退役军人服务保障体系建设成效。

二、思想政治和权益维护工作

开展2023年海南省“最美退役军人”“最美拥军人物”学习宣传活动，评选10名“最美退役军人”和5名“最美拥军人物”，举行发布仪式，并在多家媒体平台广泛宣传相关事迹。联合有关部门开展“老兵心向党·建功自贸港”退役军人先进事迹全省巡回宣讲活动，先后进学校、军营、机关宣讲9场次。

组建五级海南省退役军人号角志愿服务队伍，成立各级退役军人号角志愿服务队265支，招募退役军人志愿者4674人，全年全省上岗志愿者14 727人次，开展志愿活动421场次。走访慰问帮扶退役军人12.9万人，使用资金1700万余元。

结合国家安全教育日、烈士纪念日、《中华人民共和国民法典》宣传月等时机开展普法宣传工作，提升系统工作人员法治素养，增强服务对象依法维权意识。印发《海南省退役军人事务系统行政执法工作实施方案》《海南省退役军人事务厅行政裁量权适用规则（试行）》及配套裁量基准，为执法提供细化量化的依据。严格落实执法人员持证上岗和资格管理制度，首次组织全省系统内行政执法人员专业法考试。

三、移交安置和军休服务管理工作

开展“送政策进军营”“送政策进企业”活动，持续推进“直通车”安置工作，圆满完成年度移交安置任务。制定逐月领取退役金退役军人服务管理工作有关办法，逐步规范逐月领取退役金退役军人服务管理工作。与海南大学签订协议成立海南大学退役军人教育学院，建立健全海南特色的退役军人教育培训体系。举行“戎归自贸港、再创新辉煌”退役军人欢迎仪式，增强广大退役军人荣誉感、归属感、获得感。开展企业退役士兵能力提升培训和省直（中央驻琼）单位转业军官专业培训。

完成国家下达接收安置军休干部（军士）任务。组织军休干部赴机关、部队、学校、企业等单位开展教育宣讲17场次，遴选4家单位设为本省首批军休干部疗养基地，组织2批次军休干部赴开展荣誉疗养活动，与黑龙江省开展军休干部思想文化艺术交流活动，将“做好异地军休干部服务管理工作”列入退役军人服务站服务事项清单。

四、就业创业培训工作

联合有关部门制定省级《关于对自主就业退役士兵创业就业予以定额依次扣减相关税费的通知》《海南省关于促进优秀退役军人到中小学任教的八条措施》《关于金融支持退役军人创业创新和军创企业发展的若干措施》《海南省学生资助资金管理办法》等文件，推动相关政策文件落地见效，保障退役军人在享受普惠性就业扶持、教育培训政策和公共服务基础上再给予特殊优待。

首次举办全省性集中适应性培训，为全省1000余名自主就业退役士兵统一提供“一站式”服务。组织1700多名自主就业退役士兵开展职业技能培训，2900多名退役军人报名参加学历提升教育。选拔100名退役军人参与垂直起降固定翼操控员职业能力提升培训。举办专场招聘会116场次，4827家企业参加，提供岗位44 958个。组织96家优秀军创企业参加第三届海口国际生活精品消费展览会和第26届中国（海南）国际热带农产品冬季交易会，对1000多个项目和展品进行集中展示、推介。组织农业农村、乡村振兴部门业务骨干和金融机构代表召开4场“兵支书”区域对接交流座谈会。

五、拥军优抚工作

深入走访全省师旅级驻琼部队听取意见建议，搭建军地沟通平台，推动解决了部队迁移光缆等5个长期未解决的难题。召开第十一届省双拥模范命名表彰大会，命名表彰双拥模范城（县、区）17个、双拥模范单位43个、模范个人50名。举办省纪念延安双拥运动80周年文艺晚会。

新增社会化拥军成员单位300余家，推动各成员单位优先优惠服务落实落地，组织全省各市县退役军人事务局与驻三沙一线部队开展“情系边海防官兵”结对共建活动。推动行政机关和事业单位接收安置随军家属90余名，为3400余名未就业随军家属发放补助共1900万余元。全省军人子女享受教育优待1600余人。开展拥军医疗优待活动，1200余名军人军属、退役军人和其他优抚对象享受优先优待优惠医疗服务。

完成全省优抚对象有关信息档案年度确认工作。完成3批次残疾退役军人、伤残人民警察的伤残抚恤关系转移、伤残等级评定和带病回乡退伍军人的医疗复检工作。积极推动优抚医院建设，初步选定三亚市海棠区南田医院原址为省荣军优抚医院建设用地。联合15个省直部门共同推动优待目录实施办法有效落实。

六、褒扬纪念工作

建立优抚事业单位补助资金周报制度，加强资金督导。积极开展“清明祭英烈”活动，全省各级烈士纪念设施共接待现场祭扫4万余人次，代为祭扫烈士墓83个，21万余人线上为烈士敬献花篮。梳理117名长期无亲属祭扫烈士信息，面向社会发布烈士寻亲公告、征集线索，为4名英烈找到亲人并组织祭扫。“9·30”烈士纪念日组织社会各界开展向英雄烈士敬献花篮仪式，全省各界代表共计600余人参加。遴选优秀讲解员参加全国英烈讲解员大赛，1名同志荣获二等奖。完善烈士纪念设施保护管理和提质改造工作，2个项目申请到社会服务设施兜底线工程2024年中央预算内投资。统筹分配846万元优抚事业单位经费到各市、县，确保烈士纪念设施提质改造修缮保护工作有效推进。

七、军供保障工作

聚焦部队备战打仗，持续提升实战化应急保障能力和综合保障水平。开展跨海保障演练，延伸保障链路并提高伴随保障能力。挖掘社会力量，搭建社会化军供保障物资供应和代储平台体系。完善“智慧厨房”和“军人之家”工程，提升保障设施现代化水平。首次承接全省役前女兵培训教育后勤保障工作，首次引入中医理疗服务。主动回应驻琼部队官兵和广大退役军人需求，开展“解决部队官兵急难愁盼问题”等12个课题调研。

八、自身建设情况

制定并实施关于调研、协调、信息、督查工作的系列措施，将退役军人工作纳入省政府专项工作考核内容，提升省委退役军人事务工作领导小组运行效能。省退役军人信息管理服务一体化平台完成竣工验收，省、市、县（区）、乡镇（街道）、村（社区）五级服务平台实现数据互联互通。“军人退役一件事”主题应用全面推广，全省退役军人事务系统服务能力进一步提升。

扎实开展学习贯彻习近平新时代中国特色社会主义思想主题教育，把理论学习作为主题教育的首要任务贯穿始终，梳理汇总4张清单24个事项并全部推动落实。举办2期学习贯彻党的二十大精神暨主题教育专题培训班，组织党务纪检干部赴延安专题培训。认真开展党风廉政警示教育、廉政谈话等工作，打造忠诚干净担当的干部队伍。

重庆市

2023年，重庆市退役军人事务系统坚持以习近平新时代中国特色社会主义思想为指导，全面贯彻落实党的二十大精神和习近平总书记关于退役军人工作重要论述，以高质量发展为目标，以落实“十四五”退役军人服务和保障规划为牵引，着力提高服务备战打仗能力，狠抓政策落实，做优基本业务，提升服务保障，锻造过硬队伍，持续提质提速、创新创优，推进退役军人工作再上新台阶。

一、机构建设情况

一是党对退役军人工作的全面领导不断加强。进一步完善领导小组工作制度和运行机制，组织召开领导小组全体会议，提请领导小组研究审议移交安置、优抚医院建设和军地协作等重大决策问题，推动解决军队需要地方支持事项39个。召开领导小组专题会议，研究推进退役军人安置等重点工作。

二是以党的二十大精神统领系统谋划。制定贯彻落实党的二十大精神和市委六届二次全会精神、推动退役军人工作高质量发展的具体措施，迭代升级“四个体系”，整体重塑提升退役军人工作。目标体系方面，确定未来5年实现总体目标13项、量化目标18项。工作体系方面，推进川渝退役军人事务合作等10个方面、232项具体任务。政策体系方面，推进重庆市退役军人保障条例制定工作，重要法规逐步配套。评价体系方面，推进健全“区县党委政府、市退役军人事务局、区县退役军人事务局”等相关考评体系，激励全市退役军人事务系统实干争先、担当作为。

三是全面推进落地落细落实。健全完善贯彻落实习近平总书记重要指示批示和党中央重大决策部署的闭环责任机制，强化专班运作、打表推进、评估问效、督查考核，确保在全系统一贯到底。深入贯彻落实习近平总书记关于推动成渝地区双城经济圈建设的一系列重要指示，抓实川渝退役军人事务合作，政策协同、烈士寻亲合作、就业创业联动等工作扎实推进。

二、服务保障工作

一是持续建好服务保障体系。深入落实“五有”“全覆盖”要求，基层服务站规范化运行实现100%。创建46个高质量示范型退役军人服务中心（站），服务对象100人以上的服务站全部达到示范型退役军人服务站创建标准。

二是持续提升服务保障质量。聚焦服务精准化、个性化、特色化，创新开展服务质量提升

"五个一"活动，探索建立各级服务中心（站）工作清单，"四尊崇""五关爱""六必访"及上门服务等有效落实，推进"指导员在线""三坎三声三有"等服务不断优化提升。

三是持续完善政策制度。出台促进优秀退役军人到中小学任教等配套文件。制定退役军人事务系统行政处罚裁量权基准，出台具体行政行为合法性审核规定。

四是持续抓好信息化建设。加快数字变革，布局构建"135 + N"数字化工作体系。持续夯实数字基础，完成核心业务数字化梳理，实现部市数据共享。加快推进数字应用，谋划"渝悦·老兵"应用，军人退役"一件事一次办"集成化网上办理全市推广实施。

三、思想政治和权益维护工作

一是强化退役军人思想政治引领。加强退役军人党员日常教育管理，结合新兵入伍、老兵退伍和中小学《开学第一课》，邀请抗美援朝英模、"最美退役军人"和就业创业榜样人物等开展宣讲活动，用老兵语言讲老兵故事，持续推进"老兵永远跟党走——老兵宣讲"活动走深走实。

二是常态化宣传先进典型。开展"最美退役军人"评选学习宣传活动，评选10名重庆市"最美退役军人"，1人获评全国"最美退役军人"。深入开展"功臣模范送新兵"、立功受奖送喜报、退役返乡欢迎等活动，让尊崇军人成为社会新风尚。

三是发挥退役军人优势特长。持续提升"兵支书"能力，举办专题培训4期。建立退役军人志愿服务队8500余支，约7.6万人，在乡村振兴、基层治理、抢险应急等领域发挥积极作用。1人获评全国学雷锋"最美志愿者"。

四、移交安置工作

优化安置方式，拓宽安置渠道，健全"阳光安置"工作机制，实施"直通车""双向选择"等安置办法，转业军官安置到公务员（参公）岗位、安排工作退役士兵安置到事业单位的比例稳步提升。深化川渝军休结对共建，市军休老年大学建成投用，打造"红岩军休"志愿服务品牌。有序推进军休设施提质改造。建立军休机构区域联动机制。

五、就业创业工作

一是抓好教育培训。累计开展自主就业退役士兵适应性培训1万余人次，新增职业技能培训工种12个，职业技能培训承训机构扩展到225家，组织开展自主就业退役士兵职业技能培训1800余人次。探索建立"兵教融合"的退役军人就业模式，探索异地培训结算、"学历教育＋技能培训"、规模化专业化组团化"走出去"就业创业等培训新路径。积极推动数字化、一体化、现代化与重庆市退役军人教育培训等工作深度融合，市退役军人培训基地被评为2023年重庆市全民数字素养与技能提升基地。

二是抓好就业服务。开展川渝退役军人招聘周活动，共建共享就业创业导师团队。组织开展"老兵招聘月"活动，组织专场招聘208场次，提供岗位约17万个，近1.2万人达成就业意向。

公务员定向招录退役军人岗达62个，共享服务基层项目人员职位228个。

三是抓好创业帮扶。参加首届全国退役军人创业创新成果展交会，开展2023年全市退役军人创业创新大赛。2023年，全市共为670名退役军人发放创业担保贷款1.3亿元；共有2600余户纳税人享受退役军人税收优惠，减免税收1.2亿元。

六、拥军优抚工作

一是做实拥军支前。开展纪念延安双拥运动80周年系列活动。召开重庆市第八届双拥模范城（县）命名暨双拥模范单位和模范个人表彰大会，评选31个市级双拥模范城（县）、100家模范单位和100名模范个人。组织江北、沙坪坝、南岸、江津、开州等5个区作为全国双拥模范城代表，开展“情系边海防官兵”春节专项慰问活动。组织开展“聚焦一线、聚力解难”拥军优属专项活动，集中帮助部队官兵解决子女入学、随军家属就业安置等问题。推出“饮食住宿保障+精神文化服务”多元化服务保障，优质、快速、准确、安全完成各项军供保障任务。

二是落实优抚政策。抚恤补助标准实现“十三连增”。积极推进优待证申领发放及线上运行准备，完成系统账号、优待项目梳理、信息录入和市内70个景区景点上线展示等工作。加大精准帮扶力度，使用退役军人关爱基金帮扶困难退役军人5300余人。帮助部分优抚对象解决生活、医疗、住房等困难约5.3万人次。组织优抚对象短期疗养25批次1290人次。重构市荣军院“建管服运”制度机制。

七、褒扬纪念工作

一是开展纪念活动。充分发挥烈士纪念设施红色教育主阵地作用，持续开展“2023·崇尚·清明祭英烈”、烈士纪念日社会各界向英雄烈士敬献花篮仪式、《烈士光荣证》颁授仪式等英烈纪念活动2800余场次，线上线下300万余人次参与。

二是传承英烈精神。加强英烈讲解员队伍建设，组织开展“学思想　颂英烈”英烈讲解员大赛。举办“红岩革命故事展演”、“让烈士回家”、英模进校园等系列教育活动400余场次。完成16部英烈短视频制作，完善“重庆市著名英烈影像数据库”。

三是保护烈士纪念设施。新申报国家级烈士纪念设施3处。烈士纪念设施提质改造项目稳步推进。县级以上烈士纪念设施全景VR展示实现全覆盖。完成县级以上烈士纪念设施概览图册编制工作；及时动态更新烈士纪念设施分布图；累计为128名烈士找到亲人。

八、自身建设情况

一是推进“两个维护”落地落实。带头把政治建设摆在首位，不断强化政治机关意识教育和对党忠诚教育，引导党员干部不断提高政治判断力、政治领悟力、政治执行力，切实把对“两个确立”决定性意义的深刻领悟转化为做到“两个维护”的高度自觉。

二是推进主题教育走深走实。局系统17个

党组织参加第一批主题教育，一体推进理论学习、调查研究、推动发展、检视整改、建章立制等重点措施，圆满完成各项任务。

三是推进基层党组织全面进步全面过硬。带头打造新时代“红岩先锋”变革型组织，加快建设模范机关，全覆盖培育“红岩先锋·四强支部”，全面落实“三级七岗”责任清单，全覆盖开展党务干部培训，体系化提高基层组织建设质量。

四川省

2023年，四川省退役军人事务系统深入学习贯彻党的二十大精神，贯彻落实习近平总书记关于退役军人工作重要论述，坚持“聚合力、增效能、创一流、谱新篇”，奋力推动全省退役军人工作开创新局面、展示新形象、实现新跨越。

一、机构建设情况

推动将退役军人工作纳入地方党委政府绩效考核、地方党政领导班子及成员年度考核内容，作为巡视（巡察）和双拥模范城考评等重要内容，列入地方经济社会发展总体规划，党对退役军人工作的领导全面加强。

建成省、市、县三级退役军人事务行政机构205家，省、市、县、乡、村五级退役军人服务中心（站）32 036个，创建示范型服务中心（站）4406个，13人获得全国退役军人服务中心（站）“百名优秀主任（站长）”荣誉。

二、思想政治工作

举办全省促进退役大学生士兵“淬炼成钢”座谈会，组织“退役军人宣传教育理论公开课”，常态化抓好先进典型选树，全面加强思想政治引领，1人获评年度全国“最美退役军人”，全省分级建立3500余人的退役军人典型资源库。

承办“耕耘者”振兴计划乡村治理骨干（“兵支书”）专题培训班、“传承红色基因，强国复兴有我”主题巡回宣讲报告会等活动，引导6500余名“兵支书”扎根基层、担振兴重任，1万余名“红色宣讲员”赓续血脉、筑红色根基，12万余名退役军人志愿者为民服务、扬时代新风。1支队伍入选全国学雷锋志愿服务“四个100”最佳志愿服务项目。

推出10集系列片《致敬最可爱的人》讲述抗美援朝老兵故事，受到广泛关注。省第三退役军人医院1名伤残军人登上CCTV-7国防军事频道《老兵你好》栏目讲述抗美援朝经历。政务微信公众号获“2023年四川省优秀政务新媒体账号”，宣传工作经验入选退役军人事务部“讲好中国退役军人故事的创新与实践”。

三、权益维护工作

出台加强退役军人工作法治建设意见和法治文化建设方案，制定《四川省退役军人事务厅权责清单（2023年版）》《四川省退役军人事务系统行政权力事项目录》《四川省退役军人事务系统行政裁量权基准》。持续推进公共法律服务体系建设，为退役军人提供法律咨询6182人次、化解涉法矛盾纠纷 924 起、协助办理司法救助和法律援助案件 154 件。

依托政务一体化平台、退役军人综合业务管理平台和“互联网 + 退役军人服务”平台支撑，进一步丰富退役军人网上服务事项。率先脱密共享“四川省优抚信息”等 4 类信息，完善“退役军人一件事”“9+3+N”个政务服务事项线上线下融合办理模式。

全年共使用困难退役军人关爱帮扶专项基金 5622 万元，为 2.4 万余人次服务对象解难纾困。开展“情暖老兵 · 为退役军人排忧解难”专项行动，会同中华慈善总会实施困难退役军人先心病子女救助行动，6 名儿童在北京 301 医院接受免费手术治疗。会同中国教育发展基金会为 40 名困难退役军人在读子女提供助学金 20 万元。

四、移交安置工作

转业军官方面，完善考试考核、双向选择、指令性分配、“直通车”等安置办法，98% 安置到党政机关和参公单位，省直部门（单位）接收转业军官较 2022 年增加 40 余人。

退役士兵安置方面，指导各地不断优化机关、群团组织、事业单位和国有企业安置退役士兵比例。推动普遍建立市、州级统筹调剂安置任务机制，统筹 1500 多个中央企业、省属企业岗位计划，进一步拓宽安置渠道。

五、就业创业工作

研究制定全国首个退役军人就业创业业务信息指标体系，出台《四川省促进优秀退役军人到学校任职任教三年行动计划（2024—2026 年）》。协力共塑“戎耀归蜀”四川退役军人及军属招聘品牌，联动开展“戎耀归蜀”“四季招聘会”“川渝招聘周”“金秋招聘月”等系列招聘活动 1073 场次，提供就业岗位 88.62 万余个，13.34 万余名退役军人及军属参加招聘，3.17 万余人达成就业意向。

开展“四川省退役军人创业带头人助力乡村振兴示范培训班”“四川省农村退役军人致富带头人产业发展培训班”等示范培训，成功举办（参与）首届全省退役军人职业技能大赛、第三届四川省退役军人创业创新大赛、退役军人事务领域助力成渝地区中部崛起活动、首届全国退役军人创业创新成果展交会、中国西部（绵阳）健康食品博览会等活动。

六、军休服务管理工作

巩固完善“随退随审、即交即接”新模式，圆满完成年度接收安置任务。持续改善军休干部居住和生活环境。目前，全省军休老旧小区改造已完成 36 个。成功举办省第二届军休干部门球决赛，全省首个军休老年大学申报已获批准。

专班保障部分功臣模范赴省外参加全国军休功臣荣誉疗养活动，圆满组织 6 批次共计 1000 余人的全省军休功臣荣誉疗养，指导各地分层分级开展疗养活动 137 批次，惠及 6000 余人。加强军休干部志愿服务队伍建设，鼓励和引导他们在热心公益、国防教育、志愿服务、乡村振兴等方面发挥积极作用。

七、双拥共建工作

组织纪念延安双拥运动80周年系列活动，召开纪念延安双拥运动80周年座谈会，开展黄河干支流域生态保护治理军地共建“双拥林”防护带活动，完成省第十二届双拥模范（先进）城（县、区）创建活动，召开省双拥模范城表彰大会暨全国新一届双拥模范城（县）动员大会，表彰命名新一届省双拥模范城（县、区）118个、模范个人48人。

举行“最美拥军人物”学习宣传活动发布仪式，开展“社会化拥军单位”学习宣传活动，1人获评年度全国“最美拥军人物”。常态化开展“情系边海防官兵”，春节、“八一”建军节期间走访慰问等拥军优属活动，推动全省首批20家社会化拥军单位投入3800万余元为军人军属提供就业、培训等服务。

优化完善拥军支前机制、落细落实军地互办实事“双清单”制度，开展“城连共建”“城舰共建”等共建活动，帮助解决官兵和家属子女急难愁盼问题100余件。探索军供保障“一体化”创新发展模式，圆满完成各项军供保障任务。举办全国重点军供站工作人员能力素质专项培训班。

八、抚恤优待工作

坚持优抚数据精细化管理，完成年度优抚对象的数据审定，足额发放各类抚恤补助资金。面向全国现役军人、退役军人和其他优抚对象发布优待项目1.2万余项。高标准开展残疾等级评定，新发、换发、补发、变更残疾证件共1820件。安排专项资金2714万元，支持7个项目建设，实施优抚事业单位提质改造工程。

九、褒扬纪念工作

推动出台《关于加强新时代烈士褒扬工作的若干措施》，累计投入17.4亿元用于烈士纪念设施提质改造、周边环境提升，烈士纪念设施3年提升行动圆满收官。承办全国烈士纪念设施规范管理工作研讨会，组织开展“2023·崇尚·清明祭英烈”活动、烈士纪念日向人民英雄敬献花篮仪式。全省举行烈士纪念日公祭活动170场次，全年走进烈士陵园祭扫缅怀达582万人次、线上祭扫16万人次。

开发建设四川英烈网，增设烈士纪念设施电子地图，校核收录7万余条烈士纪念设施信息和13万余条烈士信息。汇总形成全省县级以上烈士纪念设施概览图册成果资料，全年共为359名烈士找到亲人或安葬地。

十、自身建设情况

深入学习贯彻习近平新时代中国特色社会主义思想主题教育，上线“主题教育网络课程”，举办“学思想、强党性、共奋斗”知识挑战赛，开展“赓续‘五四’精神奋进时代征程”青年理论学习小组集体学习活动，组织党员干部赴永丰村、三苏祠、战旗村等地“重走习近平总书记四川足迹”。持续实施“5432”干部能力素质提升工程，与重庆市退役军人事务局联合举办川渝退役军人事务局（处）长培训班，常态化开展“新时代新担当新作为先锋大讲堂”“青年干部大比武”等活动。坚持高质量党建引领新时代退役军人工作高质量发展，建立机关党建责任制督促考核常态化机制，全面推动统战群团、乡村振兴、森林防灭火、安全生产等工作落地落实。持续推进退役军人事务高质量发展先行区建设，成功争取中央预算内投资和中央专项彩票公益金项目，补助资金达 1.34 亿元。落实烈士纪念设施展陈布展资金 3802 万元、地震灾后恢复重建资金 225 万元、县级退役军人人事档案室建设资金 9800 万元、优抚事业单位提质改造资金 7000 万元，全力助推事业高质量发展。

成都市

2023年，成都市退役军人事务系统坚持以习近平新时代中国特色社会主义思想为指导，以深入开展学习贯彻习近平新时代中国特色社会主义思想主题教育为牵引，深入学习贯彻习近平强军思想和习近平总书记关于退役军人工作重要论述，认真落实全国全省退役军人事务厅（局）长会议精神，有序推进退役军人思想政治、权益维护、安置就业、褒扬纪念工作和新时代双拥工作。

一、机构建设情况

成都市退役军人事务局以基层退役军人服务站创新建设为抓手，推动成都市3315个退役军人服务中心（站）的窗口功能发挥，把服务保障能力作为基础性工作抓紧抓实；在企事业单位（社会组织）、高校布建36个拓展型退役军人服务站，所有市属高校实现全覆盖；推动105个镇（街道）人民武装部与退役军人服务站融合共建。

二、思想政治和权益维护工作

发布1600余篇信息宣传党的创新理论、全市退役军人工作特色亮点，落实主题教育相关要求，围绕20个课题、16个正反典型案例深入调研，解决76个退役军人重点关注的矛盾问题。

持续鼓励引导退役军人融入“微网实格”、助力城乡基层治理。全市担任村（社区）书记（主任）、两委成员的退役军人占比分别达27.3%、15%。会同市委组织部联合举办2期“退役军人村（社区）党组织书记综合能力提升专题”示范培训班，针对性提升退役军人党务工作者能力。

深化退役军人“战旗红”志愿服务品牌建设，全市争创全国文明典范城市期间，2000余名退役军人志愿者参与交通文明劝导近1.5万人次；大运会期间，3365名志愿者广泛参与消防燃气隐患排查、赛事推广、便民服务9000余人次。进部队、社区、学校开展《中华人民共和国退役军人保障法》《中华人民共和国民法典》等普法宣讲146场次，覆盖现退役军人88 700人次，解答疑难1279条。

充分发挥退役军人红色宣讲员队伍作用，结合学习贯彻习近平新时代中国特色社会主义思想主题教育，组织开展红色宣讲活动1100余场次。

常态化做好沟通联系、感情联络、心理疏导、思想引导、帮扶援助等工作，实现全市范围内各类退役军人联系全覆盖、服务全覆盖，全年共联系退役军人1100余名，帮扶困难退役军人

7800余人次。

支出拥军事业发展基金和关心关爱退役军人专项经费1100万余元，帮扶困难退役军人、慰问烈属及健在抗美援朝老战士5865人次。

持续深化社会化拥军工作，连续第3年发起退役军人“暖冬行动”，筹集捐赠食品、衣被、家电等价值350万余元物资，关怀慰问困难退役军人及现役军人家庭2000余户。

三、移交安置工作

把退役军人安置就业工作作为民生工程，以“阳光安置”和高质量就业为目标，落实移交安置计划。圆满完成2023年度转业军官、安排工作退役士兵、逐月领取退役金退役军人、复员军官、军休人员及计划移交伤病残退役士兵安置任务。

按照全省统一部署，推进“军人退役一件事”融合办理，线上办理701件、线下融合办理3619件。

四、就业创业工作

联合6部门印发《全面做好退役士兵教育培训工作的实施办法》，完成适应性培训3800余人、职业技能培训800余人。

举办专场招聘会252场次，近1万家用人单位提供岗位24万余个，近2.6万人次参加，4600余人达成就业意向。开展“戎创未来”退役军人就业创业主题活动，组织参加第三届四川省退役军人创业创新大赛，获一等奖1项、二等奖1项、三等奖4项，市退役军人事务局获“优秀组织奖”。

印发《促进高校退役大学生士兵就业创业工作三年行动计划（2023—2025年）》，联合教育、人力资源社会保障等部门出台《成都市促进高校退役军人工作实施意见》，推动成立成都市高校促进退役军人工作联合会，延伸服务触角。

五、军休服务管理工作

严格落实军队离退休人员政治待遇和生活待遇，持续推进全市“1+4+N”军休活动阵地建设，开展英烈精神进部队、进学校、进社区宣讲活动153场次。与重庆市联动建立8项合作机制，推动两地军休人员身份互认、资源共享。市军休工作在全国军休政策培训班上作经验交流，全年接待上海、广东等地来蓉学习调研20余批次。创新养老及医疗服务保障体系建设，进一步提升军休管理服务水平。

六、拥军优抚工作

市本级及20个区（市）县成功创建第十二届四川省双拥模范（先进）城（县、区），全市实现“满堂红”。聚焦官兵“三后”问题，推动50余名随军家属就业、2800余名军人子女享受教育优待。深入开展走访慰问，春节、“八一”建军节期间全市各级为驻蓉部队、退役军人及其他优抚对象累计赠送价值1亿余元慰问品（金）。

赴海军成都舰举办“青春耀大运　相约成都舰”活动，被央视国防军事频道专题报道，城舰共建主题蜀绣艺术品被中国人民革命军事博物馆收藏。开展纪念延安双拥运动80周年系列活动，举办专题文艺汇演，在金融城双塔、天府熊猫塔等城市地标举办国防双拥主题灯光秀。

有序开展评调残、转接伤残抚恤关系、部分退役军人身份核查认定等工作，发放抚恤优待金。实现全市17个国家A级旅游景区、公园、公共文化设施面向退役军人和其他优抚对象免收首道门票。依托网络公益平台，设立并推进“不忘历史　铭记英雄”——成都市慰问抗美援朝老兵消费捐公益项目，募集资金近110万元，80万余人次参加。推动成立成都市爱国拥军联合会区（市）县联络处，凝聚社会化拥军力量。

七、褒扬纪念工作

优化市烈士陵园改陈布展，成立市烈士纪念设施保护专家委员会，完成烈士纪念设施3年提升行动并持续开展“回头看”。承办烈士纪念日省市向人民英雄敬献花篮仪式，全市烈士纪念场所累计接待祭扫群众90万余人次，保障群体性纪念活动1.4万余场。拍摄《英雄》《所愿》等英烈纪念主题宣传片9部，依托新媒体宣传推广。全覆盖走访慰问烈属1759名，累计发放慰问金105万元，对接属地医院为其提供免费体检服务。

八、自身建设情况

开展学习贯彻习近平新时代中国特色社会主义思想主题教育，抓好机关党建工作。正确把握主题教育基调，加强宣传舆论引导，力戒形式主义、官僚主义，严防各类“低级红”“高级黑”，确保主题教育取得实效。刚性落实“第一议题”制度，自觉贯彻落实以学铸魂、以学增智、以学正风、以学促干12个方面重要要求。

开展“重走习近平总书记成都足迹”实地学习、“牢记嘱托、感恩奋进”专题学习研讨，着力把握习近平新时代中国特色社会主义思想科学体系和精髓要义，通过集中研讨交流运用党的创新理论解决实际问题的方法举措。

深入基层、深入群众，采取“四不两直”方式，听取退役军人服务中心（站）意见建议，及时回应退役军人关心关切，形成20份调研报告。严格落实全面从严治党要求，落实中央八项规定精神和省市有关实施细则，坚决反对形式主义、官僚主义，推动全面从严治党落细落实，持续营造风清气正的良好政治生态。

贵州省

2023年，贵州省退役军人事务系统深入学习贯彻习近平总书记关于退役军人工作重要论述，坚决落实上级决策部署，紧扣高质量发展首要任务，学思想、强党性，重实践、建新功，推动退役军人工作取得新成效。

一、组织机构建设情况

贵州省委常委会暨省委退役军人事务工作领导小组召开两次全体会议，研究部署退役军人工作，审议关于加强新时代烈士褒扬工作的若干措施等重要文件。

完成退役军人事务员首批试点建设并启动第二批试点，出台基层服务中心（站）服务代办事项、零散烈士纪念设施保护管理和“四尊崇”“五关爱”“六必访”职能清单，实施军人退役“一件事一次办”政务服务改革，推行“一窗通办”集成服务，持续提升退役军人获得感。

开展服务保障体系实体化运行交叉调研评估，全省乡级退役军人服务站人员平均在编率、专岗率分别达93.64%和91.15%，创新推广“退役军人志愿服务＋积分＋兑换物”等服务保障新模式26个。

二、政策法规工作

坚持“月讲台”“季测评”“年竞赛”等政策学习制度，开办政策法规大讲台10期，举办政策法规培训班和政策法规知识竞赛，累计参与4.3万人次。按照“省级示范、市级重点、县级兜底”方式，系统培训各级服务中心（站）人员5880人。开展“服务保障问题解答面对面”等培训92场。

严格落实全面从严治党主体责任，召开全系统全面从严治党暨党风廉政建设工作会议，紧盯廉政风险点，扎紧织密制度笼子，常态开展警示教育，筑牢廉洁自律防线。实施高质量发展调研评估、项目资金暨统计工作专项检查，推动48项整改举措固化为制度规范。

三、思想政治和权益维护工作

制定新时代退役军人思想政治教育工作安排，持续深化“老兵永远跟党走”系列活动，举办全省退役军人事务工作5周年成就暨系列先进典型综合发布仪式，开展全省“最美退役军人”、“最美拥军人物”、“退役军人创业之星”、退役军人志愿服务先进典型遴选学习宣传，承办全国老兵宣讲团巡回宣讲报告会，优选扩充老兵宣讲团

（队），选聘退役军人思想政治指导员 1.6 万人，引领带动退役军人向先进看齐，以典型为范。

创新打造“兵 +X”特色模式，健全退役军人作用发挥支持举措，引导退役军人积极投身乡村振兴等重大战略。承办全国“耕耘者”振兴计划乡村治理骨干（贵州“兵支书”）专题培训班 1 期、省级示范培训班 14 期，优选“兵支书”农业产业园 12 个、农特产品品牌 54 个、乡村振兴工作点 461 个。组织开展退役军人学雷锋志愿服务活动，引导全省 1.48 万支退役军人志愿服务队参与生态环保、社会治理、抢险救灾等急难险重任务 75.76 万人次，“遵义战士”新征程纪念馆社区志愿服务队获评全国最佳志愿服务组织。

学习践行新时代“枫桥经验”，推动老兵调解室、老班长工作室等基层力量发挥作用，以“战友情结”化解“矛盾心结”。持续开展“情暖老兵”行动，使用关爱基金 666.3 万元，精准帮扶 1944 个困难退役军人家庭。

四、移交安置工作

完善“阳光安置”“直通车安置”机制，召开全省安置工作会议，圆满完成年度安置任务。中央在黔单位接收安置安排工作退役士兵人数同比增长 37.1%。超额完成军休干部（军士）接收任务，完成部分退役士兵社保补缴财政补助资金结算工作，帮助 1.3 万余人解决养老、医疗后顾之忧。

五、就业创业工作

实施退役军人职业技能提升专项行动，梳理印发退役军人教育培训等政策汇编 3 万余册，建立省级办示范班、市级办主体班、县级办补充班的职业技能培训机制，依托“16+1”职业教育联盟和 71 个省级教育培训和就业创业孵化基地，分级组织退役军人参加适应性培训和职业技能培训 1.6 万人次，支持学历提升 1292 人。

完善“政校企”沟通联络机制，持续拓展就业合作企业，畅通“培训到上岗”衔接渠道，举办专场招聘活动 200 余场次，提供岗位 12 万余个，促进退役军人就业 6000 余人。

举办军创企业特色产品展示会，吸引集团采购订单超 3 亿元。联合省财政厅、省税务局延续并优化扶持退役士兵创业就业税收优惠政策，积极引导金融机构发放“退役军人 e 贷”5.2 亿元，支持退役军人创业创新。出台贵州省《关于促进优秀退役军人到中小学任教的实施意见》，推动贵阳市成为全国首批“兵教师”培养试点城市，进一步拓宽退役军人就业渠道。

六、拥军优抚工作

隆重举行纪念延安双拥运动 80 周年系列活动，省、市、县三级广泛召开军地座谈会、走访慰问驻黔部队，举办新时代双拥工作新闻发布会，开展“党政军领导话双拥”访谈 10 期，遴选发布 18 名全省首届“最美拥军人物”，征集展播双拥文艺作品 1198 个，建成高速公路服务区军人（退役军人）驿站 21 个。持续拓展优待证使用场景，陆续推出 8 批次 1800 多项优待优惠清单，完成优待证（电子版）全国试点任务。

开展“同心向强 · 共卫国防”拥军优属活动，对贵州籍现役官兵家庭全覆盖做到“四个一”（一次走访慰问、发放一张联心卡、送一封慰问信、解决一批现实困难），“八一”建军节期间走访慰问 3.7 万人，协调解决难点问题 175 件、军人家属就业 120 余人、军人子女入学入托 900 余人。

圆满完成年度新兵运输和过往部队保障任务，指导全省 9 个全国双拥模范城（县）和全国退役军人作用发挥示范区仁怀市开展“情系边海防”慰问活动。组织 5 个军地联合工作组对各地申报的新一轮省级双拥模范城（县）开展考评验收，突出服务备战工作重点、修订考评量化标准、调整推荐模范名额，进一步掀起创建活动热潮。

七、褒扬纪念工作

大力弘扬英烈精神，推进 36 处烈士纪念设施提质改造，举办英烈讲解员大赛，常态开展“为烈士寻亲”活动，累计为 214 名烈士找到亲人。隆重举行烈士纪念日向英雄烈士敬献花篮仪式，各级党委、政府举行公祭活动 112 场次，走访慰问烈属 437 人，各级烈士纪念设施线上线下接待祭扫 637 万人次，全社会崇尚英雄、关爱烈属的氛围日益浓厚。联合省教育厅、团省委、省少工委在各级烈士纪念设施打造大学生思政课教学基地和少先队校外实践教育营地 29 个。

八、自身建设情况

围绕高质量发展首要任务，深入实施“强能力转作风抓落实”行动，不断增强推动高质量发展本领、服务群众本领、防范化解风险本领。全面落实退役军人事务部关于支持贵州退役军人工作高质量发展的政策措施，承办全国退役军人工作高质量发展示范区建设座谈会，谋划布局“1 个全国先行试点 +9 个全省先行点”建设，落地实施退役军人事务信息化标签标准应用等 5 个全国试点。采取计划统筹、分级实施的方式，每年组织各级各类业务骨干至少参加 1 次培训。

制定《贵州省退役军人事务系统服务评价机制》，通过问卷调查、电话回访、“特邀监督员”监督等方式，推动基层守好“小窗口”、树好“大形象”。

云南省

2023年，云南省退役军人事务系统坚决贯彻落实习近平总书记关于退役军人工作重要论述和考察云南重要讲话精神，主动服务和融入云南“3815”战略发展目标，推动“三个体系”不断健全完善，服务保障能力显著增强，各项退役军人工作实现创新发展。

一、机构建设情况

全省建成省、州、县、乡、村1.6万个服务中心（站），配备专兼职工作人员2.2万名。组织实施云南省“十四五”退役军人服务和保障规划并完成中期评估。坚持和发展新时代“枫桥经验”，基层退役军人服务中心（站）服务保障能力水平有效提升。推广基层队伍“大岗位”制，促进基层退役军人服务保障机构融合发展。创新在部分高校、企业设立退役军人服务站（点），不断延伸服务保障触角。深入开展基层服务保障机构“九大功能”典型案例评选，加快推动服务保障体系实现从“有”向“优”转变，全国退役军人服务中心（站）“百名优秀主任（站长）”中云南省有7名入选。

建好用好云南退役军人一体化服务平台，探索军人退役“一件事一次办”政务服务，退役军人工作信息化水平显著提升。制定《关于加强退役军人事务法治建设的实施意见》《云南省退役军人事务系统行政裁量权基准》，继续清单化落实各个政策点，工作法治化、规范化水平有效提升。

二、思想政治和权益维护工作

坚持把习近平新时代中国特色社会主义思想作为退役培训第一课深入宣讲。持续加强退役军人流动党员管理。组织开展百名“兵支书”集中培训，着力提升“兵支书”在服务经济社会发展、乡村振兴和基层社会治理中的能力。积极发挥省、市、县、乡、村五级退役军人志愿服务队作用。扎实开展2023年全省“最美退役军人”“最美拥军人物”“最美军嫂”“最美退役军人志愿服务”等系列学习宣传和“老兵永远跟党走”主题宣讲活动，保山边境管理支队执法调查队队长安晓华获评全国“最美退役军人”，曲靖陆良县阎芳桥社区党委书记赵春良获评全国“最美拥军人物”，通过充分发挥先进典型示范引领作用，持续筑牢退役军人听党话、跟党走的思想自觉、政治自觉、行动自觉。印发《云南省“最美退役军人”学习宣传活动先进典型评选办法（试行）》，加强云南省“最美退役军人”学习宣传活动制度保障。

三、移交安置工作

广泛开展“送政策、听心声、解疑惑”政策宣讲活动，隆重举办“从军报国凯旋归、重振旗鼓再出征”为主题的欢迎仪式，增强入滇安置官兵的荣誉感、归属感、获得感。全省共提供任务数122%比例的公务员岗位、154%比例的安置岗位安置转业军官；提供任务数147%比例的安置岗位安置安排工作退役士兵，实现了“有岗可选”向“有好岗可选”的质量跃升。转业军官除17名自愿选择到高校、医院安置外，其余全部安置到公务员岗位，团职转业军官100%平级安排，4名安置实职领导岗位。

四、就业创业工作

积极争取将“新增退役军人就业1万人”纳入省政府10件惠民实事，推动以省政府名义在大理弥渡召开全省退役军人就业创业工作现场推进会，挂牌成立云南退役军人学院和6家州、市退役军人学院，组织专场招聘会400多场次，举办创业创新大赛和军创云品展销会，建设云南退役军人APP，完成40万名自主就业退役军人就业信息数据迁移工作，开展11万个军创市场主体基本信息普查，印发《关于促进优秀退役军人到中小学任教的实施意见》《云南省推进重点群体创业行动实施方案》等系列政策文件，为退役军人搭建“退役即入学、入学即入职”的一站式服务平台，打通退役军人从学历技能提升到稳定就业、成功创业的培训链路。年内全省新增退役军人就业1.5人，退役军人创办的市场主体增幅11%，达12万户，缴税48.57亿元。省政府主要领导、分管领导作出肯定性批示。

五、军休服务管理工作

圆满承办第一批全国军休功臣荣誉疗养。举办云南省军休干部荣誉疗养活动、“党的光辉照边疆”门球比赛、“讲述军休幸福故事”演讲比赛和“云岭军休”美术书法摄影展，遴选节目《阿瓦人民唱新歌》参加全国军休干部歌唱评比活动并荣获“荣光闪耀奖”，通过各类文体活动鼓励军休干部传递生活正能量，激发退役军人文化创新创造活力，增强军休干部荣誉感、归属感、获得感，有效扩大了“云岭军休”品牌影响力。完成省军休干部活动中心提质改造。引导军休干部积极参与社会公益、思想教育等基层治理各领域，充分展示军休干部“离休不离志，退役不褪色”“老有所为，老有所乐”的精神风貌。

六、拥军优抚工作

扎实开展新一届全国双拥模范城（县）创建工作，申报数量和增长幅度创历史新高，获得全国双拥工作调研组充分肯定；印发随军家属就业安置政策文件，安置310余名随军家属，为4600余名军人子女提供教育优待，切实解决官兵困难问题。联合发展改革、交通运输、文化和旅游部门制定下发《关于退役军人和其他优抚对象持优待证享受有关优待的通知》，153个景区、景点为全国优待证持证人免除首道门票，提供2500多项文旅、住宿、餐饮、医疗等方面的优待服务。组织开展“情暖老兵”“子女助学”等系列活动，投入资金435万元走访慰问4000多名服务对象。开发推广医疗补助“一站式”费用结算平台。

七、褒扬纪念工作

把做好烈士祭扫工作作为忠诚拥护“两个确立”、坚决做到“两个维护”的重要检验标准，持续用好“强服务就是保稳定”工作经验，围绕祭扫人员“吃、住、行、祭”需求，按照“一个群体、一个专班”，提前做好服务对接，备足医疗用品和助行器具，继续拓展“N个1”暖心服务内容，用心组织、用情服务，办好每一件暖心事，高标准做好34万人次的实地祭扫服务保障工作。受退役军人事务部委托，组成工作组赴老挝，指导并全程参与施工单位开展仪式筹备和现场布置等各项工作，确保开园移交仪式隆重、规范举行，得到中老双方代表和抗美援老老战士、烈属的充分肯定。印发《关于加强烈士纪念设施展陈讲解工作的实施意见》等系列文件，在展陈讲解审查、优化展陈内容、创新展陈讲解形式、收集展陈物品和建设人才队伍5个方面提出11条指导意见，为各地开展工作提供精准指导。圆满完成云南革命军事馆加固改造工程，有序组织“清明祭英烈”、烈士纪念日公祭活动，充分利用红色资源开展宣传教育，崇尚英雄、缅怀先烈的氛围更加浓厚。

八、自身建设情况

扎实开展学习贯彻习近平新时代中国特色社会主义思想主题教育，深入开展“政治坚定、竭诚服务、追求卓越、清正廉洁”的机关文化价值理念主题实践活动，以实际行动忠诚拥护“两个确立”，坚决做到“两个维护”。组织全省系统业务骨干到浙江、广州、上海等先进省（市）交流学习，干部职工把握运用政策、做好群众工作、解决矛盾问题的能力和水平不断提升。深入开展公车使用管理、公款旅游、违规发放津补贴或福利问题专项整治，严防“四风”问题反弹回潮。召开全省退役军人事务系统“作风革命、效能革命”推进会，动真碰硬整治“躺平式”干部。开展新一轮廉政风险大排查工作，用好用活“常态化近距离可视化”日常监督机制，努力营造风清气正的政治生态。认真贯彻执行中央八项规定精神和省委实施办法，严肃整治形式主义、官僚主义问题。创新实施“思想筑廉、机制促廉、监督护廉、文化润廉”行动，“清廉机关建设”荣获省直机关擂台赛一等奖。

西藏自治区

2023年，西藏自治区退役军人事务系统坚持以习近平新时代中国特色社会主义思想为指导，深入学习贯彻习近平总书记关于西藏工作的重要指示和新时代党的治藏方略，贯彻落实党的二十大精神和习近平总书记关于退役军人工作重要论述，聚焦“四件大事”“四个确保”，聚力“四个创建”“四个走在前列”，深入开展学习贯彻习近平新时代中国特色社会主义思想主题教育，全区退役军人工作实现新突破新进展。

一、机构建设情况

组织召开自治区党委退役军人事务工作领导小组、自治区双拥工作领导小组全体会议。自治区党委领导多次深入基层、深入驻藏部队走访慰问驻藏部队官兵，现场解决部队困难和问题。自治区领导多次主持召开政府常务会议，推进落实退役军人重点工作。持续提升机关党建质量，积极推进民族团结进步模范机关创建。制定出台《退役军人事务系统结对帮扶困难退役军人制度》等政策制度13项，坚持以制度管人、管事、管权，有力提升退役军人工作效能。加强干部管理，出台《西藏自治区退役军人事务厅综合考核办法》，研究制定推进领导干部能上能下工作措施，加大干部选拔任用和职级晋升工作。强化干部日常教育和考核，开展廉政风险排查整治。

二、政策法规工作

推动将《中华人民共和国退役军人保障法》地方性配套立法列入自治区十二届人民代表大会常务委员会2023—2027年立法规划。制定《西藏自治区退役军人事务厅规范性文件制定和备案监督管理办法》。联合退役军人事务部政策法规司举办退役军人法律服务“下基层、赴边疆”（西藏站）活动，举办10场次法律服务活动，为1000余名退役军人和其他优抚对象进行政策解读和法律答疑，发放《中华人民共和国民法典》《中华人民共和国退役军人保障法》等法律书籍2500余册。开展法规政策进军营活动。编印《退役军人就业创业政策文件汇编》《退役军人就业创业政策要点汇编》。召开年度全区退役军人服务中心主任会议，总结表彰先进单位及个人。成立退役军人关爱基金会，召开第一届理事会第一次会议，选举产生常务副理事长、秘书长等，组织管理体系更加坚强有力。

三、思想政治和权益维护工作

举办主题教育专题读书班活动。深入开展

调查研究，起草调研报告6篇，汇总形成典型做法清单1个、问题清单1个，研究提出思路对策21条、意见建议22条，为服务对象办实事6件、解决实际问题7件。开展“老兵永远跟党走·老兵宣讲”实践活动，组建“老兵宣讲团”38个，宣讲团成员100多人，开展集中宣讲100多场次，受众人数1.2万余人。开展全国“最美退役军人”推荐评选，1名获选年度全国“最美退役军人”。邀请优秀退役军人开展“国防教育开学第一课”活动。选派优秀“兵支书”到区内考察学习。建立完善村（社区）两委退役军人党员后备对象数据库。为退役军人办实事办好事，向企业军转干部发放帮扶资金17.4万元，常态化联系退役军人1300余人次。给1.7万名自主择业军转干部和军休干部发放西藏和平解放70周年纪念品。动员党员干部为残疾退役军人、麻风病患者、困难退役军人解决困难，捐款捐物5万余元。组织55名党员到社区“双报到”。组织52名干部职工和退役军人，为高考学生提供志愿服务。

四、移交安置工作和就业创业工作

圆满完成移交安置任务。规范逐月领取退役金退役军人医疗保险缴费工作。发放各类别保障对象各种补贴补助2.53亿元。选派5名军休功臣参加退役军人事务部组织的荣誉疗养活动。

五、就业创业工作

开展自治区首届退役军人创业创新大赛，109家企业（团队）报名参赛。推动将退役军人创业担保贷款经办事项纳入自治区公共就业服务网上大厅申报系统和自治区公共就业服务信息管理审核系统事项。出台《西藏自治区关于促进优秀退役军人到中小学任教的实施意见》。协调资金70万余元，对170余名农牧民退役军人进行职业技能培训。建立退役军人乡土人才库。开展退役军人（军属）专场招聘会13场次，提供就业岗位9000余个，帮助220余名退役军人实现就业，400余名退役士兵招录（聘）为边境地区基层公务员和事业单位工作人员。促进自治区退役军人创办企业与内地优秀军创企业结对帮扶。邀请浙江等地退役军人企业家赴藏开展招商引资。

六、双拥工作

持续推进双拥模范城（县）创建。做好“最美拥军人物”推荐评选工作，1人获评第四届全国“最美拥军人物”。常态化帮助部队官兵解决“三后”问题，开展“聚焦一线、聚力解难”拥军优属专项活动。开展优抚医院建设前期调研。深化“老兵永远跟党走·把党的关爱送到老兵心中”主题慰问活动，“八一”建军节、“十一”国庆节等节日期间走访慰问服务对象1500余人，发放慰问金100万余元。开展“情系边海防”拥军优属专项慰问活动，发放慰问物资700万余元。强化军供保障。开展“纪念延安双拥运动80周年文化医疗走边防”大型综合性全域性双拥主题系列活动，近2000多名演艺人员和医疗人员组成7个小分队，分赴7个地市，累计行程约1.4万千米，为1.1万名现役军人和曾经现役部队转隶人员及5000余名当地群众开展文化演出和医疗巡诊服务，发放药品价值100万余元，演出节目700多个。开展纪念延安双拥运动80周年“十个一”系列活动。动员社会企业、社会组织加入拥军崇军事业，自治区完成签约“拥军崇军企业（单位、商户）”1000余家。

七、优抚褒扬工作

印发《关于加强新时代烈士褒扬工作的具体措施》。做好优待证申领发放工作。做好自治区烈士纪念设施优化升级和规范化管理，完成烈士纪念设施提质改造项目3个，狮泉河烈士陵园被评为自治区级爱国主义教育基地和民族团结进步模范单位。编制自治区县级以上烈士纪念设施概览图册。摄制完成第一批健在十八军老战士口述历史影像资料。推动拥军企事业单位落实基本优待政策，公布《西藏自治区军人军属、退役军人和其他优抚对象优惠优待目录（第一批）》，76家优惠企业和商家为退役军人提供优待服务。为立功受奖现役军人家庭送喜报600多人次，送达慰问金（品）53万余元。

八、服务保障体系建设情况

强化服务中心站示范创建，制定《西藏自治区退役军人服务中心（站）星级示范创建评选细则（试行）》《西藏自治区退役军人服务中心（站）建设与运行管理规范》。建成自治区首批25个星级服务中心（站）。开展为困难退役军人办实事主题教育实践活动，向困难退役军人和部分优抚对象捐款捐物75万余元。开展各类志愿服务活动600余场次。发放兑现企业军转干部生活补助资金、解困慰问金、困难退役军人子女助学金。印发《贯彻实施西藏自治区“十四五”退役军人服务和保障规划任务分工方案》，加快推进退役军人事务系统重点项目建设，完成日喀则市军休服务中心、阿里地区烈士纪念馆等新建、改造项目12个。推进“自治区退役军人信息管理服务一体化综合平台（一期）”项目建设，完成上报项目初设方案。完成自治区退役军人事务系统区、市、县三级视频会议系统建设项目，全系统视频会议调通率为99%。

九、受援工作成效明显

加大政策、人才、项目、资金、就业、培训、拥军等方面支持力度，助推西藏退役军人工作高质量发展。落实援藏项目资金9400万余元，200余名干部赴对口援藏省市跟岗学习或短期培训。推进40个全国双拥模范城（县）与西藏边防基层连队结对共建。

陕西省

2023年，陕西省退役军人事务系统坚决贯彻落实习近平总书记关于退役军人工作重要论述精神和党中央、国务院决策部署，全力服务经济社会发展、服务国防和军队建设，用心用情用力做好退役军人工作，以实际行动增强“四个意识”、坚定“四个自信”、做到“两个维护”。

一、机构建设情况

狠抓政治机关建设。落实“第一议题”，及时跟进学习习近平总书记重要讲话和党中央、国务院重要会议精神26项。扎实开展主题教育，举办专题读书班、培训班4期，紧盯制约退役军人工作高质量发展的突出问题，深入52个县143个基层退役军人服务中心（站）、36家军创企业调研，完成调研课题12个，形成制度8项，出台文件16份。建立贯彻落实习近平总书记重要指示批示督查清单台账，落实主责单位，及时监测评估，常态化推动落实。

加强法治机关建设。深入学习贯彻习近平法治思想，把依法行政作为推动工作的基本准则，不断提高退役军人工作法治化水平。深入推进普法宣传，全面落实“谁执法谁普法”工作责任，举办专家辅导授课和行政执法案例分析实务讲座，在基层退役军人服务中心（站）设立法律咨询窗口或法律援助工作站，结合常态化联系退役军人、拥军优属走访慰问等开展“送法上门”活动。强化服务体系建设。创新实施全省退役军人服务保障“百千万”工程，12名同志被评为全国退役军人服务中心（站）“百名优秀主任（站长）”，创建标杆型服务中心（站）1100多个。持续加强退役军人服务保障体系标准化建设、规范化运行、高质量服务，推动“两个清单”“两项规范”落实落地。组织召开退役军人健康服务工作推进会，为第三批7家省级示范单位授牌，为35名全省退役军人心理健康专家委员会专家颁发聘书，印发了健康服务示范单位“三优”服务标准细则。拓展市县退役军人健康服务示范单位19家，推动健康服务逐步向下延伸。开展“健康服务送上门”活动，免费义诊退役军人1700余人，捐赠药品物资价值7万余元。

二、思想政治和权益维护工作

制定《“陕西最美退役军人”评选表彰工作办法》，健全完善评选工作程序和监督机制。举办“陕西最美退役军人”发布仪式，策划纪念抗美援朝战争胜利70周年专栏活动，总结推广基层退役军人党建工作典型经验，推动系统思想政治工作体系不断完善。举办退役军人村支书暨高素质农民培育班，培训2批315人，提升了“兵支书”乡村振兴和基层治理能力。开展“红星闪闪耀三秦”志愿服务系列活动，4万余名退役军人志愿者参与学雷锋、防汛救灾等志愿服务，30支服务队入选全国“退役军人关爱青少年志愿服务项目”。

三、移交安置工作

统一实施“功绩制打分排名选岗+直通车安置+包底分配”相结合的“阳光安置”办法，圆满完成转业军官及安排工作退役士兵安置任务。召开领导小组会和电视电话会，审议安置计划和办法，精准对接人才资源和单位需求，分别按安置人数120%、130%编制转业军官、安排工作退役士兵安置计划，确保岗位更加充足、精准、优质。坚持“服役时间越长、贡献越大、安置越好”，对荣获部队功勋荣誉表彰、作战部队主官、烈士遗属、长期在艰苦边远地区和特殊岗位服役的增加赋分权重，公开排名选岗，公开接受监督。优化“直通车”安置办法，全省180多名转业军官直通安置到高校、医院等专业性较强的单位，人岗更加匹配。线上线下组织送政策进军营，会同部队加强待安置期教育管理，进一步规范教育培训、政治引领和岗位实践，引导退役军人合理确定安置预期。扎实开展安置“回头看”，退役军人安置满意率显著提升。

四、就业创业工作

运用“周报告、月分析、季总结”机制，摸清全省30万余名劳动力阶段退役军人就业状况、培训需求，建立军创企业规模、产值、税收、带动就业等分类台账，为精准服务提供了有力支撑。一手抓针对性培训，一手抓多渠道就业，出台教育培训暂行办法，“定单式”“定向式”“定岗式”技能培训4900余人，举办省级示范培训14期800余人。深入开展“退役军人就业服务季”等活动，举办线上线下招聘900多场次，促进就业1.7万余人，完成年度计划的118%。承办首届全国退役军人创业创新成果展交会，汇集展销了全国484家优秀退役军人创业创新企业、800多个类别创新项目和产品，集中签约40个项目约30亿元。结合营商环境突破年，开展领导干部常态化联企访企活动，走访近千家军创企业，在清华大学、上海交通大学等高校举办5期军创企业家高级研修班，联合市场监管、税务部门出台优惠政策，减免税费3000万余元。

五、军休服务管理工作

举办军休政策业务和党支部书记培训，推进军休老年大学建设，指导常态化开展“五进”活动，组织“重阳”军休干部文艺汇演，强化日常管理，促进军休干部积极发挥作用。推动军休机构硬件提升、软件提质，完成军休老旧小区改造21个，评定军休机构星级单位34家。研究出台《关于伤病残退休军人住院基本医疗外个人自付较多部分给予适当补助的意见》，妥善解决伤病残退休军人医疗负担过重问题。

六、拥军优抚工作

扎实开展纪念延安双拥运动80周年书画

展、文艺汇演等系列活动，开展新一届双拥模范创建，命名表彰48个省级双拥模范城（县）、280家模范单位和个人。举办双拥工作新闻发布会，广泛开展双拥“十个一”工程、“千城万店拥军优属”等活动，命名双拥广场、双拥学校等1400多个，激发了社会各界爱国拥军热情。深入开展“城连共建”“城舰共建”，走访慰问咸阳舰、渭南舰、延安舰，到新疆、西藏、海南等边防哨所看望陕西籍官兵，慰问边海防官兵家庭2700多户。

完善交办、推进、反馈、回访工作机制，解决部队实际问题48件。印发《陕西省军人随军家属就业安置实施办法》《陕西省军人子女教育优待实施办法》，为270余名军属推荐就业岗位，为2300余名军人子女落实教育优待。

实现残疾退役军人康复辅助器具网上办理，优抚对象医疗补助全面实现“一站式”服务。庆送立功喜报3000余份，拓宽应用场景，全省111个文旅景区为退役军人实行优待政策。

七、褒扬纪念工作

印发《陕西省烈士纪念设施保护管理基本制度规范参考》，进一步建立健全保护管理制度，推进烈士纪念设施晋级，开展县级以下烈士纪念设施整修工程“回头看”，不断巩固整修工程成效。发挥烈士纪念设施教育功能，有序组织“清明祭英烈”、“9·30”烈士纪念日公祭等活动，开展各类祭扫200余场次，英烈故事“五进”活动500余场次，为全省300余名烈士父母捐赠关爱礼包，开展全省未成年烈士子女暑期践学活动，帮助35名烈士找到亲人。

八、自身建设情况

召开抓基层党建述职评议考核大会，严格规范“三会一课”、党员发展、积分制管理和党员到社区报到等制度落实。坚持党建与业务深度融合，积极创建模范机关和“五星级党支部”，4个处室（单位）党支部获评“五星级党支部”。深化精神文明单位创建，组织主题党日、军营开放日、读书学习等文化活动，不断凝聚团结奋进的精神力量。坚持业务工作与党风廉政同部署、同推进，组织签订党风廉政建设责任书，召开党风廉政建设专题党组会，全面压实各级从严治党政治责任。认真开展纪检监察干部队伍教育整顿，开展自查检视和谈心谈话。围绕建设清廉机关，制定党员干部“八小时以外”监督管理办法，全系统政治生态风清气正。制订《2023年度干部教育培训计划》，举办19个培训班次，1600多人次参训，系统干部政治素质和业务水平得到显著提升。拓宽培训渠道，用好干部教育培训平台和名校教育资源，选调57人次参加多个主题培训班次，在复旦大学组织举办干部能力提升培训班，提高了干部推动退役军人工作高质量发展的能力。

西安市

2023年，西安市退役军人事务系统坚持以习近平新时代中国特色社会主义思想为指导，全面学习贯彻党的二十大精神，坚决落实习近平总书记关于退役军人工作重要论述和来陕考察重要讲话重要指示精神，立足服务经济社会发展、服务国防和军队建设，锚定“让军人成为全社会尊崇的职业，让退役军人成为全社会尊重的人”的工作目标，守正创新、真抓实干、倾情服务，推动退役军人工作高质量发展。

一、机构建设情况

“五有”“全覆盖”要求落地落实，多部门合力推动解决基层退役军人服务中心（站）办公场地短缺、人员配备不足等问题，全市省级标杆、示范中心（站）创建率提前两年达到50%。进一步延伸服务保障范围，在多所高校建成服务站10个，新增区（县）级烈士纪念设施保护中心（站）7个。在全市推广完成军人退役“一件事一次办”集成改革任务，解决业务办理问题45件，系统填报内容数量减少到40件，办理时限、办理环节、申请材料、跑动次数均减少一半。提高信息化水平，补齐工作短板，针对服务对象基数大、信息掌握不翔实、工作数据不准确等问题，建成了具备数据采集、统计和分析等功能的西安市退役军人和其他优抚对象精准信息采集系统，已采集更新服务对象信息31万余人。探索上线西安市“古都退役军人”微信小程序，提供求职招聘、就业培训、志愿服务、优抚优待等17类53项服务，努力构建退役军人智慧化服务格局。优化体系建设，工作运行体系更加顺畅高效。健全军地沟通机制，推行互办实事“双清单”制度。探索建立“三精三全”工作机制，做到帮扶援助到位、风险隐患防范化解到位、服务管理科学规范到位。政策制度体系更加系统完备，着眼提升退役军人事务工作治理体系和治理能力现代化水平，紧跟国防和军队现代化进程，配套出台《西安市退役士兵教育培训暂行办法》《关于落实三精三全工作机制着力加强优抚对象服务管理工作的意见》等文件20余份，为各项工作任务落细落实提供了政策支撑。

二、思想政治和权益维护工作

注重学思践悟，下基层、进军营、走边防，系统学习习近平总书记系列重要论述，开展专题调研，推动解决了一批退役军人关心关注的重难点问题。聚焦“军”的内涵和“红”的色彩，综合运用传统媒体、融媒体等表达传播方式，讲好退役军人故事。以“老兵永远跟党走”为主题，持续深化党性教育，举办首届西安市退役军人大讲堂，组织“擦亮军功章、奋进新时代”等活动，常态化开展军事化训练，引领退役军人发扬优良传统、永葆军人本色。大力弘扬英烈精神，2500多名烈士英名及事迹载入西安地方志，组织开展英烈故事“五进”宣讲100多场次。抢救拍摄“老兵口述历史”系列视频100多集。以最美退役军人宣传活动为抓手，挖掘宣扬退役军人投身乡村振兴、基层治理、创业致富的先进事迹，展现新时代退役军人风貌，凝聚强国奋进力量。为困难退役军人发放“关爱基金”200万余元、发放生活困难补助200万余元。帮助1000余户建档立卡的烈士遗属解决就业、住房、医疗、入学等实际困难。联合法院、检察院、工会等部门积极探索建立帮扶机制，为200余人提供法律援助。

三、移交安置工作

圆满完成年度接收安置任务。全面落实“阳光安置”办法，树立“凭贡献立身，凭实绩选岗”的鲜明导向，按接收人数的120%比例编制转业军官安置计划，按照160%比例编制随调配偶安置计划，首次将市属3所院校纳入安置范围。

强化教育培训赋能，助力退役军人就业创业。组织2000余名退役军人参加“线上＋线下”适应性培训，500余名退役军人参加免费职业技能培训，400余名退役大学生士兵享受免试专升本、加分等政策。

四、就业创业工作

发挥退役军人优势，助力地方经济社会发展。圆满承办首届全国退役军人创业创新成果展交会，集中签约40个项目30.84亿元（其中西安5亿元）。为497家军创企业减免税费1200万余元，组织招聘会220场次，提供岗位5万余个。1900多名退役军人回村两委任职，助力乡村振兴发展。354支志愿服务队在扶贫帮困、平安建设等领域及中国—中亚峰会等重大活动中发挥了重要作用，共组织各类活动440余次，累计服务时长8100多小时，其中5支获评全国“退役军人关爱青少年志愿服务队”。

五、双拥工作

积极落实军地互提需求、互办实事机制和交办、推进、反馈“三项制度”。推进“城舰共建”“城连共建”，向西安舰赠送60余万元慰问物资，与海军丝路方舟舰商定23项共建内容，财政部门、水务部门、退役军人事务系统合力解决军地共建部队用水取暖困难。支持部队遂行军事任务，为驻市部队解决问题16件。向义务兵家庭及时发放优待金，对全市边海防官兵家庭进行走访慰问。教育部门为2300多名军人子女落实招生优待政策，人力资源和社会保障部门为200余名随军家属解决就业问题。打造拥军院线、拥军剧场，全市500多处永久性双拥标识、双拥主题公园、拥军酒店相继亮相。成功将小雁塔小学打造为陕西省首个“爱国拥军教育示范基地”。驻市部队广泛举办军营开放、便民服务、国防教育等活动，积极投身地方急难险重任务，助力乡村振兴工作，以军地合力不断为西安市高质量发展夯基打底。

六、优抚褒扬工作

提升管理水平。在严格遵守保密要求的前提下，扎实开展优抚对象年度确认与数据比对工作，对优抚对象基本信息与资金发放情况进行核验。

关心优抚对象。及时足额发放抚恤补助资金。为全市退役军人发放优待证，交通运输部门为军休人员和部分优抚对象落实免费乘坐市内公共交通工具政策，市属医疗机构设立军人军属和退役军人优先窗口。荣誉激励先进典型，82名立功受奖现役军人名录载入西安年鉴，为600余名立功军人家庭举行庆送喜报仪式，开展新兵入伍欢送、退役返乡欢迎活动40余场次。发挥社会力量，组建英烈事迹宣讲团，打造“您好英烈属”服务品牌。吸纳崇军企业300余家、门店1000余个，形成优惠优待清单800余条。打磨《我们与英烈同行》等红色剧本30余部，编排红色清唱剧《江姐》进高校、机关演出，营造全社会尊崇氛围。

甘肃省

2023年，甘肃省退役军人事务系统坚持以习近平新时代中国特色社会主义思想为指导，深入学习贯彻党的二十大精神，围绕服务经济社会发展、服务国防和军队建设，学思想、强党性、重实践、建新功，推动退役军人工作高质量发展。

一、机构建设情况

强化各级党委退役军人事务工作领导小组作用，召开省委领导小组全体会议和专题会议，部署推进重点工作。全面完成军队人员派驻工作，14名军分区政治工作处主任任市（州）局、84名县人民武装部副部长任县（市、区）局党组成员、副局长，有效加强军地协作，推动工作融合。持续巩固深化服务体系建设成果，在市、县服务中心设立“老兵工作室”“心理咨询室”115个，探索建立高等院校服务站2个，健全完善基金会工作体系，设立16个市级工作处、86个县级工作站，并逐步延伸到省属企业，实现了省、市、县全覆盖。

二、政策法规工作

研究制定就业创业、帮扶援助、优抚优待等方面政策文件9个。结合主题教育调研、退役军人事务工作综合督查、省级双拥模范城（县）考核，推动各项政策落实落地。围绕《中华人民共和国退役军人保障法》重点问题，深入细致开展立法调研，完成《甘肃省退役军人保障条例（草案）》对照版和立法建议稿调研报告。制定印发《甘肃省退役军人事务系统行政裁量权基准（试行）》《甘肃省退役军人事务系统行政裁量权基准制定和管理工作规定（试行）》《甘肃省退役军人事务系统提升行政执法质量三年行动（2023—2025年）任务分工方案》，完成甘肃省基本公共服务实施标准涉及退役军人事务部门事项实施标准，夯实依法行政基础。

三、思想政治和权益维护工作

强化典型引领，选树20名“陇原最美退役军人”，举办发布仪式；抓好“兵支书”、志愿者、网评员“三支队伍”建设，充分发挥“三支队伍”在乡村振兴、基层治理、应急抢险等工作中的先锋作用；注册志愿服务队10 116支，招募退役军人志愿服务者13.3万人。积石山县发生6.2级地震后，及时动员全省60支退役军人志愿服务队、1200名退役军人投身抗震救灾。常态化联系退役军人，深入做好政策宣讲、困难帮扶和走访慰问。认真学习践行新时代“枫桥经验”，严格落实“双包联”责任，动态开展矛盾纠纷排查化解工作。开展“情暖老兵”行动，指导省退役军人关爱基金会募集资金、项目和物资4310.91万元，对1670名特别困难退役军人、765名烈士遗属、845名积石山县地震受灾退役军人进行了帮扶援助。

四、移交安置工作

积极实行“阳光安置”“直通车”模式，将年度安置工作细化为档案审核移交、岗位征集、制定安置方案、落实安置计划和督查总结5个阶段、12项任务。完善“省级调剂、市级统筹、县区安置”的工作体系，建立健全情况通报、督导落实、考核评价机制。抽调军地相关人员，组成档案联合审核专班，按照“方便部队、即交即接”原则，采取全员培训、集中审核的办法审核档案材料，持续开展档案数字化工作，对历年来省级转业军官和安排工作退役士兵安置报到通知书等相关材料进行数字化。转业军官85.5%安置在行政和参公事业单位；安排工作退役士兵100%安置在党政机关、事业单位和国有企业；接收军休人员、逐月领取退役金人员、复员干部做到了“即交即接、即接即审、即审即办”。

五、就业创业工作

联合相关部门制定了《甘肃省促进优秀退役军人到中小学任教的具体措施》《支持退役军人创业创新的具体措施》《关于加强就业困难退役军人帮扶工作的具体措施》等6个政策文件，强化政策支撑；加强政校合作，组织4832人参加无人机、新媒体运营师等新型职业技能培训，91%取得职业资格证书；组织250人参加“兵教师”培训，教师资格证考取率远超全省平均水平；鼓励引导3165人参加学历提升教育，协调落实学费减免政策。大力探索“1+5”“三带一送”就创机制模式，积极对接大中型企业提供优质就业岗位，甘肃省省、市、县联动举办招聘会289场次，帮助8086人稳定就业；新聘任退役军人就业创业指导专家108名（共计446名），接受退役军人就业创业咨询2.3万人次。新审核认定省级退役军人创业孵化基地17个，提供各类服务1600多人次，减免各类费用7600万元。

六、军休服务管理工作

持续推进军休老旧小区改造和活动场所建设，完成9个老旧军休小区改造工程，投入4359万元购置军休活动场所2300余平方米，创办兰州军休老年大学，开展星级军休机构评定，办好网上“军休所”，组织117名军休干部荣誉疗养，开展军休干部红色宣讲志愿服务，稳妥推进退役金调整政策。健全逐月领取退役金人员、自主择业军转干部、企业军转干部等分类服务管理制度。积极为失能失智、独居空巢等重点人员提供精细化、个性化服务，提升军休养老、医疗、日间照料社会化保障水平。

七、拥军优抚工作

按时精准拨付优抚补助资金，发布退役军人优待目录清单2批九大类248项。研究出台

《关于退役军人工作服务部队备战打仗的若干措施》，制定7个战时工作预案，投入3000万余元加强军供站、优抚医院和光荣院建设，完成西部战区国防动员能力检验评估，累计投入资金2.26亿元、划拨土地3700余亩支持国防工程建设。举办纪念延安双拥运动80周年文艺晚会，走访部队637次、慰问物资价值3614万元。全年累计解决官兵“三后”问题3114件，14个市（州）、51个县（市、区）被命名为新一届甘肃省“双拥模范城（县）”，首次实现市州全域同创。临夏州积石山县发生6.2级地震后，厅系统党员干部积极捐款，通过甘肃省爱国拥军促进会、甘肃省退役军人关爱基金会共计捐款捐物610万元，以实际行动为抗震救灾贡献力量。

八、褒扬纪念工作

组织“红色九月”“为烈士寻亲”“老兵记忆”短视频征集等活动，隆重举办“9·30”烈士纪念日公祭活动，组织70万人参加清明祭扫，累计为155名烈士找到亲人，向烈士家属发放慰问金（品）4.5万元，首次实现对烈士遗属慰问全覆盖，参加全国英烈讲解员大赛，获优秀组织奖。建好用好英烈讲解员队伍，深入挖掘宣传英烈事迹，联合党史部门收集整理红军在甘肃活动史记，强化英烈荣誉保护。联合省财政厅出台《甘肃省烈士纪念设施专项补助资金管理办法》，安排1288万元专项补助资金对全省22处烈士纪念设施进行维修改造，全力推进全省烈士纪念设施数字地图建设，有效发挥宣教功能。

九、服务保障工作

紧紧围绕建强用好各级退役军人服务中心（站）的目标，按照“机构建设抓覆盖、人员编制抓落实、经费保障抓预算、服务保障抓规范、业务能力抓提升、示范创建树典型”的工作思路，统筹兼顾、破解难题，不断巩固深化“五有”“全覆盖”成果，落实“四尊崇五关爱六必访”，推进各方面工作取得新成效。推行“一诺三评三公开”活动，形成比学赶超、大抓落实、争先进位的良好态势。全省共10名基层退役军人服务中心（站）主任（站长）获评全国退役军人服务中心（站）“百名优秀主任（站长）”。

十、自身建设情况

狠抓理论武装，严格落实“第一议题”制度，持续推动厅系统学习贯彻习近平新时代中国特色社会主义思想走深走实，坚定捍卫“两个确立”、坚决做到“两个维护”，不折不扣落实党中央决策部署和退役军人事务部要求。深入开展主题教育，积极组织中心组学习、集体学习、研讨交流、专题读书班。大兴调查研究之风，组成7个调研组深入56个市（县）、287个乡村开展调研，上下联动解决了一批疑难问题，形成调研成果18个。持续注重抓班子，切实增强班子的凝聚力、战斗力，提振干部队伍的精气神，推动全厅上下形成比学赶超、大抓落实、争先创优的良好氛围。

青海省

2023年，青海省退役军人事务系统学习贯彻习近平总书记关于退役军人工作重要论述，以扎实开展习近平新时代中国特色社会主义思想主题教育为牵引，以持续整治作风突出问题为抓手，抓基层、打基础，破难题、促发展，重落实、保稳定，全省退役军人工作迈上新台阶。

一、政策法规工作

制定出台《关于进一步做好青海省移交政府安置的军队离退休干部养老服务工作的通知》《青海省退役军人人事档案管理利用办法》《关于促进退役军人高质量就业创业的二十条政策措施》等政策文件。

建立健全军地互办实事、互提需求“双清单”机制，让退役军人工作发挥军地战略规划统筹、政策制度衔接、资源要素共享的桥梁纽带作用。推行军人退役政策落实“一站式”服务，举办现场观摩会，整合部门资源、打通数据链路、优化业务流程。

围绕学习贯彻《中华人民共和国退役军人保障法》《信访工作条例》等法律法规，开展“送教下乡”活动，举办线下培训班11期，培训退役军人事务系统干部职工900余人次。在县级及以上退役军人事务部门遴选41名工作人员，开展退役军人事务员师资线上培训。

创新编制《青海省退役军人工作法律政策落实指南》，废止修订一批不适应新形势新要求的规章制度。举办全省首届退役军人事务系统法律知识竞赛，提升了工作人员政策水平和业务能力。

二、服务体系建设

落实“五有”“全覆盖”要求，持续开展“退役军人之家”创建和“星级评定”，全省649个服务中心（站）建成“退役军人之家”，173个服务机构晋升星级。

研究编制《青海省退役军人服务中心（站）服务工作指南》，联合5部门印发加强退役军人服务保障机构建设工作的指导意见。发布《关于公布青海省退役军人省级承训机构目录（2023版）的通知》，与部分金融、通信、物流行业签订优待合作协议，动员社会力量参与退役军人工作。

三、思想政治和权益维护工作

各级老兵宣讲队进入机关、校园、社区、军营进行宣讲活动300余场次；各地累计动员组织

365 批次、7000 余名退役军人参与志愿服务活动；10 支退役军人志愿服务队伍入选全国“优秀退役军人志愿服务队”；甘肃积石山县 6.2 级地震发生后，海东市动员 9 批次志愿者服务队、共 678 名退役军人参与抗震救灾，省军队离退休干部休养所组织军休干部向地震灾区捐款 21 万余元。

发挥先进典型示范引领作用。组织抗美援朝战争口述史采集录制，在全省开展向“最美退役军人”“最美拥军人物”学习活动，做好“我家有老兵”“戎光在身边”等专题报道，先后推出一大批扎根基层、爱岗敬业的先进典型，退役军人东周才仁荣登全国“见义勇为勇士榜”。教育引导全省广大退役军人认识“三个最大”省情定位和“三个更加重要”战略地位，鼓励他们投身生态文明高地建设。

四、移交安置、就业创业工作

落实退役军人安置政策，完成年度安排工作退役军人、离退休军人安置任务和逐月领取退役金退役军人、复员干部接收安置任务，全省转业军官安置到党政机关和参公单位的比例达 97%。

构建以适应性培训为基础、以职业技能培训为主体、以就业创业个性化培训为延伸的教育培训体系，组织 2700 余人次参加各类培训。落实《青海省关于促进退役军人投身乡村振兴的实施意见》，举办“学党的二十大精神、促乡村振兴”培训班，召开退役军人投身乡村振兴现场推进会。与部分援青省份建立退役军人就业创业跨省协作机制，累计举办线上线下招聘活动 100 余场次，2400 余名退役军人达成就业意向。

首次组织召开全省退役军人创业工作座谈会，协调落实退役军人创业扶持政策，组织 30 余家军创企业参加首届全国退役军人创业创新成果展交会、第 24 届中国·青海绿色发展投资贸易洽谈会、第三届广西退役军人创业创新产品交易会等活动，2 家军创企业荣登年度“全国退役军人创业带动就业光荣榜”。选树 10 家“青海省退役军人投身乡村振兴示范企业”，10 名“青海省退役军人投身乡村振兴先进个人”。

五、拥军优抚、褒扬纪念工作

开展“情系边海防官兵”专项慰问和走访慰问驻青部队等活动，各级党政领导带头慰问部队单位 160 余次、一线任务部队及立功受奖官兵家庭 400 余户。落实鼓励大学生参军入伍和应征青年赴高原部队服役优待措施，连续两年提高全省义务兵家庭优待金标准。常态化开展新兵入伍欢送、退役返乡欢迎、光荣牌悬挂、立功受奖报喜等活动。

落实军人军属优待政策，解决部队官兵“三后”问题，军人子女入学入托、家属安置就业均妥善解决。全省各地结合实际推出涵盖公共交通、通信服务、餐饮住宿等方面优待服务项目。开展“最美拥军人物”遴选推荐工作，1 人获全国“最美拥军人物”提名。出台《青海省双拥模范城（县）、双拥模范单位和个人评选表彰项目管理办法》，规范评选表彰流程，深入 7 个全国双拥模范城（县）开展实地督导调研，各地以双拥模范城（县）创建为载体，开展新一轮双拥创建活动，加强军地协同、部门联动，打造具有区域特色的双拥品牌，让“军爱民、民拥军”成为社会共识。

再次提高全省优抚对象抚恤补助标准，上调企业军转干部、复员干部补助标准。出台提升军休干部养老服务水平十项措施，解决逐月领取退役金退役军官公务员医保政策落实问题。为优抚对象发放“两节”期间一次性生活补贴，帮助1900余名困难服务对象落实低保、特困供养等帮扶政策，发放2批次共118万元关爱帮扶资金，惠及服务对象270余名。

协调中华慈善基金总会、中国退役军人关爱基金会、中国教育发展基金会等社会组织，为20名特殊困难退役军人子女争取一次性助学金10万元，接收新疆爱心企业捐赠市值50万元的物资。

多渠道、多载体播放纪念英烈宣传标语，线上线下同步开展“清明祭英烈”“9·30”烈士纪念日公祭等活动，在全社会营造崇尚英雄、缅怀先烈的良好风尚。加强红色资源保护，稳步推进烈士纪念设施提质改造，争取补助资金2500万余元支持5处烈士纪念设施提质改造，累计完成“十四五”目标任务的63.4%，全省烈士纪念设施面貌大幅改观。编制全省烈士纪念设施概览，对3969名烈士坐标进行修改比对，帮助16名烈士成功寻亲。

六、自身建设情况

落实省委部署要求，制定《青海省退役军人事务厅以案促改专项教育整治实施方案》《青海省退役军人事务厅作风突出问题专项整治实施方案》《关于融合推进主题教育与以案促改专项教育整治的十条措施》，开展“以案促改”专项教育整治和作风突出问题专项整治，召开动员部署会议，做好问题查摆纠治，对照省委明确的5个方面17个查找内容，查摆问题表现11条，制定整改措施30余项，并逐一明确责任领导、责任单位、完成时限，纠治作风方面顽瘴痼疾。

党风廉政建设。召开党组会、机关党委会专题研究部署全面从严治党工作。发挥机关纪委监督职能，推进廉政风险点排查，加强日常管理监督，构建“权责清晰、流程规范、风险明确、措施到位、预警及时、制度管用”的廉政风险排查防控机制。

贯彻“大兴调查研究”“四下基层”部署要求，围绕摸“痛点”、疏“堵点”、治“难点”，派出2支调研组深入8个市（州）、35个县（市、区）及部分退役军人创业孵化基地、军创企业，解决重点难点和深层次矛盾问题，形成一批指导性调研成果。

宁夏回族自治区

2023年，宁夏回族自治区退役军人事务系统深入学习贯彻习近平新时代中国特色社会主义思想和党的二十大精神，全面贯彻习近平总书记关于退役军人工作重要论述和视察宁夏重要讲话指示批示精神，坚持以铸牢中华民族共同体意识为主线，统筹推进改革发展稳定各项任务，向新征程退役军人工作高质量发展迈出坚实步伐。

一、工作体系建设情况

推动将退役军人工作单列纳入宁夏回族自治区效能目标管理考核体系，开展首次退役军人事务实地综合督查。退役军人事务系统信息化建设项目有序推进，吴忠市、固原市军休老年大学建成投用，石嘴山市优抚医院主体完工。配合自治区人大赴外省开展退役军人服务保障立法调研，推动出台《关于激励引导退役军人发挥作用优势　投身社会主义现代化美丽新宁夏建设的实施意见》等系列政策文件。8项经验在全国系统会议上发言交流，承担退役军人事务员职业、“减证便民、优化服务”等4项全国试点。

二、思想政治和权益维护工作

创新退役军人“大思政”模式，新建退役军人思想政治教育基地5个，发布全国首个省级退役军人公约，退役军人党员组织关系转接率达100%。全面搭建“4+N”老兵队伍，出台促进优秀退役军人到中小学任教“15条”，选培“兵两委”1300余名，老兵志愿服务队达701支1.4万人，开展志愿服务活动3200余次；老兵宣讲团增加到30支300余人，开展宣讲活动1100余场次；老兵文艺工作队增加到27支500余人，开展送演活动100余场次；选培老兵政治指导员500余人，服务受众1万余人次。承办全国首届退役军人事务领域网络正能量人士圆桌派活动。成立宁夏退役军人关爱基金会，组织实施“情暖老兵”“爱可以听见”等系列公益主题活动，走访慰问困难对象5800余人次，发放救助资金400万余元，为900余名退役军人免费配发助听器。联合法院、司法等部门出台法律援助实施方案，建成贯通五级的退役军人法律援助机制，建成法律援助站28个、法律咨询窗口400多个、法律援助联络点300多个，累计开展法律援助服务400余人次、咨询服务2500余人次，办理法律援助案件23件。

三、移交安置工作

进一步优化移交安置方式，年度转业军官

和安排工作退役士兵安置筹集岗位比均提高到1∶1.6以上，圆满完成年度退役军人安置任务。

四、就业创业工作

联合13家金融机构推出“崇军贷”，发放贷款5亿多元。举办“戎创塞上”退役军人创业创新大赛和创业创新成果展。打通事业单位工作人员、消防员、工会社会化工作者、区属国有企业职工专岗招聘通道，成立自治区级退役军人就业服务基地，搭建退役军人“点单式”就业超市，实现就业1600多人。

五、拥军优抚工作

深入开展“情系边海防”“城连共建”“城舰共建”活动，走访慰问驻宁部队、演训和边海防部队200余支，优抚对象和边海防官兵家属1万多人，覆盖范围、慰问人数均创历史新高。及时协调解决20余项部队急需、官兵急盼事项，解决800余名军人子女入学和20余名随军家属就业问题。开展纪念延安双拥运动80周年活动，发布首届“宁夏最美拥军人物”“宁夏最美军嫂”，新建双拥主题公园、文化广场等58处（条），举办“你好，双拥模范城”吴忠站点亮仪式。出台《宁夏回族自治区优抚对象医疗保障实施办法》和《宁夏回族自治区残疾退役军人医疗保障实施办法》，实现保障提标、范围拓展。连续19年提高优抚对象抚恤生活补助标准，为100多名荣立二等功以上功勋的退役军人等优抚对象提供短期疗养，精神障碍患者健康巡诊实现全覆盖，优待证申领发放进入常态化。

六、褒扬纪念工作

推进烈士纪念设施“铸魂提质”，吴忠市涝河桥烈士陵园Ⅰ期改造顺利完工，银川市烈士陵园和盐池县革命纪念园提质改造项目启动实施，石嘴山市烈士陵园和隆德县烈士陵园列入国家项目储备库，烈士纪念设施建设投入较上年增长近1倍。建立关爱烈属数据库和常态化烈士寻亲机制，累计为15名宁夏籍烈士找到家人。

七、服务保障工作

集中开展服务保障体系“五有”“全覆盖”落实情况“回头看”，启动“百镇千站服务质量提升行动”，制定四级退役军人服务机构任务清单，争取600多万元奖补资金解决基层服务机构运行难题，“党建引领＋红色资源＋亲情服务”红色退役军人服务站创建初见成效，接受国家退役军人服务中心和西部7个省份、新疆生产建设兵团现场观摩。

八、“全域崇军行动”实施情况

持续深化拓展“崇军行动”，推动出台《社会崇军示范区建设实施方案》，坚持面向全国、立足全域、覆盖全业，“延链、强链、升链、补链”一体推进，建成涵盖“衣食住行”“业教保医”等多个领域，贯通退役安置、就业发展、健康养老全生命周期的“崇军链”，为退役军人和其他优抚对象提供优先优待优惠，覆盖范围广、优待项目多、优惠力度大、惠及群体众，相关做法被《新华社国内动态清样》和《人民日报·内部参阅》刊发。

九、牵头建立退役军人工作区域协作发展机制情况

坚持立足国家战略、服务发展大局，谋划推动退役军人工作，先后与福建、江苏、上海等东部3省市和黄河流域9省区建立推进退役军人工作高质量发展区域协作机制，在退役军人人才培养、服务保障资源共享等11个领域展开合作，推动省域理念共通、协作共建、资源共享、发展共赢。同福建、山东等地在退役军人企业家联合培养、退役军人创业产品销售、市域协作共建、双拥联合共建等方面取得实质性进展。

十、自身建设情况

扎实开展学习贯彻习近平新时代中国特色社会主义思想主题教育，1篇理论文章入选全国党委退役军人事务工作领导小组办事机构优秀研究成果，2项研究成果分获宁夏回族自治区党委主题教育领导小组优秀调研报告一等奖、主题征文一等奖。出台《关于进一步加强全区退役军人事务系统法治建设的实施意见》，深入开展“减证便民优化服务”全国试点工作，梳理政务服务事项51项，编制《宁夏回族自治区退役军人事务系统政务服务事项目录（2023版）》及经办指南，相关做法被退役军人事务部刊发全国交流推广。厅机关行政执法证持证率达82%以上，组队参加宁夏回族自治区宪法法律知识竞赛获得团体第二名。

新疆维吾尔自治区

2023年，新疆维吾尔自治区退役军人事务系统坚持以习近平新时代中国特色社会主义思想为指导，全面贯彻党的二十大精神，贯彻落实习近平总书记关于新疆工作的重要讲话、重要指示批示精神，完整准确全面贯彻新时代党的治疆方略，按照自治区党委十届历次全会部署要求，坚持稳中求进总基调，以推动高质量发展为主题，以主题教育为统领，以“强能力、转作风、抓落实”为抓手，积极促进经济社会高质量发展，各项工作不断实现新突破、取得新成效。

一、机构建设情况

建强全区退役军人服务中心（站）1万多个，聚焦提升基层服务中心（站）建设质量，印发《自治区退役军人服务保障体系建设重点工作安排》和季度任务清单。举办自治区退役军人服务保障体系现场推进会暨服务中心主任培训班，严格落实习近平总书记关于加快推进退役军人服务保障体系建设“五有”“全覆盖”等任务要求，在更高起点上推动全区退役军人服务保障体系建设高质量发展。巩固示范型创建成果，采取实地调研、自查整改、视频调度、图文展示等方式，检查落实建设管理指导标准，进一步有效推动1600多个村（社区）服务站标准化、规范化建设。

二、政策法规工作

印发《自治区退役军人事务厅贯彻落实领导干部应知应会法律法规清单制度实施方案》，建立厅系统“1+4+16”学法清单，在干部提职晋升前进行法律知识考试，确保各项工作在法治轨道上运行。编印《自治区退役军人事务厅工作制度汇编（二）》，提高退役军人事务工作者运用法治思维和法治方式解决问题的能力和水平。印发《新疆维吾尔自治区退役军人事务系统行政裁量权基准》，对退役军人事务领域中的违法事项明确设定依据、处罚情形及后续监管措施，运用说服教育、行政指导等方式开展行政执法活动，努力做到宽严相济、法理相融。在“八一”建军节和“9·30”烈士纪念日节点，依托“法治新疆”平台，与自治区司法厅联合开展8月、9月“学法达人月月赛”活动，选派干部参播“法律与你同行”广播（维吾尔语）直播节目，采取多种形式深入学习宣传《中华人民共和国退役军人保障法》《中华人民共和国英雄烈士保护法》，落实退役军人事务部门普法责任制。

三、思想政治和权益维护工作

联合自治区党委宣传部、新疆军区政治工作部、新疆广播电视台举办2022年新疆“最美退役军人”发布仪式，全区超100多万人同步线上观看。且末县老兵治沙队被评为年度全国“最美退役军人”集体，先进事迹在中央电视台《闪亮的名字》栏目发布。全年在省部级以上媒体宣发先进典型通讯100余篇部，讲好退役军人故事，营造致敬最美、礼赞榜样的浓厚社会氛围。联合自治区党委宣传部、文明办、团委举行“戎耀天山·新疆退役军人志愿服务总队”授旗仪式，示范带动各地（州、市）层层组建退役军人志愿服务队共2400多支，构建“区总队、地支队、县大队、乡中队、村小队”志愿服务体系。广泛开展民族团结、固边兴牧、生态保护等各类志愿服务5300多场次。在甘肃青海地震灾害发生后，区总队及时发起公益捐款活动，总计捐款捐物价值约76万元。同时，区总队和新源县、奎屯市大队赶赴青海省西宁市民和回族土族自治县官亭镇、甘肃省积石山保安族东乡族撒拉族自治县吹麻滩镇，协助当地抗震救灾指挥部开展灾后重建工作，并收到甘肃省退役军人事务厅、甘肃省积石山县石塬乡石塬小学发来的锦旗和感谢信。

持续深化“老兵永远跟党走”主题宣讲活动，全区200多支宣讲队开展1600多场次基层宣讲，受众7.6万余人次。全区走访慰问功臣模范、先进典型、困难退役军人7.8万余人次，发放关爱帮扶物资资金价值约3700万余元；落实中央专项解困资金3600万余元，做好全区4000余名企业军转干部解困工作；积极开展“情暖老兵·关爱行动”，救治退役军人先心病子女1名，资助困难退役军人子女就学80名，使广大退役军人感受到了社会各界的温暖。

四、移交安置工作

提升安置质量，持续发挥党政机关接收安置主渠道作用；大力推行“阳光安置”，采取“双向选择、指令性分配、功绩制选岗”相结合的方式，安置率为100%，安置到机关、事业单位比例超90%。开展退役军人疗养活动，25名基层优秀退役军人代表参加。组织开展全疆转业军官和安排工作退役士兵适应性培训、专业培训、进高校专项培训6批次，培训退役军人600余人次。持续做好部分退役士兵社保补缴工作，在资金保障、协同发力、密切配合等方面用功着力，全区1.3万余名退役士兵待遇得到有效保障。

五、就业创业工作

印发《关于促进优秀退役军人到中小学任教的实施意见》，1200多名退役军人充实教师队伍，其中60%在南疆任教，更好助力南疆教育事业。深化“权威推荐＋自主选择”企业就业合作模式，大力开展退役军人“送政策、送岗位”进军营、进高校活动，先后举办退役军人专场招聘会300余场次，达成就业意向3200余人。为500多名参加专升本和普通高考退役军人落实加分免试优惠政策。协调自治区党委组织部为退役军人设置100多个公务员招录岗位，促进退役军人充分、高质量就业。举办“建行杯”第三届自治区退役军人创业创新大赛，推广一批军创企业成功经验。组织实施“粤津援疆助军创　携手共进促发展”活动，粤、津、疆三地60家军创企业签订战略协议，实现结对发展，单笔合作意向超2亿余元。依托浙沪高校开展退役军人创业培训，提升200多名退役士兵、70名乡村振兴带头人创业能力。会同税务部门落实减免税收政策2000万余元，协调人力资源社会保障部门、金融机构发放创业贷款2.6亿元，为退役军人创业搭建更加广阔的平台，以创业更好带动就业。

六、军休服务管理工作

加强与驻疆部队沟通联系，优化军队离退休干部移交安置流程，超额完成年度接收安置任务，完成率达124%。全区首次开展军休荣誉疗养工作，400余名军休人员参加疗养。结合异地休养军休人员逐年增加实际，及时做好异地就医备案登记办理，为400余名军休人员申报异地就医报销100万余元，办理医疗关系转移手续400余人。选择全国连锁的医疗体检机构，每年为异地居住军休人员体检1次。组织军休机构和工作人员开展“每月一讲”业务培训，结合外出培训、荣誉疗养等时机参观见学，军休工作人员的主责主业意识、敬业精业状态、实际工作能力明显增强。加大军休活动用房改建升级力度，不断完善设施和功能。

七、拥军优抚工作

“八一”建军节期间，在自治区主流媒体刊发了致驻疆部队官兵和优抚对象的慰问信，自治区领导走访慰问驻疆部队和边防一线官兵。深入开展双拥模范创建活动，召开新一届自治区双拥模范城（县）命名暨双拥模范单位和个人表彰大会，命名表彰自治区双拥模范城（县）59个、模范单位70家、模范个人69名，营造争先创优浓厚社会氛围。自7月起在全区实现省级行政区域内持优待证乘坐公共交通免费，文化场所和旅游景点免门票及公共服务窗口优先等优惠政策，打造了优待目录的“新疆品牌”。

八、褒扬纪念工作

稳步推进“十四五”期间烈士纪念设施规划建设，投入资金4400万元，对7个烈士陵园基础设施进行改造提升，完成新建塔什库尔干烈士陵园申报工作。康西瓦烈士陵园修缮工程顺利竣工开园，并申报第七批国家级烈士纪念设施。广泛开展“网上祭英烈”“红色九月”等系列主题宣教活动，线上线下祭英烈400万人次。举办“学思想　颂英烈”全国英烈讲解员大赛新疆选拔赛，讲好英烈故事，传承红色基因。强化红色文化研究和编纂工作，完成1980—2021年400多名烈士英名录编纂工作，推动文化润疆战略在退役军人事务领域充分实践。

九、自身建设情况

指导建立区、地、县系统受援工作机制，健全完善项目台账和监督制度，动态推进100多个项目在基层逐步竣工见效（新增的45个项目落地率为75%）。规范内部运行，制定《新疆维吾尔自治区退役军人事务厅工作规则》，从领导职责、行政职能、依法行政等各个方面进行了规范和明确，进一步提升了全区退役军人事务系统的制度化、规范化、法治化工作水平。扎实开展主题教育，成立厅系统主题教育工作领导小组。为 1500 多名行动不便的军休党员上门送学、线上辅学，向长期在疆外居住的流动党员邮寄学习资料 5000 多册，做到了人员全覆盖、理论不漏学、精神不掉队。

新疆生产建设兵团

2023年，新疆生产建设兵团退役军人事务系统深入开展学习贯彻习近平新时代中国特色社会主义思想主题教育，全面学习贯彻党的二十大精神，认真贯彻落实习近平总书记关于退役军人工作重要论述，贯彻落实习近平总书记关于新疆和兵团工作重要讲话重要指示批示精神，忠诚履行新时代兵团维稳戍边职责使命，聚焦兵团深化改革和向南发展，狠抓业务工作，满腔热情为退役军人服务，推动退役军人工作高质量发展。

一、机构建设情况

兵团党委先后召开常委会议和领导小组会议，学习贯彻习近平总书记关于退役军人工作重要论述、贯彻党中央决策部署、推进重点工作。及时调整了兵团党委退役军人事务工作领导小组和兵团双拥工作领导小组成员，制定了兵团党委退役军人事务工作领导机构成员单位及联络员工作职责。9月，兵团党委退役军人事务工作领导小组办公室组成督查组，赴各师市开展退役军人事务综合督查，推动兵团退役军人工作落实落地。

加强退役军人事务工作行政机关与服务中心深度融合，结合兵团机构编制精干高效特点，统筹使用行政和事业干部人才资源，推动“政”“事”协作联动。兵团及师市层面，建立行政机关干部与服务中心干部工作“一对一”对应关系，“一帮一”共同开展业务工作。团场层面，退役军人服务站或与社会事务服务中心，或与街道综合性服务机构，或与团场武装部合署办公，互用工作场地、互设服务窗口、互融服务功能，共建共享政治文化环境，形成同题共答、同向用力的退役军人服务保障聚合效应，形成“1+1>2”的实际效果。

联合兵团军事部开展兵团退役军人服务保障先进单位、先进个人（军休干部）评选表彰活动，评选并表彰了14家先进单位和21名先进个人。认真开展全国退役军人服务中心（站）“百名优秀主任（站长）”评选推荐工作，5名同志被退役军人事务部评为全国“百名优秀主任（站长）”。推荐的13名退役军人工作人员通过退役军人事务部组织的师资培训和选评考核，取得了全国退役军人事务员师资。全兵团各级退役军人服务中心（站）认真落实建设标准和服务规范，功能作用有效发挥，四师退役军人服务中心和六师共青团农场服务站入选“全国百家红色退役军人服务站”，“红站”拓展延伸建设效应明显。

二、思想政治工作

发挥典型示范引领作用，广泛开展“模范退役军人”“最美退役军人”“最美拥军人物”学习宣传活动，1名获得“全国最美拥军人物”提名。持续开展“老兵永远跟党走”活动，以老兵身份、从老兵视角、用老兵语言开展宣讲300余场次。协助兵团党委宣传部深入开展抗美援朝战争口述史资料采录与整理工作。配合国家退役军人服务中心录制《赓续荣光·红心向党》退役军人思政引领纪录片，在全国范围内宣传兵团精神和胡杨精神、老兵精神。《军民情——走进双拥模范城》（石河子篇）在央视播出。系统各单位积极在国家级和兵团级官网官微投稿，各平台采用300余篇。

三、移交安置工作

加强与组织、编制、人力资源社会保障等部门沟通协调，圆满完成计划接收安置任务，转业军官、安排工作退役士兵和退出消防员全部安置到行政事业单位。顺利完成自主就业退役军人接收工作。

四、就业创业工作

会同人力资源和社会保障、工商联等部门搭建就业平台，积极开展“退役军人招聘周”“民营企业招聘月”“就业困难退役军人帮扶活动月”等活动，为33名就业困难退役军人安置公益性岗位，200多名就业困难退役军人得到就业帮扶，1800多名退役军人达成就业意向。深入组织实施退役军人学历提升计划，400多名退役军人报考石河子大学等兵团3所高校参加学历提升。组织兵团10家军创企业和1家金融企业参加首届全国退役军人创业创新成果展交会。

五、军休服务管理工作

强化军休干部和无军籍职工服务保障，向各师市拨付移交政府安置的退休军人2022年定期增资经费48万元，会同相关部门做好军休干部工资津贴调资工作，指导师市接收3名军休干部。制定《2022年度部分企业军转干部补助资金分配方案》，分配年度部分企业军转干部补助资金200万余元。

六、拥军优抚工作

兵团党委主要领导大力推动双拥慰问守正创新，持续在“八一”建军节期间开展“牢记领袖嘱托　弘扬光荣传统　凝聚奋进力量”主题活动，各常委带头示范，兵团各级投入近千万元普遍走访边防部队、一线官兵及重点优抚对象。持续深化“情系边海防”拥军优属活动，紧盯“三后”问题，为军人军属解决实际困难200多件。全兵团投入8000万余元帮助部队完善基础设施建设，出动4000余人次参与拥军支前活动23次，全力保障部队遂行军事任务。部署新一届双拥模范城创建，印发兵团双拥模范城创建命名管理办法和考评细则，9个师市积极申报创城。加强优抚对象制度保障，出台《新疆生产建设兵团部分优抚对象管理服务工作细则（试行）》。拓展优待渠道，兵师各单位推出2500余项面向全国优待证持证人的优待项目。兵团交通局、退役军人事务局等部门联合发文，兵团辖区所有市内公共交通面向持证人免费。积极打造社会化拥军矩阵，挂牌拥军企业（门店）2400余家，拥军组织22个，拥军内容不断丰富、拥军质效不断提升。

七、褒扬纪念工作

推动烈士纪念设施建设，建成第一师阿拉尔市烈士纪念广场、第四师可克达拉市烈士纪念广场、第五师双河市英雄烈士陵园和第九师白杨市军垦烈士陵园等4处师市级烈士纪念设施。在第五师双河市召开烈士纪念设施建设现场会，以点带面推动各师市烈士纪念设施与民政部门管理的公益性公墓共建共享，将弘扬烈士精神、兵团精神、老兵精神融为一体，整体实现政治意义和经济效益有机结合、历史教育和道德教育相互交融、兵地之间深度融合。有序组织“清明祭英烈”、“9·30”烈士纪念日公祭等活动，兵团6个烈士陵园现场祭扫总人数10万人次，崇尚英烈、缅怀先烈的氛围更加浓厚。

八、自身建设情况

深入开展学习贯彻习近平新时代中国特色社会主义思想主题教育，学思想、强党性、重实践、建新功，坚决扛起做好新时代退役军人工作政治责任，以实际行动拥护“两个确立”，坚决做到“两个维护”。严格落实新时代好干部标准和民族地区干部“四个特别”政治标准，统筹抓好“选育管用带”工作，发挥处级以上干部示范作用，进一步完善“传帮带”机制，一级带着一级干、一级做给一级看，引导和激励干部担当作为。强化干部教育培训，连续两年举办团场（街道）退役军人服务站站长培训班和“兵支书”培训班，培训团场连队工作人员20余人次。支持兵团系统干部积极参加各类线上、线下学习培训，其中参加退役军人事务部组织的政策法规、抚恤优待和信息化建设等各类培训80人次，干部政治素养和业务能力明显提升。

政策法规

退役军人事务部等8部门关于加强就业困难退役军人帮扶工作的意见

退役军人部发〔2023〕4号

各省、自治区、直辖市及新疆生产建设兵团退役军人事务厅（局）、发展改革委、财政厅（局）、人力资源社会保障厅（局）、农业农村（农牧）厅（局）、市场监管局（厅、委）、工商联，国家税务总局各省、自治区、直辖市、计划单列市税务局：

为深入贯彻习近平总书记关于退役军人工作重要论述，认真落实党中央、国务院稳就业保民生决策部署，切实推动《中华人民共和国退役军人保障法》和《中华人民共和国就业促进法》有效落实，筑牢退役军人就业帮扶底线，现就做好就业困难退役军人帮扶工作提出以下意见。

一、深化思想认识

就业是最大的民生工程。广大退役军人曾经为国防和军队建设作出贡献，是重要的人力人才资源，在经济社会发展各个领域发挥着积极作用。受多方面因素影响，部分退役军人在就业过程中存在不同程度的困难，未能及时就业或下岗失业。做好就业困难退役军人帮扶工作，是落实就业优先战略、做好稳就业保就业的内在要求，是就业困难退役军人缓解生活困难、实现个人价值的现实需要，对促进经济社会发展、服务国防和军队建设、维护社会大局稳定具有重要意义。

各有关部门要坚持以习近平新时代中国特色社会主义思想为指导，进一步提高政治站位，深刻认识做好就业困难退役军人帮扶工作的重要性和紧迫性。要以实现更加充分更高质量就业为目标，立足就业困难退役军人的特点和需求，提供多岗位供给、多渠道保障的帮扶，全面落实各项支持政策，不断提高援助服务水平，努力使有需要的就业困难退役军人及时就业，保障就业困难退役军人共享改革发展成果。

二、明确帮扶对象

本意见所称“就业困难退役军人”，是指按照《中华人民共和国就业促进法》规定，被人力资源社会保障部门认定为就业困难人员的退役军人。

三、精准开展多样化援助

（一）强化择业引导。各级退役军人事务部门要建立常态化联系机制，准确了解就业困难退役军人思想状况和实际情况，通过定期走访、座谈交流等形式，宣传就业政策、分析就业形势、分享成功经验，帮助就业困难退役军人树立正确就业观、择业观。要帮助退役军人科学确定就业预期，选择适合自身条件、能力水平的岗位及时就业。要引导其树立“幸福生活都是奋斗出来的”思想观念，通过辛勤劳动改变生活现状、提高生活质量、实现个人价值。

（二）加强岗位推荐。各地退役军人事务部门要会同有关部门每年至少组织 2 次退役军人专场招聘活动，重点组织引导就业困难退役军人参加。退役军人事务部门要高度关注本地区登记就业困难退役军人，针对性推荐岗位信息。鼓励各类企业特别是与退役军人事务部门签约合作企业、退役军人创办企业充分发挥吸纳就业作用，优先向就业困难退役军人提供就业岗位和帮扶。强化各级公共就业服务机构、各级退役军人服务中心（站）联动合作，积极开展“民营企业招聘月”“金秋招聘月”等活动，通过专场招聘、联合招聘等形式，加大岗位推介力度，并按职责提供职业介绍、就业指导、政策咨询等服务。鼓励经营性人力资源服务机构和社会组织为退役军人就业提供免费或优惠服务。要用好全国退役军人就业创业信息系统等渠道平台，及时收集、汇总、提供岗位需求信息，促进供需双方快速精准对接。有条件地区可探索推动“72 小时快速就业”服务模式，及时满足有迫切需求的就业困难退役军人需要。

（三）支持创业和灵活就业。各有关部门要结合实际，支持有意愿和有一定能力的就业困难退役军人从事投资小、见效快、风险低的灵活经营活动。鼓励退役军人按规定发展各类特色小店、摊点商铺，进入电商零售、网约配送、供应链管理、出行服务等新业态就业，扩大经济收入来源，改善生活条件。对就业困难退役军人从事个体经营或创办小微企业的，按规定落实税收优惠、一次性创业补贴等支持政策。鼓励有条件的地方为就业困难退役军人提供经营场所，视情减免场地、管理、卫生等费用。地方政府投资开发的经营场所可安排一定比例场地，免费提供给灵活就业的就业困难退役军人，并优先接纳符合条件的就业困难退役军人。

（四）落实帮扶措施。引导就业困难退役军人办理就业失业登记，提供精准就业帮扶。将符合条件的失业退役军人认定为就业困难人员，落实就业援助政策措施。其中企业吸纳就业、签订劳动合同并缴纳社会保险费的，按规定给予社会保险补贴、落实税收优惠等政策；灵活就业后缴纳社会保险费的，按规定给予社会保险补贴。退役军人未及时就业的，可以按规定向户籍所在地人力资源社会保障部门申领失业保险待遇。

（五）用好公益性岗位。对符合当地就业困难人员认定条件的退役军人，经过就业帮扶确实难以通过市场渠道实现就业的，按规定通过公益性岗位予以安置，给予公益性岗位补贴和社会保险补贴。岗位补贴标准原则上不高于当地最低工资标准，社会保险补贴包括用人单位缴纳的基本养老保险费、基本医疗保险费、失业保险费。公益性岗位补贴期限不超过 3 年，距法定退休年龄不足 5 年的可延长至退休。

（六）做好技能培训。鼓励就业困难退役军人参加各类职业技能培训。对有培训意愿的就业困难退役军人，由当地人力资源社会保障部门、退役军人事务部门密切配合，优先组织参加职业培训，符合条件的按规定落实职业培训补贴政策。各级退役军人事务部门要定期开展退役军人培训需求摸底，定期组织新增人员的就业政策培训，及时组织开展实用性强、利于就业的技能培训。鼓励返乡入乡退役军人参加高素质农民培育计划，提升致富技能水平。

四、强化组织保障

（一）加强组织领导。各级退役军人事务部门要充分借助当地党委退役军人事务工作领导机构力量，切实履行主体责任，把做好就业困难退役军人帮扶工作作为重要内容，统一部署、创新举措、加强引导、完善监管，为就业困难退役军人提供及时、精准、便捷的帮扶服务。各级退役军人服务中心（站）要明确就业困难退役军人帮扶服务职能，稳步推进落实落地，将帮扶工作成效纳入退役军人工作考核内容。各有关部门要在职能范围内支持、协助做好就业困难退役军人帮扶工作。

（二）强化经费保障。各有关部门要立足职责，按规定用好稳就业保就业相关资金，支持就业困难退役军人帮扶工作，确保帮扶政策有效落实。鼓励有条件的地方利用公益基金开展帮扶服务。

（三）健全工作机制。各级退役军人事务部门与人力资源社会保障部门要加强信息共享和工作对接，协作开展就业困难退役军人帮扶工作，定期沟通会商，及时研究解决问题。要充分利用全国退役军人就业创业信息系统，建立就业困难退役军人台账和帮扶工作数据库，定期跟踪就业失业状态，适时掌握就业情况，及时与困难退役军人帮扶援助系统平台进行数据对接。无正当理由不接受就业服务或已不符合就业服务条件的人员，应当及时调整退出就业帮扶范围。就业困难退役军人退出帮扶范围后，情况发生变化、符合认定条件的，可再次申请就业服务对象认定。

2023 年 1 月 29 日

中华人民共和国退役军人事务部令

第 9 号

《烈士公祭办法》已经 2022 年 9 月 13 日退役军人事务部第十八次部务会议审议通过，现予公布，自 2023 年 5 月 1 日起施行。

部长　裴金佳

2023 年 3 月 31 日

烈士公祭办法

（2014 年 3 月 31 日民政部令第 52 号公布，2023 年 3 月 31 日退役军人事务部令第 9 号修订）

第一条　为了缅怀纪念烈士，传承和弘扬烈士精神，做好烈士公祭工作，根据有关法律法规和国家有关规定，制定本办法。

第二条　烈士公祭是国家缅怀纪念为争取民族独立和人民解放、实现国家富强和人民幸福、促进世界和平和人类进步而毕生奋斗、英勇牺牲的烈士的活动。

第三条　在清明节、国庆节或者烈士纪念日等重大庆典日、重要纪念日，县级以上地方人民政府在本行政区域内举行的烈士公祭活动，适用本办法。

烈士公祭活动应当庄严、肃穆、隆重、节俭。

第四条　举行烈士公祭活动，由县级以上地方人民政府退役军人工作主管部门提出建议和方案，报请同级人民政府组织实施。

第五条　烈士公祭活动应当在烈士纪念场所举行。

上级地方人民政府与下级地方人民政府在同一烈士纪念场所举行烈士公祭活动，应当合并进行。

第六条　烈士公祭活动方案应当包括以下内容：

（一）烈士公祭活动时间、地点；

（二）参加烈士公祭活动人员及其现场站位和着装要求；

（三）烈士公祭仪式仪程；

（四）烈士公祭活动的组织协调、宣传报道、交通和安全警卫、医疗保障、经费保障、礼兵仪仗、天气预报、现场布置和物品器材准备等事项的分工负责单位及负责人。

第七条　烈士公祭活动应当安排党、政、军和人民团体负责人参加，组织烈士遗属代表、老战士和退役军人代表、学校师生代表、各界干部群众代表、军队人员代表等参加。

第八条　参加烈士公祭活动人员着装应当庄重得体，可以按照规定穿着制式服装，佩戴获得的荣誉勋章、奖章、纪念章等。

第九条　烈士公祭活动现场应当标明肃穆区域，设置肃穆提醒标志。

在肃穆区域内，应当言行庄重，不得喧哗。

第十条　烈士公祭仪式由组织活动的地方人民政府或者其退役军人工作主管部门的负责人主持。

烈士公祭仪式不设主席台，参加烈士公祭仪式人员应当面向烈士纪念碑（塔）等设施肃立。

第十一条　烈士公祭仪式一般应当按照下列程序进行：

（一）礼兵就位；

（二）主持人向烈士纪念碑（塔）等设施行

鞠躬礼，宣布烈士公祭仪式开始；

（三）奏唱《中华人民共和国国歌》；

（四）宣读祭文；

（五）少先队员献唱《我们是共产主义接班人》；

（六）向烈士敬献花篮或者花圈，奏《献花曲》；

（七）整理缎带或者挽联；

（八）向烈士行三鞠躬礼；

（九）瞻仰烈士纪念碑（塔）等设施。

向烈士行三鞠躬礼后可以邀请参加活动的代表发言。

第十二条　在国庆节或者烈士纪念日等重大庆典日、重要纪念日进行烈士公祭的，可以采取向烈士纪念碑（塔）等设施敬献花篮的仪式，按照下列程序进行：

（一）礼兵就位；

（二）主持人向烈士纪念碑（塔）等设施行鞠躬礼，宣布敬献花篮仪式开始；

（三）奏唱《中华人民共和国国歌》；

（四）全体人员向烈士默哀；

（五）少先队员献唱《我们是共产主义接班人》；

（六）向烈士敬献花篮，奏《献花曲》；

（七）整理缎带；

（八）瞻仰烈士纪念碑（塔）等设施。

第十三条　烈士公祭仪式中的礼兵仪仗、花篮花圈护送由组织活动的地方人民政府协调当地驻军有关部门负责安排解放军或者武警部队官兵担任。

烈士公祭仪式可以安排军乐队或者其他乐队演奏乐曲，也可以播放音乐。

第十四条　烈士公祭活动的花篮或者花圈由党、政、军、人民团体及各界群众等敬献。

花篮的缎带或者花圈的挽联为红底黄字，上联书写烈士永垂不朽，下联书写敬献单位或个人。

整理缎带或者挽联按照先整理上联、后整理下联的顺序，双手整理。

默哀时应当脱帽，时间一般不少于一分钟。

瞻仰烈士纪念设施时一般按照顺时针方向绕行一周，活动人数较多的，也可以分别按顺时针或者逆时针方向绕行半周。

第十五条　县级以上地方人民政府在组织烈士公祭活动时，可以根据实际情况，引导公民通过观看烈士公祭活动直播、瞻仰烈士纪念设施、集体宣誓等，铭记烈士事迹，传承和弘扬烈士精神。

各级各类学校应当组织学生以适当方式参加烈士公祭，加强爱国主义、集体主义、社会主义教育。

第十六条　烈士纪念设施保护单位应当结合烈士公祭活动，采取多种形式广泛宣讲烈士英雄事迹和相关重大历史事件，配合有关单位开展爱国主义、集体主义、社会主义教育和其他主题教育活动。

第十七条　烈士纪念设施保护单位应当创新工作方式方法，健全服务和管理工作规范，保持烈士纪念场所庄严、肃穆、清净的环境和气氛，做好服务接待工作；可以按照庄严、有序、便捷的原则组织开展网上祭奠活动，方便广大人民群众瞻仰、悼念烈士。

第十八条　单位、个人在烈士纪念设施保护范围内组织开展缅怀纪念活动，应当文明有序，遵守有关祭扫礼仪规范，并接受烈士纪念设施保护单位管理。

单位组织开展集体缅怀纪念活动，可以参照本办法第十一条规定程序进行，也可以根据实际情况简化程序。

第十九条　对影响烈士公祭活动的，或者在烈士纪念设施保护范围内从事有损纪念烈士环境和气氛的活动的，烈士纪念设施保护单位应当及时劝阻；不听劝阻的，由县级以上地方人民政府退役军人工作主管部门按照职责规定给予批评教育，责令改正。

第二十条　任何单位和个人不得利用烈士公祭从事商业活动。

第二十一条　违反本办法规定，构成违反治安管理行为的，依法给予治安管理处罚；构成犯罪的，依法追究刑事责任。

第二十二条　对安葬在国外的烈士，驻外使领馆应当结合驻在国实际情况，参照本办法规定组织开展烈士公祭等祭扫纪念活动。

第二十三条　本办法自 2023 年 5 月 1 日起施行。

退役军人事务部　中央军委政治工作部关于印发《安排工作退役军士和义务兵服现役表现量化评分办法》的通知

退役军人部发〔2023〕14号

（摘要稿）

第一章　总　则

第一条　为深入贯彻习近平强军思想和习近平总书记关于退役军人工作重要论述，健全安置待遇与服现役贡献相匹配的“阳光安置”工作机制，树立重德才、重实绩、重贡献的安置导向，激励引导现役军士和义务兵聚焦备战打仗，积极建功军营，根据《中华人民共和国退役军人保障法》《中华人民共和国军人地位和权益保障法》《军队功勋荣誉表彰条例》《中国人民解放军纪律条令（试行）》《军士暂行条例》《义务兵暂行条例》等法律法规，制定本办法。

第二条　本办法适用于以安排工作方式安置的退役军士和义务兵。

第三条　本办法所称退役军士和义务兵服现役表现量化评分，是指根据退役军士和义务兵军衔等级、服现役期间参加作战表现、练兵备战水平、服现役年限、服现役地区艰苦程度、特殊岗位任（代）职、残疾等级及相关身份等，按照统一标准予以赋分，作为安排工作的主要依据，促进人岗相适、人事相宜。

第四条　退役军士和义务兵服现役期间个人获得党、国家和军队授予的勋章、荣誉称号的，不参加评分，由安置地人民政府优先安排工作。

第二章　军衔和服现役年限计分

第五条　军士和义务兵批准退役时，军衔为上等兵、下士、中士、二级上士、一级上士、三级军士长、二级军士长、一级军士长的，分别计3、6、9、13、17、21、26、31分。

第六条　退役军士和义务兵服现役年限12年（含）以内的，每服现役1年计2分；满12年后，每多服现役1年计3分。

退役军士和义务兵服现役年限不满1年的，按照实际服现役月数计分（年计分标准／12×实际服现役月数）。

第七条　退役军士和义务兵服现役年限自征集工作机构批准入伍之日起，至部队下达退役命令之日止计算。

军士和义务兵因执行应急应战、国际维和、海外护航、重大演训等任务推后离队的，其退役后量化评分的截止时间，按照离队当月执行。

军士和义务兵应当根据军队相关规定及时退役，存在以下情形的，其退役后量化评分的截止时间，按照其达到期满退役或者调控退役的时间执行：

（一）患病医疗期满或者医疗终结本人拒不退役的；

（二）接受审查或者调查未退役，且认定存在违纪违法事实的；

（三）法律、法规规定不计入服现役年限的其他情形。

第三章　奖励和表彰计分

第八条　退役军士和义务兵服现役期间个人获得奖励的，按照以下标准计分：

（一）获得一等战功、二等战功、三等战功、四等战功的，每次分别计 80、40、20、10 分；

（二）获得平时一等功、二等功、三等功、嘉奖的，每次分别计 40、20、10、0.5 分；

（三）获得重大非战争军事行动一等功、二等功、三等功、嘉奖的，每次分别计 40、20、10、0.5 分。

第九条　退役军士和义务兵服现役期间个人获得表彰的，按照以下标准计分：

（一）获得一级表彰、二级表彰、三级表彰的，每次分别计 40、20、10 分；

（二）被评定为“四有”优秀个人的，每次计 0.5 分。

第十条　退役军士和义务兵服现役期间个人多次获得奖励和表彰的，累计计分，其中因同一事由获得两次以上奖励或者表彰的按照就高原则计分。个人获得奖励或者表彰的，退役军士和义务兵人事档案中应当有相应的奖励登记（报告）表或者军队功勋荣誉表彰登记（报告）表，相关登记（报告）表中应当按照规定填写命令（通令、通报、决定）名称和文号（编号）等要素。

第四章　残疾等级计分

第十一条　退役军士和义务兵服现役期间因战致残被评定为 5 ~ 10 级残疾等级的，分别计 50、40、30、20、10、5 分。

第十二条　退役军士和义务兵服现役期间因公致残被评定为 5 ~ 10 级残疾等级的，分别计 40、30、20、10、5、2 分。

第十三条　残疾等级计分以退役时的残疾等级为准。

第五章　其他情形计分

第十四条　退役军士和义务兵曾经在艰苦边远地区连续服现役半年（含）或者累计服现役 8 个月（含）以上的，按照以下标准计分：在一类区的，每服现役 1 个月计 0.05 分；在二类区的，每服现役 1 个月计 0.1 分；在三类区的，每服现役 1 个月计 0.15 分；在四类区的，每服现役 1 个月计 0.2 分；在五类区的，每服现役 1 个月计 0.25 分；在六类区的，每服现役 1 个月计 0.3 分。

第十五条　退役军士和义务兵曾经在西藏

地区连续服现役半年（含）或者累计服现役8个月（含）以上的，按照以下标准计分：在二类区的，每服现役1个月计0.2分；在三类区的，每服现役1个月计0.25分；在四类区的，每服现役1个月计0.3分。

第十六条　退役军士和义务兵曾经在海岛连续服现役半年（含）或者累计服现役8个月（含）以上的，按照以下标准计分：在三类岛的，每服现役1个月计0.05分；在二类岛的，每服现役1个月计0.15分；在一类岛的，每服现役1个月计0.2分；在特类岛的，每服现役1个月计0.25分。

第十七条　退役军士和义务兵曾经在驻海外基地服现役且累计服现役时间1年（含）以上的，每在驻海外基地服现役1个月计0.2分。

第十八条　退役军士和义务兵在服现役期间发生战争，本人参加过作战的，每参战1天计0.5分。

第十九条　退役军士和义务兵曾经在飞行、舰艇、涉核等岗位累计服现役2年（含）以上的，每在相应岗位服现役1个月计0.05分。

第二十条　退役军士和义务兵服现役期间在分队长（代理排长）、班长、副班长或者相当职务管理岗位累计任职2年（含）以上的，每在相应岗位任（代）职1个月分别计0.15、0.1、0.05分。

第二十一条　退役军士和义务兵是烈士配偶、子女的，计40分；是因公牺牲军人配偶、子女的，计20分。

第二十二条　符合本办法第十四条至第二十一条两类（含）情形以上的累计计分。同一地区符合艰苦边远地区和海岛两类情形的按照就高原则计分。相应情形认定一般以退役军士和义务兵人事档案中职务任免、服现役经历等相应记载为准，人事档案中确无相应记载的，可以以部队认定的享受相关津贴、服现役地点情况的证明材料为依据。

第六章　减分情形

第二十三条　退役军士和义务兵服现役期间受警告、严重警告、撤销党内职务、留党察看等党纪处分的，每次分别减5、10、30、60分。

第二十四条　退役军士和义务兵服现役期间受警告、严重警告、记过、记大过、降职或者撤职、降衔等军纪处分的，每次分别减3、5、15、20、40、60分。

第二十五条　退役军士和义务兵人事档案中弄虚作假增加计分的，应当取消该情形计分，并按其作假获得分值的5倍追加减分。

第二十六条　退役军士和义务兵人事档案中抽取减分材料的，应当补齐抽取材料，减扣相应分值，同时按其应减分值的5倍追加减分。

第二十七条　符合本办法第二十三条至第二十六条两类（含）情形以上的累计减分。因同一违纪行为同时受到党纪、军纪处分的，以最高标准减分；因多次违纪行为受到处分的，累计减分。受到处分的，退役军士和义务兵人事档案中应当有《处分登记（报告）表》。

第七章　工作要求及责任

第二十八条　军队团级以上单位政治工作部门应当按照《军队档案条例》、《军队人事档案管理暂行规定》等规定整理、审核退役军士和义务兵人事档案，严格依据赋分标准评分，评分项目应当在人事档案材料目录中体现。安置地县级以上退役军人事务部门应当依规审档、复核评分。《安排工作退役军士和义务兵服现役表现量化评分表》（见附件）或者影响评分的人事档案材料出现疏漏、错误的，军地相关部门应当共同核实、及时补充修正。因审批周期较长而延迟取得的影响评分奖惩材料，应当由退役军士和义务兵原所在军队团级以上单位政治工作部门，按照人事档案交接程序及时移交安置地县级以上退役军人事务部门。各类影响评分的补充材料，在安置地县级以上相关部门组织公示前移交核实的，应当予以补充评分。

第二十九条　军地相关部门应当共同做好退役军士和义务兵人事档案中存疑评分材料核查认定工作。安置地县级以上退役军人事务部门审档后，对退役军士和义务兵服现役表现量化评分依据材料有疑义的，应当函商其原所在军队团级以上单位政治工作部门核查。军队团级以上单位政治工作部门收到核查函件后，应当在10个工作日内函复核实情况。

第三十条　《安排工作退役军士和义务兵服现役表现量化评分表》由退役军士和义务兵退役时所在军队团级以上单位政治工作部门和安置地县级以上退役军人事务部门分别填写、审核，并采取适当方式公示（时间不少于5个工作日），退役军士和义务兵本人应当签字确认，公示结果应当由公示单位留档备查。本人对分数有异议的，可在公示期内向组织公示的单位申请复核，逾期未申请复核的，视为本人无异议。

第三十一条　军地相关部门和工作人员，应当严格按照规定审核评分项目及相关材料，对退役军士和义务兵服现役表现评分及相应材料弄虚作假的单位和个人，由省级退役军人事务部门和军队相应权限部门上报，退役军人事务部和中央军委政治工作部汇总情况后进行通报，并依法依规追究相应责任。退役军士和义务兵属于骗取安排工作资格的，应当按照有关规定取消其安排工作待遇。

第八章　附　则

第三十二条　中国人民武装警察部队依法退出现役的警士和义务兵服现役表现量化评分，适用本办法。

未进行军衔转换的退役士官和义务兵服现役表现量化评分，参照本办法有关规定执行。

第三十三条　本办法自2023年4月17日起施行，退役军人事务部、中央军委政治工作部2018年12月14日印发的《符合政府安排工作条件退役士兵服役表现量化评分暂行办法》（退役军人部发〔2018〕56号）同时废止。

第三十四条　本办法由退役军人事务部、中央军委政治工作部负责解释。

附件：安排工作退役军士和义务兵服现役表现量化评分表（略）

退役军人事务部　中央军委政治工作部 全国双拥工作领导小组办公室关于做好“八一”期间拥军优属拥政爱民工作的通知

国拥办电〔2023〕10号

各省、自治区、直辖市双拥工作领导小组办公室、退役军人事务厅（局），新疆生产建设兵团双拥工作领导小组办公室、退役军人事务局，军委联指中心、各战区政治工作部（办公室），各军兵种政治工作部，军委机关各部委、军委各直属机构、军委各直属单位政治工作部（局、办公室），武警部队政治工作部：

中国人民解放军建军96周年即将来临。各地各部队要坚持以习近平新时代中国特色社会主义思想为指导，全面贯彻党的二十大精神，深入贯彻党中央、国务院、中央军委关于加强军政军民团结决策部署，扎实做好“八一”期间拥军优属、拥政爱民工作，巩固发展新时代军政军民团结，为巩固提高一体化国家战略体系和能力、为推进强国强军汇聚强大力量。

一、加强宣传教育浓厚双拥社会氛围。军地各级要抓住纪念延安双拥运动80周年有利契机，结合主题教育组织广大军民深入学习贯彻习近平新时代中国特色社会主义思想，学习贯彻习近平强军思想，引导大家深刻领悟“两个确立”的决定性意义，增强“四个意识”、坚定“四个自信”、做到“两个维护”。广泛开展读书演讲、书画展览、文艺创演、影视展播等形式多样的群众性双拥文化活动，密切军地交流交往，增进军民鱼水情谊。综合运用各级各类媒体，大力宣扬全国双拥模范、“最美拥军人物”等先进典型，营造爱我人民爱我军的社会风尚。

二、聚焦拥军服务支持部队备战打仗。各地各部门要结合开展调查研究、节日军地走访等时机，主动了解部队在战备训练、建设改革中遇到的实际困难，研究制定解决问题的措施办法。全力服务部队遂行联演联训、科研试验、海上维权等军事任务，及时做好交通、通信、粮油、水电等保障。倾斜关爱任务一线和驻高原、海岛等边远艰苦地区部队，深入开展“聚焦一线、聚力解难”“情系边海防官兵”“城连共建”“城舰共建”等活动，积极帮助解决急难愁盼，激励官兵心无旁骛投身练兵备战。广泛开展科技拥军、教育拥军、文化拥军、法律拥军等活动，服务推进部队战斗力提升。

三、突出支持乡村振兴开展爱民助民活动。各部队要自觉践行我军根本宗旨，以4100个定点帮扶村为重点，组织官兵参加乡村道路改造、环境卫生整治、农田水利整修等公益劳动，助力建设宜居宜业和美乡村。持续深化党建、教育、医疗、消费等特色帮扶，组织开展义务巡诊、助学兴教、移风易俗等活动，支持全面推进乡村振兴。广泛开展“送温暖、献爱心”便民服务活动，积极为城乡低保对象、残疾人、空巢老人和留守儿童等困难群体办实事做好事，树立维护人民子弟兵良好形象。

四、落实拥军优抚政策强化社会尊崇。各地各部门要认真落实军人地位和权益保障法、退役军人保障法、军人抚恤优待条例等法律法规，集中解决一批家属随军就业、子女教育优待、退役军人安置等难题，提升军人军属荣誉感获得感。结合新一届全国双拥模范城（县）创建考评调研，加强拥军优抚法规政策督导落实，有效维护军人军属合法权益。积极开展社会化拥军活动，发动社会力量关爱帮扶家庭困难的退役军人等优抚对象，做好精神抚慰、心理援助等个性化服务。主动看望慰问在乡红军老战士、老复员军人、老支前模范和烈士遗属，积极帮助排忧解难，送上党和政府的关怀温暖。

节日期间，各地各部队开展活动，要严格落实改进作风、安全保密等要求，做到俭朴节约、务求实效。

2023 年 7 月 12 日

关于进一步扶持自主就业退役士兵创业就业有关税收政策的公告

财政部　税务总局　退役军人事务部公告2023年第14号

为进一步扶持自主就业退役士兵创业就业，现将有关税收政策公告如下：

一、自2023年1月1日至2027年12月31日，自主就业退役士兵从事个体经营的，自办理个体工商户登记当月起，在3年（36个月，下同）内按每户每年20000元为限额依次扣减其当年实际应缴纳的增值税、城市维护建设税、教育费附加、地方教育附加和个人所得税。限额标准最高可上浮20%，各省、自治区、直辖市人民政府可根据本地区实际情况在此幅度内确定具体限额标准。

纳税人年度应缴纳税款小于上述扣减限额的，减免税额以其实际缴纳的税款为限；大于上述扣减限额的，以上述扣减限额为限。纳税人的实际经营期不足1年的，应当按月换算其减免税限额。换算公式为：减免税限额 = 年度减免税限额 ÷12× 实际经营月数。城市维护建设税、教育费附加、地方教育附加的计税依据是享受本项税收优惠政策前的增值税应纳税额。

二、自2023年1月1日至2027年12月31日，企业招用自主就业退役士兵，与其签订1年以上期限劳动合同并依法缴纳社会保险费的，自签订劳动合同并缴纳社会保险当月起，在3年内按实际招用人数予以定额依次扣减增值税、城市维护建设税、教育费附加、地方教育附加和企业所得税优惠。定额标准为每人每年6000元，最高可上浮50%，各省、自治区、直辖市人民政府可根据本地区实际情况在此幅度内确定具体定额标准。

企业按招用人数和签订的劳动合同时间核算企业减免税总额，在核算减免税总额内每月依次扣减增值税、城市维护建设税、教育费附加和地方教育附加。企业实际应缴纳的增值税、城市维护建设税、教育费附加和地方教育附加小于核算减免税总额的，以实际应缴纳的增值税、城市维护建设税、教育费附加和地方教育附加为限；实际应缴纳的增值税、城市维护建设税、教育费附加和地方教育附加大于核算减免税总额的，以核算减免税总额为限。

纳税年度终了，如果企业实际减免的增值税、城市维护建设税、教育费附加和地方教育附加小于核算减免税总额，企业在企业所得税汇算清缴时以差额部分扣减企业所得税。当年扣减不完的，不再结转以后年度扣减。

自主就业退役士兵在企业工作不满1年的，应当按月换算减免税限额。计算公式为：企业核

算减免税总额 =Σ 每名自主就业退役士兵本年度在本单位工作月份 ÷12× 具体定额标准。

城市维护建设税、教育费附加、地方教育附加的计税依据是享受本项税收优惠政策前的增值税应纳税额。

三、本公告所称自主就业退役士兵是指依照《退役士兵安置条例》(国务院　中央军委令第608号)的规定退出现役并按自主就业方式安置的退役士兵。

本公告所称企业是指属于增值税纳税人或企业所得税纳税人的企业等单位。

四、自主就业退役士兵从事个体经营的,在享受税收优惠政策进行纳税申报时,注明其退役军人身份,并将《中国人民解放军退出现役证书》《中国人民解放军义务兵退出现役证》《中国人民解放军士官退出现役证》或《中国人民武装警察部队退出现役证书》《中国人民武装警察部队义务兵退出现役证》《中国人民武装警察部队士官退出现役证》留存备查。

企业招用自主就业退役士兵享受税收优惠政策的,将以下资料留存备查:1. 招用自主就业退役士兵的《中国人民解放军退出现役证书》《中国人民解放军义务兵退出现役证》《中国人民解放军士官退出现役证》或《中国人民武装警察部队退出现役证书》《中国人民武装警察部队义务兵退出现役证》《中国人民武装警察部队士官退出现役证》;2. 企业与招用自主就业退役士兵签订的劳动合同(副本),为职工缴纳的社会保险费记录;3. 自主就业退役士兵本年度在企业工作时间表(见附件)。

五、企业招用自主就业退役士兵既可以适用本公告规定的税收优惠政策,又可以适用其他扶持就业专项税收优惠政策的,企业可以选择适用最优惠的政策,但不得重复享受。

六、纳税人在2027年12月31日享受本公告规定的税收优惠政策未满3年的,可继续享受至3年期满为止。退役士兵以前年度已享受退役士兵创业就业税收优惠政策满3年的,不得再享受本公告规定的税收优惠政策;以前年度享受退役士兵创业就业税收优惠政策未满3年且符合本公告规定条件的,可按本公告规定享受优惠至3年期满。

七、按本公告规定应予减征的税费,在本公告发布前已征收的,可抵减纳税人以后纳税期应缴纳税费或予以退还。发布之日前已办理注销的,不再追溯享受。

特此公告。

2023年8月2日

退役军人事务部关于发挥基层退役军人服务机构作用进一步做好零散烈士纪念设施保护管理的意见

退役军人部发〔2023〕34号

各省、自治区、直辖市退役军人事务厅（局），新疆生产建设兵团退役军人事务局：

零散烈士纪念设施是烈士纪念设施的重要组成部分，是安葬、纪念、缅怀烈士的庄严场所，是宝贵的红色资源。为深入贯彻习近平总书记关于烈士褒扬工作重要指示精神，认真落实《中华人民共和国英雄烈士保护法》《中华人民共和国退役军人保障法》《关于加强新时代烈士褒扬工作的意见》等有关法律文件要求，切实保护好、管理好、运用好烈士纪念设施红色资源，现就发挥基层退役军人服务机构作用，进一步做好零散烈士纪念设施保护管理提出如下意见。

一、总体要求

以习近平新时代中国特色社会主义思想为指导，深入贯彻落实习近平总书记关于烈士褒扬工作重要指示精神，深刻把握新时代烈士褒扬工作面临的新形势新要求，切实用好基层退役军人服务机构力量，全面加强零散烈士纪念设施保护管理运用，更好发挥零散烈士纪念设施在爱国主义教育和革命传统教育方面的作用，弘扬英烈精神、传承红色基因。

二、明确工作责任，加强制度建设

（一）压实工作职责任务。县级以上人民政府退役军人事务部门是烈士纪念设施保护管理工作主管部门，应当按照《烈士纪念设施保护管理办法》规定，确定烈士纪念设施保护管理单位（以下简称“保护管理单位”）。辖区内已设立保护管理单位的，由保护管理单位履行零散烈士纪念设施保护管理职能。辖区内暂未设立保护管理单位的，县级人民政府退役军人事务部门要统筹县乡村三级退役军人服务中心（站）（以下统称基层退役军人服务机构）等力量，将零散烈士纪念设施保护管理列入基层退役军人服务机构工作职责范畴，明确专人负责，制定任务清单，确保零散烈士纪念设施管护责任落实到位。

（二）建立健全制度规范。县级人民政府退役军人事务部门要在当地党委、政府领导下，依托基层退役军人服务机构等力量，建立健全零散烈士纪念设施日常巡查、管理维护、烈士祭扫服务、烈属帮扶慰问等制度机制，在严格履行相关法律法规和政策制度基础上，进一步细化工作举措，确保零散烈士纪念设施得到规范有效管护。

三、建立长效机制，推进规范管理

（三）建立清晰管护台账。县级人民政府退役军人事务部门要指导基层退役军人服务机构等对辖区内零散烈士纪念设施逐一建档造册，规范统计设施名称、所在位置、管理单位、日常管护责任人以及设施建设修缮迁移等基本情况。档案形式可包括但不限于文字、表格、图片、视频等。要健全工作台账，客观反映设施面貌、巡查维护、工作图片、保护效果等具体情况，确保实现底数清、情况明、工作细、效果好。

（四）强化日常管理巡查。零散烈士纪念设施的保护管理可采取直接管理和委托管理两种方式。无专门保护管理单位的零散烈士纪念设施，可由基层退役军人服务机构等直接管理，也可由县级人民政府退役军人事务部门委托有关单位或个人进行管理，实施委托管理要签订委托管护协议，明确管护责任。各乡镇（街道）退役军人服务中心（站）要定期向上级退役军人事务部门反映辖区内零散烈士纪念设施管护情况；县级以上人民政府退役军人事务部门每半年对本辖区零散烈士纪念设施管护情况开展一次巡检，确保设施面貌完好、周边环境清洁、镌刻字迹清晰，发现问题，及时整改。

（五）明确保护范围和保护标识。县级以上地方人民政府退役军人事务部门要按照《烈士纪念设施保护管理办法》有关规定，综合考虑零散烈士纪念设施自然环境、历史发展和实际情况，因地制宜提出保护范围划定方案，确保烈士纪念设施的完整性、安全性和相对独立性，满足祭扫活动需要。零散烈士纪念设施保护范围内应设立保护标识，引导群众依法保护烈士纪念设施。

（六）推进动态信息化管理。县级人民政府退役军人事务部门要发挥基层退役军人服务机构等力量，对辖区内零散烈士纪念设施进行全面摸底调查，逐一采集设施图片、位置坐标、管护情况等信息，并录入“褒扬纪念管理信息系统”。要严格按照上级退役军人事务部门有关要求开展烈士纪念设施数据日常更新校核工作，查缺补漏，及时更新烈士纪念设施数据库；在工作中发现新的零散烈士墓，要及时上报，由县级人民政府退役军人事务部门在核实确认基础上补充录入系统，实现信息化、数字化、动态化、精细化管理。

四、充实工作力量，提升服务水平

（七）充实专兼职管理人员。县级人民政府退役军人事务部门要会同乡镇（街道）、村（社区）加强基层退役军人服务机构等人才队伍建设，采取专兼结合、设置公益性岗位、政府购买服务等方式充实工作力量，满足零散烈士纪念设施日常管护、烈士祭扫服务和红色故事宣讲等工作需求。可定期举办专兼职工作人员培训，交流分享工作经验，不断提高工作水平，切实发挥信息员、管理员、宣讲员、联络员的作用。

（八）拓展志愿服务力量。县级以上地方人民政府退役军人事务部门要积极引入志愿服务，引导机关干部、烈士亲属、退役军人、青少年学生等群体积极参与英烈讲解、祭扫服务、零散烈士纪念设施保护等活动。有条件的地区，可发动回乡退役军人和热心群众成立志愿服务队，定期或不定期开展零散烈士纪念设施日常巡护清理、烈属走访慰问、烈士寻亲等活动，积极引领崇尚英烈、关爱烈属的良好风尚。

（九）优化烈属服务保障。在清明节、烈士纪念日等重要时间节点，基层退役军人服务机构等要根据工作需要配合退役军人事务部门开展缅怀纪念活动，做好红色讲解、宣传引导、秩序维护等工作。要结合信息采集、悬挂光荣牌、走访慰问等工作，对辖区内退役军人和烈士亲属开展祭扫政策宣讲，确保文明有序异地祭扫。要发挥了解实际、联系方便、行动迅速的优势，掌握烈士亲属生活实际困难并向上级退役军人事务部门反映情况，及时给予帮扶，增强烈士亲属荣誉感、获得感。

五、用好红色资源，发挥宣教功能

（十）深入开展史料挖掘宣传。县级以上地方人民政府退役军人事务部门要注重烈士史料、遗物的收集和整理，鼓励烈士亲属和社会各界捐赠烈士遗物和其他承载烈士精神的物品，登记造册、妥善保存。要加强与史志、档案、高校等部门、单位合作，挖掘宣传与零散烈士纪念设施相关的历史事件、英烈事迹和精神。基层退役军人服务机构等要配合做好烈士遗物征集和宣传教育工作，更好地传承红色基因，弘扬英烈精神。

（十一）巩固提升红色阵地功能。县级以上地方人民政府退役军人事务部门要将零散烈士纪念设施与周边县级以上烈士纪念设施红色资源和“红色退役军人服务站”建设成果深度融合、有机结合，纳入红色教育阵地体系一体提升。要结合党史学习教育、革命传统教育等各类教育活动，充分利用新闻媒体和现代科技手段广泛宣传英烈事迹和精神，充分发挥烈士纪念设施红色教育阵地功能。

六、强化组织保障

（十二）加强组织领导。县级以上地方人民政府退役军人事务部门要引领基层退役军人服务机构等切实提高政治站位，认真学习贯彻习近平总书记关于红色资源保护利用重要指示精神，不断压实主体责任、明确工作任务、充实工作力量、提升管护水平，用心用情用力保护利用好辖区内零散烈士纪念设施红色资源。

（十三）加强资金保障。零散烈士纪念设施所在地县级以上地方人民政府退役军人事务部门要会同相关部门，推动将零散烈士纪念设施保护管理工作经费按照有关规定及时足额列入预算，并不断加大对基层退役军人服务机构等资金投入力度。要积极引导社会资金投入零散烈士纪念设施保护公益事业，强化资金使用监督管理，切实提升资金效能。

（十四）加强绩效管理。要将零散烈士纪念设施保护管理作为退役军人事务工作绩效考评重要内容，同步考核、同步推进。对零散烈士纪念设施管护较好的地区，在补助资金分配、双拥模范城（县）创建等方面予以适当倾斜；对管护不力、履职尽责不到位，以及由此引发负面舆情造成恶劣影响的单位和个人，依规依纪依法追究相关责任。

2023 年 8 月 16 日

退役军人事务部关于启用烈士纪念设施保护标志及标识牌的通知

退役军人部发〔2023〕36号

各省、自治区、直辖市退役军人事务厅（局），新疆生产建设兵团退役军人事务局：

为进一步加强烈士纪念设施规范化管理，统一烈士纪念设施形象识别，根据《烈士纪念设施保护管理办法》有关规定，经广泛征求意见，退役军人事务部研究制定了烈士纪念设施保护标志、标识牌式样及技术规范（技术规范详见附件1和附件2），并决定于即日起启用，现将有关事项通知如下：

一、保护标志图案及含义

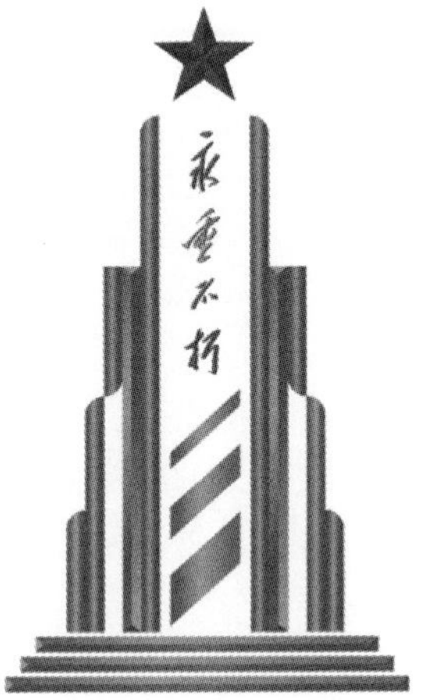

保护标志整体为纪念碑造型，主体为金色，包括红星、“永垂不朽”题词、碑身和阶梯等元素，同时加入一定立体和浮雕效果，展现了烈士纪念设施的庄严与肃穆、厚重和稳定。中间依次递进的线条加强标志整体向上的运动感，并体现烈士纪念设施的整洁和光亮；纪念碑顶端的红色五角星，象征着中国共产党的领导以及革命理想与奋斗目标代代相承，生生不息。保护标志整体呈现昂扬向上的姿态，象征着烈士们的伟大理想和崇高信念，体现了党和国家对英烈的尊崇、褒扬和纪念。

二、标识牌图案及含义

标识牌为保护标志和纪念设施相关文字信息结合，整体简洁明朗，体现烈士纪念设施的庄严与肃穆。保护标志位于标识牌的正上方，标识牌

主体字体为宋体，包括烈士纪念设施名称、保护级别等，字形简洁大方，辨识度强。下方的单位字体以黑体为主，宋体为辅，大小略有变化，排版疏朗，利于阅读。

附件 1：烈士纪念设施保护标志技术规范

附件 2：烈士纪念设施标识牌技术规范

2023 年 9 月 13 日

附件 1

烈士纪念设施保护标志技术规范

重要提示：本文件中所有的颜色均不能用于实际标志的颜色匹配，有关实际标志的颜色匹配要求见本文件 5.2.1。

1 范围

本文件规定了烈士纪念设施保护标志的技术要求、试验方法、安装要求及维护要求。

本文件适用于以不锈钢板材及亚克力板材制作的，用于附着于建筑室外、室内墙体立面设置的烈士纪念设施保护标志。

2 规范性引用文件

下列文件中的内容通过文中的规范性引用而构成本文件必不可少的条款。其中，注日期的引用文件，仅该日期对应的版本适用于本文件；不注日期的引用文件，其最新版本（包括所有的修改单）适用于本文件。

GB 50011　建筑抗震设计规范

GB 50016　建筑设计防火规范

GB 50057　建筑物防雷设计规范

GB 50205　钢结构工程施工质量验收标准

GB 50661　钢结构焊接规范

GB/T 1732　漆膜耐冲击性测定法

GB/T 1766　色漆和清漆涂层老化的评级方法

GB/T 1771　色漆和清漆耐中性盐雾性能的测定

GB/T 3280　不锈钢冷轧钢板和钢带

GB/T 7134　浇铸型工业有机玻璃板材标准

GB/T 9286　色漆和清漆划格试验

GB/T 9754　色漆和清漆 不含金属颜料的色漆漆膜的 20°、60° 和 85° 镜面光泽的测定

GB/T 13452.2　色漆和清漆漆膜厚度的测定

GB/T 19804　焊接结构的一般尺寸公差和形状公差

CECS 148　户外广告设施钢结构技术规程

GA 480　消防安全标志通用技术条件

JGJ 46　施工临时用电规范

JGJ 80　建筑施工高处作业安全技术规范

3 术语和定义

本文件没有需要界定的术语和定义。

4 标志及其分类

4.1 标志

4.1.1　烈士纪念设施保护标志（图 1、图 2），标志设计理念来源于高耸的英雄纪念碑，运用红

星、“永垂不朽”题词、纪念碑和阶梯等图像概念，以及具有纪念性和崇高感的艺术语言展现出烈士纪念设施的庄严与肃穆。中间依次递进的倾斜线条加强了标志整体向上的运动感，并体现烈士纪念设施的整洁和光亮；纪念碑顶端闪耀的红色五角星，象征着中国共产党的领导以及革命理想与奋斗目标代代相承，生生不息。标志整体呈现出昂扬向上的状态，象征着烈士们的伟大理想和崇高信念，体现了党和国家对英烈的尊崇、褒扬和纪念。

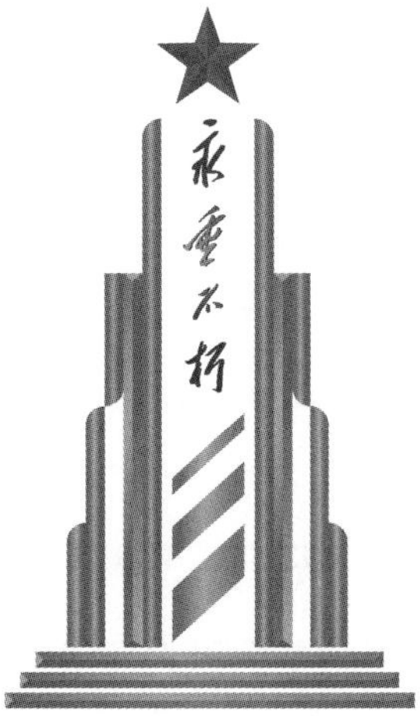

图 1　烈士纪念设施保护标志（渐变色）

图 2　烈士纪念设施保护标志（纯色）

4.1.2　标志细部尺寸，应符合附录 B。

注：标志工艺图，参见附录 C。

4.2　标志分类

4.2.1　根据使用环境（场合）的不同，标志可分为以下 3 种类别：

a）不锈钢板材加工类：适用于在室外使用，由不锈钢板材加工制作成型后，经过表面处理形成的标志成品；

b）亚克力板材加工类：适用于在室内使用，由亚克力板材加工制作成型后，经过表面处理形成的标志成品；

c）纸质（喷绘）材料加工类：适用于办公场合及活动宣传，印刷于纸面材料或喷绘于广告布面。

4.2.2　根据设置位置的不同，常用标志的规格尺寸分为：

a）室外（含活动宣传喷绘）常用标志直径分为：1000 mm、600 mm、300 mm 三个规格；

b）室内（含活动宣传喷绘）常用标志直径分为：600 mm、400 mm、200 mm 三个规格；

c）纸面宣传常用标志直径分为：60 mm、40 mm、20 mm 三个规格。

由于设置位置的限制，室外及室内常用标志尺寸不能满足时，可根据设置位置进行标志的等比例缩放。

5　技术要求

5.1　材料要求

5.1.1　不锈钢板材

应符合 GB/T 3280 规定的不锈钢冷轧

板材，不锈钢统一数字代码号\牌号为：S30408\6Cr19Ni10。

5.1.2 亚克力板材

应符合 GB/T 7134 规定的浇铸型亚克力板材。

5.2 外观要求

5.2.1 标志表面图形应清晰、饱满，色泽鲜艳、光亮。不应存在局部图案模糊，涂层正面图案脏污，标志表面裂纹、变形，边缘不整及明显影响外观的缺陷。

5.2.2 标志表面颜色应符合给定的四色色值或 RGB 色值中指定的颜色，按照 6.1.1 的方法进行试验，其色值呈现的误差不应超过 ±1%。

烈士纪念设施保护标志标准色值：

——红色 1：四色色值为 C11、M100、Y100、K0

——红色 2：四色色值为 C30、M100、Y100、K5

——红色 3：四色色值为 C40、M100、Y100、K10

——金色：四色色值为 C42、M50、Y100、K0

——棕色：四色色值为 C70、M75、Y100、K50

5.2.3 标志表面不应出现拼缝。

5.2.4 标志表面漆膜特性指标要求如下：

a）光泽度：按照 6.1.2 a）的方法进行试验，表面光泽单位应为 50＜光泽（60°）/%＜60；

b）厚度：按照 6.1.2 b）的方法进行试验，厚度不应小于 40μm；

c）附着性：按照 6.1.2 c）的方法进行试验，结果应为 0 级；

d）耐盐雾性：按照 6.1.2 d）的方法进行试验，结果应为 1 级；

e）耐候性：按照 6.1.2 e）的方法进行试验，综合等级结果应为 0 级；

f）耐水性：按照 6.1.2 f）的方法进行试验，漆膜不应出现起泡和脱落；

g）耐冲击性：按照 6.1.2 g）的方法进行试验，漆膜表面不应出现裂纹、皱纹及剥落现象。

5.2.5 标志外观的尺寸允许偏差，按照 6.1.3 的方法进行测量，结果应符合表 1 的规定。

表 1 尺寸允许偏差

公称尺寸（对应标志的直径）的范围 /mm	尺寸允许偏差 /mm
＞2000	±2.5
1000 ~ 2000	±2
500 ~ 999	±1.5
＜500	±1

5.2.6 标志面板的平整度允许偏差，按照 6.1.4 的方法进行测量，结果应符合表 2 的规定。

表 2 表面平整度允许偏差

公称尺寸（对应标志的直径）范围 /mm	表面平整度允许偏差 /mm
＞2000	±2
1000 ~ 2000	±1.5
500 ~ 999	±1
＜500	±0.5

5.3 结构要求

5.3.1 亚克力板材加工的标志，其结构连接件，应采用紧固连接方式进行连接。

5.3.2 直径大于 1000 mm 的标志需在内部增加钢结构，钢结构的设计应符合 CECS 148 的规定。钢结构壁厚，按照 6.2.1 的方法进行测量，结果应符合钢结构设计要求。

5.3.3 钢结构焊接连接应符合 GB 50661 的规定。

5.3.4 钢构件直线度、平面度和平行度的允许偏差，按照 6.2.2 的方法进行试验，结果应符合表 3 的规定。

表 3 直线度、平面度和平行度允许偏差

公称尺寸（对应标志的直径）的范围 /mm	直线度、平面度、平行度允许偏差 /mm
＞2000	±1.5
1000 ~ 2000	±1

5.3.5 结构防腐的要求如下：

a）钢结构制作完成后应进行防腐处理，处理形式宜选用涂装防腐；

b）采用钢管制作的钢结构应整体做防腐处理，采用镀锌钢管制作的钢结构应对锌层有缺陷的位置做涂装防腐；

c）防腐涂料涂装漆膜厚度，按照 6.2.3 的方法进行试验，其干漆膜总厚度应大于 150 μm。

5.4 安全要求

5.4.1 室外使用标志的防火、耐燃烧性应符合 GB 50016、GA 480 的规定。

5.4.2 室外使用标志的设置高度在 15 m 以上的，应采用防雷措施。防雷措施应符合 GB 50057 的规定。

5.4.3 对于地震多发地区标志安装后的抗震应符合 GB 50011 的规定。

6 试验方法

6.1 外观

6.1.1 标志表面颜色使用色差仪对照色卡、样板，进行颜色检验。

6.1.2 标志表面漆膜特性的试验方法如下：

a）光泽度：按照 GB/T 9754 规定的方法试验；

b）厚度：按照 GB/T 13452.2 规定的方法试验；

c）附着性：按照 GB/T 9286 规定的方法试验；

d）耐盐雾性：按照 GB/T 1771 规定的方法试验，试验时间为 168 h；

e）耐候性：按照 GB/T 1766 规定的方法试验；

f）耐水性：将样品用两个夹具夹紧，垂直吊放，使其2/3面积浸入温度为25℃±5℃的蒸馏水中。样品浸入水中的部分离容器的底和侧面至少保持2 cm的距离，浸泡24 h后进行试验；

g）耐冲击性：按照GB/T 1732规定的方法试验，重锤的下落高度为30 mm。

6.1.3 标志外观的尺寸允许偏差，采用精度为1 mm钢卷尺进行测量。

6.1.4 标志面板的平整度允许偏差，采用2000 mm靠尺和水平尺进行测量。

6.2 结构

6.2.1 钢构件钢管、连接板壁厚，采用游标卡尺进行测量。

6.2.2 结构的直线度、平面度、平行度，按照GB/T 19804规定的方法试验。

6.2.3 钢结构采用防腐涂料涂装的，漆膜厚度按照GB/T 13452.2规定的方法试验。

7 安装要求

7.1 包装、运输

7.1.1 包装应采用合理的防震、防硌、防碰撞措施，并便于运输和贮存。包装箱内应有合格证、保管使用说明。

7.1.2 每个标志背面应标明生产厂家、生产日期、产品编号及执行产品标准编号。

7.1.3 包装箱上应标明品名、规格、生产单位、生产日期以及“小心轻放”字样。

7.1.4 包装件在运输与贮存过程中严禁抛摔。

7.2 安装

7.2.1 安装前应检查下列文件和证书：

a）施工图样、技术文件；

b）施工图纸及施工方案；

c）辅助材料清单；

d）特种劳动人员作业证书。

7.2.2 安装前应满足下列要求：

a）现场勘察安装环境，现场条件符合安装要求；

b）现场施工的临时用电符合JGJ 46的规定。

7.2.3 安装过程中应采取必要的现场安全措施，确保安装过程的安全。

7.2.4 当风力大于等于6级或遇雨雪、雷电、冰雹、大雾和沙尘等恶劣天气，不应进行标志的户外安装作业。

7.2.5 户外标志高空安装应符合JGJ 80的规定。

7.2.6 钢结构的安装应符合GB 50205的规定。

7.2.7 应使用化学锚栓、化学植筋或预埋构件等方式进行户外标志的安装，标志安装应符合CECS 148的规定。

7.2.8 墙面结构为砖墙时，应采用细石混凝土预埋件或采用隐蔽型夹板构造。对强度较低的墙面，应对附着的墙体进行强度验算并采取加固措施。

7.2.9 当与轻质砖、轻钢龙骨隔断墙固定时，应根据所安装墙体的结构选用相应的连接构件。

7.2.10 安装过程中，垃圾应当日清理。安装完成后，应做到料尽、清场，保持周边环境原貌。

7.2.11 安装完成后应对建筑接触位置进行恢复。

7.2.12 安装完成后，应对标志的安装高度，贴附于墙面的位置、对角线尺寸、水平标高等进行检验。

8 维护要求

8.1 通用要求

8.1.1 日常维护应根据所在地的地理环境，调整检查周期。

8.1.2 应定期进行安全检测。检测不合格的标志，不可继续使用。

8.1.3 由于外力导致结构发生变动后，应重新进行安全检测。

8.2 维护资料

8.2.1 维护资料应包括：

a）完整的竣工图样；

b）使用说明书；

c）备品备件清单。

8.2.2 应建立维护管理制度，制定整体维护方案、应急预案、维护档案和维护记录。

8.3 日常维护

标志日常维护应符合表 4 的规定。对影响使用功能的，应及时更换或检修。

表 4 标志日常维护

序号	检查项	区域范围	周期	现象描述	维护要点
1	表面清洁	户外	每半月一次	面板有灰尘、污渍	及时清理干净
		室内	每周一次		
2	表面损伤	户外	每月一次	缺失、模糊、划痕	1. 及时修补，保证使用功能； 2. 及时拆除、更换，保证使用功能
		室内	每月一次		
3	结构连接	户外	至少每半年一次	螺栓及锚固节点松动	及时紧固或更换
		室内	至少每年一次		
4	结构防腐	户外	至少每年一次	1. 有锈蚀、油漆脱落、龟裂、风化等现象； 2. 涂层表面光泽失去达 80%、表面粗糙、风化龟裂达 25% 和漆膜起壳	防腐修复应符合以下步骤：基底清理→除锈→环氧底漆→面漆涂装

8.4 特殊条件下的维护

在特殊条件发生后（如 8 级以上大风、地震灾害等），应及时对构件连接进行维护和检修。

8.5 安全检测

8.5.1 钢结构的安全检测应符合 GB 50205 的规定执行。

8.5.2 现场安全检测应包括以下内容：

a）构件变形程度、钢材截面厚度、焊接质

量、连接螺栓强度、连接墙面情况等；

b）构件锈蚀情况、涂层厚度及风化程度等。

8.5.3 结构连接、结构防腐等检测不合格的标志，应及时整改或拆除。

附录 A

（资料性）

标志效果示意（室外金属及亚克力材料）

图 A.1、图 A.2 给出了标志实现后的效果示意，仅供参考。

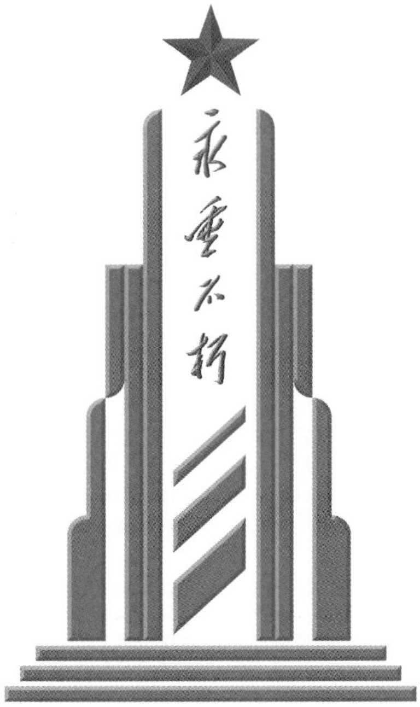

图 A.1　纯色标志无底色效果图

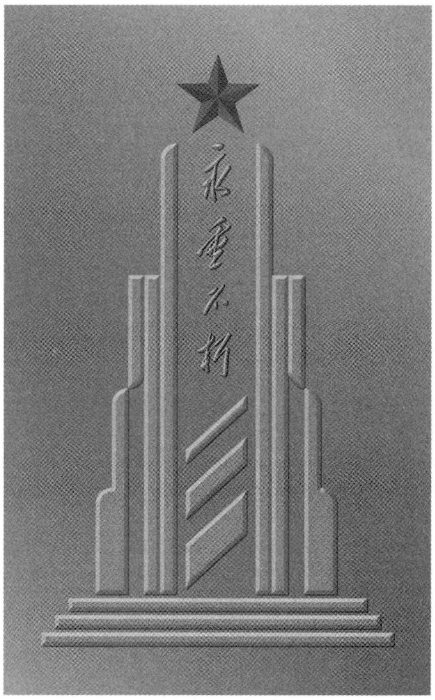

图 A.2　纯色标志有底色效果图

附录 B

（规范性）

标志细部尺寸图（室外金属及亚克力材料）

标志外观的细部尺寸应符合如下标准。

1. 标志直径为 1000 mm 时，浮雕凸起厚度为 40 mm，五角星厚度最高点为 100 mm；

2. 标志直径为 500 mm 时，浮雕凸起厚度为 20 mm，五角星厚度最高点为 50 mm；

3. 标志直径为 100 mm 时，浮雕凸起厚度为 4 mm，五角星厚度最高点为 10 mm；

4. 标志直径为 50 mm 时，浮雕凸起厚度为 2 mm，五角星厚度最高点为 5 mm；

5. 标志直径为 10 ~ 20 mm 时，浮雕凸起厚度为 1 mm，五角星厚度最高点为 2.5 mm。

附录 C

（资料性）

标志工艺图

标志在不同使用环境下，不同尺寸工艺如图示，可参考使用。最终标志施工图应根据不同使用环境条件进行施工图设计。

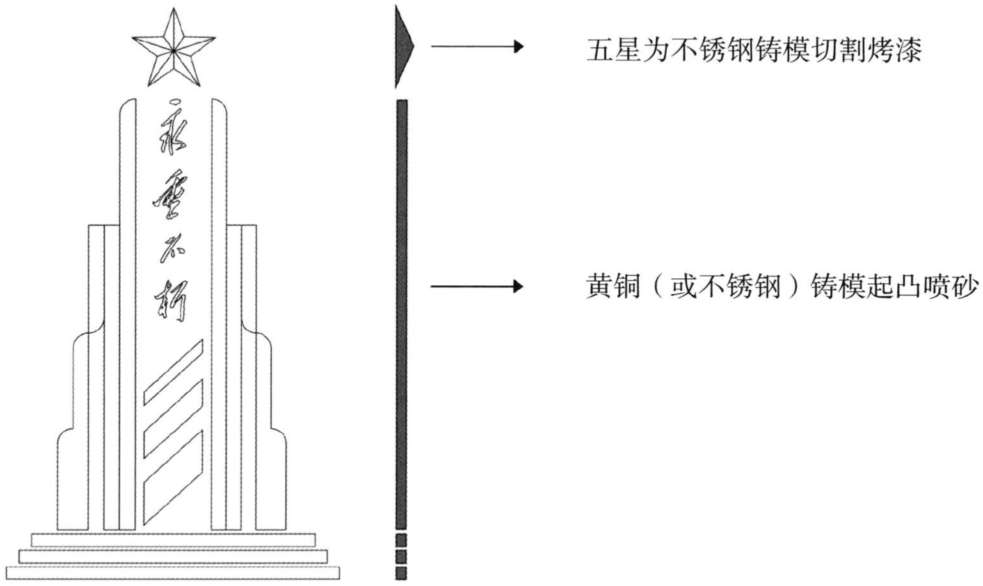

附件 2

烈士纪念设施标识牌技术规范

1　烈士纪念设施标识牌技术规范（金属）

1.1　标识牌效果示意（金属）

1.2　标识牌常用尺寸规格

1.2.1　横向尺寸规格

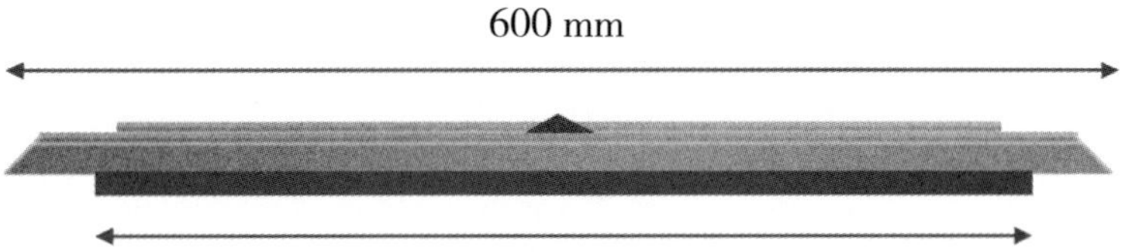

顶视图

1.2.2　纵向尺寸规格

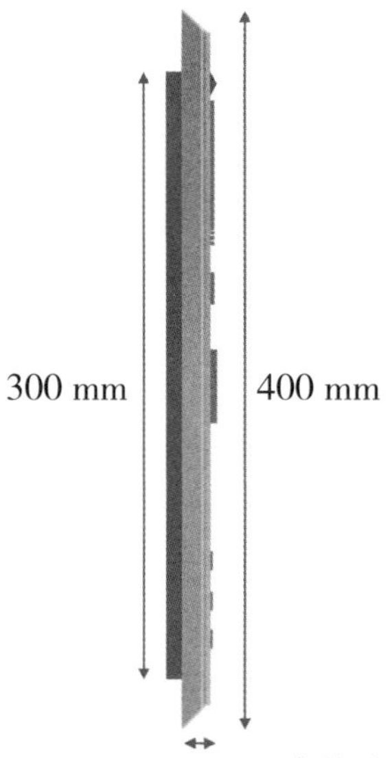

侧视图

1.3　标识牌工艺（金属）

1.4 标识牌细部尺寸（金属）

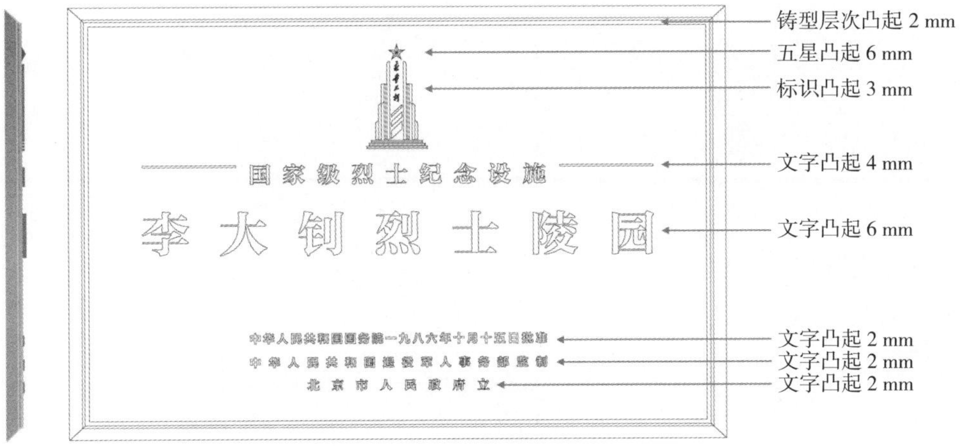

2 烈士纪念设施标识牌技术规范（石材）

2.1 标识牌效果示意（石材）

2.2 标识牌工艺（石材）

2.3 标识牌细部尺寸（石材）

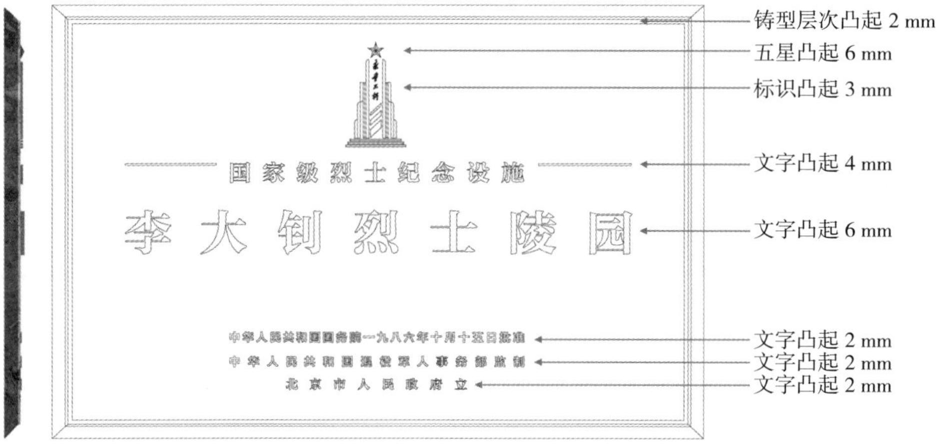

3 烈士纪念设施标识牌制作说明

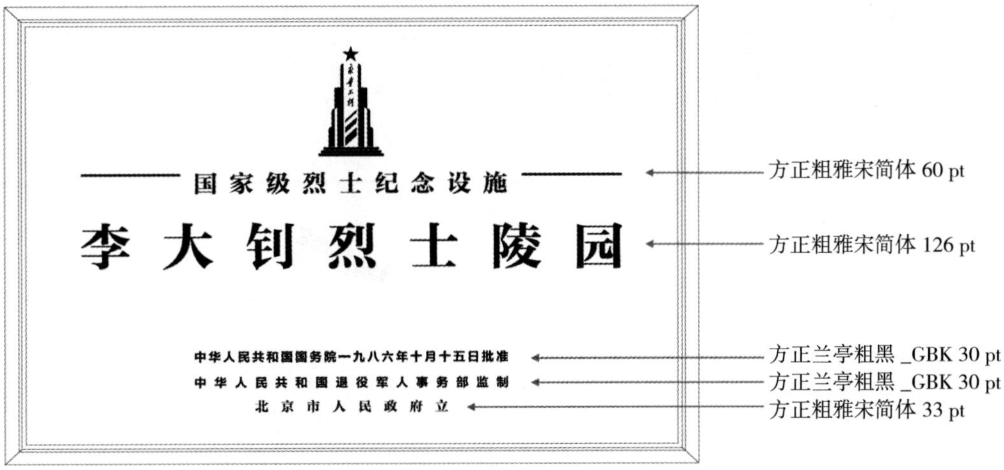

3.1 工艺、尺寸

3.1.1 金属工艺：黄铜压制铸型，黄铜拉丝浮雕，黄铜喷砂腐蚀。

3.1.2 石材工艺：黄铜压制铸型，黄铜拉丝浮雕，大理石雕刻。

3.1.3 细部尺寸：铸型层次凸起 2 mm，五星凸起 6 mm，标识凸起 3 mm，二级标题文字凸起 4 mm，一级标题文字凸起 6 mm，三级标题文字凸起 2 mm。

3.2 字体

3.2.1 方正粗雅宋简体 60 pt

3.2.2 方正粗雅宋简体 126 pt

3.2.3 方正兰亭粗黑 _GBK 30 pt

3.2.4 方正粗雅宋简体 33 pt

退役军人事务部关于印发《烈士纪念设施保护标志使用管理办法》的通知

退役军人部发〔2023〕37号

各省、自治区、直辖市退役军人事务厅（局），新疆生产建设兵团退役军人事务局：

为维护烈士纪念设施保护标志庄严肃穆形象，规范烈士纪念设施保护标志的使用，现将《烈士纪念设施保护标志使用管理办法》予以印发，请认真贯彻执行。

2023年9月14日

烈士纪念设施保护标志使用管理办法

第一条　为维护烈士纪念设施保护标志庄严肃穆形象，规范烈士纪念设施保护标志的使用，根据《中华人民共和国英雄烈士保护法》《烈士褒扬条例》《烈士纪念设施保护管理办法》等，制定本办法。

第二条　烈士纪念设施保护标志设计理念由红星、“永垂不朽”题词、纪念碑、阶梯等元素构成，整体呈现昂扬向上的姿态，象征着烈士们的伟大理想和崇高信念，体现了党和国家对英烈的尊崇、褒扬和纪念。

第三条　烈士纪念设施保护标志是全国各级烈士纪念设施的特定形象标识，是各级烈士纪念设施保护管理单位依法履行建设修缮管理维护烈士纪念设施职责的专用标识。烈士纪念设施标识牌刻印保护标志和烈士纪念设施名称、保护级别、批准设立单位等内容，用于标示烈士纪念设施基本信息。

第四条　烈士纪念设施保护标志应当用于以下情形：

（一）各级烈士纪念设施主体建筑区域；

（二）各级烈士纪念设施保护管理单位办公场所。

第五条　烈士纪念设施保护标志可以用于以下情形：

（一）烈士纪念设施宣传标牌、宣传单、画册、书籍、记录本、奖章、证书等印刷品及宣传品；

（二）有关烈士纪念设施宣传保护的专题网站、微博、微信公众号等网络平台；

（三）与英烈褒扬工作有关的各类公益活动等。

烈士纪念设施保护标志与使用单位标志、活动标志同时展示时，应将烈士纪念设施保护标志置于突出和优先的位置。

第六条　烈士纪念设施保护标志不得用于：

（一）商标、商业广告、商业活动以及其他营利性活动；

（二）非烈士纪念设施建筑物、办公及其他场所；

（三）日常生活的陈设布置；

（四）私人庆典和吊唁活动；

（五）其他有损于烈士纪念设施保护标志庄重、严肃形象的场合、物品。

第七条　烈士纪念设施保护标志及标识牌技术规范由退役军人事务部制定；省级人民政府退役军人工作主管部门根据技术规范统一制作本行政区域内烈士纪念设施保护标志及标识牌；各级烈士纪念设施保护管理单位负责烈士纪念设施保护标志及标识牌的悬挂、使用和服务管理等具体工作。

第八条　县级以上人民政府退役军人工作主管部门对本行政区域内烈士纪念设施保护标志及标识牌的悬挂、使用进行指导督促和管理监督。

一切组织和公民，应当尊重和爱护烈士纪念设施保护标志，积极宣传和正确使用烈士纪念设施保护标志及标识牌，尊崇、铭记英烈为国家、民族和人民作出的牺牲和贡献。

任何组织和个人未经批准不得制作、买卖、使用烈士纪念设施保护标志及标识牌。

第九条　烈士纪念设施保护标志在使用时，不得在标志上添加、修改任何内容，包括样式、组成元素比例、色彩、色调等，可根据需要同比例缩放使用，同时应与使用目的、所在烈士纪念设施建筑物、周边环境相适应。

烈士纪念设施保护标志使用时，应当保持其色彩鲜艳、准确和整洁，易于辨认。保护标志使用在烈士纪念设施建筑物上时，应当置于建筑物明显部位；使用在旗帜、横幅、展板及文创产品等上时，不得触及相关载体边缘。

第十条　烈士纪念设施保护管理单位应当对悬挂室外的烈士纪念设施保护标志及标识牌定期巡查保养，如发现有破损、变形、褪色、污损等情况，应及时整修或更换。

第十一条　烈士纪念设施保护管理单位及工作人员违反本办法规定使用烈士纪念设施保护标志及标识牌的，由县级以上人民政府退役军人工作主管部门责令纠正并给予通报批评；情节严重的，依法依规追究相关人员责任。

第十二条　对违反规定制造、买卖、使用烈士纪念设施保护标志及标识牌，或者在公共场合故意以损坏、涂划、玷污、践踏、焚烧等方式侮辱烈士纪念设施保护标志及标识牌的，各级退役军人工作主管部门、烈士纪念设施保护管理单位及工作人员应当及时制止并依法处置。

第十三条　本办法自印发之日起施行。

退役军人事务部　财政部关于调整部分优抚对象等人员抚恤和生活补助标准的通知

退役军人部发〔2023〕39号

各省、自治区、直辖市退役军人事务厅（局）、财政厅（局），新疆生产建设兵团退役军人事务局、财政局：

经研究，决定自2023年8月1日起调整部分优抚对象等人员抚恤和生活补助标准，现将有关问题通知如下：

一、提高残疾军人（含伤残人民警察、伤残预备役人员和民兵民工、其他因公伤残人员）的残疾抚恤金、烈属（含因公牺牲军人遗属、病故军人遗属）的定期抚恤金、在乡退伍红军老战士（含红军失散人员）的生活补助标准，调整后的标准见附件。

二、各地要按照《军人抚恤优待条例》规定，加大资金投入，提高在乡复员军人的生活补助标准，切实保障其生活水平。中央财政在现行补助标准的基础上，每人每年增加1440元。

三、对带病回乡退役军人提高生活补助标准，每人每年提高450元，提至每人每年9450元。中央财政对北京、天津、辽宁、上海、江苏、浙江、福建、山东、广东等9个省市，补助标准调整为每人每年3780元；对河北、山西、吉林、黑龙江、安徽、江西、河南、湖北、湖南、海南等10个省，补助标准调整为每人每年5670元；对内蒙古、广西、重庆、四川、贵州、云南、西藏、陕西、甘肃、青海、宁夏、新疆等12个省区市以及新疆生产建设兵团，补助标准调整为每人每年7560元。

四、对在农村的和城镇无工作单位且家庭生活困难的参战退役军人提高生活补助标准，每人每年提高480元，提至每人每年10 080元。中央财政对北京、天津、辽宁、上海、江苏、浙江、福建、山东、广东等9个省市，补助标准调整为每人每年4030元；对河北、山西、吉林、黑龙江、安徽、江西、河南、湖北、湖南、海南等10个省，补助标准调整为每人每年6050元；对内蒙古、广西、重庆、四川、贵州、云南、西藏、陕西、甘肃、青海、宁夏、新疆等12个省区市以及新疆生产建设兵团，补助标准调整为每人每年8060元。

五、对不符合评残和享受带病回乡退役军人生活补助条件，但患病或生活困难的农村和城镇无工作单位的原8023部队退役军人，以及其他参加核试验退役军人（含参与铀矿开采退役军人等）提高生活补助标准，每人每年提高480元，提至每人每年10 080元。中央财政对北京、天津、辽宁、上海、江苏、浙江、福建、山东、广东等 9 个省市，补助标准调整为每人每年 4030 元；对河北、山西、吉林、黑龙江、安徽、江西、河南、湖北、湖南、海南等 10 个省，补助标准调整为每人每年 6050 元；对内蒙古、广西、重庆、四川、贵州、云南、西藏、陕西、甘肃、青海、宁夏、新疆等 12 个省区市以及新疆生产建设兵团，补助标准调整为每人每年 8060 元。

六、对居住在农村和城镇无工作单位、18 周岁之前没有享受过定期抚恤金待遇且年满 60 周岁的烈士子女（含建国前错杀后被平反人员的子女）提高生活补助标准。中央财政在现行补助标准的基础上，每人每年提高 540 元，提至每人每年 8280 元。

七、对从 1954 年 11 月 1 日试行义务兵役制后至《退役士兵安置条例》施行前入伍、年龄在 60 周岁以上（含 60 周岁）、未享受到国家定期抚恤补助的农村籍退役士兵提高老年生活补助标准，每服一年义务兵役每人每年提高 40 元，提至每服一年义务兵役每人每年补助 688 元。中央财政对北京、天津、辽宁、上海、江苏、浙江、福建、山东、广东等 9 个省市按上述补助标准的 50% 安排补助资金，对其他省区市、新疆生产建设兵团实行全额补助。

八、提高新中国成立前加入中国共产党的农村老党员和未享受离退休待遇的城镇老党员的生活补助标准，调整后的补贴标准为：1937 年 7 月 7 日至 1945 年 9 月 2 日入党的，提至每人每年 11300 元；1945 年 9 月 3 日至 1949 年 9 月 30 日入党的，提至每人每年 10 210 元。已享受优抚对象抚恤补助的老党员，不执行上述补贴标准，仍按每人每年 600 元标准发给生活补助。已对老党员实行定额补贴的地方，补贴标准低于上述标准的，按照补差原则发给补贴；补贴标准高于上述标准的，仍按原补贴标准发给补贴。中央财政对北京、天津、上海、江苏、浙江、福建、广东等 7 个省市，按上述补助标准的 25% 安排补助资金；对其他省区市、新疆生产建设兵团按上述补助标准的 50% 安排补助资金。

九、此次调整标准所需中央补助资金，由中央财政安排，另行下达。地方各级有关部门要认真落实地方应安排的资金，保证及时、准确、足额地把抚恤金和生活补助金发放到优抚对象等人员手中。要扎实做好优抚对象年度确认工作，优化工作方式、提高确认质效，进一步夯实优抚数据基础，确保财政资金安全。

2023 年 9 月 18 日

退役军人事务部关于授予新疆维吾尔自治区且末县老兵治沙队集体和王琦等19名同志“最美退役军人”称号的决定

退役军人部发〔2023〕43号

各省、自治区、直辖市退役军人事务厅（局），新疆生产建设兵团退役军人事务局：

为深入学习贯彻习近平新时代中国特色社会主义思想和党的二十大精神，贯彻落实习近平文化思想和习近平总书记关于退役军人工作重要论述，充分发挥退役军人先进典型示范引领作用，持续推动广大退役军人思想政治素质不断提升、精神状态更加昂扬、优势作用有效发挥，经广泛发动、逐级推荐、严格遴选、社会公示，并征求中共中央宣传部、中央军委政治工作部意见，退役军人事务部决定授予新疆维吾尔自治区且末县老兵治沙队集体和王琦等19名同志“最美退役军人”称号（名单附后）。

希望荣获称号的先进集体和个人珍惜荣誉、发扬成绩，持续发挥表率作用，争取更大光荣。广大退役军人要以“最美退役军人”为榜样，坚定不移听党话，矢志不渝跟党走，模范践行社会主义核心价值观，自觉弘扬人民军队光荣传统和优良作风，踔厉奋发、勇毅前行，在中国式现代化新征程上展现退役军人风采，贡献退役军人力量。

各地退役军人事务部门要坚持以习近平新时代中国特色社会主义思想为指导，深入贯彻落实党的二十大精神和习近平总书记关于退役军人工作重要论述，创新宣传方式手段，讲好“最美退役军人”故事；组织开展慰问、疗养等活动，关怀礼遇“最美退役军人”；打造“最美”体系，持续挖掘选树退役军人先进典型；深刻把握新时代退役军人思想政治工作特点和规律，持续推动退役军人典型宣传工作走深走实，通过立精神支柱、树价值标杆，唱响自信自强、团结奋斗的时代主旋律，为全面建设社会主义现代化国家、全面推进中华民族伟大复兴提供强大精神力量。

附件：2023年度“最美退役军人”称号名单

2023年10月27日

附件

2023年度“最美退役军人”称号名单

集体

新疆维吾尔自治区且末县老兵治沙队

个人

（按姓氏笔画排序）

王　琦	吉林省长春市军队离退休干部西安桥外休养所军休干部、省盲人协会主席
扎　塔（藏族）	西藏自治区日喀则市慈善协会副会长
叶海辉	浙江省玉环市坎门海都小学体育老师
刘山国	河北省同福集团股份有限公司党委书记、董事长
刘亚军	黑龙江省大兴安岭地区塔河林业局盘古林场管护员
安晓华（彝族）	云南省保山边境管理支队执法调查队队长
孙占海	航天五院总装与环境工程部特级技师
李　萌（女）	北京市东城区环卫中心时传祥所三八女子抽粪班班长
邹　凌	四川省汶川县映秀镇渔子溪村党支部书记、村委会主任
陈晓磐	河南省临颍县公安局党委委员兼驻村民警
尚晓东	中国科学院南海海洋研究所二级研究员、博士生导师
周功虎	湖北省秭归县三峡库区清漂队队长
夏昭炎	湖南科技大学退休教授
殷其龙	重庆市出租汽车有限责任公司第二分公司员工
宰红斌	国网山西省电力公司晋城供电公司高级技工

退役军人事务部　中央军委政治工作部　全国双拥工作领导小组办公室关于做好新年春节期间拥军优属拥政爱民工作的通知

国拥办电〔2023〕15号

各省、自治区、直辖市双拥工作领导小组办公室、退役军人事务厅（局），新疆生产建设兵团双拥工作领导小组办公室、退役军人事务局，军委联指中心、各战区政治工作部（办公室），各军兵种政治工作部，军委机关各部委、军委各直属机构、军委各直属单位政治工作部（局、办公室），武警部队政治工作部：

2024年新年春节即将来临。节日期间，各地各部队要坚持以习近平新时代中国特色社会主义思想为指导，深入贯彻习近平总书记关于双拥工作重要论述，大力弘扬拥军优属、拥政爱民光荣传统，巩固发展新时代军政军民团结，为巩固提高一体化国家战略体系和能力、推进强国强军汇聚强大力量。

一、大力营造双拥浓厚氛围。各地各部队要组织军民深入学习贯彻习近平新时代中国特色社会主义思想，学习贯彻习近平强军思想，深刻领悟“两个确立”的决定性意义，增强“四个意识”、坚定“四个自信”、做到“两个维护”。结合新一届全国双拥模范创建命名表彰活动，广泛运用军地主流媒体大力宣扬军爱民、民拥军的光荣传统，宣传各地各部队涌现出的双拥先进典型，在全社会营造关心国防、热爱国防、建设国防、保卫国防的浓厚氛围。要扎实做好致全国双拥模范和广大官兵、优抚对象慰问信发放工作，开展军地联谊、书画展览、文艺创演等富有地域特色、军民喜闻乐见的群众性文化活动，丰富节日双拥文化生活，密切军民鱼水情谊。

二、聚力服务部队备战打仗。各地要扎实推进支持部队练兵备战各项工作，通过召开军政座谈会、军地联席会、双拥工作领导小组全会和走访慰问驻军部队等形式，主动了解部队战备训练和建设改革中遇到的实际困难，想方设法帮助部队办实事解难题。发扬拥军支前优良传统，积极支持部队遂行战备值勤、冬季适应性训练、跨区机动等任务，跟进搞好通信、交通、粮油、水电等各项保障，形成部队练打仗、地方练支前的生动局面。广泛发动社会力量、集聚社会资源做好拥军工作，丰富拓展科技、教育、文化、法律等拥军活动内容形式，服务部队打赢能力提升。聚焦重点方向、任务部队和边海防一线，深入开展“聚焦一线、聚力解难”拥军优属专项活动和“情系边海防官兵”春节专项慰问活动，用心用情解决官兵急难愁盼，传递党和政府的关怀厚爱，激励军心士气。

三、助力保障改善民生福祉。各部队要自觉践行我军根本宗旨，以 4100 个定点帮扶村为重点，组织官兵走村入户了解帮扶成效，开展组织帮建、义务巡诊、助学兴教、移风易俗等活动，研究精准化支持产业、人才、文化、生态、组织“五个振兴”的措施办法。组织便民服务队到驻地周边村庄社区，配合搞好环境卫生整治、公共设施维护、节日氛围营造等工作。积极关爱驻地群众，主动看望慰问城乡低保对象、残疾人家庭、空巢老人和留守儿童等困难群体，努力为群众做好事、办实事、解难事，树牢子弟兵爱民为民良好形象。协助地方维护机场、车站、港口等春运秩序，做好低温雨雪冰冻等抢险救灾、应急救援各项准备，为欢度佳节创造良好环境。

四、倾力关心关爱优抚对象。各地要认真贯彻军人地位和权益保障法、退役军人保障法等法律法规，高标准抓好相关法规政策的宣传普及和督导落实，确保各项政策待遇落实到位。常态开展送立功喜报、挂光荣牌、贴新春楹联年画等活动，看望慰问在乡红军老战士、老复员军人、烈士遗属和因公牺牲、病故军人遗属，力所能及提供温心暖心的个性化服务，立起关爱功臣、崇尚奉献鲜明导向。

各地各部队组织开展活动，要严格落实安全保密、军地交往、改进作风和疫情防控等规定要求，做到俭朴节约、安全有序。

2023 年 12 月 13 日

大事记

2023 年退役军人工作大事记

一月

1 月 4 日，退役军人事务部发布关于退役军人事务部来访接待大厅地址变更的公告。

1 月 6 日，全国退役军人事务厅（局）长会议在北京市召开。裴金佳同志出席会议并讲话。钱锋同志主持会议，林国耀、常正国、杨友斌、马飞雄同志出席会议。

1 月 10 日，2023 年首都军政座谈会在北京市举行。裴金佳同志出席座谈会并讲话，钱锋同志出席。

1 月 12 日，纪念延安双拥运动 80 周年座谈会在人民大会堂举行。裴金佳、钱锋同志参加。

1 月 13 日，全国双拥工作领导小组、退役军人事务部、中央军委政治工作部印发《致广大官兵和优抚对象的慰问信》《致全国双拥模范的慰问信》。

1 月 13 日，境外烈士纪念设施保护管理领导小组办公室 2023 年第一次主任会议在北京市举行，研究谋划 2023 年重点任务，审议研讨具体工作事项。

1 月 16 日，退役军人事务部机关举行新址揭牌仪式。裴金佳、林国耀、常正国、杨友斌、马飞雄同志出席，钱锋同志主持。

1 月 16 日，退役军人事务部办公厅印发《关于贯彻落实中央农村工作会议精神　持续引导退役军人投身乡村振兴有关工作的通知》。

1 月 17 日，退役军人事务部烈士纪念设施保护中心（烈士遗骸搜寻鉴定中心）制作的《追忆英雄》红色主题音频专辑正式上线。专辑共分“弘扬、守护、传承、赓续”4 个系列。

1 月 17 日，裴金佳同志率队慰问驻京某部基层官兵。裴金佳代表退役军人事务部和全国退役军人事务系统广大干部职工向该部官兵致以新春祝福、赠送慰问品，并向人民解放军指战员、武警部队官兵、全国退役军人和其他优抚对象，致以崇高的敬意和新春的祝福。

1 月 18 日，中央网信办通报表扬 2022 年度走好网上群众路线百个成绩突出账号。“中国退役军人”微信公众号进入 2022 年度走好网上群众路线百个成绩突出账号推选活动通报表扬名单，退役军人事务部办公厅进入 2022 年度走好网上群众路线百个成绩突出账号推选活动优秀组织单位通报表扬名单。

1 月 19 日，退役军人事务部办公厅通报表扬 2022 年度全国退役军人服务中心（站）“百名优秀主任（站长）”。

1 月 29 日，退役军人事务部、国家发展改革委、财政部等 8 部门联合印发《关于加强就业困难退役军人帮扶工作的意见》。

二月

2月5日，钱锋同志主持召开2023年全国双拥办第一次主任办公会，研究筹划2023年全年双拥工作。

2月7日，召开全国网评工作视频会，退役军人事务部办公厅获评“2022年度走好网上群众路线百个成绩突出账号推选活动优秀组织单位”。马飞雄同志参加会议并讲话。

2月14日，退役军人事务部联合公安部、交通运输部、文化和旅游部，召开全国烈士祭扫工作视频会议，部署2023年烈士祭扫工作。常正国同志出席会议并讲话。

2月16日，退役军人事务部召开2023年全面从严治党暨党风廉政建设工作会议。裴金佳同志总结2022年部全面从严治党及党风廉政建设工作，部署2023年相关任务。钱锋同志主持会议，并传达中央和国家机关警示教育会精神。林国耀同志就学习贯彻二十届中央纪委二次全会精神，推进部全面从严治党及党风廉政建设提出要求。常正国、马飞雄同志出席会议。

2月16日，马飞雄同志带队赴北京市丰台区调研退役军人工作，实地察看部分退役军人服务中心（站），并与丰台区委书记王少峰座谈交流。

2月24日，《新时代中国双拥》专刊研讨会在北京市召开。马飞雄同志为专刊揭幕、向军地代表赠刊并讲话。

2月26日，国家退役军人服务中心和中国退役军人关爱基金会举办新址揭牌仪式，马飞雄同志为新址揭牌并察看部信访接待场所。

三月

3月1日，中国退役军人就业创业服务促进会在《人民日报》刊登了“2022年度全国退役军人就业合作光荣榜”“2022年度全国退役军人创业光荣榜”，各地的58家企业、61名退役军人上榜。

3月3日，退役军人事务部办公厅印发通知，下达2023年第一批复员军官、逐月领取退役金退役军人安置计划。

3月6日，退役军人事务部召开学习贯彻党的二十大精神专题轮训班开班式。裴金佳同志出席并授课，林国耀同志主持，杨友斌、马飞雄同志出席。

3月6日至10日，全国双拥办在江西省南昌市举办全国双拥模范城（县）双拥办负责同志培训班。全国双拥办有关负责同志出席培训班开班式并作动员讲话。

3月15日，退役军人事务部召开传达学习全国两会精神干部会议。裴金佳同志出席会议并讲话，钱锋同志主持，常正国、杨友斌、马飞雄同志出席。

3月17日，退役军人事务部办公厅印发《关于组织开展2023年度退役军人就业服务专项行动的通知》。

3月21日，退役军人事务部与中央军委政治工作部联合印发通知，部署2023年安排工作退役士兵移交安置工作。

3月23日，退役军人事务部召开网络安全和信息化领导小组会议。裴金佳同志主持，钱锋、常正国、杨友斌、马飞雄同志出席。

3月26日至29日，裴金佳同志带队到广西壮族自治区开展党的二十大精神宣讲并调研退役军人工作。

3月27日，钱锋同志主持召开2023年度全国双拥办第二次主任办公会议，研究部署近期重点工作。

3月27日至29日，常正国同志赴基层联系点河南省洛阳市宜阳县调研，并出席《退役军人就业创业促进条例（征求意见稿）》政策研讨会。

3月28日，共青团中央、全国少工委、退役军人事务部联合发布《关于清明节纪念缅怀英雄烈士的倡议》。

3月30日至4月1日，首届全国退役军人创业创新成果展交会在陕西省西安市举行。常正国同志出席展交会开幕式。

3月31日，退役军人事务部公布新修订的《烈士公祭办法》，该办法自2023年5月1日起施行。

3月31日，常正国同志在陕西省咸阳市秦都区调研渭滨街道退役军人服务站。

四月

4月1日至10日，退役军人事务部会同中央广播电视总台军事节目中心，推出清明节特别节目《英雄回家》在CCTV-7国防军事频道播出。

4月7日，退役军人事务部协同多家单位联合举办“情暖老兵·守护光明”公益行动启动仪式。马飞雄同志出席活动并讲话。

4月10日，退役军人事务部召开学习贯彻习近平新时代中国特色社会主义思想主题教育动员大会，深入学习贯彻习近平总书记在中央主题教育工作会议上的重要讲话精神，对开展主题教育进行动员部署。中央第二十九指导组组长钟山出席并作指导讲话，裴金佳同志主持并作动员讲话。钱锋、林国耀、马飞雄同志参加。

4月12日，退役军人事务部办公厅印发《关于申报第七批国家级烈士纪念设施的通知》。

4月13日至14日，全国退役军人事务系统政务信息工作培训班在北京市举办。

4月14日，退役军人事务部举行新闻发布会，介绍退役军人事务部成立5年来在退役军人思想政治引领、就业创业、拥军优抚、褒扬纪念、权益保障等方面工作成绩和下一步工作安排，并回答媒体记者提问。

4月14日至20日，退役军人事务部在云南省大理市组织开展第一期全国军休功臣荣誉疗养活动。

4月15日，退役军人事务部开展安全保密宣传教育月活动，为期1个月。

4月17日，退役军人事务部与中央军委政治工作部联合印发《安排工作退役军士和义务兵服现役表现量化评分办法》。

4月17日至22日，钱锋同志率军地联合调研组赴浙江省宁波市、舟山市、杭州市、湖州市等地，调研浙江省全国双拥模范城（县）创建工作。

4月20日，马飞雄同志赴解放军总医院第六医学中心，看望慰问第一批困难退役军人家庭先心病儿童康复代表。

4月21日，退役军人事务部召开调查研究工作动员部署会。裴金佳同志出席并作动员讲话。常正国同志主持会议，林国耀、杨友斌、马飞雄同志出席。

4月21日、24日至25日，常正国同志赴北京市通州区、天津市武清区、河北省廊坊市等地调研“通武廊”地区退役军人工作协同发展示范区建设推进情况。

4月23日至5月20日，全国新任市、县级退役军人事务局局长培训班在北京市举办。

4月26日，常正国同志赴江苏省镇江市调研，走访了解部分企业退役军人创业带动就业情况及退役军人投身乡村振兴、促进产业发展情况。

4月26日至28日，裴金佳同志带队到广东省广州市、深圳市调研退役军人工作，实地察看基层服务体系工作情况，走访慰问退役军人和其他优抚对象，并分别与退役军人代表、相关企业代表座谈交流。

4月至5月，退役军人事务部联合全国人大常委会法制工作委员会、中央网信办、最高人民法院、最高人民检察院等有关部门组织开展《中华人民共和国英雄烈士保护法》实施5周年普法宣传教育活动。

五月

5月4日，退役军人事务部召开青年干部深入学习贯彻习近平新时代中国特色社会主义思想和党的二十大精神交流会。裴金佳同志出席会议并讲话，钱锋同志主持。

5月4日，退役军人事务部办公厅印发通知，下达2023年第二批复员军官、逐月领取退役金退役军官安置计划。

5月9日，退役军人事务部印发《关于开展2023年度“最美退役军人”学习宣传活动的通知》。

5月9日至11日，退役军人事务员职业试点培训班在浙江省杭州市举办。

5月10日至11日，优抚事业单位负责同志培训班在广东省广州市举办。

5月11日，常正国同志参加全国高校毕业生等青年就业创业工作电视电话会议。

5月12日至19日，部分省部级表彰奖励获得者和全国“最美退役军人”短期疗养活动在云南省普洱市举办。

5月15日，退役军人事务部印发通知，下达2023年中央企业接收安置安排工作退役士兵岗位计划。

5月15日至18日，杨友斌同志带队到新疆维吾尔自治区乌鲁木齐市、巴音郭楞蒙古自治州和新疆生产建设兵团第二师铁门关市等地，调研退役军人安置就业、作用发挥等工作情况，并与军地相关单位负责同志、部分退役军人代表座谈交流。

5月15日至26日，退役军人事务部与国防大学在国防大学政治学院（上海松江）联合举办厅局级退役军人事务工作专题研讨班。

5月16日至17日，马飞雄同志赴山西省太原市调研退役军人工作，出席“你好，双拥模范城”全媒体宣传活动启动仪式并致辞。

5月17日，退役军人事务部办公厅印发《关于举办“学思想　颂英烈”全国英烈讲解员大赛的通知》。

5月21日，省级、市级退役军人服务中心负责人培训班在江西省南昌市举办。

5月22日至24日，常正国同志带队赴湖北省黄冈市、宜昌市等地调研退役军人工作。

5月22日至27日，钱锋同志率军地联合调研组赴江苏省南通市、苏州市、镇江市、南京市等地，调研江苏省全国双拥模范城（县）创建和苏州市退役军人工作创新发展示范区建设等情况。

5月22日至6月9日，2023年全国部分获得功勋荣誉优抚对象短期疗养活动在天津市荣复军人疗养院举办，来自全国16个省（区、市）近200名功臣模范及家属分两批分别进行为期9天的疗养。

5月29日至11月17日，退役军人事务部会同农业农村部在河北省、吉林省、贵州省等9个省份各举办1期“耕耘者”振兴计划乡村治理骨干（“兵支书”）专题培训班。

5月30日至31日，全国退役军人事务系统安全保密暨援藏援疆工作培训班在西藏自治区林芝市举办。

5月30日至6月1日，马飞雄同志赴山东省济宁市兖州区、邹城市，以及泰安市、肥城市等地实地调研。

六月

6月5日至12日，钱锋同志率团赴老挝、缅甸，分别出席在老中国烈士陵园和缅甸密支那中国远征军阵亡将士纪念设施竣工开园仪式，并同老挝、缅甸有关部门开展工作交流。

6月5日至26日，2023年北京地区转业军官全员适应性培训班在北京市举办。

6月5日至7月28日，退役军人事务部在北京市、陕西市举办2期退役军人就业创业工作骨干培训班。

6月12日，退役军人事务部办公厅会同教育部办公厅印发《关于开展自主就业退役士兵培训进高校试点工作的通知》。

6月12日至14日，退役军人事务部在广东省广州市召开全国退役军人移交安置工作会。

6月12日至16日，林国耀同志带队先后赴陕西省西安市、铜川市、渭南市等地，围绕“用好红色教育资源，发挥好退役军人作用”开展调研。

6月20日，退役军人事务部办公厅与中央军委政治工作部办公厅联合印发通知，部署2023年实行计划移交残疾军人退役安置工作。

6月21日，马飞雄同志出席退役军人事务员职业建设工作领导小组2023年第1次会议，研究新职业试点有关工作。

6月21日，退役军人事务部举办“红旗不倒　老区不老”福建龙岩红色故事宣讲活动。裴金佳、钱锋、林国耀、常正国、杨友斌、马飞雄同志出席。

6月25日至28日，裴金佳同志带队赴河北省，围绕“加强和改进退役军人服务保障工作、推动退役军人工作高质量发展”开展调研工作。

6月26日至29日，退役军人教育培训工作人员培训班在北京市举办。

6月28日至29日，烈士遗骸搜寻鉴定技术培训班在甘肃省兰州市举办。

6月30日，退役军人事务部会同中央组织部、中央编办、公安部等7部门印发通知，部署2023年转业军官安置工作。

七月

7月1日，退役军人事务部发布军队离退休干部口述历史专题片《红色记忆》。

7月4日，首届军休老年大学经验交流活动在山东省青岛市举办。

7月4日至6日，常正国同志带队赴江西省调研烈士褒扬工作，实地察看吉安城革命历史陈列馆、红军烈士墓、东固革命烈士陵园等纪念设施。

7月4日至6日，全国军休政策培训班在山东省青岛市举办。

7月4日至7日，全国退役军人思想政治和权益维护系统培训班在内蒙古自治区鄂尔多斯市举办。

7月5日至6日，全国退役军人信息化技术工作培训班在四川省成都市举办。

7月6日，退役军人事务部会同中央组织部、中央军委政治工作部印发通知，部署2023年中央国家机关和中央企业事业单位接收安置转业军官工作。

7月7日，常正国同志在中国人民抗日战争纪念馆参加纪念全民族抗战爆发86周年仪式。

7月8日，第一批全国退役军人事务员职业试点启动仪式在内蒙古自治区鄂尔多斯市举行。马飞雄同志出席仪式并调研当地退役军人服务保障体系建设情况。

7月9日，2023年北京地区接收安置转业军官统一考试在北京城市学院（航天城校区）举办，1031名转业军官参加考试。杨友斌同志进行现场巡视。

7月9日至11日，裴金佳同志陪同谌贻琴国务委员赴山西省太原市、大同市调研退役军人工作。

7月10日，省级、市级退役军人服务中心业务骨干示范培训班在四川省成都市举办。

7月11日至14日，2023年中央企业接收安置转业军官和安排工作退役士兵政策培训班在云南省德宏傣族景颇族自治州举办。

7月12日，2023年全国军民融合发展工作座谈会在北京市召开。裴金佳同志参加。

7月12日，烈士纪念设施规范管理研讨会在四川省成都市召开。

7月12日至13日，2023年中央国家机关和企事业单位接收安置转业军官政策培训班在辽宁省锦州市举办。

7月13日，退役军人事务部、应急管理部、人力资源社会保障部联合印发《关于下达国家综合性消防救援队伍2023年消防员招录计划的通知》。

7月13日至14日，退役军人创业创新工作现场推进会在广东省退役军人农业双新双创服务中心召开。

7月16日至21日，退役军人事务部会同教育部、财政部、国家卫生健康委、国家医保局组成联合调研组，赴天津市、吉林省、宁夏回族自治区开展退役军人帮扶援助工作专项调研。

7月18日，在习近平主席与阿尔及利亚总统特本共同见证下，裴金佳同志在人民大会堂与阿外交和海外侨民部部长艾哈迈德·阿塔夫签署《中华人民共和国退役军人事务部和阿尔及利亚民主人民共和国老战士及权利享有者部双边合作协议》。

7月18日，常正国同志、中央主题教育第

二十九指导组副组长周小莹同志赴北京市石景山区调研退役军人服务中心（站）。

7月18日，全国退役军人政策法规工作会议在河北省石家庄市召开。钱锋同志出席会议并讲话。会后，钱锋同志赴石家庄市退役军人服务中心、鹿泉区退役军人服务中心调研退役军人法律援助工作。

7月18日至21日，退役军人就业创业培训服务工作座谈会在北京市举办。

7月18日，退役军人事务部发布《永葆本色——军休红色珍藏　传承红色基因》专题片。

7月21日，全国退役军人信访稳定工作会议在天津市召开。马飞雄同志出席并讲话。

7月24日，退役军人事务部、中央军委政治工作部、全国双拥工作领导小组办公室联合印发关于做好“八一”建军节期间拥军优属拥政爱民工作的通知。

7月25日，中央广播电视总台举办暑期电视剧纪录片推介活动，重点推介在韩志愿军烈士遗骸归国安葬寻亲题材纪录片《忠骨》。

7月25日，《退役军人就业创业促进条例（征求意见稿）》面向社会公开征求意见。

7月25日至26日，退役军人事务部召开学习贯彻习近平新时代中国特色社会主义思想主题教育调查研究成果交流会。裴金佳、钱锋、林国耀、常正国、杨友斌、马飞雄同志分别交流个人领题调研情况，各调研组分别交流调研情况。

7月26日至27日，全国无军籍职工服务管理工作研讨会在吉林省吉林市召开。

7月28日，国务院新闻办公室举行“权威部门话开局”系列主题新闻发布会，裴金佳同志介绍全面推进新时代新征程退役军人工作高质量发展有关情况，并答记者问。马飞雄同志出席并答记者问。

7月28日，全国军队离退休干部歌唱风采展示活动颁奖仪式在北京市举行。裴金佳、马飞雄同志出席仪式并为获奖代表颁奖。

八月

8月1日，中央广播电视总台发布2023年“最美拥军人物”先进事迹。裴金佳、钱锋同志出席活动，并为“最美拥军人物”颁发证书。

8月2日，退役军人事务部联合财政部、国家税务总局印发《关于进一步扶持自主就业退役士兵创业就业有关税收政策的公告》。

8月2日至4日，退役军人工作高质量发展区域协作会议在宁夏回族自治区召开。常正国同志出席会议，并调研“十四五”规划贯彻实施工作。

8月8日，退役军人事务部办公厅印发《关于做好受灾严重地区退役军人救灾帮扶工作的通知》。

8月14日至19日，退役军人法律服务“下基层　赴边疆”活动在西藏自治区举行。

8月16日至17日，钱锋同志率军地调研组，先后到新疆维吾尔自治区克孜勒苏柯尔克孜自治州乌恰县、阿图什市和喀什地区喀什市、疏勒县等地，调研全国双拥模范城（县）创建工作。

8月16日，退役军人事务部办公厅印发通知，下达2023年第三批复员军官、逐月领取退役金退役军官安置计划。

8月17日至19日，全国双拥办在新疆维吾尔自治区喀什地区召开全国双拥模范城（县）与边海防基层连队结对共建部署推进会。钱锋同志出席。

8月18日，退役军人事务部印发《关于发挥基层退役军人服务机构作用　进一步做好零散烈士纪念设施保护管理的意见》。

8月19日至25日，退役军人事务部会同民政部、住房城乡建设部组成联合调研组，赴安徽省、贵州省、广东省开展退役军人帮扶援助工作专项调研。

8月21日，退役军人事务部办公厅与中央组织部干部一局联合印发通知，下达2023年指挥管理大校转业军官安置计划及名单。

8月21日至9月27日，退役军人事务部在云南省昆明市、甘肃省定西市、新疆维吾尔自治区乌鲁木齐市、北京市等地举办退役军人创业导师培训班。

8月25日至26日，全国退役军人事务系统办公室工作会议在北京市召开。

8月29日至9月1日，常正国同志赴湖北省武汉市出席全国退役军人就业创业工作推进会、促进优秀退役军人到中小学任教工作会并讲话。其间，在武汉市开展调研，瞻仰向警予烈士陵园，走访创业孵化基地和军创企业，看望慰问伤残军人。

8月29日至31日，马飞雄同志带队赴贵州省遵义市调研退役军人工作高质量发展示范区建设工作。

九月

9月3日，纪念中国人民抗日战争暨世界反法西斯战争胜利78周年座谈会在北京市举行。常正国同志参加。

9月6日至9日，裴金佳同志带队到西藏自治区调研并主持召开退役军人事务系统援藏工作推进会。其间，裴金佳同志在林芝市开展调研，看望慰问某边防连队官兵和家庭困难退役军人，主持召开西藏烈士纪念设施建设管理座谈会，瞻仰拉萨烈士陵园并向烈士纪念碑敬献花篮。

9月8日，由中央网信办主办的2022中国正能量网络精品征集展播活动揭晓结果，550件网络精品脱颖而出，退役军人事务部共有8件作品入选。

9月11日至16日，钱锋同志带队赴西藏自治区阿里地区调研全国双拥模范城（县）与一线边防连队共建工作开展情况，与阿里军分区有关负责同志座谈交流推进城连共建、帮助一线边防部队解决实际困难等工作，深入边境一线8支边防连队调研，走访阿里地区退役军人事务局、札达县退役军人事务局，了解双拥和退役军人工作开展情况。

9月12日至15日，全国退役军人事务厅（局）人事处长研讨班在宁夏回族自治区银川市举办。

9月13日，退役军人事务部印发《关于启用烈士纪念设施保护标志及标识牌的通知》。

9月14日，退役军人事务部印发《烈士纪念设施保护标志使用管理办法》。

9月15日，在习近平主席与赞比亚总统希奇莱马共同见证下，裴金佳部长在人民大会堂与赞旅游部部长希孔巴签署《中华人民共和国退役军人事务部和赞比亚共和国旅游部关于坦赞铁路纪念园保护管理合作的谅解备忘录》。

9月18日，退役军人事务部与财政部联合印发《关于调整部分优抚对象等人员抚恤和生活补助标准的通知》。

9月18日至22日，全国军休机构负责人培训班在贵州省贵阳市举办。

9月20日，黄河流域九省（区）退役军人就业创业工作协同发展启动仪式暨黄河流域退役军人创业创新成果展交会在山东省东营市举行。

9月22日，全国退役军人一体化网上服务平台正式上线，实现退役军人服务“一网通办”。

9月22日至28日，退役军人村干部（“兵支书”）发展乡村产业能力提升培训示范班在河南省漯河市举办。

9月23日，马飞雄同志在宁夏回族自治区银川市调研退役军人服务保障体系建设及退役军人在脱贫攻坚中作用发挥情况。

9月24日，“网聚崇军正能量　抒写时代新华章”首届退役军人事务领域网络正能量人士圆桌派活动在宁夏回族自治区银川市举办。马飞雄同志出席活动并致辞。

9月26日，“学思想　颂英烈”全国英烈讲解员大赛决赛在河北省石家庄市举办。常正国同志出席。

9月26日至27日，常正国同志赴河北省石家庄市调研退役军人教育培训工作。

9月26日至27日，2023年《中国退役军人》杂志通讯员培训班在海南省文昌市举办。

9月28日，“学思想　颂英烈”全国英烈讲解员大赛汇报展示活动在北京市举办。裴金佳、钱锋、常正国、杨友斌、马飞雄同志出席。

9月30日，裴金佳同志在天安门广场参加烈士纪念日向人民英雄敬献花篮仪式。

十月

10月7日至8日，裴金佳同志带队赴福建省主持召开退役军人事务部对口支援工作座谈会，先后调研上杭县临城镇城东社区退役军人服务站、福州市军休中心，参观福州党管武装（双拥）展览馆，看望慰问东部战区陆军第73集团军某旅红四连官兵。

10月8日至12日，钱锋同志参加全国政协“提升退役军人工作服务部队备战打仗质效”委员视察团赴山东省视察。

10月10日至12日，全国褒扬纪念系统工作人员培训班在海南省海口市举办。

10月16日至19日，马飞雄同志带队先后赴湖南省、湖北省开展2023年退役军人工作综合督查，督导检查退役军人重点工作任务落实情况。

10月17日至19日，退役军人教育培训和新闻宣传工作培训班在陕西省延安市举办。

10月18日，新时代英烈红色文化传承发展座谈会在江苏省南京市召开。

10月20日至26日，第二期全国军休功臣荣誉疗养在广西壮族自治区桂林市举办。

10月23日至27日，中央组织部、中央党校（国家行政学院）和退役军人事务部联合举办的退役军人工作专题研讨班在北京市举行。国务委员谌贻琴同志出席座谈会并讲话。裴金佳、钱锋、林国耀、常正国、杨友斌、马飞雄同志参加。

10月27日，退役军人事务部印发《关于授予新疆维吾尔自治区且末县老兵治沙队集体和王琦等19名同志“最美退役军人”称号的决定》。

10月29日，《退役军人事务部权责清单》经中央编委同意正式印发。

10月30日至11月1日，烈士遗骸搜寻鉴定工作研讨交流会在湖北省武汉市召开。

10月31日，退役军人事务部办公厅印发通知，下达2023年第四批复员军官、逐月领取退役金退役军官安置计划。

十一月

11月1日至3日，马飞雄同志带队赴广东省开展2023年退役军人工作综合督查。

11月1日至3日，全国双拥宣传信息联络员培训班在江苏省无锡市举办。

11月8日至10日，全国退役军人事务系统新闻发布工作培训班在浙江省杭州市举办。

11月8日至10日，马飞雄同志带队赴广西壮族自治区开展2023年退役军人工作综合督查，督导检查退役军人工作重点任务落实情况。

11月9日，西部七省（区、市）和新疆生产建设兵团退役军人服务保障工作区域融合发展研讨会在宁夏回族自治区固原市举行。

11月14日，退役军人事务部召开第二届专家咨询委员会会议暨退役军人事务研究基地年度工作会议。裴金佳同志出席会议并讲话，钱锋同志主持。

11月14日至16日，钱锋同志带队赴浙江省调研退役军人工作，在浙江大学主持召开部分省市退役军人工作座谈会，出席并见证浙江省退役军人事务厅与浙江大学战略合作协议签约仪式。

11月15日至16日，退役军人事务系统援疆工作座谈会在北京市召开。

11月16日，退役军人事务部制定《基层退役军人服务站思想政治工作实用手册（2024版）》。

11月20日至24日，第十批在韩中国人民志愿军烈士遗骸装殓交接迎回安葬工作圆满完成。国务委员谌贻琴同志出席迎回仪式并讲话。裴金佳同志在沈阳市主持迎回仪式，出席安葬仪式并致祭文。常正国同志率中方代表团赴韩国出席装殓和交接仪式。

11月21日，退役军人事务部办公厅印发《关于开展第二批退役军人事务员培训评价试点工作的通知》。

11月21日至24日，退役军人就业创业示范培训班在北京市举办。

11月27日，中央宣传部、退役军人事务部、中央军委政治工作部联合发布2023年度“最美退役军人”先进事迹。

11月28日，马飞雄同志赴福建省泉州市，出席全国退役军人服务保障体系建设管理推进会和退役军人事务员职业第二批试点启动仪式。会后，马飞雄同志前往福建省福州市、平潭综合实验区等地，调研退役军人服务保障体系建设情况。

11月29日至30日，全国双拥办在广西壮族自治区桂林市召开2023年全国省（区、市）双拥办主任会议。钱锋同志出席会议并讲话。

十二月

12月11日，2023年中央单位接收安置转业军官专业培训班在清华大学开班。

12月11日至12日，《英雄赞歌》“英雄城市　致敬英雄”主题宣传活动在辽宁省沈阳市举行。马飞雄同志出席活动，参观沈阳抗美援朝烈士陵园并向烈士纪念碑敬献花篮。

12月13日，退役军人事务部办公厅印发《关于发布区域型优抚医院名单的通知》。

12月14日，长三角退役军人移交安置一体化工作推进会在浙江省杭州市召开。

12月18日，退役军人事务部、国家发展改革委、民政部、财政部、人力资源社会保障部、自然资源部、国家卫生健康委、应急管理部、市场监管总局、国家医保局联合印发《关于推进光荣院改革发展的意见》。

12月15日至23日，“网聚崇军正能量　抒写时代新华章”退役军人事务领域网络正能量基层行活动在广西壮族自治区、福建省开展。

12月18日，退役军人事务部、国家发展改革委、民政部、财政部、人力资源社会保障部、自然资源部、国家卫生健康委、应急管理部、国家市场监管总局、国家医保局联合印发《关于推进光荣院改革发展的意见》。

12月19日，退役军人事务部开展“情暖老兵·踔厉同行”公益捐步活动。马飞雄同志出席启动仪式并参与公益捐步。

12月21日，第四批退役军人就业合作企业签约发布仪式在北京市举办。裴金佳同志出席仪式并讲话。常正国同志主持。

12月21日，退役军人事务部、财政部、中央军委后勤保障部等12部门和单位联合印发关于加强新时代军供站建设发展的意见。

12月22日，退役军人事务部紧急调拨350万元抗震救灾资金物资支持甘肃省、青海省受灾地区退役军人及其家庭关爱帮扶有关工作。

12月25日，中央广播电视总台发布2023年十大国内军事新闻和2023年十大国际军事新闻，“第十批在韩中国人民志愿军烈士遗骸回国”入选十大国内军事新闻。

12月25日，退役军人事务部、中央军委政治工作部、全国双拥工作领导小组办公室联合印发《关于做好新年春节期间拥军优属拥政爱民工作的通知》。

12月27日至29日，裴金佳同志带队赴江西省南昌市、赣州市调研退役军人工作。

12月28日，马飞雄同志出席军民融合发展理论研究主题征文颁奖仪式暨研讨会并作主旨报告。

12月28日，退役军人事务部组织开展的“传承红色基因·赓续红色血脉”——退役军人关爱青少年志愿服务活动入选《中国志愿服务研究》评出的2023年度志愿服务十大事件。

12月29日，“2023年度全国退役军人创业带动就业光荣榜”在《人民日报》刊登，全国90家退役军人创办企业上榜。

12月29日，全国双拥工作领导小组、退役军人事务部、中央军委政治工作部联合印发《关于做好新时代社会化拥军工作的意见》。

12月29日，退役军人事务部办公厅印发《国家烈士遗骸搜寻队管理规定（试行）》。